汽车物流全程解决方案提供者
FVL All-procedure solution provider

供应链金融
Supply chain financing
产业沉淀与金融能力高效协同者
Efficient synergy between industry
accumulation and financing capacity

整车物流
Finished vehicle logistics
整合物流资源和优化服务流程一体化方案提供者
Integrated logistics resources and optimized
service procedure, as a one-step solution provider

零部件物流
Parts logistics
汽车零部件物流服务网络打造者
National network provider of
auto parts logistics

仓储
Warehousing
网络化、集约化的现代仓储基地
建设专业规划者
Networked and integrated modern
warehousing planner

智慧物流平台
Intelligent logistics platform
汽车物流全流程科技管理引领者
Pioneer in the application of
intelligent logistics technology

多式联运
Multi-modal transport
公、铁、水、空运输专家
Expert in logistics service by road,
railway, water and air transportation

国际物流
International logistics
"一带一路"汽车物流,铁路运输实践者
Leading company of B&R Sino-Europe
Automobile Logistics Provider

社会车辆物流
Non-manufactor vehicle logistics
社会车辆公共运输平台打造者
Builder of non-manufactor vehicle
transportation platform

长久物流整车公路运输业务将依托公司网络布局
结合仓储、多式联运、供应链金融等板块
为中国汽车行业提供全方位、全产业链物流服务,帮助客户创造价值

长久整车合作伙伴

中国重汽
SINOTRUK

- 1960年，中国第一辆重型汽车黄河牌JN150汽车在中国重汽诞生。

- 1983年，中国重汽代表国家全面引进斯太尔整车技术。

- 2004年，第一辆豪沃卡车在中国重汽正式下线。

- 2009年，与德国曼(MAN)公司签订战略合作协议，全面引进曼公司整车、发动机、驱动桥等技术。

- 2009年，国家重型汽车工程技术研究中心在中国重汽成立。

- 2013年，中国重汽第一辆曼技术产品——汕德卡（SITRAK）荣耀下线。

- 2017年，中国重汽第一百万辆豪沃卡车下线。

- 2017年，中国重汽全年整车销售达到30万辆，并连续十三年位于国内重卡出口前列。

中国重型汽车集团有限公司
CHINA NATIONAL HEAVY DUTY TRUCK GROUP CO.,LTD.

地址：中国济南华奥路777号
电话：86-0531-58062114

中国重汽Ⅰ代智能卡车

她源自欧洲，长于中国，以出顶进，发挥着民族重卡替代进口的举足轻重的作用；

她具有德国曼公司国际先进重卡技术的底蕴，又有着中国重汽大国工匠的精雕细琢；

她见证了自主创新的力量，又融入了智能科技的基因；

她集防追尾（AEB）、防侧翻（ESC＋EBS）、防蹿道（LDW）、防溜车（HSA）、自适应巡航（ACC）五大功能于一身，全新定义了国产高端卡车；

她为安全而来，她为品质而生，她为我们身边的物流人保驾护航；

她就是中国重汽Ⅰ代智能卡车！

运营新能源
高效地上铁

地上铁是一家专注于新能源物流车集约化运营的服务配套商，依托城市内充、储、维、停场站基础设施的建设，通过产业链协同对投放车辆进行可靠安全的生命周期管理。

 25000+
全国完成25000+台新能源物流车辆运营

 3500+
全国充电网络自建和合作场站3500+

 50+
2018年完成"8+15+30"战略城市网络覆盖

 106303000
累计减少CO_2排放量106303吨，相当于每年种树64万棵

 85%
全国实际投放运营车辆超85%

MEGVII 旷视

北京旷视科技有限公司

　　旷视机器人作为旷视科技供应链大脑智能服务及解决方案的重要组成部分和关键实现手段，能够实现为客户自动化场景解决应用难点，为客户提供智能制造最优解决方案。在中国倡导"智能+"的战略中，机器人在制造业、仓储物流业中，发挥了越来越重要的作用，是实现智能制造的重要因素。旷视机器人是旷视通过将人工智能赋予IoT，从而解决现实物理世界问题的有力手段。

业界首发机器人"AI+IoT"操作系统

致力于多种类型的机器人与物流、制造业务系统快速集成

提供一站式解决从规划、仿真、实施和运营的自动化场景最优解决方案

WMS系统合作伙伴	物流地产合作伙伴
CAINIAO菜鸟　ALOG心怡科技　IT Logistics科捷物流　Gwall巨沃　唯智vTradEx	普洛斯 GLP　　vanke

设备合作伙伴		合作客户
WHI鲸仓　GUOZI　mujin	Works with **MEGVII HETU**	中航光电 JONHON AVIC　龙王
集成合作伙伴		中国南方电网 CHINA SOUTHERN POWER GRID　FOXCONN
Lenovo　FISER费舍尔		
DTW大田物流 Logistics　FITKITS飞库智能　SoftBank Robotics	徐福记　DANONE　YHGlobal越海全球　国药集团 SINOPHARM

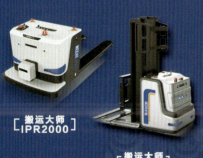

[搬运大师 IPR2000]

[搬运大师 F1500]

[搬运大师 IWR500]

[搬运大师 S800]

[搬运大师 E300]

[搬运大师 SR200]

北京旷视科技有限公司
Beijing Kuangshi Technology Co., Ltd.
📞 400-6700-866
🌐 www.megvii.com
✉ business@megvii.com
📍 北京市海淀区科学院南路2号融科资讯中心A座三层

中世国际物流有限公司
CDC International Logistics Co.,LTD

致力于为全球客户提供一体化物流服务，秉承创新（专注于特色创新）、服务（一切服从于满足客户期望）、专业（有能力胜任客户最严格的需求）、合作（挑战并持续改善低效的团队合作）、自律（构建自律廉洁的职场氛围作为公司的重要竞争力）的管理理念，立足于汽车行业的全球化产业布局，充分利用社会资源，力求最大化股东收益和员工价值。主营业务包括：滚装航运、包装器具、生产物流、仓储运输、国际货代、进出口贸易业务等服务。

滚装航运

- 国内竞争力和成本优势明显的商品车资源及滚装运力平台
- 成为优秀的内海滚装运输企业
- 以中甫（上海）航运有限公司为主要载体

包装器具

- 成为全球绿色可循环包装的优选服务商
- 建成全国包装器具共享网络，构建运输体系和运输管理能力，实现运输包装一体化运作的能力
- 以中久物流有限公司为主要载体

零部件物流

- 汽车主机厂及零部件供应商生产物流、仓储运输、出口包装及贸易货代一体化物流服务
- 产前、产中、产后一体化物流服务体系
- 以中世国际物流有限公司及中世施奈莱克物流有限公司为主要业务载体

公司地址:上海市长宁区金钟路968号凌空SOHO3号楼5楼
电话:86-21-63805195
网址:www.cdcgroup.com.cn

更稳定可靠的激光导航AGV

自然导航 智能柔性

无须任何基础设施改造 / 与MES系统无缝对接

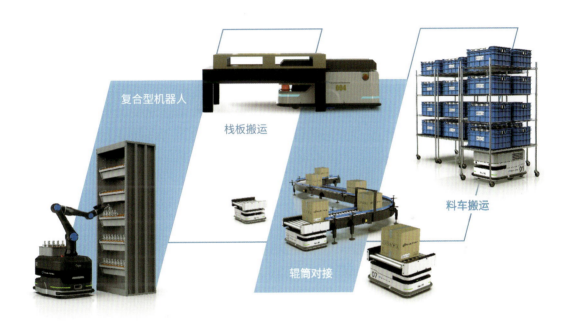

复合型机器人

栈板搬运

料车搬运

辊筒对接

- 定位精度达毫米级、适应环境动态变化

- 充电1小时, 运行8小时

- 负载300/600千克可选

- 服务于歌尔声学、中兴通讯、富士康、光宝、华为、金麒麟等优秀客户

斯坦德机器人(深圳)有限公司

Standard Robots.Co., Ltd

www.standard-robots.com

益链科技

致力于区块链技术及相关产业级应用开发

Committed to developing blockchain technologies and applying them across multiple industries

技术发展平台

提供从区块链"底层+应用层"的完整研发能力

商业转型专家

提供整合行业资源能力，促进行业生态发展

金融创新顾问

提供基于区块链的金融服务能力

落地领域 供应链金融、普惠金融、物流金融、积分生态、数字版权、溯源防伪等

〈 主要产品 〉

众鑫链

信任聚人气，共享创价值，沉淀数据资产，打造链证经济创新平台：
提供存证解决方案，权威机构参与共识，提高存证数据可信度，保护存证数据隐私和安全。物联网和区块链技术结合，为企业提供溯源解决方案。在监管合规的前提下，一键发行专属区块链积分，实现生态内积分兑换，实现商业引流，提供一站式接入积分解决方案

鑫运链

基于区块链增信的供应链金融和物流金融平台，实现核心企业信用流转，满足链上企业融资贷款需求。
快速地捕捉业务的动态变化，为企业、金融机构补充新的数据风控工具。
上链的金融机构和企业可快速接入区块链平台，无须改造原有业务系统

联盟链定制

构建链上数据资产确权、流通、交易生态

益链通

企业专属的安全即时通信解决方案，私有化部署，端到端加密，完善的信息防泄漏特性，保障全流程和全业务场景的安全

青流计划
助力包装可持续发展，
共享绿色未来。

京东物流隶属于京东集团，以降低社会化物流成本为使命，致力于成为社会供应链的基础设施。

目前，京东物流是全球少有的拥有中小件、大件、冷链、B2B、跨境和众包（达达）六大物流网络的企业。

京东物流在绿色可持续发展方面不断探索

2017年6月5日，京东物流启动了"青流计划"，携手上下游合作伙伴推动供应链端到端的绿色环保，联合品牌商企业推出了"简约包装""直发包装""去包装化"等新供应链包装理念。
2018年8月16日，第二届青流计划绿色包装论坛顺利召开，并成立了绿色包装联盟，共同发表绿色宣言：到2020年，减少供应链一次性包装100亿个。

在绿色包装方面，不断推广应用减量化包装（瘦身胶带、瘦身面单、减量化纸箱等）、全生物降解包装和循环包装（保温周转箱、青流箱和循环布袋），其中青流箱已经在国内20余个一、二线城市常态化运营，每年减少使用数亿个一次性包装。

京东物流秉承着短链、智慧、共生的理念，推动物流产业升级，与行业合作伙伴共生、与环境共生，助力电商物流行业的可持续发展。

爆胎 应急安全装置
整车安全升级 轮胎卫士保您平安

为中国货物运输 "保驾护航"

泰斯福德（北京）科技发展有限公司自主研发的TESD,即"爆胎应急安全装置"可以有效 **避免因爆胎导致的车辆失控、人员伤亡和物资损失**，解决了该领域严重依赖进口的难题，并且参与起草了运油、运气车辆的国家相关标准，为运输企业提供安全保障的同时，不断提升企业的赢利能力。

顺丰科技
带给你不止于物流的科技体验

　　顺丰科技有限公司成立于2009年，隶属于顺丰控股，具备"深圳市重点软件企业""国家高新技术企业"等资质。顺丰科技致力于构建智慧物流大脑，基于物联网、大数据、人工智能、云计算、GIS（地理信息系统）等技术的综合应用，开发智慧物流项目，包括大数据生态建设、人工智能（AI）自动化、AI识别、数字化仓储、顺丰地图、智慧包装等，让机器解放双手，让人工智能助力决策，让智能设备汇集数据之源，促使物流行业进入智能化、数字化、可视化的新时代，提升运作效率，助力上下游产业价值升级。

关爱卡车司机，关注蓝天事业

智慧物流 高质量发展

车用尿素液智能制配、智能加注、智能管理 降本增效全新模式

新蓝创新模式
降低尿素液使用成本

- 加注机卸液操作方便快捷
- IBC桶短途配送空桶回收更方便

智能机制配中心

- 以智能机为中心库供应周边多个加注点省时省运费

　　山东新蓝环保科技有限公司（以下简称"新蓝"）面向物流车队推出车用尿素液智能制配、智能加注、智能管理的降本增效全新模式，提供以智能机为中心库供应周边多个加注点省时省运费"智能制配机+智能加注机+智能管理系统"组合模式，对于大型规模化车队和尿素液用量高的车队，经评估后可免费投放。

　　车队自主生产车用尿素液，节省不必要的运输及包装物费用，采用网络化智能加注，可为车队配置加注IC卡系统，可直营，可会员制，同时为车队提供加注管理专用云平台，并可与维修、加油、物流等相关平台进行嫁接，方便司机使用，更可以帮助车队提高管理水平，让管理更加精细化。

新蓝车用尿素液车队智能加注管理系统

　　物流车队现一般采用传统散装尿素液加注的模式，使用吨桶或小桶由司机随意进行灌装加注，杂乱无序，无法控制与统计使用量，还容易产生个人私自外带等问题，导致车队的尿素液成本管理混乱。新蓝加注设备配套的车队加注管理系统，专车专卡，数据清晰记录，加注量随时查询，后台自动生成报表，使用量一目了然，可彻底解决车队管理难题，帮助车队实现精细化管理。

新蓝加注站加注，方便省心

车队管理后台数据查询管理

车队配套IC卡

山东新蓝环保科技有限公司

地址：山东省潍坊市高新区健康东街6888号蓝色智谷16楼
电话：0536-8673001　服务热线：400-8092-987　网址：www.new-blue.net

科技 YU 见未来

2020 全球物流技术大会
Global Logistics Technology Conference

AI+ 黑科技 大数据 物联网 云计算 5G 区块链 无人驾驶 新能源

中国物流与采购联合会物流装备专业委员会
联系人： 朱 应 18518669259 王 坤 18518669261
邮 箱： zbw@wlzb.org.cn
官方微信： 中物联装备委
网 址： http://globlelogisticstechnology.auto56.org/

识别二维码，了解会议详情

中国物流技术发展报告（2019）

主　编　何黎明

副主编　张晓东　　马增荣

中国财富出版社

图书在版编目（CIP）数据

中国物流技术发展报告.2019／何黎明主编. —北京：中国财富出版社，2019.9
ISBN 978-7-5047-6990-9

Ⅰ.①中… Ⅱ.①何… Ⅲ.①物流技术—研究报告—中国—2019 Ⅳ.①F259.239

中国版本图书馆 CIP 数据核字（2019）第 151878 号

策划编辑 马 铭 郑欣怡	**责任编辑** 邢有涛 马 铭		
责任印制 尚立业	**责任校对** 孙会香 许 诺		**责任发行** 敬 东

出版发行 中国财富出版社

社　　址	北京市丰台区南四环西路 188 号 5 区 20 楼	邮政编码　100070
电　　话	010-52227588 转 2098（发行部）	010-52227588 转 321（总编室）
	010-52227588 转 100（读者服务部）	010-52227588 转 305（质检部）
网　　址	http://www.cfpress.com.cn	
经　　销	新华书店	
印　　刷	北京京都六环印刷厂	
书　　号	ISBN 978-7-5047-6990-9/F·3062	
开　　本	787mm×1092mm　1/16	版　　次　2019 年 9 月第 1 版
印　　张	23.5　彩　页　8	印　　次　2019 年 9 月第 1 次印刷
字　　数	508 千字	定　　价　198.00 元

前　　言

多年来，物流业作为支撑国民经济发展的基础性、战略性产业，得到了政府与企业的高度重视。2019 年 3 月 1 日，国家发展和改革委员会（以下简称"国家发展改革委"）印发的《关于推动物流高质量发展促进形成强大国内市场的意见》（发改经贸〔2019〕352 号）进一步明确了物流业是支撑国民经济发展的先导性产业，是推动经济高质量发展不可或缺的重要力量。物流业的先导性定位是我国经济进入高质量发展阶段，国家着力推进产业转型升级和动能转换过程中对物流业的崭新要求，主要体现在物流是国家基础设施网络的重要组成部分，是现代供应链协同创新的重要平台，是现代化经济体系的重要支撑。随着物流发展的创新驱动及先进技术的广泛应用，人工智能、大数据、云计算、物联网等信息技术不断进步，技术升级成为驱动物流业高质量发展、实现动能转换与动力变革的关键力量。物流技术的发展对于物流业先导性作用的发挥有着至关重要的作用。

当前，我国经济运行稳中有变、变中有忧，正处于转型升级的关键阶段，面对国内外经济贸易环境日益复杂，企业如何通过加强物流技术的研发与应用，完成自身核心技术体系的构建，提升自身实力以及供应链稳定性，进而更好地促进我国物流业发展的动能转换与持续稳定，形成强大国内市场，推动经济高质量发展成为当前行业的关键战略性问题。

《中国物流技术发展报告》旨在体现年度物流技术发展特色，兼顾物流技术的系统性，总结物流技术在物流业中的实际发展情况，指引寻找物流技术的发展新动能与应用新路径。《中国物流技术发展报告（2019）》（以下简称《报告》）是在总结前三本报告成功经验、充分听取有关专家意见及读者建议、借助物流技术前沿发展资料的基础上完成的最新成果，在保留有价值素材的同时，叠加年度新素材。《报告》在着力凸显物流技术年度发展的同时，延续 2018 年报告的总体框架，保持了"系列特色"。相比前三本报告，《报告》具有"取""舍""增"的特点。

取，选取有价值内容。为了使《报告》在保持"系列特色"的同时具有一定独立性，编者在编写《报告》之时，选取在当前仍具应用价值的物流技术进行编写，保持物流技术的全面性及系统性，以便读者在阅读《报告》之时，能够系统了解物流技术的发展。

舍，舍弃陈旧冗余内容。一方面，为了体现技术的动态发展，对已经大范围普及应用的物流技术进行简要描述，不作详细介绍；另一方面，为了增强可读性，《报告》采取提炼的方式，对内容进行了精简，用简明扼要的语言体现技术应用特点，突出重点，使读者能对物流技术的发展有更加直观的认知。

增，增加新技术和新进展。当前，技术迭代应用日新月异，一方面，表现在随着时间推移，物流领域出现了一些新技术；另一方面，一些原有技术在物流领域的应用场景也有所拓展。《报告》以2019年全球物流技术大会资料为基础，着重于体现年度中新技术在物流领域的应用及原有技术在物流领域的新拓展应用。

本报告由何黎明任主编，张晓东、马增荣任副主编。何黎明提出顶层设计，张晓东和马增荣负责确定本报告总体框架，制订章节结构、把握报告逻辑。本报告由中国物流与采购联合会和北京交通大学交通运输学院物流工程系的相关人员参与编写。其中，第一章由何黎明、张晓东、马增荣、王志婷编写；第二章第一节由马增荣、赵方、王志婷编写，第二节由马增荣、李思雨、张明月编写；第三章第一节由左新宇、李玥熠、沈润翔、徐中坚编写，第二节由李玥熠、张明月、王志婷、朱应编写，第三节由李艳东、李鑫、庄乾文、曾茹冰编写，第四节由张晓东、李鑫、任宇轩、闫淑君编写；第四章第一节由张晓东、白鹏鹏、曾茹冰编写，第二节由李艳东、庄乾文、王志婷、胡议友编写，第三节由白鹏鹏、任宇轩、徐中坚、李艳东编写，第四节由庄乾文、张明月、李思雨编写；第五章第一节由徐中坚、曾茹冰、李玥熠、贾若浩编写，第二节由张晓东、胡议友、李鑫、白鹏鹏编写，第三节由胡议友、任宇轩、杨凯丽、赵方编写；第六章由张晓东、曾茹冰、贾若浩、庄乾文、张明月、王辉编写；第七章由左新宇、任宇轩、谢龙、沈润翔、杨凯丽、王坤编写；第八章第一节由李艳东、刘舞凤、潘海洪编写，第二节由马增荣、李鹏、郭苏慧、王辉编写，第三节由马增荣、张晋姝、左新宇编写，第四节由马增荣、李胜、张晓东编写，第五节由刘宇航、左新宇、王辉编写，第六节由万莹、张晓东、王坤编写。

《报告》在编写过程中，得到了国内外许多物流技术装备企业的大力支持，获得了宝贵资料，中国财富出版社在时间紧、任务重的条件下，加班加点，保证了《报告》的如期出版，在此一并表示衷心的感谢。

由于时间和资料有限，加之物流技术体系庞大，涉及领域广泛，且发展日新月异，报告中难免有疏忽、不妥之处，衷心希望读者谅解并提出宝贵意见，以便在今后的报告中不断改进与完善。

编　者

2019年8月

目　　录

第一章 物流技术发展环境

众所周知，多年来，物流业作为支撑国民经济发展的基础性、战略性产业，得到了政府与企业的高度重视，其中，基础性、战略性主要体现在物流业对国民经济的贡献度较高、渗透度较高。2019 年 3 月 1 日，国家发展和改革委员会（以下简称"国家发展改革委"）等部委印发的《关于推动物流高质量发展 促进形成强大国内市场的意见》（发改经贸〔2019〕352 号）进一步明确了物流业是支撑国民经济发展的先导性产业，是推动经济高质量发展不可或缺的重要力量。物流业的先导性定位是我国经济进入高质量发展阶段，国家着力推进产业转型升级和动能转换过程中对物流业的崭新要求，主要体现在物流对国民经济发展的引领度较强，物流发展的创新驱动及先进技术应用更广泛深入；在新时代的背景下，物流技术作为物流业高质量发展的重要动力，对于加快物流业结构调整、转型升级，优化和创新物流业发展模式，推进供给侧结构性改革，实现物流业高质量发展和促进国民经济高质量运行具有重要作用。

了解物流技术发展的宏观经济环境、产业政策环境及行业需求环境，对于物流技术寻找发展新动能与应用新路径具有重要意义。

第一节 物流技术发展经济环境

经济环境是物流技术发展的宏观环境，为物流技术提供发展的土壤。物流技术的发展离不开宏观经济的良好运行，经济的不断发展为物流技术进步提供了良好的市场发展环境。在过去的一年里，面对错综复杂的国内外环境，我国经济运行呈现出总体平稳的发展态势。同时，经济运行稳中有变、变中有忧，正处于转型升级的关键阶段。

一、经济总体运行情况①

2018 年是全面贯彻党的十九大精神的开局之年，也是改革开放 40 周年。这一年面

---

① 部分数据因四舍五入，存在总计与分项合计不等的情况。

对国内外复杂严峻的经济形势，以及中美贸易摩擦的重重压力，我国整体经济运行基本保持在合理区间，实现了经济社会大局和谐稳定，这为物流技术提供了一个良好的发展环境。

（一）国内生产总值（GDP）

2018 年我国经济保持较为稳定的增长速度，全年 GDP 约为 90 万亿元，增速为 6.6%，增幅较 2017 年有所收窄。2014—2018 年 5 年间我国 GDP 增长呈稳步增长趋势，平均增幅约为 6.86%。2019 年第一季度我国 GDP 实现 21 万亿元，同比增长 6.4%，与 2018 年第四季度基本持平。总体而言，我国经济形势正处在相对稳定、持续增长、经济效益明显改善的良好时期，有利于物流业的持续稳定向好发展。2014—2018 年我国国内生产总值如图 1-1 所示。

图 1-1 2014—2018 年我国国内生产总值及其同比增长率

资料来源：国家统计局。

（二）人均国内生产总值

2018 年我国人均国内生产总值为 64644 元，同比增长 6.1%，增幅较 2017 年有所收窄。2014—2018 年 5 年间我国人均国内生产总值持续增长。人均国内生产总值的快速增长表明我国人民收入不断增加，需求水平不断提高，从而对物流的要求也有所提升。物流的高质量发展离不开技术保障，物流技术的发展对于提升物流整体运作效益，保障人们的衣食住行，进而提升人们的生活质量具有重要作用。2014—2018 年我国人均国内生产总值如图 1-2 所示。

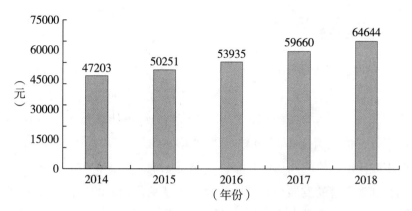

图 1 - 2 2014—2018 年我国人均国内生产总值

资料来源：国家统计局。

（三）三次产业增加值

2018 年我国一、二、三产业增加值分别为 64734 亿元、366001 亿元、469575 亿元，占比分别达 7.2%、40.7%、52.2%，同比增长 3.5%、5.8%、7.6%。相比 2017 年，第三产业增加值的占比增加了 0.6 个百分点，第三产业有明显的上升趋势。2014—2018 年 5 年间，我国一、二、三产业增加值年均增长率分别约为 3.7%、6.3%、8.0%。2019 年第一季度，我国一、二、三产业增加值分别为 8769 亿元、82346 亿元、122317 亿元，同比增长 2.7%、6.1%、7.0%。近年来，第三产业占比逐渐增大，表明我国产业结构不断优化，服务业发展不断向好，而物流业作为服务业的重要组成部分，其发展离不开物流技术的支撑，同时也促进了物流技术的更好发展。2014—2018 年我国三次产业增加值占比如图 1 - 3 所示。

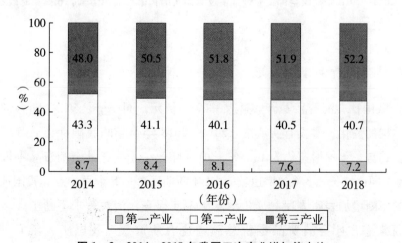

图 1 - 3 2014—2018 年我国三次产业增加值占比

资料来源：国家统计局，除三次产业占比数据，其余数据均为当年数据。

（四）工业增加值

2018 年工业增加值为 305160 亿元，同比增长 6.1%；交通运输、仓储和邮政业增加值为 40550 亿元，同比增长 8.1%，增幅较 2017 年有所收窄，交通运输、仓储和邮政业增加值占我国工业增加值的 13.29%，较 2017 年占比降低了约 0.07 个百分点。2014—2018 年 5 年间我国全部工业增加值年均增速约为 7.74%。2018 年，我国交通运输、仓储和邮政业增加值的同比增长率高于全部工业增加值的同比增长率，表明交通运输、仓储和邮政业蓬勃发展，对工业的发展有带动作用。2014—2018 年我国全部工业增加值及其同比增长率和交通运输、仓储和邮政业增加值如图 1－4 所示。

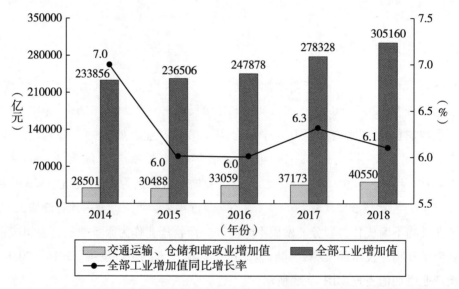

图 1－4　2014—2018 年我国全部工业增加值及其同比增长率和交通运输、仓储和邮政业增加值

资料来源：国家统计局。

（五）社会消费品零售总额

2018 年我国社会消费品零售总额达 380987 亿元，同比增长 9%，随着经济结构调整和人口结构的变化，增长有所放缓。2014—2018 年 5 年间我国社会消费品零售总额呈稳步增长趋势，年均增速约为 10.5%。2019 年第一季度，社会消费品零售总额实现 97790 亿元，同比增长 8.3%，增速较 2018 年同期回落 1.5 个百分点。我国社会消费品零售总额的不断增加表明人民物质生活水平不断提升，消费需求不断扩大。随着我国经济步入新常态，社会消费品零售总额增速有所放缓，我国步入消费升级阶段。2014—2018 年我国社会消费品零售总额如图 1－5 所示。

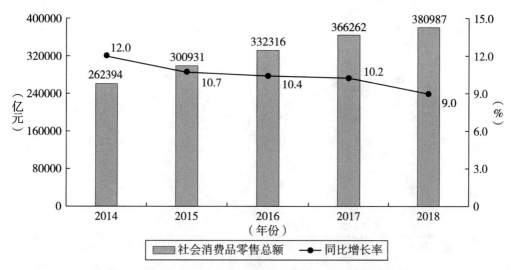

图 1-5 2014—2018 年我国社会消费品零售总额及其同比增长率

资料来源：国家统计局，为当年数据。

随着我国经济发展进入新常态，原有的粗放型消费阶段基本结束，个性化消费渐成主流，消费升级态势不断显现。目前消费市场仍存在供需不匹配现象，物流作为支撑国民经济发展的基础性、战略性、先导性产业，将通过不断提升自身的运行效益与质量，更好地支持消费需求升级，提升用户消费体验。消费的不断升级发展既为物流技术的应用提供了广阔的发展舞台，同时也给物流企业带来了新的市场竞争，这对物流技术发展而言既是机遇也是挑战。

（六）交通运输、仓储和邮政业全社会固定资产投资

2018 年交通运输、仓储和邮政业全社会固定资产投资同比增长 3.9%，增幅较 2017 年收窄。2014—2018 年 5 年间我国交通运输、仓储和邮政业全社会固定资产投资呈中高速增长趋势，平均增幅约为 12.2%。2019 年第一季度我国交通运输、仓储和邮政业全社会固定资产投资同比增长 6.5%，投资不断加大。近年来，随着我国交通物流基础设施的不断完善，交通运输、仓储和邮政业全社会固定资产投资的增幅有所收窄，但仍呈稳定上升态势。固定资产投资的不断增多表明我国在交通运输、仓储和邮政业的设施设备投入不断加大，有利于我国物流业内夯实基础，转型升级，为物流新技术提供了良好的发展前景。2014—2018 年我国交通运输、仓储和邮政业全社会固定资产投资如图 1-6 所示。

（七）货物进出口总额

2018 年我国货物进出口总额为 305050 亿元，同比增长 9.7%，其中，出口 164177 亿元，

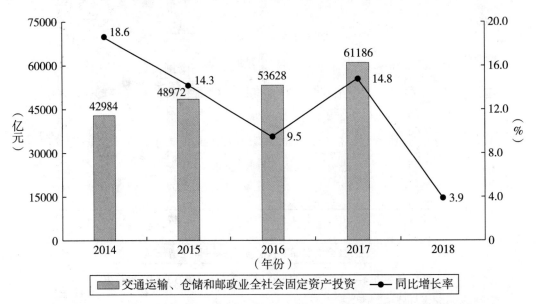

图 1－6 2014—2018 年我国交通运输、仓储和邮政业全社会固定资产投资及其同比增长率

资料来源：国家统计局，为当年数据，其中 2018 年只有同比增长率数据。

增长 7.1%；进口 140874 亿元，同比增长 12.9%，货物进出口顺差 23303 亿元，比 2017 年减少 5217 亿元。对"一带一路"沿线国家进出口总额为 83657 亿元，比 2017 年同比增长 13.3%，其中，出口 46478 亿元，同比增长 7.9%；进口 37179 亿元，同比增长 20.9%。2019 年第一季度，进出口总额为 70051 亿元，同比增长 3.7%，其中，出口 37674 亿元，同比增长 6.7%；进口 32377 亿元，同比增长 0.3%。对外贸易的不断发展，为跨境物流带来了广阔的发展空间，为物流技术的发展提供了一定的市场基础，同时对物流技术如何支撑跨境物流提升效率提出了新要求。2014—2018 年我国货物进出口总额如图 1－7 所示。

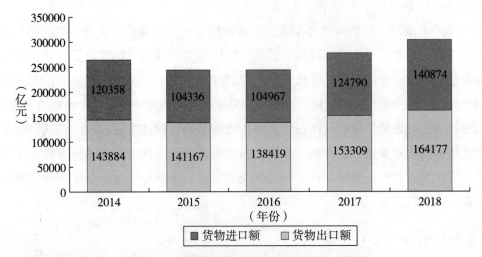

图 1－7 2014—2018 年我国货物进出口总额

资料来源：国家统计局。

二、物流技术发展新要求

21 世纪是科技飞速发展的时代，科技实力决定着一个国家的生产力水平与综合国力。国与国之间的较量，归根结底是科技的角逐。随着中美贸易摩擦的持续升级，技术在国家实力中的重要地位日益凸显，技术对于国民经济的稳定发展、国家竞争力的持续提升具有重大战略意义。企业是推进国家发展的重要力量，企业之间的竞争是价值链之间的竞争，技术作为价值链的核心要素，在企业竞争中占据着日益重要的地位。

一年来，我国经济面临下行压力，经济发展的各项指标增速相比 2017 年均有所放缓，中美经贸摩擦不断升级，国际贸易阻力不断增大。长期以来，我国企业普遍注重流通、销售、买卖等环节的技术研发投入，技术在应用层面的迭代更新较快。虽然为制造业的发展奠定了基础，但在技术链、供应链的基础理论、底层技术、核心部件等领域存在空白，不利于产业的高质量发展。供应链常常是制造企业生存的高危之地，供应链上下游环节均存在着一定隐患，2018 年的中兴断供、2019 年的华为被美国政府列入"实体清单"，都是大国间供应链竞争的现实表现。面对国内外经济贸易环境日益复杂，特别是在中美贸易摩擦正向技术摩擦升级转变的大形势下，企业如何通过加强物流技术的研发与应用，完成自身核心技术体系的构建，加大自主创新力度，提升自身科技水平及自身实力，提升供应链稳定性，进而更好地促进我国物流与经济发展的动能转换与持续稳定发展，形成强大国内市场，推动经济高质量发展成为当前行业亟待解决的关键战略性问题。

由此，经济社会与行业发展对物流技术提出了一系列新的要求，主要表现在以下几方面。

（一）助推经济高质量发展

当前，我国经济正由高速增长阶段转向高质量发展阶段，推动经济发展质量变革、效率变革、动力变革成为重要的经济产业转型和创新发展战略任务。经济高质量发展主要体现在产业迈向价值链中高端、转变经济发展方式、优化经济结构、转换经济增长动力以及实现经济发展的降本增效。近年来，我国社会物流总费用占 GDP 的比率呈下降趋势，但是物流业发展不平衡、不充分问题仍然较为突出，物流费用占 GDP 的比重仍然较高，高于世界主要发达国家及新兴经济体的平均水平，仍有较大改进空间。物流供给侧还不能满足国民经济的高质量发展要求，需进一步在质量、效率及动力方面转型升级，新时代下国民经济高质量运行对于物流行业如何更好地发展提出了新要求。

面对经济高质量发展要求，物流业应进行动力变革、效率变革及质量变革，从而更好地服务于产业发展、消费升级、资源配置优化及改革开放。物流技术作为推动物流业不断升级发展的不竭原动力，应充分发挥自身优势，促进物流业的高质量发展；坚持创新引领，加大物流技术的研发力度，促进物流业动力变革；加快新技术、新模式的研发应用，促进物流业效率变革；加快绿色物流技术以及智能化、信息化技术的研发应用，促进物流业质量变革。物流技术应从模式、空间等诸多方面改变传统物流业的方式和效率水平，为物流业发展释放新动能，让物流变得更加智能、高效、便捷。实现物流业降本增效与转型升级，增强物流业对产业的支撑力度，提高物流供给质量，进一步推动经济高质量发展。

（二）支撑形成强大国内市场

面对"稳中有变、变中有忧"的经济发展形势，我国需转变经济发展方式。从我国经济发展的动力来看，受国际市场饱和、国际贸易保护主义抬头、中美贸易摩擦等因素影响，出口对我国国民经济的拉动力呈现逐步减弱的趋势。与此同时，消费对国民经济的贡献率连续多年不断提升，对经济发展起到了重要作用。为此，中央提出"促进形成强大国内市场，提升国民经济整体性水平"。物流活动一端连着生产，一端连着消费，对于促进形成国内强大市场具有重要支撑作用。

统计表明，消费与民生领域物流需求成为物流需求增长的重要驱动力，2018年单位与居民物品物流总额同比增长22.8%，比社会物流总额增速高出16.4个百分点。消费物流直接面对消费者，消费者更加关注物流时效和服务体验，物流个性化与多样化特征日益明显，对企业加大物流科技投入和如何将科技成果转化为生产力提出了更高要求。物流的高质量发展离不开物流技术的支持，需加大物流技术的研发投入以及应用力度，发挥投资关键作用。通过运用先进的物流技术，提高物流运行效率，降低物流成本，进而提升客户体验，促进消费增长。

（三）"AI+"助力制造强国建设

制造业是实体经济的主体，是供给侧结构性改革的重要领域。国务院印发的《中国制造2025》，提出立足国情，立足现实，力争通过"三步走"实现制造强国的战略目标。制造强国，质量先行，加快建设制造强国，需对我国制造业进行转型升级，实现先进技术与制造业的深度融合，推动其向先进制造业方向发展。制造业的整个生产服务链条体系包括原料采购、生产制造、仓储运输、批发零售等诸多环节，物流活动在整个生产制造过程中占据60%~70%的时间，对制造业生产效率与成本影响巨大。物流技术作为推动物流发展的重要动力，对产业发展也具有重要的支撑引领作用。如何更好地实现制造业转型升级和降本增效对物流技术研发与应用提出了一系列崭新要求。

《中国制造 2025》中提出要提升企业研发、生产、管理和服务的智能化水平，到 2020 年，制造业数字化、网络化、智能化取得明显进展。2019 年《政府工作报告》中指出"打造工业互联网平台，拓展'智能＋'，为制造业转型升级赋能。""人工智能＋"（"AI＋"）为技术提供了丰富的应用场景。面对制造业转型升级的发展需要，物流活动作为制造业全链条的重要组成部分，需拓展"AI＋物流"，加强人工智能等技术在物流领域的研究应用，提升物流过程的信息化及智能化水平，提升物流过程的运行效率及质量；加强先进物流技术与各行业的深度融合，提升供应链整体运作效率，加速形成信息化、网络化、智能化、集成化的供应链，提升供应链的智能化水平，为传统制造业赋能，为实体经济高质量发展注入新动能，为制造强国建设助力。

（四）服务"一带一路"建设

2013 年，习近平主席提出"一带一路"倡议，五年来，"一带一路"建设逐渐从规划走向实践，从愿景转化为现实。截至 2018 年 9 月，中国已同 100 余个国家和国际组织签署了合作协议，基础设施互联互通取得一系列早期成果。亚投行、丝路基金等投融资平台全面运转，政策沟通不断深化，合作机制不断完善，各领域合作广泛开展。习近平主席在第二届"一带一路"国际合作高峰论坛开幕式上的主旨演讲中指出"共建'一带一路'，关键是互联互通"。商品、资金、技术、人员流通是互联互通的体现，而物流作为互联互通的重要基础，对"一带一路"的发展具有重要支撑作用。

物流技术作为物流业发展的转型动力，如何更好地推动物流业服务于"一带一路"建设，对物流技术发展提出了新要求。物流技术需进一步把握数字化、网络化、智能化发展机遇，加强基础设施建设以及先进技术的研发力度，提升技术智慧化水平，提升物流服务效率、服务质量，进一步形成新业态与新模式，推动建设数字丝绸之路与创新丝绸之路。

（五）推进生态文明建设

近年来，环境问题日益受到关注，党的十九大报告将建设生态文明提升为"千年大计"，并指出"蓝天保卫战"是三大攻坚战的重要组成部分，绿色环保成为我国经济发展的必然选择。物流作为推动国家经济发展的支柱性产业，对环境产生的影响十分巨大。目前，我国物流行业正处于发展的战略机遇期，以粗放经营方式发展的传统物流产业需转型升级。实施绿色物流能够尽量减少资源消耗、保护环境，最大限度降低经济发展的环境成本，促进经济的可持续发展。

在环境承载力成为物流行业发展瓶颈的情况下，绿色物流不仅是物流企业践行社会责任的表现，更是未来物流企业可持续发展的必选项。构建绿色物流体系，实现物流行业可持续发展对物流技术提出了新要求。未来需进一步通过技术助力，推动包装材料发展以及模式创新，加强绿色物流技术的研究应用，加快实施调整运输结构行动计划，推进多式联运发展，推广清洁能源车等的应用，推动形成绿色制造供应链体系，加速全链路的绿色物流落地。

第二节　物流技术发展政策环境

面对经济形势的新变化，国家或地区层面作为宏观指引，从政府角度出台各项政策推动物流技术的进一步发展，推行利好政策，从推进物流信息化、智能化、绿色化发展等方面对物流技术提出新要求，指明未来发展方向。作为《中国物流技术发展报告》（2018）对政策环境分析的延续，本书选取 2018 年 8 月—2019 年 5 月的全部政策文件及 2018 年 8 月前对物流技术影响较大的政策文件进行相应总结梳理。

一、物流技术相关政策出台情况（见表 1–1）

二、物流技术相关政策要点

近年来，政府出台的各项有关物流技术的政策主要集中在加强物流设施设备建设、提升物流信息化水平、加快物流智能化建设、推进物流绿色化发展四个方面。

一是加强物流设施设备建设。物流设施设备是保证物流活动运行的基础，加强物流设施设备建设有助于进一步推动物流发展。设施方面，加快构建农村物流基础设施骨干网络。设备方面，加速中置轴厢式货车等标准厢式货运车辆应用；鼓励物流、快递、电子商务等企业应用标准化的托盘、集装篮等设备以及单元化设备；鼓励应用专业化包装、分拣、装卸设备，提高物流作业效率、减少货损货差。

二是提升物流信息化水平。物流过程可视化与信息化水平对于节省企业物流成本，提高企业运输效率，提升企业核心竞争力十分关键。提升物流信息化水平，一方面要加强物联网等先进信息技术的应用，采用先进的管理手段；另一方面要加强信息系统之间的对接，促使信息能在不同环节中顺畅流转。

三是加快物流智能化建设。物流的智能化能够提升物流作业效率，降低作业成本。政策从设备、技术两方面为提升物流智能化水平指出新方向。设备方面，加快数字化终端设备、智能化查验设施设备等普及应用，加大自动导引车、智能穿梭车、智能机器人等应用，提升仓内智能化水平。技术方面，加大 5G 技术、大数据、云计算、人工智能等先进信息技术在物流领域的研究应用力度。

表 1-1　物流技术相关政策出台情况

序号	发文时间	发文部门	政策文件名称	有关物流技术内容
1	2014 年 10 月 4 日	国务院	《国务院关于印发物流业发展中长期规划(2014—2020 年)的通知》(国发〔2014〕42号)	①创新驱动,协同发展。加快关键技术装备的研发应用,提升物流业信息化和智能化水平,创新运作管理模式,提高供应链管理和物流服务水平,形成物流业与制造业、商贸业、金融业协同发展的新优势。 ②节能减排,绿色环保。鼓励采用节能环保的技术、装备,提高物流运作的组织化、网络化水平,降低物流业的总体能耗和污染物排放水平。 ③完善标准,提高效率。推动物流业技术标准体系建设,加强一体化运作,实现物流运转业各环节,各种物流设施设备以及物流信息的衔接配套,促进物流服务体系高效运转。 ④进一步加强物流信息化建设。加强北斗导航、物联网、云计算、大数据、移动互联网等先进信息技术在物流领域的应用。 ⑤推进物流技术装备现代化。加强物流核心技术和装备研发,推动关键技术装备产业化,鼓励物流企业采用先进适用技术和装备
2	2016 年 7 月 29 日	国家发展改革委	《国家发展改革委关于印发〈"互联网+"高效物流实施意见〉的通知》(发改经贸〔2016〕1647号)	①构建物流信息互联共享体系,推动传统物流活动向信息化、数据化方向发展。 ②提升仓储配送智能化水平。利用互联网等先进信息技术手段,重塑企业物流业务流程,创新企业资源组织方式,促进线上线下融合发展,提高仓储、配送等环节运行效率及安全水平。 ③发展高效便捷物流新模式。依托互联网等先进信息技术,创新物流企业经营和服务模式,将各种运输、仓储等物流资源在更大的平台上进行整合和优化,扩大资源配置范围,提高资源配置有效性,全面提升社会物流效率

续表

序号	发文时间	发文部门	政策文件名称	有关物流技术内容
3	2017年1月4日	交通运输部等十八个部门	《交通运输部等十八部门关于进一步鼓励开展多式联运工作的通知》（交运发〔2016〕232号）	①实现行业信息共享。依托国家交通运输物流公共信息平台、电子口岸公共信息平台等现有信息管理系统建立多式联运公共信息资源平台，提供资质资格、认证认可、检验检疫、通关查验、税收征缴、违法违章、信用评价、班线计划等数据资源。放开枢纽站场、运力调配、政策动态等一站式服务。积极引导企业开发数据资源。②推广标准化运载单元。大力推广应用装箱、厢式半挂车等标准化运载汽车和货运车辆，探索发展模块化汽车列车。研究发展适应我国铁路和公路技术条件的大尺寸、大容量1200mm×1000mm标准托盘，推动一贯化带盘运输。研究开展可交换箱体技术研究，探索推进产业化研发应用。优先推广使用量1200mm×1000mm标准托盘，推动一贯化带盘运输。③加强专业化联运设备研发。鼓励企业研发应用跨运输方式的吊装、滚装、平移等快速换装装备和设备。组织开展重大技术装备关键技术和物联网在装运领域集成应用等专项科技攻关
4	2017年1月19日	商务部等五个部门	《商贸物流发展"十三五"规划》（商流通发〔2017〕29号）	①加强商贸物流标准化建设。重点完善基础类、服务类商贸物流标准，加快形成覆盖仓储、运输、装卸、搬运、包装、分拣、配送等环节的商贸物流标准体系。以"互联网+"为驱动，推动适应电子商务、连锁经营、共同配送等现代流通方式发展的商贸物流设施设备标准化，服务标准化和信息标准化。②加强商贸物流信息化建设。深入实施"互联网+"高效物流行动，构建多层次物流信息服务平台，发展经营范围广、辐射能力强的综合信息平台、公共数据平台和信息交易平台。③推动商贸物流专业化发展。重点推动电子商务、冷链、医药、生产资料等专业物流发展。发展冷链物流，加强多温层节能冷库、加工配送中心、末端冷链设施建设，鼓励应用专业冷藏运输、全程温湿度监控等先进技术设备。④促进商贸物流绿色化转型。引导企业创新绿色物流运作模式，实现节能降耗。加快淘汰落后用能设备，推进商贸物流资源配置和仓储配送管理，通过信息技术优化物流

续 表

序号	发文时间	发文部门	政策文件名称	有关物流技术内容
5	2017年2月13日	国家邮政局	《快递业发展"十三五"规划》	①鼓励快递企业建设现代化立体仓库和信息平台，推广应用自动化、信息化技术装备，提升处理能力和运营效率。探索"园区＋快递"的融合发展新模式，经营集约、功能集成。 ②提升快递企业与民航、铁路、公路、水路等运输企业合作深度，积极发展甩挂运输、多式联运，加强不同运输方式间的无缝衔接，提高物流集约化水平。制定并实施快递设施设备通用标准，提升运输专业化水平。 ③引导企业利用信息化、智能化手段，加强城乡社区末端网络模式创新，推进线上线下联动，强化信息流引领，优化配送路由组合，实现服务流程最短化。加强网点布局综合服务平台建设，鼓励企业升级改造末端服务网点，提升网点标准化程度。 ④推进科技创新。加强移动互联网、物联网、大数据、云计算、虚拟现实、人工智能等现代信息技术在企业和行业监管中的应用。 ⑤推动快递企业服务"中国制造2025"战略，积极融入智能制造、个性定制等制造业新领域。 ⑥推广绿色包装。落实国家鼓励节能减排、循环利用资源的优惠政策，鼓励企业采用清洁生产技术，大力降低原材料和能源消耗。开展绿色包装物品研究，支持企业研发生产节能、绿色、标准化、减量化和可循环利用降解的包装材料。 ⑦推动绿色运输。推广应用高效、节能、环保的运输装备，在中转盘驳、城市配送等环节积极推广使用电动车辆
6	2017年10月13日	国务院办公厅	《国务院办公厅关于积极推进供应链创新与应用的指导意见》（国办发〔2017〕84号）	①推动建设农业供应链信息平台，集成农业生产经营各环节的大数据，共享政策、市场、科技、金融、保险等信息服务。 ②将供应链上下游企业全部纳入追溯体系，构建全链条可追溯体系。 ③推进机械、汽车、船舶、航空、轻工、纺织、食品、电子等行业的智能化，加快人机智能交互、工业机器人、智能工厂、智慧物流体系等技术和装备应用。 ④开发应用绿色包装材料，建立绿色物流体系

续表

序号	发文时间	发文部门	政策文件名称	有关物流技术内容
7	2017年12月14日	工业和信息化部	《工业和信息化部关于印发〈促进新一代人工智能产业发展三年行动计划（2018—2020年）〉的通知》（工信部科〔2017〕315号）	①发展智能控制产品，加快突破关键技术，研发并应用一批具备复杂环境感知、智能人机交互、灵活精准控制、群体实时协同等同等特征的智能化设备。②推动智能硬件普及，深化人工智能技术在智能家居、健康管理、移动智能终端和车载产品等领域的应用。③支持车辆智能计算平台体系架构、车载智能芯片、自动驾驶操作系统、车辆智能算法等关键技术、产品研发，构建软件、硬件、算法一体化的车辆智能化平台。④支持智能避障、自动巡航、面向复杂环境的自主飞行、群体作业协同等关键技术研发与应用，推动新一代通信及定位导航技术在无人机数据传输、链路控制、监控管理等方面的应用
8	2018年1月23日	国务院办公厅	《国务院办公厅关于推进电子商务与快递物流协同发展的意见》（国办发〔2018〕1号）	①推广智能投递设施。鼓励将智能快件箱纳入便民服务、民生工程等项目，加快社区、高等院校、商务中心、地铁站周边等末端节点布局，鼓励传统物流园区适应电子商务和快递业发展需求转型升级，提升仓储、运输、配送、信息等综合管理和服务水平。②引导企业使用符合标准的配送车型，推动配送车辆智能化、厢式化。③加强大数据、云计算、机器人等现代信息技术和装备在电子商务与快递物流领域应用，大力推进库存前置、智能分仓、科学配载、线路优化，努力实现信息协同化、服务智能化。④加强快递物流标准体系建设，推动建立电子商务与快递物流各环节数据接口标准，推进快递物流一体化。⑤制定实施电子商务绿色包装标准，推广应用绿色包装技术和材料，推进快递物流减量化。⑥推动绿色运输与配送。加快调整运输结构，逐步提高铁路运输等清洁运输方式在快递物流领域的应用比例
9	2018年7月3日	国务院	《国务院关于印发打赢蓝天保卫战三年行动计划的通知》（国发〔2018〕22号）	①大力发展多式联运，加快推广集装箱多式联运，鼓励发展江海联运、江海直达、滚装运输、甩挂运输等运输组织方式。②加快车船结构升级，推广使用新能源汽车。

续 表

序号	发文时间	发文部门	政策文件名称	有关物流技术内容
9				③加快推进城市建成区新增和更新的公交、环卫、邮政、出租、通勤、轻型物流配送车辆使用新能源或清洁能源汽车,重点区域港口、机场、铁路货场等新增或更换作业车辆主要使用新能源或清洁能源汽车。 ④开展货物运输多式联运,内燃机及锅炉清洁燃烧等技术研究
10	2018年9月26日	中共中央、国务院	《乡村振兴战略规划(2018—2022年)》	①培育新产业新业态,研发绿色智能农产品供应链核心技术,加快培育农业现代供应链主体。加强农商互联,密切产销衔接,发展农超、农社、农企、农校等产销对接的新型流通业态。 ②加快构建农村物流基础设施骨干网络,鼓励商贸、邮政、快递、供销、运输等企业加大在农村地区的设施网络布局。加快完善农村物流基础设施末端网络,鼓励有条件的地区建设直向农村地区的共同配送中心。 ③实施数字乡村战略,加快物联网、地理信息、智能设备等现代信息技术与农村生产生活的全面深度融合,深化农业农村大数据创新应用
11	2018年10月9日	国务院办公厅	《国务院办公厅关于印发〈推进运输结构调整三年行动计划(2018—2020年)〉的通知》(国办发[2018]91号)	①促进"互联网＋货运物流"新模式发展,深入推进无车承运人试点工作。 ②大力推广集装箱、集装单元,支持企业加快运输载具、专用载运设备、快速转运设备、专用载机具等升级改造。 ③提高高集装箱共享共用和流转交换能力,利用物联网等技术手段提升集装箱管理综合信息服务水平。 ④加快新能源和清洁能源车辆推广应用。 ⑤提升物流信息服务水平,强化货物在途状态查询、运输价格查询、运输服务智能化,集装箱定位跟踪等综合信息服务,提高物流服务智能化、透明化水平
12	2018年10月11日	国务院办公厅	《国务院办公厅关于印发完善促进消费体制机制实施方案(2018—2020年)的通知》(国办发[2018]93号)	①加快推进第五代移动通信(5G)技术商用,支持企业加大技术研发投入,突破核心技术,带动产品创新,提升智能手机、计算机等产品中高端供给体系质量。支持可穿戴设备、消费级无人机、智能服务机器人等产品创新和产业化升级。

续　表

序号	发文时间	发文部门	政策文件名称	有关物流技术内容
12				②加强消费领域大数据应用。依托国家数据共享交换平台体系等基础设施资源，加快推动各部门、各地区消费领域大数据应用并实现互联互通。推动社会组织、电商企业等建设相关领域大数据库，支持专业化大数据服务企业发展
13	2018年12月14日	国家邮政局	《快递业绿色包装指南（试行）》	规定了快递业绿色包装坚持标准化、减量化和可循环的工作目标，加强与上下游协同，逐步实现包装材料的减量化和再利用
14	2018年12月24日	国家发展改革委、交通运输部	《国家发展改革委 交通运输部关于印发〈国家物流枢纽布局和建设规划〉的通知》（发改经贸〔2018〕1886号）	①加强新技术、新装备创新应用，具体为推广电子化单证、自动导引车、自动驾驶智能卡车、智能穿梭车、智能机器人、无人装卸等管理装备在全国国家物流枢纽内的应用，提升运输、仓储、分拣、配送等作业效率和管理水平；加强物流在板枢纽间的循环共用和回收利用，推广使用可循环、可折叠、可降解的新型物流装备设备和材料，鼓励使用新能源汽车等绿色车载运工具和装卸机械。②依托国家物流枢纽实现在板各环节资源优化整合和高效组织协同，发展供应链库存管理、生产线物流等新模式，满足敏捷生产、准时生产等特征的虚拟生产需要，探索发展以个性化定制、柔性化生产，资源高度共享为特征的云制造等现代供应链模式，提升全物流链条价值创造能力，实现综合竞争力。③提升邮件快件分拨处理智能化、信息化、绿色化水平
15	2019年1月3日	交通运输部	《交通运输部办公厅关于推进乡镇运输服务站建设加快完善农村物流网络节点体系的意见》（交办运〔2018〕181号）	①支持县级农村物流中心或农村物流龙头骨干企业建设县级农村物流综合信息服务平台，完善平台网上交易、运输组织、过程监控、金融保险、大数据分析等服务功能，并加强与电商、邮政快递等端对接。②加强农村物流信息化建设。应用条码、射频识别技术，加强货物交易、仓储、运输、配送全过程的监控与追踪，并实现信息数据与县级综合信息服务平台的互联互通。③加快装备升级改造。大力推广安全经济、节能环保的新能源车辆，不断提高新能源车辆在新增运力中的比重。鼓励农村物流、电子商务等企业应用托盘、集装箱、周转箱等标准化、单元化货物载具，邮政快递、分拣、装卸设备，提高农村物流作业效率、减少货物货差

续 表

序号	发文时间	发文部门	政策文件名称	有关物流技术内容
16	2019年1月25日	国务院	《国务院关于促进综合保税区高水平开放高质量发展的若干意见》（国发〔2019〕3号）	便利货物流转。运用智能监管手段，创新监管模式，简化业务流程，实行数据自动比对、卡口自动核放，实现保税货物点对点直接流转，降低运行成本、提升监管效能
17	2019年2月18日	中共中央、国务院	《粤港澳大湾区发展规划纲要》（国务院公报2019年第7号）	①支持香港物流及供应链管理应用技术、纺织及成衣、汽车零部件、纳米及先进材料五大研发中心以及香港科学园、资讯及通信技术、香港数码港建设。 ②加快智能交通系统建设、推进物联网、云计算、大数据等信息技术在交通运输领域的创新集成应用。 ③加强低碳发展及能环保技术的交流合作、进一步推广清洁生产技术，培育发展新兴服务业态、加快节能环保与大数据、互联网、物联网的融合
18	2019年3月1日	国家发展改革委	《关于推动物流高质量发展 促进形成强大国内市场的意见》（发改经贸〔2019〕352号）	①大力发展数字物流、加强数字物流基础设施建设，推进货、车（船、飞机）、场等物流要素数字化。加强信息化管理系统和云计算、人工智能等信息技术应用，提高物流软件智慧化水平。 ②鼓励应用智能化查验设施设备，推动口岸物流信息电子化，压缩整体通关时间，提高口岸物流服务效率、提升通道国际物流便利化水平。 ③加快绿色物流发展。持续推进柴油货车污染治理能力度。研究推广清洁能源（LNG）、无轨双源电动货车（纯电动）车辆和船舶，加快港电设施建设，推进靠港船舶使用岸电。 ④促进标准化单元化物流设施设备应用。鼓励应用中置轴辆挂式货运车辆。小型末端配送车辆为主体，支持集装箱、托盘、笼车、周转箱等单元化装载器具循环共用以及托盘服务运营系统建设，推动二手集装箱交易流转

续　表

序号	发文时间	发文部门	政策文件名称	有关物流技术内容
19	2019 年 3 月 5 日	国务院	2019 年《政府工作报告》	①深化大数据、人工智能等研发应用，培育新一代信息技术、高端装备、生物医药、新能源汽车、新材料等新兴产业集群，壮大数字经济。②强化工业基础和技术创新能力，促进先进制造业和现代服务业融合发展，加快建设制造强国。打造工业互联网平台，拓展"智能+"，为制造业转型升级赋能。支持企业加快技术改造和设备更新，将固定资产加速折旧优惠政策扩大至全部制造业领域。③提升科技支撑能力。加大基础研究和应用基础研究支持力度，强化原始创新，加强关键核心技术攻关

四是推进物流绿色化发展。绿色发展在资源日益紧缺、环境保护日益重要的当今成为物流的必然选择，政策从设备、技术、模式三方面为发展绿色物流提供了利好。设备方面，加快无轨双源电动货车、清洁能源、新能源运输工具应用普及，推广可降解、可循环使用的设备。技术方面，加强节能环保技术、清洁生产技术等研究，加大可循环、可降解材料的研究，推广包装减量化应用。模式方面，鼓励实行单元化装载器具循环共用模式，推动二手集装箱交易流转，促进公共"运力池""托盘池"等共享模式发展。

技术作为推动物流发展的重要因素，对于物流设施设备升级，信息化、智能化与绿色化发展十分关键，物流技术应把握政策释放的一系列利好，利用政策导向提升技术水平，进而更好地助推物流行业发展，实现物流业降本增效及可持续发展。

第三节　物流业发展现状

过去的一年间，物流业发展从规模化的发展方式转变为高质量的发展方式，主要体现在以下三方面：物流组织方式进行了转型升级，进入供应链组织形式；物流关注点发生了变化，注重资源整合、流程优化及组织协同等多方面，功能也在不断提升；先进技术与物流的融合不断加深，为物流业的发展提供了坚实支撑。物流业的发展一方面有赖于技术的不断进步，另一方面对技术的进步也有一定推动作用，把握物流业的发展情况对于物流技术发展有重要意义。

一、物流业运行情况

2018 年全年社会物流成本有所降低，整体运行效益有所提升，我国物流运行情况较为平稳，物流活动保持高质量运行。

（一）社会物流总额

2018 年全国社会物流总额 283.1 万亿元，同比增长 6.4%，增速比 2017 年同期回落 0.3 个百分点。2014—2018 年 5 年间全国社会物流总额，年平均增速约为 6.6%，呈稳步上升趋势。2019 年第一季度，全国社会物流总额为 66.5 万亿元，同比增长 6.4%，增速与 2018 年全年持平，但比 2018 年同期回落 0.8 个百分点。2018 年全国社会物流总额分季度看，第一季度同比增长 7.2%；上半年同比增长 6.9%；前三季度同比增长 6.7%，全年社会物流总额呈趋缓的发展态势。2014—2018 年我国社会物流总额及如图 1-8 所示。

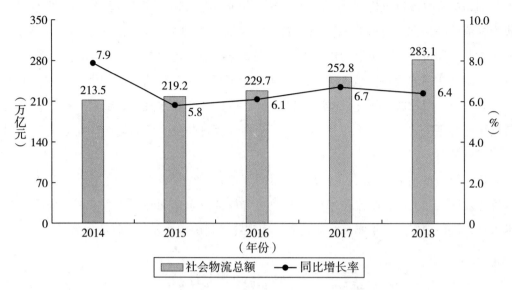

图 1 - 8　2014—2018 年我国社会物流总额及其同比增长率

资料来源：2014—2019 年第一季度《全国物流运行情况通报》，为当年数据。

（二）社会物流总费

2018 年我国社会物流总费用为 13.3 万亿元，同比增长 9.8%，增速比 2017 年同期提高 0.6 个百分点。社会物流总费用与 GDP 的比率为 14.8%，即每万元 GDP 所消耗的社会物流总费用为 1480 元，比 2017 年同期提高 0.2 个百分点，自 2013 年后进入连续回落阶段首次有小幅上涨。2019 年第一季度，社会物流总费用为 3.1 万亿元，同比增长 8.3%。从近 5 年的变化可以看出社会物流总额稳中有升，社会物流总费用与 GDP 的比率总体呈下降趋势，需求结构优化，物流运行环境进一步改善，供给侧结构性改革成效有所显现，产业向高质量发展阶段迈进。2014—2018 年我国社会物流总费用及社会物流总费用与 GDP 的比率如图 1 - 9 所示。

（三）物流业景气指数

2018 年我国物流业景气指数平均为 53.6%，物流整体运行有一定下行趋势，物流业保持良好发展态势。其中 2 月受春节影响，物流业景气指数正常回落，3—5 月，景气指数位于扩张区间，6—8 月，景气指数处于回落区间，9—11 月，景气指数位于扩张区间。全年来看，物流经济运行总体处于较为平稳的态势。2018 年 1—12 月我国物流业景气指数如图 1 - 10 所示。

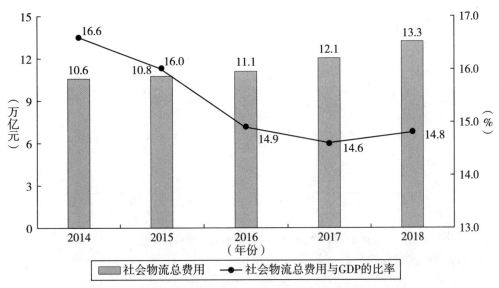

图 1 - 9　2014—2018 年我国社会物流总费用及社会物流总费用与 GDP 的比率

资料来源：2014—2019 年第一季度《全国物流运行情况通报》，为当年数据。

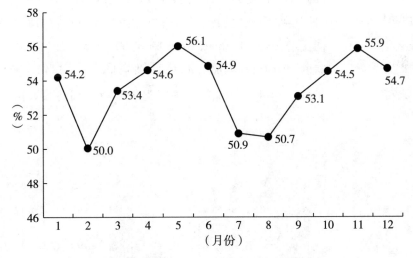

图 1 - 10　2018 年 1—12 月我国物流业景气指数

资料来源：中国物流与采购网。

（四）物流仓储指数

　　2018 年我国物流仓储指数平均为 51.3%。3 月各分项指数均位于荣枯线以上呈扩张态势，新订单、业务量、业务利润和周转效率等指数上升幅度均超过 10 个百分点。数据表明随着生产建设旺季的到来，企业备货需求有所增加，仓储业务活动明显恢复，物流行业保持良好运行态势。2018 年 1—12 月我国物流仓储指数如图 1 - 11 所示。

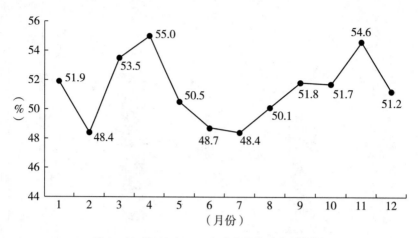

图 1－11 2018 年 1—12 月我国物流仓储指数

资料来源：中国物流与采购网。

（五）货运量与货运周转量

2018 年我国货运量为 515 亿吨，同比增长 7.1%，增幅较 2017 年有所收窄，2014—2018 年 5 年间我国货运量快速增加，年均增长率约为 5.9%。2018 年货运周转量为 205452 亿吨公里，同比增长 4.1%，增幅较 2017 年有所扩大，2014—2018 年 5 年间我国货运周转量快速增加，年均增长率约为 4.2%。货运量与货运周转量的快速增长体现出物流需求的不断扩大。2014—2018 年我国货运量及货运周转量如图 1－12 和图 1－13 所示。

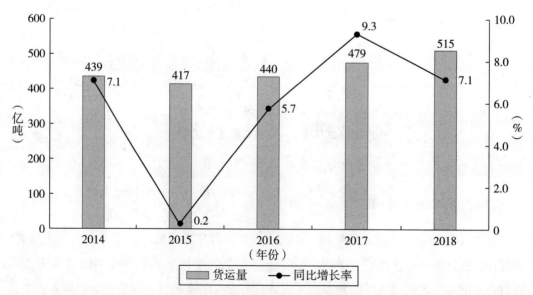

图 1－12 2014—2018 年我国货运量及其同比增长率

资料来源：国家统计局，为当年数据。

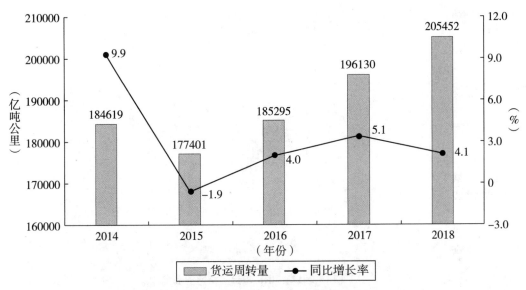

图 1－13　2014—2018 年我国货运周转量及其同比增长率

资料来源：国家统计局，为当年数据。

（六）快递业务量及快递业务收入

随着电子商务的不断发展，快递业得以高速发展，成为我国传统邮政业务发展的主要推动力。2018 年全年快递业务量达到 507 亿件，同比增长 26.6%，增幅较 2017 年有所收窄。2014—2018 年我国快递业务量快速增加，年均增长率约为 41.2%，处于高速增长状态。百亿件级的快递运输需求促进了快递业务收入规模的不断增加，2014—2018 年我国邮政业务和快递业务总收入水平不断提升。快递业务收入占我国邮政业务总收入的比重维持在 63% 以上，且占比在不断增加，快递业务收入占 GDP 的比重也在不断增加。2019 年第一季度，全国快递服务企业业务量累计完成 122.5 亿件；业务收入累计完成 1543 亿元。快递业的不断发展离不开物流技术的支持，随着自动导引运输车（AGV）、机器人、增强现实（AR）技术等技术的不断普及，物流运行效率大大提升，成本有所降低，促进了快递业的向好发展；同时，随着快递业的加速发展，物流技术将会进一步发展。2014—2018 年我国快递业务量、快递业务收入及快递业务收入占邮政业总收入与 GDP 比重如图 1－14—图 1－16 所示。

二、物流业发展特点

2018 年是我国物流业技术创新、转型升级的一年，降本增效取得了一定成效，整体运行显现出一些新特点。过去的一年间，物流基础设施建设不断提速，科技创新与应用不断加快，对外开放程度持续扩大，行业集中度有所提升，绿色发展理念日益加强，物流与其他产业的融合逐步纵深发展。

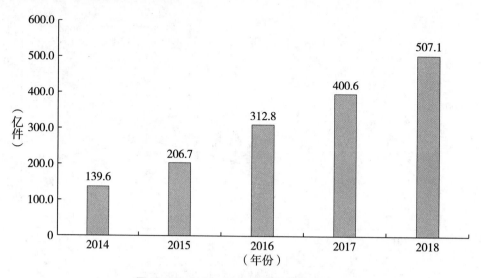

图 1 - 14　2014—2018 年我国快递业务量

资料来源：国家邮政局，为当年数据。

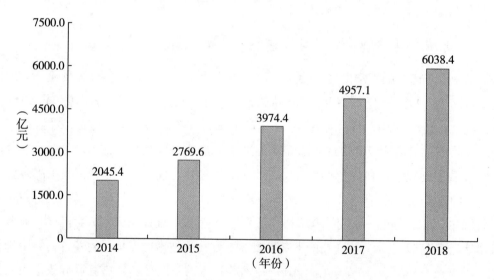

图 1 - 15　2014—2018 年我国快递业务收入

资料来源：国家邮政局，为当年数据。

（一）基础设施建设不断提速

2018 年交通固定资产投资完成 3.18 万亿元。截至 2018 年年底，全国铁路营业里程达到 13.1 万千米，其中高铁营业里程 2.9 万千米以上；公路总里程 484.65 万千米，其中高速公路里程 14.26 万千米；内河航道通航里程 12.71 万千米，港口拥有生产用码头泊位 23919 个；颁证民用航空机场达 235 个，综合交通运输网络愈加完善。2018 年全国包括运营、在建和规划的各类物流园区共计 1638 家，比 2015 年的 1210 家增加

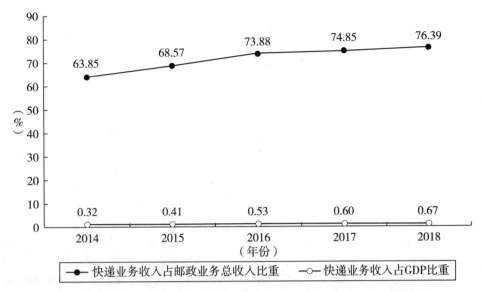

图 1 – 16　2014—2018 年我国快递业务收入占邮政业务总收入与 GDP 比重

资料来源：国家统计局、国家邮政局，为当年数据，其中邮政业务总收入不包括邮政储蓄银行直接营业收入。

428 家。2018 年 12 月 21 日，国家发展改革委、交通运输部会同相关部门发布了《国家物流枢纽布局和建设规划》，落实党的十九大关于加强物流等基础设施网络建设的决策部署，科学推进国家物流枢纽布局和建设，提出到 2020 年和 2025 年，分别确定 30 个和 150 个左右国家物流枢纽，进而更好地发挥物流枢纽的规模经济效益，打造低成本、高效率的全国性物流服务网络。基础设施建设的不断提速，为物流技术的发展提供了硬件支持，有利于物流技术的进一步发展。

（二）"AI +" 物流加速推进

2018 年，越来越多的企业组成联盟，合作开展深入的信息技术研究，在大数据、云计算、人工智能、电子运单等方面的研究不断深入。信息技术在物流领域不断加大应用，大数据、语音识别、深度学习、无人机、无人车等技术应用不断加快，在物流领域应用范围扩大，提升了企业的信息化水平，很大程度上提高了物流企业作业效率、作业质量及预测准确度，降低了人力成本，促使企业决策更加科学，实现了企业的降本增效。越来越多的物流企业加入智慧物流行列，"数字驱动、协同共享"的产业生态体系逐步完善，科技创新与应用程度不断加深，"AI +" 物流不断推进。

（三）对外开放程度持续扩大

2018 年共开行中欧班列 6300 列，同比增长 72%，提前两年完成《中欧班列建设发展规划（2016—2020 年)》中所设目标，其中返程班列 2690 列，同比增长 111%，返程班列与去程班列的比值由 2017 年的 53% 增至 72%。截至 2018 年年底，中欧班列 8 年累计开行 12937 列，不断拓展覆盖区域，国内开行城市增至 56 个，共开设 65 条中欧班列线，覆盖欧洲 15 个国家、49 个城市，形成了统一从西、中、东三条通道出境的格局。快递物流企业支撑的跨境电子商务贸易额超过 3500 亿元，为了更好地满足"走出去"和"买全球""卖全球"的物流服务需求，更多的国内物流企业在"一带一路"沿线国家、地区投资。2018 年 11 月举办的中国国际进口博览会进一步推动了国际贸易和国际物流的繁荣，助推国际物流的进一步发展。随着对外开放不断扩大，作为支撑国际物流发展重要力量的物流技术，其发展前景广阔。

（四）行业集中度有所提升

企业兼并重组做大做强。2018 年，中远海控成功收购东方海外，深化集装箱运营业务；顺丰收购 DHL（中外运敦豪）在华供应链业务，加速向综合物流服务商转型；深圳投控入股怡亚通，打造高端服务产业集群；万科物流并购太古冷链，布局全国冷链物流版图；天地华宇并入上汽物流板块，加快向综合物流服务商转型；中铁快运与顺丰组建合资公司发力高铁快运，铁路混改不断深入。龙头物流企业通过兼并重组不断优化自身战略布局与业务架构，加快转向多元化与规模化。

市场集中度进一步提高，一批综合实力强、引领作用大的龙头企业加速成长。截至 2019 年 2 月，全国 A 级物流企业达 5025 家，其中，5A 物流企业 310 家。在细分物流领域，星级冷链物流企业 60 家，星级车队企业 118 家，"中国物流企业 50 强"主营业务收入超 1 万亿元。随着物流行业集中度不断提升，企业实力不断加强，物流技术发展的基础不断向好。

（五）绿色发展理念日益加强

新能源车辆更加普及，多地对高污染的柴油重卡限行或禁行，顺丰等企业更换新能源车辆，郑州等多个城市出台相应政策要求将物流配送车更换为新能源车。电子运单发挥更大作用，菜鸟大力推广电子装箱单的使用，每年节省纸质运单超过 300 亿张；中通的电子面单的使用率超过了 97%。轻量化包装不断普及，随着新零售模式的推广，原箱发货、就近配送、门店发货比例不断提升。随着商品配送距离与时间的缩短，更多商品实现了轻量化包装；全国零售小店的货物配送中，原箱发货近 4 成，直接回收再利用的旧纸箱达到 30%。包装循环利用比例不断提升，截至 2018 年年底，菜鸟在高校起步的"回箱计划"已在全国 200 多个城市设立了约 5000 个回收台；苏宁"漂流箱行动"扩展到 14 个城市，在末端投递环节投入更多循环包装箱；申通通过定期回收再利用等措施，减少使用包装耗材10%。绿色物流理念的日益加强，有利于推动物流技术绿色化发展。

（六）产业融合逐步纵深

2018年，工业和信息化部鼓励服务型制造，一批服务型制造示范企业和示范项目聚焦供应链物流，现代物流业与制造业深度融合，助力制造业高质量发展。2018年全年工业品物流总额256.8万亿元，占社会物流总额的90.7%，较2017年同比增长6.2%。制造企业物流外包规模扩大，程度加深，运输、仓储等单环节的物流外包逐步向全链条的集成外包转变；精益物流、线边物流、物流控制塔等现代物流模式得到推广；物流一体化、专业化、可视化水平不断提升；供应链物流成为趋势，对制造企业降本增效作用持续增强。冀中能源国际物流集团、厦门象屿股份有限公司等物流企业融入制造、商贸企业供应链，开展供应商管理库存、物流仓配一体化及供应链金融等业务。物流与其他产业的不断融合，为物流技术发展提供了更加广阔的应用领域。

第四节　智慧物流发展现状

随着信息技术的快速发展，现代物流也逐步完善，前沿技术不断融入仓储、运输、配送等物流环节，极大地提高了物流服务质量。近年来，人工智能、大数据、云计算、物联网等信息技术不断进步，技术升级成为驱动物流业不断发展的核心动力，随着5G移动通信技术的全面商用，信息技术应用将更加广泛。随着"中国制造2025"的不断深入，智慧化成为技术的发展趋势，面对"新技术、新模式、新业态"的创新发展需求，物流业对物流技术提出了新要求。

一、智慧物流技术发展情况

智慧物流是指通过智能硬件、物联网、大数据等智慧化技术与手段，提高物流系统分析决策和智能执行的能力，提升整个物流系统的智能化、自动化水平。智慧物流通过应用大数据、云计算、人工智能等先进技术，赋能物流，进而实现智能配置物流资源、优化物流环节、减少资源浪费，大幅提升物流运作效率，实现物流整体运作过程中降本增效的目的。"中国制造2025"的提出为智慧物流提供了良好的发展环境，国家、地方不断出台政策促进智慧物流的发展，提升物流整体运营的智能化程度。过去的一年间，菜鸟、京东、苏宁、顺丰等企业不断加大物流技术的研究投入与应用力度，各大巨头企业在物联网、大数据、人工智能、无人技术等前沿领域均取得了相应成果，我国智慧物流发展取得了显著成效，2018物流创新图谱如图1-17所示。

图 1-17　2018 物流创新图谱

资料来源：罗戈研究院《2018 物流创新图谱》。

（一）物联网技术

物联网全面连接物流资源，推动物流"在线化"发展。2018 年，全国动态监控货运车辆超过 570 万辆；智能快递柜将云计算和物联网等技术结合，实现快件存取和后台中心数据处理，可通过摄像头实时监控货物收发等情况。截至 2018 年 8 月，丰巢科技服务有约 120 万名快递员、1.5 亿多位消费者，已在 100 多个重点城市联手 5 万多家物业企业，完成 12 万多个网点布局；9 月，菜鸟启动物流物联网（IoT）战略，宣布与快递合作伙伴一起正式上线视频云监控系统，开启"物流天眼"，实现对场站的智能管理，推动物流数据化转型。

（二）大数据技术

物流大数据加快在物流领域的应用。大数据能够整合物流与商流数据，帮助企业分析运营状况、不断检测改进，目前大数据在物流领域主要应用于决策与预测两个方面。2018 年 4 月，顺丰控股与 8 家供应链企业或其子公司签署了《关于设立超级大数据合资公司之股东协议》，成立供应链大数据平台，深度挖掘行业数据价值。

（三）人工智能技术

"语音助手、单证识别、深度学习"等人工智能技术助力物流产业高效运行。在零售场景中，智能感知设备可以帮助商家获取在传统零售场景中无法获取的消费者大数据，如年龄分布、性别分布、热销商品等，进而更加准确地预测需求，帮助商家持续优化经营策略，让消费者能够更加快速地找到自己想要的商品，让商家、消费者能够获得双赢。2018 年"双 11"到来之前，全国已有 5 大快递公司启用菜鸟智能语音机器人，自动完成"派前电联"，反馈消费者的配送需求，快递员无须再逐一拨打客户电话；北京汇通天下物联科技有限公司（G7）提出了"人工智能（AI）＋智能资产（IA）"战略，利用大数据、AI 等前沿技术，使传统的物流装备具备自动感知、交互和学习三大核心能力，进而提升物流整体运行效率。

（四）物流无人技术

物流无人技术逐步推广，"无人机、无人车、无人仓"等创新应用取得了显著成果。在无人机方面，2018 年 2 月，京东取得了覆盖陕西全省的无人机物流运营许可证；3 月，顺丰获得首张无人机航空运营（试点）许可证；5 月，饿了么宣布获批开通我国第一批无人机即时配送航线，送餐无人机正式投入商业运营；同月，中国邮政速递物流水陆两栖无人机在湖北荆门试飞成功；10 月，顺丰参与研发的大型货运无人机AT200 完成了异地转场飞行试验，标志着无人机向民用化和商业化发展又迈进了一步；11 月，京东自主研发的支线无人机"京鸿"完成首飞。在无人车方面，部分城市开展无人驾驶（也作自动驾驶）货车道路测试；11 月，苏宁无人车"卧龙一号"正式落地成都，继北京、南京之后，成都成为第三个实现无人车常态化运营的城市，"卧龙一号"无人车结合物联网、云计算、AI 等最新科技元素，通过激光雷达、面阵雷达、全球定位系统（GPS）、惯性导航传感器互相配合完成日常运作。

（五）区块链技术

区块链技术应用在物流领域加速发展。2018 年 2 月，菜鸟与天猫国际共同宣布，启用了区块链技术跟踪、上传、查证跨境进口商品的物流全链路信息，涵盖了生产、运输、通关、报检、第三方检验等商品进口全流程，将给每个跨境进口商品打上独一无二的"身份证"，供消费者查询验证；同月，腾讯在第三届全球物流技术大会上与中国物流与采购联合会签署了战略合作协议，联合发布了双方首个重要合作项目——区块供应链联盟链及云单平台，标志着腾讯区块链正式落地物流场景；3 月，京东对外发布了一份名为《区块链金融应用白皮书》的报告，梳理了区块链的金融应用场景，包括了资产证券、保险、供应链金融等 10 个金融场景，就区块链技术如何助力金融行业提升效率进行了深入研究；5 月，京东成立了国内首个"物流＋区块链技术"应用联盟，该联盟旨在搭建国内外区块链技术互动平台，联合政府部门和相关机构共同推动建立区块链在物流行业统一的应用技术标准，解决区块链技术的共性、关键性问题，助力区块链技术在物流行业的创新与推广。

（六）社会化平台

物流企业"数字化"转型提速，提升物流全流程可视化、决策智能化水平等成为研究重点，社会化平台发展取得一定成效。中国外运开启智慧物流战略，以全面数字化转型为基础开展运营模式、商业模式、组织模式的全方位重构，推出"运易通"等一批社会化物流平台，推动产业智慧化转型之路；际链科技通过强大的技术系统，借力物流网络投资管理平台普洛斯与智慧物联网公司 G7，合力打造城市共配、数字园区和物流数据云平台三大类产品，将园区业主、仓储服务商、运输服务商、金融服务商紧密相连，形成高效的智慧物流基础体系，推动商业繁荣；oTM 公司运营的 oTMS 平台，连接货主、第三方物流、运输公司以及收货人，打通物流运输产业链中的信息流，提供综合运输管理服务，并设计了可智能匹配货主方与承运商方的招投标平台——友货来。

二、智慧物流发展面临的挑战

（一）用户信息安全保护

随着物联网、大数据的不断发展，如今处于万物互联的时代，商家可以收集到的数据类型不断丰富，数据量级有质的飞跃，大数据已经成为新的生产力。寄件、收件、扫码、支付等生活中的各个环节，都会产生和使用客户数据，包括姓名、地址、联系方式等信息。艾媒咨询发布的《2018 上半年中国智慧物流行业监测报告》显示，45.2% 的受访网民希望智慧物流技术未来能改善当下物流配送中个人隐私泄露的问题，由此可见个人隐私成为用户评价物流服务质量的重要指标。目前，菜鸟、腾讯等企业正加大区块链等技术的研究力度，加快其在物流领域中的应用，使用新技术、新手段、新设备以便更好地保护用户信息安全；京东、顺丰等快递企业推出了隐私面单、扫码发件等产品，隐去了收件人以及寄件人的相关信息，保护了用户的个人隐私。如何更好地注重用户隐私保护，为智慧物流发展提出了新的挑战。

（二）温度化服务需求

近年来，一方面，随着移动互联、大数据等技术的不断发展，技术的支持赋予了消费者更多选择及便利性，消费者购物的时空限制被打破，产品的价格优势不再凸显，产品间质量差异日益缩小；另一方面，随着经济不断发展，人民的物质文化生活水平日益提高，消费需求日益升级。消费者在进行购物决策时，已不只关注所购商品的质量与价格，也注重在购买时与购买后的体验，包括购买便利性、物流速度等。随着线上线下相融合的趋势不断加大，如何精准地匹配消费者需求，提升消费者体验对新时代下物流运作提出了新的挑战。智慧物流在今后的发展中，需着重在消费者需求预测方面发力，精确刻画消费需求画像，提高响应速度；同时，建立全链路智能化的物流体系，使整个物流过程更加精准高效。

三、智慧物流发展展望

国家及地方多项激励政策的陆续出台，企业的投入不断加大，互联网、人工智能、5G 等现代信息技术不断发展，使得智慧物流处于重要的战略机遇期。物流与现代信息技术的结合为物流业转型升级、降本增效带来了更广阔的空间。智慧物流未来将不断发力，助力行业转型升级，智慧物流未来发展方向有以下五个。

一是机器人将加大应用范围。机器人在物流领域中应用主要有 AGV、码垛机器人及分拣机器人，分别用于货物的搬运、分拣，各种形状物品的码垛、拆垛作业。目前，京东、阿里巴巴、苏宁等电商企业与顺丰、中通等快递企业已使用大量物流机器人来提高作业效率。随着货运量、快递量的不断提高，企业对物流机器人的需求将持续增强，将有越来越多电商、物流企业投入研发、配置物流机器人。目前，物流机器人正处于蓬勃发展阶段，现有物流机器人能够满足物流基本作业场景需求，随着技术不断发展进步，在 AI 等新技术进一步辅助下，物流机器人将被更广泛地应用于各种场景。

二是智能仓储将更加普及。仓储是物流过程中重要的环节之一，仓储效率、管理的精细化程度对实现高效物流有至关重要的作用。京东、菜鸟、苏宁等电商、快递企业积极布局仓储网络，应用 AGV、码垛机器人等产品可有效提高仓储效率，减少差错率。2018 年 9 月，菜鸟网络开始在全国启动超级机器人仓群，将陆续在上海、天津、广东、浙江、湖北等重点省的物流枢纽落地，通过智能算法、自动化流水线、AGV 机器人等，提升仓内的自动化、智能化作业水平；京东亚洲一号仓库数量已经从当初的 1 个扩展到 9 个，覆盖上海、广州、武汉等 8 大城市；苏宁物流已全面社会化开放运营，其仓储面积为 600 万平方米，拥有 8 大全国物流中心，47 个区域物流中心，20 个平行仓。未来，随着物流技术的不断发展以及人工成本的不断提高，智能仓储将得到更大范围的应用。

三是无人技术将加快应用步伐。无人驾驶方面，随着国内无人驾驶技术和智能网联的发展，封闭或开放测试区在各地纷纷设立。百度、美团等众多企业均推出了基于无人驾驶技术的服务产品，其中包括无人配送小车、无人驾驶重型卡车等。现阶段来看，干线运输的无人驾驶应用较为复杂，短时间内很难实际应用，需要积极与地方政府沟通交流，做好相关配套措施，推动干线运输无人驾驶应用进程；末端配送的无人驾驶技术相对简单，在5G技术、北斗卫星导航等技术的支持下，末端配送的无人驾驶实际应用将会加快步伐。

四是智慧物流将更多地被纳入城市基础设施。快递包裹收来送往、物流车辆川流不息、仓储系统昼夜运转，智能物流既连接生产流通，也服务终端消费者，逐渐成为城市核心的基础设施。一方面，连接众多无人机的无人中转站、由配送机器人组成的智能配送站、车路协同所需的感知基站等智能物流基础设施正逐渐成为城市不可或缺的基础设施；另一方面，越来越多地方政府在宏观层面将智能物流体系纳入城市基础设施建设，企业也开始为城市智能物流规划出策出力，比如京东物流联合八家单位共同成立城市智能物流研究院（雄安），服务雄安新区智能物流和智能城市建设，进行地下物流探索和前瞻研究。未来，智慧物流将逐步成为城市的基础设施，为智慧城市建设添砖加瓦，做出不可磨灭的贡献。

五是智慧物流将向与供应链的各个环节纵深联合以及专业化发展。当前智慧物流在供应链中的应用主要集中在采购物流、生产物流以及销售物流等环节，各个环节应用独立性较强；此外，智慧物流在危化品物流等专业物流方面应用较少。未来，随着技术的不断发展，智慧物流将提升供应链各个环节的智能化程度，驱动整个供应链进行上下游的组合，串联上游原材料生产、下游销售各个环节，实现供应链全程智能可控、实时可视化；同时，智慧物流将扩大应用范围，加大在冷链物流、危化品物流、服装物流等专业物流垂直领域的研究应用力度。

第二章 国际物流技术

第一节 欧美物流技术发展情况

一、欧美物流技术发展概况

伴随着新技术的不断涌现，欧美国家物流技术企业通过将人工智能技术、区块链技术以及各种机器人技术等新兴技术，与传统物流环节乃至供应链各环节相结合，打通各环节之间存在的障碍与壁垒，解决服务中出现的痛点与难点，高效率、高质量地开展各种物流活动。欧美物流企业通过对新兴技术进行研究分析，获取与新技术相匹配的实际应用场景，实现新技术获取与实际应用场景的良好匹配，从而更好地服务客户，提升客户满意度和忠诚度。以新技术促进新应用和新发展，成为欧美物流技术发展的一个重要特征。

二、欧美物流技术介绍

（一）新技术在传统物流设备中的应用

1. 新型托盘的应用

（1）Pally 轮式托盘

Pally 轮式托盘是集移动性与循环性于一体的托盘。它可以将静态托盘完美转换为移动托盘，从而实现流通过程的简便化。如图 2－1 所示，Pally 轮式托盘可重复使用，是一种集成托盘系统，将静态托盘的功能性与移动性结合在一起，减少传统零售分销过程中不必要的流程，提高作业效率。静止时，Pally 轮式托盘是一个稳定的可以存储的平台，与传统托盘相似。当按压踏板，静态托盘则可变为移动托盘。它的即时移动性为叉车提供了一个可自由通行的仓库环境，也可实现分拨中心标准拖车的快速装载和快速卸载。Pally 轮式托盘可以在几秒钟内实现由静态托盘到移动托盘的高效转换，用户可以根据需要变换 Pally 轮式托盘的形式，其多功能性提高了端到端的供应链效率。

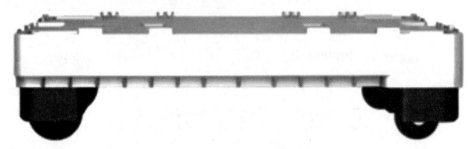

图2-1 Pally 轮式托盘示意

资料来源：2018 年度国际最佳创新托盘设备大盘点. https：//t. cj. sina. com. cn/articles/view/1881607345/70270cb100100bnjk。

目前 Pally 轮式托盘主要应用于以下几个场景：一是作为用于存储的静态托盘到用于分销和贩卖的移动托盘，适用于整个供应链过程；二是 Pally 轮式托盘与 Pally Dolly 手提袋结合，用于零售店日益增长的网上零售业务，零售人员将产品拣到手提袋中，将它们放在 Pally 轮式托盘上，不仅可以进行存储，而且可以方便客户取货；三是由于 Pally 轮式托盘无须与地面接触，可以在零售过程中快速卸载，因此可用于盛装大量散装的瓶装饮料等。此外，Pally 轮式托盘能够滚下卡车并落在过道上，可以轻松地在商店里移动。

（2）可扩展移动托盘流

可扩展移动托盘流是可以在所需时间和地点，为即时先进先出托盘流装架仓储提供一种经济高效的解决方案。可扩展移动托盘流能够作为一个压缩单元滚动，这个压缩单元可以扩展为浓密紧缩的巷道，长度达 10 个托盘，如图 2-2 所示。一旦在某处锁定且完全扩展，托盘能实现一侧装载货物，货物通过耐用轮"走"至另一侧，供叉车取出，如图 2-3 所示。当所有托盘都被移走，巷道可以折叠为储物地，也可以移动至下一个活动区域。

图2-2 可扩展移动托盘流

资料来源：2018 年度国际最佳创新托盘设备大盘点. https：//t. cj. sina. com. cn/articles/view/1881607345/70270cb100100bnjk。

图 2 - 3 可扩展移动托盘流工作场景示意

资料来源：2018 年度国际最佳创新托盘设备大盘点. https：//t. cj. sina. com. cn/articles/view/1881607345/70270cb100100bnjk。

从生产线到存储区域，从码头到集卡的订单执行，或者从集卡到托盘的纸箱卸载，可扩展移动托盘流主要具有以下几个优势：一是能够减少仓库内移动时间，提高生产力，节省劳动力和燃料成本；二是伸缩自如的设计使其长度可变换至 10 个托盘，用手指轻击即可实现移动和折叠；三是拥有支柱脚，使其可随处锁定、易于支撑且稳定、安全；四是自带照明灯光，在操作过程中确保运输安全性，使其可进入任何仓库地点；五是拥有良好的定制服务，带来了友好的用户体验，增强了实用性。

（3）新型托盘材料 Proliant

Proliant 是奥比斯（ORBIS）公司开发的专用防火塑料材料，用于制造塑料托盘，如图 2 - 4 所示。它由工厂相互保险组织（Factory Mutuals，FM）认证批准，其防火等级与木制托盘相当。Proliant 作为一种完全可回收的不含卤素和无溴的材料，具有更好的卫生性、耐用性和可折叠性，因此用这种材料制造的托盘性能优于其他托盘，且能够降低每次移动成本。

图 2 - 4 新型托盘材料 Proliant 示意

资料来源：2018 年度国际最佳创新托盘设备大盘点. https：//t. cj. sina. com. cn/articles/view/1881607345/70270cb100100bnjk。

Proliant 还符合美国食品药品监督管理局（Food and Drug Administration，FDA）的要求，被食品和饮料加工商用于制定工厂阻燃托盘解决方案。用 Proliant 生产的托盘适用于快节奏、高强度监控行业，如食品和饮料，汽车，制药和零售等行业，可为这些行业创造出巨大价值。

2. 新型叉车的使用

（1）Manitou 电动型/内燃型工业叉车系列

曼尼通（Manitou）是一个工业叉车制造商，如图 2-5 和图 2-6 所示，研发人员在对工业行业进行探索之后，去除了叉车无利于市场的特性和功能，使得这些叉车更加简单且低价。叉车的尺寸范围从三轮到四轮，升力容量从 1315.42 千克到 6985.32 千克，升力高度可达 6.5 米，可在户外空间范围有限之处工作，可通过最小为 3.12 米的狭窄通道。

图 2-5 Manitou 内燃型工业叉车

资料来源：曼尼通在 MODEX 2018 上展示新品叉车和高空作业平台（附图）．http：//www. mei. net. cn/gcjx/201804/774401. html。

图 2-6 Manitou 电动型工业叉车

资料来源：曼尼通在 MODEX 2018 上展示新品叉车和高空作业平台（附图）．http：//www. mei. net. cn/gcjx/201804/774401. html。

全新的 Manitou 电动型/内燃型工业叉车具有性价比高、易于使用、易于维护的优点，由于构造简单，因此具有良好的可维护性。Manitou 电动型/内燃型工业叉车目前主要应用于商店、仓库、分拨中心、物流中心和采购中心。

（2）Raymond 前叉式叉车

雷蒙（Raymond）公司推出工业界首款前叉式叉车，如图 2-7 所示，该叉车采用全集成远程信息处理技术，可通过 7 英寸（1 英寸≈0.254 米）彩色触摸屏进行访问和控制，集合了耐用性、可靠性、连接性与功能性多种特性为一体。前叉式（Reach-Fork）叉车配备有操作员显示器、操作员摄像系统显示器、高度/斜度指示器等仪器设备，通过对这些仪器设备进行优势组合，实现全新的连接功能，增强可视性、提高生产力。连接功能可以将仓库和配送中心的数据和任何其他需要显示的内容集成到一个单元中，从而实现对于整个仓库数据的共享，高效地开展各项物流活动。

图 2-7　Raymond 前叉式叉车仪器设备示意

资料来源：Ragmond Reach - Fork tracks offer enhanced operator experience and increased warehouse productivity. https：//www.plantservices.com/vendors/products/2018/raymond-reach-fork-trucks/。

前叉式叉车可将叉车传统技术和远程信息处理技术整合到一个简化的解决方案中，减少所需要的外部设备数量，其独特的中央显示器设计，符合操作者的视角，使操作更直观、轻松，从而提升叉车使用性能和生产效率。

3. 新型拖车和新型推车的使用

（1）SOMI 拖车

索米（SOMI）拖车作为一种新型拖车，如图 2-8 所示，其外部尺寸跟一般拖车相同，却可额外多运载 8 个托盘。如图 2-9 所示，SOMI 拖车通过降低中间甲板并向前滚动其他甲板，在正常尺寸的拖车中创建了第 2 层，从而装载更多托盘。而它的长、宽、高均为正常尺寸，适用于正常尺寸的卡车、装卸码头和装载设备。因此，SOMI 拖车意味着外部尺寸相同的情况下拥有更多的内部空间。

图 2-8 SOMI 拖车外部结构示意

资料来源：2018 年度国际最佳创新叉车、拖车和智能引导车，有什么厉害之处？http：//www.sohu.com/a/ 251510540_ 168370。

图 2-9 SOMI 拖车内部结构示意

资料来源：2018 年度国际最佳创新叉车、拖车和智能引导车，有什么厉害之处？http：//www.sohu.com/a/ 251510540_ 168370。

SOMI 拖车通过降低车中间甲板，将车下方的部分空间贡献给货箱，从而增加置物空间，多携带的 8 个额外托盘可以节省 1/5 的行程，从而实现降低成本、减少燃料使用、减少二氧化碳排放的效用。目前全球超过 50% 的货运公路可以使用 SOMI 拖车，使用行业覆盖生鲜冷冻食品、零售、汽车等。使用 SOMI 拖车可节省整个供应链的成本、时间，且对衔接配套设备无特殊要求。

（2）Sit-Back 自动推车

自动推车公司（Sit-Back Vehicles）的 Sit-Back 自动推车是一款用于搬运仓库物料的自动推车，如图 2-10 所示。传统的自动导引运输车（AGV）需要地板磁铁或导航信标才能导航。然而，新技术的进步已经发展到使用自动驾驶技术的室内自动驾驶车辆（Self‑Driving Vehicles，SDV）或自主移动机器人（Autonomous Mobile Robots，AMR）。Sit‑Back 自动推车配备各种传感器和强大的车载电脑，使其能够在室内巡航，即使当时室内存在一些已有的基本设施（如柱子、墙壁和架子），Sit‑Back 自动推车能够在几小时内绘制地图而无须改变建筑结构，通过设置行车路线，启动运行。此外，Sit‑Back 自动推车可以配置多个搁架，承载 453.6 千克重量，且电池寿命较长。结合传感器和计算成本的降低，Sit‑Back 自动推车已经成为一款经济实惠的机器人，能够极大地提高工厂的生产效率。

图 2－10　Sit‑Back 自动推车

资料来源：MHI 官网. https：//Exhibit. mhi. org。

（二）智能自动化物料搬送系统

1. Beckhoff XPlanar 平面磁悬浮输送系统

倍福（Beckhoff）从 1980 年成立以来，38 年坚持基于 PC（个人计算机）的自动化新技术，研发了大量的创新产品和解决方案。如今，Beckhoff 早期提出的概念已成为许多自动化技术的标准，且被成功引入市场。其开发的以太网控制自动化技术（Ether-CAT）于 2014 年成为我国国家推荐性标准，并已入编工业和信息化部的《国家智能制造标准体系建设指南》。

XPlanar 平面磁悬浮输送系统为机械设计开辟新途径，动子托盘可自由悬浮在由传输平面模块拼接组成的任意形状的传输平面上运动，可以实现极其灵活、精确且高动态的定位任务。对于设备制造商而言，可以最大限度地提高灵活性并简化机器设备设计。

如图2-11所示，XPlanar可以将随意排列的传输平面模块与悬浮在其上方的动子托盘完美结合。在运动性能上，动子托盘可以在二维平面上进行无摩擦、无接触的运动，最高速度可达4米/秒，加速度可达2g，重复定位精度可达50微米；运行过程中几乎不会产生任何噪声或机械磨损。

图2-11 XPlanar传输平面模块示意

资料来源：倍福官网. https：//www. beckhoff. com/english. asp？highlights/xplanar/default. htm。

XPlanar平面磁悬浮输送系统的传输平面基础是传输平面模块，每个模块的尺寸为240毫米×240毫米，用户可以根据具体的应用需要自由拼接成任意几何形状。每个传输平面模块都配有完整而独立的电子元器件，并支持EtherCAT G通信协议，动子托盘内集成了永磁体，因此传输平面模块上方可以悬浮任意数量的动子托盘。如图2-12所示，动子不仅可以水平运动，也可以垂直运动，甚至还可以上下晃动。动子托盘有四种不同规格可供选择，分别为：95毫米×95毫米小型动子托盘，有效载荷可达0.4千克；155毫米×155毫米标准动子托盘，有效载荷可达1.5千克；155毫米×275毫米长动子托盘，有效载荷可达3千克；275毫米×275毫米大型动子托盘，有效载荷可达6千克。

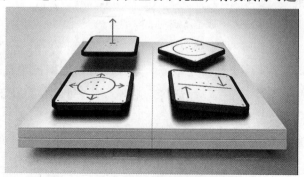

图2-12 XPlanar动子托盘移动方向示意

资料来源：倍福官网. https：//www. beckhoff. com/english. asp？highlights/xplanar/default. htm。

　　XPlanar 平面磁悬浮输送系统的传输系统具有高度可扩展性，可以满足个性化需求，大大简化机器设备设计。动子托盘定位方面也具有极高的灵活性和动态性，可以非常简单、随意地分配产品流，因此可以有效地替代以前必须使用的机器人或灵活性较差的机械装置。动子托盘运动是非接触式的，从而最大限度地消除了机械磨损以及污染物的排放和携带。

　　XPlanar 平面磁悬浮输送系统基于倍福的 TwinCAT（基于 Windows 的控制和自动化技术）自动化软件平台进行编程控制，其中已经集成了动子运动的路径优化、防撞机制及同步运动等功能。例如，用户可以选择将多个动子托盘编组控制，以满足较大负载的输送需求。XPlanar 平面磁悬浮输送系统的灵活度极高，适用于通用机械制造领域，尤其适用于实现包装、装配、分拣和订单拣选过程的自动化。其传输平面的表面材质可以自由选择，例如易于清洁的玻璃、采用卫生型设计的不锈钢或者塑料，因此适用于类似洁净室、制药厂和食品厂污染程度较低的环境，以及真空环境。

　　2. Celluveyor 模块化输送和定位系统

　　Celluveyor 是一套极为灵活的模块化输送和定位系统。它以细胞输送技术为基础，每一个模块化的六边形细胞都包含了三个特定安排的全向轮，每个轮子都可以单独和有选择性地工作，如图 2 - 13 所示。Celluveyor 完美地体现了智慧物流的标准化和模块化，通过简单的组合，实现复杂的排列，让分拣系统也可实现曲线动作。这种技术的标准化程度非常高，每个硬件单元结构都一样，不同之处在于实时控制系统，可以根据物料前进方向，来控制设备标准部件灵活运行。Celluveyor 模块化输送系统原理示意及应用场景示意如图 2 - 14 和图 2 - 15 所示。

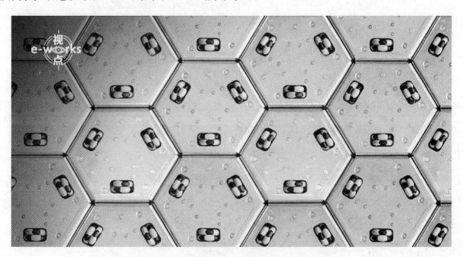

图 2 - 13　Celluveyor 细胞传送模块示意

资料来源：Celluveyor 官网 . http://www. celluveyor. an/en/。

图 2 – 14　Celluveyor 模块化输送系统原理示意

资料来源：Celluveyor 官网 . http：//www. celluveyor. an/en/。

图 2 – 15　Celluveyor 模块化输送系统实际应用场景示意

资料来源：Celluveyor 官网 . http：//www. celluveyor. an/en/。

Celluveyor 模块化输送和定位系统的优势主要体现在以下六个方面。

（1）输送过程的灵活性

Celluveyor 的整体功能仅仅需要按一个键盘按钮就可以进行调整和适应，不需要任何的机械改变，只需要简单的软件调整和升级。

（2）布局的灵活性

Celluveyor 的技术灵魂就是模块化的六边形细胞。他们之间依靠非常简单的机械连接，添加和分离都极为容易。另外，其布局的变化完全依靠控制软件的操作和调整，可以大大减少停机时间。

（3）吞吐量的灵活性

模块化的 Celluveyor 可以轻松应对输送物料吞吐量的大小。只需要通过增减模块，就可以适应不同的运送量。

（4）运送对象的灵活性

输送的对象可以是多种形状和尺寸，只需要拥有平坦的接触表面即可。

（5）维修保养的方便性

模块化意味着维修保养极为方便。坏了的模块会立马被控制电脑侦测到，出问题的细胞模块会被货物绕行，而不影响整条线的持续运作。工作人员会在几分钟之内更换模块，将问题模块送修。

（6）节能高效

输送带上的模块化细胞，只有在和货物短暂接触的时候才会运作耗能，而且这套系统机械部件之间的内部摩擦非常小，是能源友好型系统的典范之作。

（三）智能分拣设备

1. Neocortex 物品到机器人工作单元

通用逻辑（Universal Logic）是一家人工智能软件公司和机器人集成商，提供 Neocortex 物品到机器人（G2R）工作单元——第一款基于人工智能的即插即用机器人工作单元，如图 2 - 16 所示，针对高混合/高容量应用而设计，比例与人体形状相同。Neocortex 人工智能软件集成了视觉、抓取和运动控制，使机器人具有类似人工的灵活性，速度远远快于手工劳动。物品到机器人工作单元紧凑的撬装设计允许将电池安装到现有的手动工作站中，且无须修改。工作单元配有机器人、夹具、传感器、照明、软件、控制装置和安装装置。

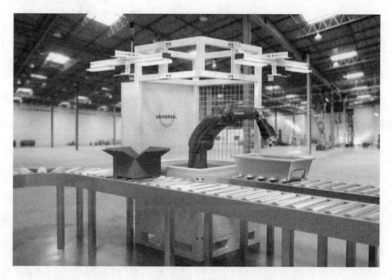

图 2 - 16　物品到机器人工作单元示意

资料来源：Robotic Industries Association（机器人产业协会）官网. https：//www. robotics. org/product - catalog - detail. cfm/Universal - Logic/Neocortex - Medium - G2R - Cell/productid/4522。

Neocortex G2R 工作单元运用人工智能，高速的同时保证灵活性。它可以处理成千上万种不同的物品，处理速度比人工快 25%（每小时 600～1400 件），成本是人工的 1/2（每小时 7 美元）。在数量多且混合程度高的原料处理过程中，对订单执行、部分（料仓）拣选、包装袋处理、装卸托盘以及原材料引入等过程而言，是一个具有良好成本效益的劳动力替代品。物品到机器人工作单元应用场景示意如图 2-17 所示。

图 2-17　物品到机器人工作单元应用场景示意

资料来源：Robotic Industries Association（机器人产业协会）官网．https：//www. robotics. org/product - catalog - detail. cfm/Universal - Logic/Neocortex - Medium - G2R - Cell/productid/4522。

2.6　River Systems 协作实施解决方案

6 River Systems（6RS）运用新创意和新特点提升了业界最全面的机器人执行其自动化解决方案的能力。该方案作为世界上第一个利用定向区域拣选和补货工作流程的实施方案，结合移动、图像和灯光，不依赖于电线、贴纸或其他指南来引导路径。该解决方案允许操作员使用协同移动机器人 Chuck（见图 2-18）进行交叉拣货和产品补给。Chuck 的负载为 160 磅（约 72.6 千克），优点是部署周期短，4～6 周即可完成安装并投入使用；没有基础设施需求，无须改造仓库；价格合理，1～1.5 年即可收回成本。6 River Systems 的机器人带有显示器，可以触屏操作。机器人分上、下两层，能一次性携带更多物品。

此外，该解决方案允许操作员同时在离散订单、批次和基于区域的拣货之间进行选择。由于该解决方案不需要新的基础架构，并且与现有仓库管理系统（WMS）实现最小集成，因此适用于现有的货架和布局，无须昂贵且具有破坏性的改造，这使得 6RS 可在几天内将运营商费率提高 3 倍，从而实现 1.5～2 年的投资回报。

图2－18　6RS 协作实施解决方案协同移动机器人示意

资料来源：6 River Systems 推出仓储机器人. https：//www. digitimes. com. tw/iot/article. asp？cat = 158&cat1 = 20&cat2 = 10&id = 0000498080＿ t6hlf4049ajum7ltbg25p。

如图2－19所示，Chuck 正在仓库中帮工作人员处理订单，分拣、搬运、包装需要快速出货的各类货物。该方案目前已成功将其系统部署在全球5大领先第三方物流（3PL）企业中的3家和一些全球大型零售商，实现运营商效率在2~3天内提高2~3倍。

图2－19　6RS 协作实施解决方案实际应用示意

资料来源：［原创］铺天盖地！物流巨头 DHL 正在全球范围内部署机器人. https：//www. jqr. com/news/006100。

3. 灯光拣选人工智能

灯光拣选人工智能（LightPick. AI）系统是第一个集成的基于机器学习的视觉引导软件操作系统，旨在实现仓库订单处理的自动"远端控制"机器人物品拣选。如图2－20所示，LightPick. AI 可以实现行业最广泛物品的验证拣选和放置，对于系统以前没有见过的新项目［即不需要3D（三维）、计算机辅助设计（CAD）模型］工作流程，例如从自动化仓储系统［Automatic Storage and Retrieval System（AS/RS system），ASRS］中挑选物品，将物品引入带式分拣机，对经批次挑选的物品进行分拣。

图2-20 灯光拣选人工智能应用示意

资料来源：2018年度国际最佳创新的智能分拣设备. http://www.rgznrb.com/jiqiren/509.html。

LightPick. AI以其合理简化的图像处理技术，最大限度地缩短拣货周期时间，提高物品拣选率，并且可通过机器学习扩大可选库存量单位（SKU）的范围，从而提升首选成功率。LightPick. AI对于任何需要大规模降低拣选执行成本的（MODEX）参与者都很重要。通过使用机器人服务，以最小的成本快速扩展操作，特别是在劳动力市场紧张的地区，为客户带来大规模完全"远端控制"订单处理的好处。

（四）AWS边缘计算技术相关应用

随着经济的发展和人们生活水平的提高，人们对生活质量的要求进一步提升，在这种情况下，移动通信技术在人们日常生活和社会发展中的地位进一步突出。5G作为第五代移动通信系统，可以提供10万亿位元以上的峰值速率、更佳的移动性能、毫秒级时延和超高密度连接。国际电信联盟无线电通信局（ITU-R）定义了5G的三大典型应用场景为：增强型移动宽带（eMBB）、高可靠低时延通信（uRLLC）和海量机器类通信（mMTC）。其中，eMBB主要面向增强现实（AR）/虚拟现实（VR）、在线4K视频等高带宽需求业务；mMTC主要面向智慧城市、智能交通等高连接密度需求的业务；最后uRLLC主要面向车联网、无人驾驶、无人机等时延敏感的业务。5G通信网络更加去中心化，需要在网络边缘部署小规模或者便携式数据中心，进行终端请求的本地化处理，以满足uRLLC和mMTC的超低时延需求。因此，边缘计算是5G核心技术之一。

AWS（Amazon Web Services）是亚马逊公司旗下云计算服务平台，面向5G技术和其核心技术边缘计算技术，AWS联合云技术开发公司慧与（HPE）和Saguna提出了一种解决方案，使客户可以利用现有移动网络的基础架构建立移动边缘计算平台，开发运营基于5G技术的应用程序。由于移动边缘计算平台支持各种新型应用程序，因此通过在靠近用户设备/客户端的移动网络边缘添加运行某些组件和应用程序逻辑的功能，移动边缘平台允许使用者重新设计客户端和应用程序服务器之间的功能划分，从而支持新型应用场景。目前移动边缘计算平台的应用实例主要涵盖智能城市、AR/VR、无人驾驶等领域。

1. 智能城市监控系统（Smart City Surveillance）

现代城市可以利用物联网技术来提高居民的安全性和整体生活质量，并降低运营成本。例如，视频识别技术可实现实时情境分析功能，通过视频输入各种物体，检测识别其整体情况，并对识别的物体进行分类。智能城市监控边缘计算应用的示例架构如图2-21所示，主要包含现场层、边缘层、云端层三个技术层级。移动边缘解决方案从以下三个方面为构建经济高效、功能强大的智能城市监控系统提供新的优势。

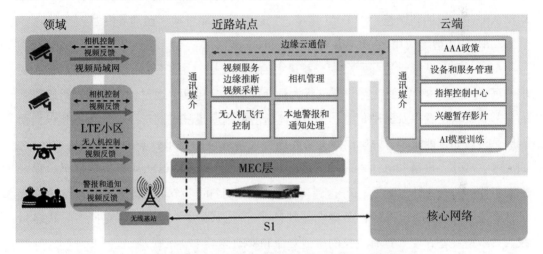

图2-21　智能城市监控边缘计算应用的示例架构

资料来源：A Platform for Mobile Edge Computing – White Paper from AWS, HPE & Saguna. https：//www. saguna. net/blog/aws – hpe – saguna – white – paper – plat form – for – mobile – edge – compating/。

（1）边缘处的高效视频处理

计算机视觉系统通常需要高质量的视频输入（尤其是用于提取高级属性）和推理模型的硬件加速。移动边缘解决方案允许在网络边缘托管计算环境。这使得可以从需要大量带宽的高分辨率视频源卸载回程网络和云连接，并允许基于识别结果的低延迟操作（例如，为公认的车辆或人员打开门，使用自适应交通灯控制流量）。移动边缘平台提供行业标准的图形处理器（GPU）资源，以加速视频识别和部署在边缘的任何其他人工智能（AI）模型。

（2）灵活的接入网络

端到端的智能城市监控系统可以利用不同的方式来生成视频输入，例如现有的固定监控摄像头，移动可穿戴式摄像头（例如，用于执法服务或第一响应者），以及无人机安装的移动监控。视频输入的端点的多样性对接入网络的灵活性有着较高的要求。

可以利用固定视频网络和移动蜂窝网络以及对可穿戴或无人驾驶飞行器（UAV）安装的摄像机实现。此外，自动无人机安装系统需要低速访问来控制无人机的飞行，这可能需要毫秒级的端到端延迟。移动边缘平台提供了一种强大的、低延迟的蜂窝接入的方法，并为后一种情况提供本机移动性支持，整合了现有的固定视频网络。

（3）灵活的视频识别模型

强大的视频识别 AI 模型通常需要对对象和事件的样本集进行广泛的培训，以及定期调整（或开发用于提取一些新属性的模型）。这些计算密集型任务使用高度可扩展、成本较低的计算云资源。然而，将训练模型无缝部署到边缘以便执行和管理部署模型的生命周期是一项复杂的操作任务。移动边缘平台提供无缝的开发和运营体验，生命周期从创建、培训和调整云中的 AI 模型，到边缘位置部署和管理部署模型。

2. AR/VR 边缘应用（AR/VR Edge Applications）

AR／VR 是从移动边缘平台中获益最多的技术之一。由于新一代 AR 可穿戴设备要求的沉浸式 AR 体验需要在客户端进行大量处理信息，包括，通过计算传感器跟踪得到的头部和眼睛位置以及运动信息、为 AR 体验渲染高质量三维图形以及运行视频识别模型等。再诸如智能眼镜等 AR 设备上需要进行大量计算的要求影响了这些设备的特性，如成本、尺寸、重量和电池寿命等。通过将体积较大的计算单元从设备转移至远程云端服务器，符合人体工程学，可达到降低总成本的目的。移动边缘平台在网络边缘提供计算能力，允许 AR 设备将关键功能转移至远程云端服务器，从而支持下一代轻量级、紧凑型设备，使其具有更长的电池寿命和移动性。

AR 边缘应用程序的示例体系结构如图 2 - 22 所示，主要包含现场层、边缘层、云端层三个技术层级。

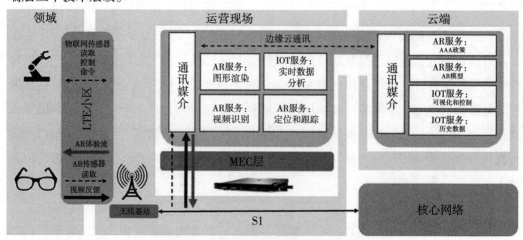

图 2 - 22 AR 边缘应用程序的示例体系结构

资料来源：A Platform for Mobile Edge Computing - White Paper from AWS, HPE & Saguna. https：//www.saguna.net/blog/aws - hpe - saguna - white - paper - plat form - for - mobile - edge - compating/。

3. 车联网技术

作为物联网面向应用的一个概念延伸，车联网（Vehicle to Everything，V2X）指的是车辆之间，或者汽车与行人、骑行者以及基础设施之间的通信系统。新一代移动边缘应用从运输安全、运输效率两个角度出发，实现车辆、行人、路边基础设施和环境中的其他元素之间的互联互通。

（1）运输安全

V2X 要求协调共享道路的车辆之间的行动。联网车辆之间关于速度或轨迹改变意图的信息实时交换，可以显著提升自动或半自动驾驶的安全性和稳定性。然而，由于交通的动态性，关于驾驶的决策必须近乎实时。因此，道路基础设施的大规模分布性、近实时决策以及对高速移动性的要求使移动边缘平台成为托管合作驾驶分布式逻辑的理想选择。

（2）运输效率

协同驾驶承诺不仅提高了道路安全性，而且显著提高了运输效率。通过协调车辆的行驶行为，可以增加道路基础设施的总体通过能力，而无须进行大量投资重建道路。车辆可与路边设备通信以进行速度引导，协调交通灯变化以及预留停车场。虽然一些信息仅需要短程通信（例如，从车辆到路边单元），但是分布式基础设施的协调动作，例如协调交通灯在多个交叉点之间变化等，仍需要移动边缘平台来进行辅助。

V2X 边缘应用程序的示例体系结构如图 2-23 所示，主要包含现场层、边缘层、云端层三个技术层级。

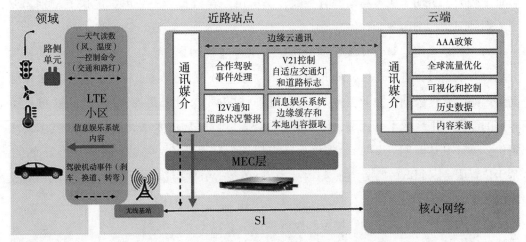

图 2-23 V2X 边缘应用程序的示例体系结构

资料来源：A Platform for Mobile Edge Computing - White Paper from AWS，HPE & Saguna. https：//www. saguna. net/blog/aws - hpe - saguna - white - paper - plat form - for - mobile - edge - compating/。

三、年度优秀案例：美国即时配送平台 GESOO 智能算法应对"最后一公里"难题

（一）即时配送领域面临的挑战

最近几年，以外卖为依托，即时配送业务在全球范围内掀起了一波快速发展的浪潮。美国专注于即时配送服务的创业公司有 ATUTOX、GESOO 等。国内外卖公司配送时，大多使用两轮交通工具，运送物品种类受限的同时，也容易产生各种安全问题。而美国多数城市都使用汽车配送，安全性相对较高，但是也产生了很多问题。

以洛杉矶为例，所遇到的第一个问题是配送密度低、地域广泛，导致配送的时间长；其次，使用汽车进行配类的最大的问题就是堵车，在城市中心这类区域，不仅堵车而且停车位相对较少，且停车费和罚单相对较高；因为美国对驾照的要求很高，能够从事"最后一公里"配送的可用劳动力非常稀少。

于是，美国科技企业纷纷加大科技研发方面的投入，希望用新技术，降低"最后一公里"物流成本，并进一步加快运送速度，提高服务质量。在技术创新的潮流中，主要有两种方式解决以上问题。

一种是用无人机、无人车等新硬件代替人力进行高速运输。如谷歌、亚马逊、优步（UBER）、特斯拉都在城市物流领域花费重金进行研发，希望获得自动驾驶配送的先发优势。如硅谷科技企业 AutoX 已经开始进行无人驾驶配送商业化，并且和国内的美团进行了战略合作。但是这种模式的困难在于技术尚未成熟，与法律和实际环境融合难度较大，劳动力成本高昂并且稀缺，美国市场在"最后一公里"配送上特别需要无人驾驶配送这类服务。

另一种是运用"算法＋大数据分析＋人工智能"的模式，实施分布式系统的架构升级，对配送过程进行优化，降低配送成本，提高配送速度。即时物流业务对故障和高延迟的容忍度极低，在业务复杂度提升的同时也要求系统具备分布式、可扩展、可容灾的能力。围绕成本、效率、体验核心三要素，即时物流体系大量结合 AI 技术，从定价、预计到达时间（ETA）、调度、运力规划、运力干预、补贴、核算、语音交互、基于位置服务（LBS）挖掘、业务运维、指标监控等方面，达到促规模、保体验、降成本的效果。

在配送系统优化过程中，美国和国内都面临着以下几个问题。

（1）用户的需求存在着极大的波动

以外卖为例，午饭和晚饭时间的订单数会远远高于其他时间。在低峰期，如果有较多的司机会导致运力浪费；相反，在高峰期，较少的司机又会导致订单的延误。

（2）法律以及配送人员本身的行为会影响对运力的分配

例如，配送人员会因为接收订单数过多，配送时间较长，每单运费较低而选择离职去其他平台。因此，需要为他们保证每日适度的接收订单数和每单不低于 10 美元的收入。同时，如何合理地分配订单，减少司机的绕路情况，多送订单给予奖励，使得他们更愿意接收订单，这一点也很重要。

（3）系统的响应时间必须足够短

因为配送服务的性质越来越多地向即时服务过渡，所以系统的响应时间必须足够短。往往要求系统在几分钟内，就要给出合理的调度方法，充分利用每一个配送人员，并对新信息及时给出回应。这意味着算法在合理的基础之上要更简捷。这样做会进一步加大计算分析的难度。

（4）参与建设商家的 IT 系统变得异常重要

配送除了和平台直接关联的司机有关外，还与合作商家有关系，合作商家对 IT 系统的熟练使用程度会大大降低调度的响应时间。同时，商家 IT 系统是建立在对商家业务形态非常熟悉的基础上完成的，这样才会与配送环节高度匹配。

（二）GESOO 的解决办法

在美国即时配送平台 GESOO 根据线上到线下（O2O）即时物流的市场情况，将配送人员根据雇用方式、服务时长、经验多少、客观条件交通路线、语言熟练度、城市分布、商家分布区域、商家产品标准化流程等做了分类。通过整数规划模型，对分单过程和配送过程分别建模，建立算法数据和计算平台，同时考虑了用户和司机的行为，并针对模型建立对世界深度感知，对 O2O 即时配送平台运营进行了机器学习优化。

GESOO 即时配送的解决方案是，采用一套"分布式存储＋AI 中心调度"协作的同城物流模式，实现"UBER＋达达"的结合，起到降本提速的作用。利用和国内美团类似的分布式架构：①LBS 系统：提供正确位置（用户/商户/司机）以及两点之间正确的驾驶导航；②多传感器：提供室内定位、精细化场景刻画、司机运动状态识别；③时间预估：对所有配送环节时间进行准确预估；④调度系统：多人多点实时调度系统，完成派单决策；⑤定价系统：实时动态定价系统，完成定价决策；⑥规划系统：配送网络规划系统，完成规划决策。GESOO 通过这种模式将配送时间从 2 小时缩短到 1 小时，和国内的速度持平，在美国即时配送领域排名前列。

GESOO 即时配送省去了仓储分拣环节，通过 GESOO AI 智慧大脑，对 1000 多位司机进行实时的智能调度和管控，以即时响应各类配送场景和订单需求，将门店发货的配送时长控制在 30 分钟之内。通过全自动调度降低整体运营成本，将配送信息与车辆信息、路况信息实时动态匹配，从系统整体层面做优化，同城服务半径可达 50 英里（1 英里 ≈

1609.344 米），2 小时可送达，在运输距离较远的情况下依然能保证高时效。分钟级配送不断刷新最短送达时长的背后，是技术创新和模式创新驱动的物流产业升级。

（三）总结

即时物流的兴起印证了人们消费观念的转变，以商业促进消费的模式变为了以消费体验促进商业的模式。对于即时配送平台来说，如何获取源源不断的订单量和流量是关键，订单情况决定平台发展前景。同时，技术赋能时代，即时物流离不开大数据、人工智能、"GPS + GIS（地理信息系统）"定位、移动互联网、智能手机等技术的支撑，例如人工智能能预测运力需求，提高配送效率、智能调配订单、降低资源浪费；大数据能够积累配送单量、路线、时间等数据；"GPS + GIS"定位协助配送员完成路线规划，实时监督配送员；移动互联网为实时信息传递提供通路；智能手机将线下配送员纳入共享信息环境。

第二节　日本物流技术

自 20 世纪 50 年代起，物流概念从美国传入日本，物流业在日本的新经济环境和社会环境中不断改进并快速发展，目前已成为社会的基础性产业，处于世界领先水平。进入 21 世纪以来，日本政府重视基础设施建设，建立了一系列物流管理体系，将物流行业与信息技术相结合，不断提高物流的专业化、标准化程度，实现了物流业的跨越式发展。但机遇与挑战并存，日本的经济社会环境变化也给物流业带来了一系列难题，交通拥堵、劳动力不足等问题日益突出。目前，日本物流业的发展策略就是要通过利用 IoT 等技术提高工作效率，促进无人化、标准化、高效化物流发展，以更好地应对社会问题，从而形成强大的物流体系。

一、日本物流发展挑战分析

物流业是日本经济发展的大动脉，是支撑国民经济和产业发展的枝干，但由于日本物流业宏观环境的一系列变化，如今日本物流业面临着很严重的社会问题，包括卡车司机不足、道路交通拥堵以及二次配送等问题，严重影响了日本物流的运作效率，成为日本物流业发展面临的巨大挑战。

（一）卡车司机数量不足

从国情和交通现状出发，公路运输拥有快捷和灵活机动的优势，成为日本物流体系的重要环节。但目前日本社会存在严重的卡车司机不足的现象，严重制约了日本物流的作业效率。据总务省的调查，2016 年从事卡车运输事业的就业人数约为 188 万人，其中，司机等运输、机械驾驶从业人员达到 83 万人。日本卡车司机的"求人倍率"一直维持在 3 倍左右高位，即每一个求职的卡车司机对应着 3 个招人岗位，这给日本物流业带来了极大冲击。

分析其原因，造成卡车司机缺乏现象的原因主要有三种：

一是卡车司机劳动环境恶化。在日本制造业中，卡车司机的劳动时间长，是平均水平的 120%，工资水平却只有一般制造业的 80%。根据厚生劳动省的统计，道路货物运输业的工资水平低于产业平均水平，2016 年中小型卡车司机的平均收入为 399 万日元，大型卡车司机的平均收入为 447 万日元。但与全产业平均 2124 小时的年工作时间相比，大型卡车司机多出 480 小时（每月多工作 40 小时），小型卡车司机多出 360 小时（每月多工作 30 小时）。劳动待遇的不平衡成为日本卡车司机不足的原因之一。

二是卡车驾照的较难获得。由于日本本土政策的要求，日本汽车驾照根据司机可驾驶车辆的区别，分为普通、中型、大型三种。在现行的驾照规定中，普通驾照可以驾驶总重量 5 吨以下的车辆，而中型卡车的范围是 5～11 吨，大型卡车则是 11 吨以上。由于多功能卡车重量不断增加，在普通驾照可驾驶范围内的卡车种类不断减少，中大型卡车均要求驾驶人员有一定的驾驶经验才能考取，且中型和大型卡车分别对应不同的驾照，增加了从业的困难性。同时，驾照考试的最低年龄也有限制，中型驾照考试年龄不得低于 20 岁，而大型驾照考试年龄不得低于 21 岁。卡车驾照获取的困难程度也导致了卡车司机的不足。

三是日本人口趋于少子化、高龄化发展。日本社会的少子化、高龄化趋势是造成物流业卡车司机数量缺乏的最主要原因，年龄在 50 岁以上的司机数量几乎占全行业的一半。如图 2-24 所示，日本的高龄人口从 2005 年开始快速增长，预计至 2020 年将会有 3500 万左右的高龄人口，日本的高龄化比例也在不断上升。根据日本外务省数据，截至 2017 年，65 岁以上的人占总人口的 27.7%，到 2065 年，这个数字会达到 38.4%。

与此同时，日本的少子化趋势也愈发严峻。日本已经连续几年人口呈现负增长。据日本相关机构统计，2017 年，日本国内出生的婴儿仅为 94.1 万人，是自 1989 年该统计实施以来的最低值。日本人口的年龄结构如图 2-25 所示。

少子化、高龄化趋势使日本全社会劳动力严重不足，是对物流行业产生冲击的主要原因之一，直接导致了卡车司机人手不足的问题。同时，高龄卡车司机驾驶也存在着严重的安全问题，由于货物运输工作时长要求，夜间行车极为普遍，随着年龄增长，卡车司机会面临视力下降，心、脑疾病的困扰，工作时间过长也会导致身体疲劳，出现安全事故。

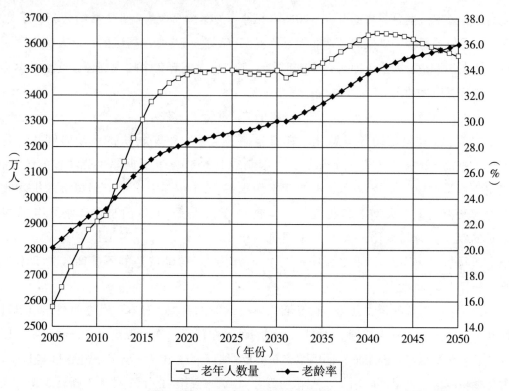

图 2-24　日本高龄人口数与高龄化比例

资料来源：2019 全球物流技术大会演讲《2020 年东京奥运会城市物流的挑战》。

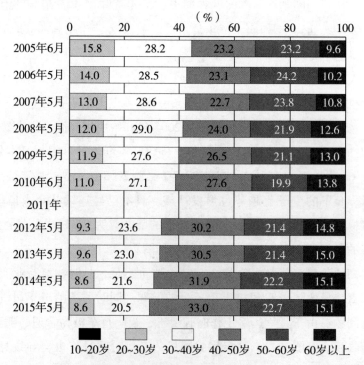

图 2-25　日本人口的年龄结构

资料来源：2019 全球物流技术大会演讲《2020 年东京奥运会城市物流的挑战》。

（二）道路交通拥堵严重

日本的交通系统十分发达，但道路运输的物流效率却相对较低，交通拥堵十分严重。据日本放送协会（NHK）记者报道，在东京港附近，存在卡车堵塞导致道路上排起长队，长时间无法动弹的问题，每日排队去港口取货的卡车，开到港口共5千米的路程，差不多需要5小时，如图2-26所示。

图2-26 东京港附近道路监控录像截图

资料来源：日媒发愁：东京这么堵，奥运会真OK吗？https://baijiahao.baidu.com/s? id = 1627391226710039721&wfr = spider&for = pc。

东京港的道路拥堵并不是偶然现象，一方面，由于国土面积小，日本的道路狭窄，伴随着早晚高峰出行与施工占道等情况，卡车在城市内部的运行速度只能达到15千米/小时。另一方面，日本物流业高速发展，运输量急速增长，不完善的基础设施跟不上日益增多的运输需求。在日本，卡车作为物流运载工具的比例达到了91.3%，大量卡车取送货是造成路面拥堵现象的主要原因。仓库前通常不设置卡车作业区（见图2-27），卡车的卸货时间长，有时会占用自行车专用道（见图2-28），使其他车辆难以通行（见图2-29），进而导致更严重的交通拥堵，也严重影响了物流效率。

图 2 - 27　仓库前无卡车作业区

资料来源：2019 全球物流技术大会演讲《2020 年东京奥运会城市物流的挑战》。

图 2 - 28　卡车占用自行车专用道

资料来源：2019 全球物流技术大会演讲《2020 年东京奥运会城市物流的挑战》。

图 2 - 29　卡车路上作业导致其他车辆难以通行

资料来源：2019 全球物流技术大会演讲《2020 年东京奥运会城市物流的挑战》。

（三）二次配送现象频繁

一方面，近年来，由于电子商务市场不断发展扩大，日本的物流运作模式逐渐由企业对企业（B2B）向企业对顾客（B2C）转化，送货上门需求不断增长，送货上门的数量在 5 年内增加了 21%，2017 年达到了 42.5 亿个。另外，日本从 20 世纪 60 年代起经济高速增长，社会结构及产业结构发生了巨变，随之而来的是以往的大家庭开始解体，农村人口迅速涌入城市，造成了城市住房难的问题。随着城市化社会的发展以及少子化问题的产生，"小家庭"迅速形成，构成了现代日本家庭的典型形态，也就是"核家族化"现象。随着以夫妇为中心的"核家族化"和双职工家庭的增加，因收货人外出二次配送的数量预计将会占到总体的两成。在这种趋势下，送货员的送货上门时间与家庭人员的工作休闲时间难以协调，二次配送现象成为趋势，导致了配送效率的降低。

二、日本物流发展策略

目前，日本正面临着很多社会问题，其中人口老龄化、交通拥堵等问题给物流业的发展带来极大的挑战，这些问题不能用孤立的方法解决。日本致力于在技术、管理、法律三个层面提出解决问题的策略。在技术层面，日本旨在利用物联网、人工智能技术实现物流的无人化、高效化以及全程化；在管理层面，利用大数据、云计算等方法对物流需求进行预测，以达到提高物流效率的目的；而在法律层面，在新技术研发的同时，及时更新相关政策法规，做到与时俱进，以人为本。

（一）社会 5.0 时代下物流技术的革新

2016 年，日本《科学技术白皮书》制订了包含物联网、大数据、人工智能与机器自动化等在内的科技挑战目标，构建更贴近符合个人需求与物联网喜好的超智慧社会。日本《科学技术白皮书》将这种超智慧社会命名为"Society 5.0"。

社会 5.0 的目的在于利用科技来解决社会面临的少子化及人口结构老龄化等问题。主要透过物联网、大数据、人工智能与机械自动化等技术，借由跨领域整合，将这些技术扩展到产业与社会生活的应用层面。除了解决现有的问题之外，还能进一步提升产业竞争力，并提升生活的便利性，而社会 5.0 最终则期望能实现以人为本的超智慧社会形态。在社会 5.0 的时代下，物流的智能化、系统化、标准化将得到高质量的发展。

1. 无人运输技术

为应对卡车司机人手不足，社会人口趋于少子化、高龄化的现状，日本各大车企和互联网公司都积极采用人工智能推动无人驾驶技术应用。日本政府提出在 2030 年之前实现"完全无人运输和配送服务"，将推进铁路和卡车等交通工具的无人化，连接小型无人机和物流设施，构筑在最恰当时机配送的机制。

（1）无人车

2018 年 4 月，日本大和运输公司与 DeNA Co. 在神奈川县藤泽市的一条短隔离路段开展了无人驾驶配送服务测试，测试车辆为一款电动车（见图 2 – 30），车内驾驶座（右侧）未配置驾驶员。在技术演示期间，车辆以 5 ~ 10 千米/小时的车速向居民区行驶。该车辆搭载了一款摄像头及一款红外线传感器。当测试车辆抵达配送服务目的地时，顾客可以用智能手机扫描二维码，开启车内的储物箱，取走自己的货物。

图 2 – 30　无人驾驶配送服务测试车

资料来源：日本大和运输与 DeNA 测试无人驾驶配送服务. http://auto. gasgoo. com/News/2018/04/25115712571270039566C601. shtml。

通常情况下，因为其工作涉及搬运重货，配送车辆的司机均为 20 ~ 40 岁的男性，但随着自动驾驶快递取货服务的推广，女性及高管也能担任驾驶员，从事此类工作。若自动驾驶配送系统得到推广的话，未来或将成为最常见的送货方式，也将大大增加女性的就业机会。

在汽车企业致力于研发无人送货车的同时，日本邮政也尝试使用无人驾驶车运送物品，试验车辆能通过镜头和感应装置探知静止的车辆和障碍物等，完成自行换车道、拐弯、人行道前停车等一系列行车动作。为了解决司机人手不足的问题，使用无人驾驶车进行配送，将在通过安全性等性能检测之后，最终达到实用化。

（2）无人机

当施工地点位于崇山峻岭等交通不便的地方时，运送物资往往耗费大量人力和时间。日本雅马哈发动机公司将于2019年起正式使用无人直升机"Fazer R G2"（见图2-31）来运送工程用材料和设备。这款雅马哈发动机公司生产的无人直升机全长3.665米、宽0.734米、高1.226米，使用水冷四冲程发动机，只需加注普通汽油，续航时间100分钟，续航距离90千米，一次能运送35千克的货物。在操控方面，这款无人直升机拥有卫星通信功能，即使飞到通常无线电信号到不了的区域，也能借助卫星对无人直升机进行操控。

图2-31　雅马哈无人直升机

资料来源：忘掉乐器？雅马哈推出Fazer R和Fazer R G2商用无人机.https：//m.zol.com.cn/artide/6084216.html。

（3）无人船

除陆空两种运输方式应用了无人驾驶技术之外，日本的航运业也开展了无人驾驶商船的研究。以商船三井和日本邮船为代表的日本造船公司，计划组建一支无人驾驶商用船队，其中包括250艘货运船只。这些船只将利用人工智能技术和物联网技术，使各种设备可以收集航运数据，并使用人工智能软件分析天气预报及其他信息调整船舶的航向。而且，还可以监控船只的维护情况，在问题发生之前预测故障，可有效避免海上事故。按照计划，这支船队将在2025年投入使用。由于无人驾驶商船不存在疲劳驾驶的问题，将有望大大降低船只本身的风险，同时也降低船员受伤甚至死亡的概率。无人驾驶海运也将成为未来的大势所趋。

（4）无人宇宙飞船

2018年9月，搭载日本无人补给宇宙飞船"鹳"7号的H2B型火箭（见图2-32），自南部鹿儿岛县种子岛太空中心发射。"鹳"7号长10米，直径4.4米，搭载供国际太空站当主电源使用的电池等物资，载量为迄今最重的约 6.2 吨。无人运输技术已经拓展至宇宙空间领域的应用。

图 2-32 日本无人补给宇宙飞船"鹳"7 号的 H2B 型火箭

资料来源：无人宇宙飞船"鹳"将升空 系日本独立研发（图）．http：//news. ifeng. com/a/20150807/44372923_0. shtml。

2. 智能化搬运设备

物料搬运是物流仓储非常重要的一环，仓储运作效率的提升将成为物流企业重要的利润来源。随着技术发展，日本物料搬运设备不断更新升级，以满足智能化仓库发展需求。

由于日本劳动力人口不断减少，未来要确保仓库中劳动力充足，数字拣选将是重要解决途径。川田工业主要从事桥梁等大型建筑项目，但其推出的双臂协作、人形机器人为市场上最具创新性的机器人之一。川田工业的 Nextage 双臂工业机器人（见图 2-33）可设置在可移动架台或滑板上，并自动移动，负责多个工位。在安全性上，Nextage 配备了高速立体视觉摄像头，通过使用低功率马达和肘部控制，两个手臂即使是工作时也不会随时伸张。两个手臂各有 12 个关节，可精确定位到 30 微米之内。Nextage 的头部配备立体摄像头，两手各配备一个手持摄像头，可识别贴于工作台等处的记号，以记号为基准做动作。此外，Nextage 还可使用电动螺丝刀及冲压机等机械工具进行加工作业。

日本 TANAX 公司发布了第一代 Thouzer 自动跟随机器人推车，具有三个显著功能：自动跟随、避障、线路追踪（无须人力）。Thouzer 推车头部安装有识别系统，可以自动识别障碍，进行自动带队，跟在后面的小车会紧紧跟着领头的机器人小车。Thouzer 能够有力地协助客户的运输和搬运任务，是工厂、物流仓库和户外使用的理想选择。

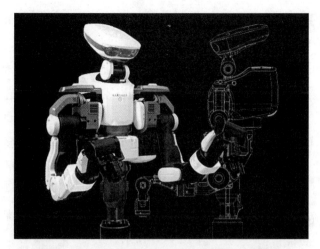

图 2 – 33　川田工业的 Nextage 双臂工业机器人

资料来源：微信公众号物流技术与应用《从东京物流展看当代物流技术发展趋势》。

机器人可以承受高达 120 千克的有效负载，充满电的电池可运行距离长达 20 千米，并且能够在较大的坡度和粗糙的地面轻松运行。

松下电器是日本大型电器制造企业，产业范围从电子材料到零部件，从部品到整机，横跨家用电器到工业机器。2019 年 3 月，松下电器发售了用于台车移动的自动运输机器人 STR – 100，其外形尺寸为宽 500 毫米，长 1470 毫米，高 132 毫米，最大可以搬运 800 千克的台车，如图 2 – 34 所示。

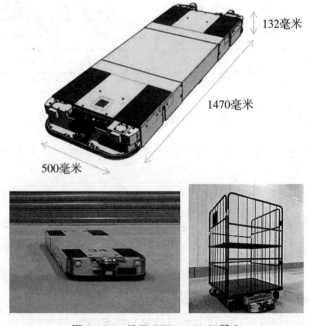

图 2 – 34　松下 STR – 100 机器人

资料来源：微信公众号 AGV 网《日本松下电器发售用于台车移动的 AGV 机器人》。

STR－100 由于其低矮的平板形状，可以轻松潜入台车底部，顶板上升便可抬起台车，不需要台车自行抬高底部，使不需要人力的搬送业务成为可能。STR－100 具有高精度自动运输和自动握持功能，在行驶时基于电子地图，推定自己的位置自动行走，利用两轮的速度差来回旋，地面上不需要铺设轨道或贴上磁带，前进时的移动速度最大可以达到 60 米/分钟，后退时则可以达到 12 米/分钟。机器人配置的专用群控制系统软件（品号 NM－BTS100），可同时控制多个分支点，也可同时运行多达 100 台的运输机器人使其不发生碰撞，并以 1 厘米为单位指定行驶路线，还设定暂停、减速位置，能避免在十字路口的撞击、防止双向路径上的碰撞。

STR－100 还可以自主识别台车的位置，自动进入台车的底部，即使台车前后左右有所偏差、倾斜，也能自动进入，如图 2－35 所示。

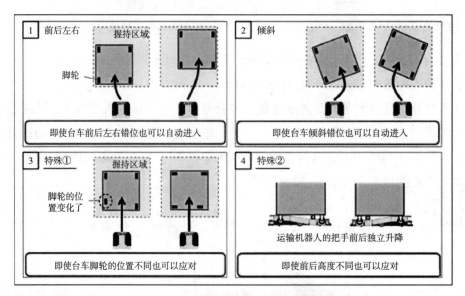

图 2－35　STR－100 的自动握持功能

资料来源：微信公众号 AGV 网《日本松下电器发售用于台车移动的 AGV 机器人》。

STR－100 的开发从应对人手不足和防止劳动灾害等角度出发，面向有省人化、自动化需求的物流现场。

3. 包装与单元化器具

在日本人口迅速下降的社会状况下，物流的合理化和生产率的提高是一个迫切需要解决的问题。单元化物流的发展，离不开托盘、周转箱等单元化器具的支撑，托盘和周转箱作为必要工具越来越受到关注。在传统的标准托盘和周转箱的基础上，通过物联网技术与大数据技术的积极融合，采取更轻量化的单元器具，实现真正无人高效的物流作业场景，将是行业未来的发展方向。在 AI、IoT 等技术发展带动下，物流单元化产品在实现自动化的过程中也充分考虑客户需求的多样化，朝着柔性化、定制化的方向发展。

随着制造业加速向智能化转型升级，以及电商发展促进企业经营模式变化，导致订单向碎片化发展，物流包装领域的变化正在发生——新设备和新模式不断涌现，物流包装发展逐渐由纯人工操作向自动化方向演变。

作为日本最具创新精神的包装系统公司，TANAX 公司设计出 TXP - 600 自动化包装设备（见图 2 - 36）。TXP - 600 是一款 3D 自动包装机，可根据包装的物品尺寸制作合适尺寸的包装盒，从测量产品的尺寸（三维），盒子的制造到包装本身，真正自动快速地完成整个包装过程。这款全球革命性的机器旨在自动快速解决劳动力日益短缺的问题，并迅速完成整个包装流程。

图 2 - 36　纸板自动化切割机

资料来源：微信公众号物流技术与应用《从东京物流展看当代物流技术发展趋势》。

此外 TANAX 公司还展出了"按需盒装"自动化包装系统，为电子商务公司以及处理高混合、小批量生产的工厂的包装设备提供最有价值的解决方案。

托盘轻量化、电子化也是日本托盘发展的未来方向。日本托盘租赁股份有限公司（JPR）于 1971 年创立，在全球范围内提供国际化托盘租赁服务，在 2017 年的营业额达到了 242 亿日元，托盘保有量数超过了 1000 万个，占日本托盘市场的 45%。JPR 公司托盘租赁业务市场占有情况如图2 - 37所示。

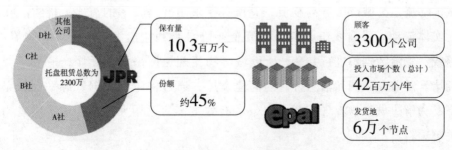

图 2 - 37　JPR 公司托盘租赁业务市场占有情况

资料来源：2019 全球物流技术大会演讲《托盘数字化电子服务》。

为满足客户需求，JPR 公司致力于托盘的电子化、自动化、标准化。利用射频识别（RFID）技术，JPR 公司 95% 的托盘都安装了自动识别芯片，以实现托盘的数字化，如图 2-38 所示。

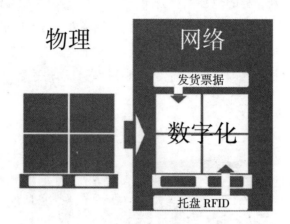

图 2-38　托盘数字化

资料来源：2019 全球物流技术大会演讲《托盘数字化电子服务》。

安装芯片的每一个托盘都有对应的身份标识号（ID），收货方识别 ID 后就可以得到货物的产品、数量、质量等信息。另外，收货方会提前收到产品的所有资料，可以在到货前进行下一步的统筹规划，比如安排货物的放置位置，还可以通过 ID 对物流进行追踪，预测到货时间，甚至精确至小时。同时，JPR 公司通过出货单、签收单的电子化极大节省了工作时间，JPR 公司每年的出货单数量有 3300 万张，每年要花费 16.3 万个小时进行处理，而其中有 6 万张问题单据，解决问题每年要花费 6 万个小时。采用单据电子化的方式进行传输，JPR 公司每年可以节省 10 亿日元。

（二）利用信息化系统发挥管理优势

1. 大数据整合物流资源

城市物流是为城市服务的物流，它服务于城市经济发展的需要，指物品在城市内部的实体流动。目前城市中各个物流企业以自身利益出发，自行规划物流中心、配送路线，物流数据不进行共享，所以城市物流配送网络混乱无序，造成了严重的交通拥堵。随着互联网和信息行业的高速发展，通过构建大数据资源平台、完成信息共享，为解决城市物流现有问题提供了有效方案，运用大数据管理手段是物流优化的关键项目。

以卡车配送过程为例，若以传统方式进行配送，每家发货公司安排不同的卡车送货，会造成线路拥堵的情况，严重影响物流效率。要改变传统配送方式，提高配送效率，以 4 个步骤完成：第一，以循环取货的形式整合送货的目的地和卡车的数量，并设置配送中心，几家发货公司可以共同利用一辆卡车的空间，达到减少卡车数量的目的；第二，根据交货地点的不同，确定分拣场所以及停车地点；第三，为使卡车的数量和工作量达到平均化，彻底地执行准时制生产（JIT）；第四，利用 ETA 技术预测到达，GPS 技术确认位置，利用数据优化物流。在新宿的应用实例证明了循环送货的有效性，卡车数量由 60 台减少至 16 台，如图 2 - 39 所示。

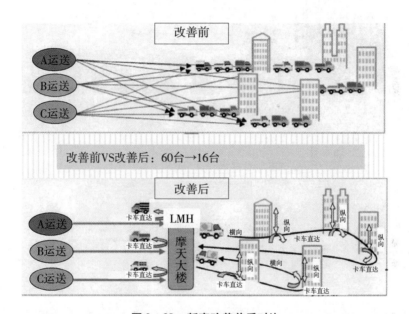

图 2 - 39　新宿改善前后对比

资料来源：2019 全球物流技术大会演讲《2020 年东京奥运会城市物流的挑战》。

而对于建筑物内部的配送过程，在内部设置整合中心，接到订单后根据送货的目的楼层对其进行竖向整合，可以提高卸货效率，减少周边拥堵情况。六本木新城区的应用实例将送货时间从 60 分钟降至 30 分钟，提高了 50% 的物流效率，如图 2 - 40 所示。

这种建立配送中心统筹物流，整合中心纵向协调的送货方式在应对日本卡车司机数量缺乏、交通拥堵等问题方面有独到之处，同时降低了物流成本，提高了物流效率，如图 2 - 41 所示。路面的停车时间和平均停车时间都显著减少，改善后的路面交通也不再拥堵。

2. 全程可视化供应链

在经济全球化的大背景下，商品的销售渠道越来越多样化，企业的供应链也变得越来越复杂。为了增强企业的核心竞争力，满足客户多样化需求，全程物流供应链信息化、可视化成为不可逆转的趋势。

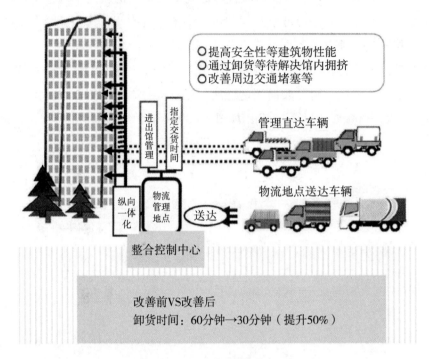

图 2 - 40　六本木改善前后对比

资料来源：2019 全球物流技术大会演讲《2020 年东京奥运会城市物流的挑战》。

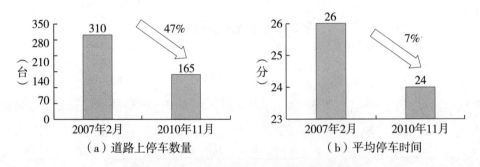

图 2 - 41　应用大数据整合资源后拥堵改善

资料来源：2019 全球物流技术大会演讲《2020 年东京奥运会城市物流的挑战》。

　　山九株式会社（以下简称"山九"）成立于 1918 年，主要从事物流事业、成套设备事业、商务咨询事业。山九公司设计了 EPTC 体系（E 代表设计，P 代表采购，T 代表运输，C 代表建设），从设备的设计到运输、安装、维护，为客户提供一站式物流服务。另外，在物流服务方面，为满足客户的各种需要，山九以 3PL 为基础，提供包括生产、采购、销售、物流等一系列服务，并利用供应链管理（SCM）对整体进行控制，这也是山九的服务特色之一，如图 2 - 42 所示。

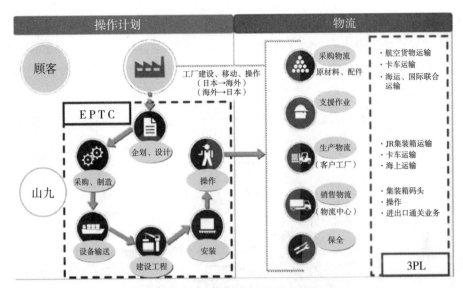

图 2 - 42 山九的 EPTC 体系与特色服务

资料来源：2019 全球物流技术大会演讲《山九的物流战略》。

　　山九在亚洲设置了许多物流据点，构成了山九灵活的供应链网络。以中国、日本、印度尼西亚三国的通用货箱为例，日本将原材料运送至中国大连港，组装成为半成品后运至印度尼西亚，安装成为成品后再运送回日本，如此形成了循环物流体系，如图2-43所示。

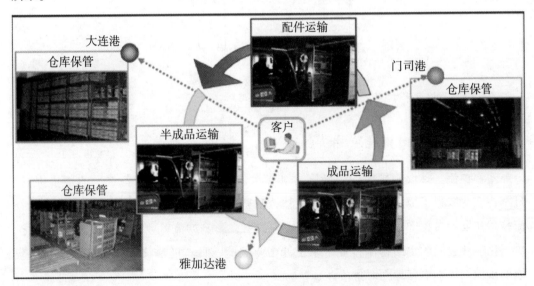

图 2 - 43 循环物流体系

资料来源：2019 全球物流技术大会演讲《山九的物流战略》。

　　而在货物循环运送过程中，在各国的仓库内都使用同一个通用货箱来保管，货箱内存储着货物信息，从客户做出出货指示起，货箱的在库情况、出货业绩、报关数据都在信息系统中实时记录，达到了全程物流可视化。

山九设置贸易代理中心，以国际化水平进行管理，实现了在库、配送等物流业务的最优化管理，构成亚洲地区的 SCM 系统，形成了国际"3PL＋1"模式，得到客户的高度评价，如图 2－44 所示。

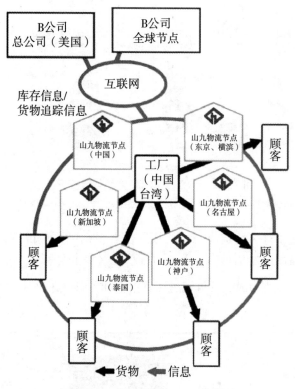

图 2－44　山九的"3PL＋1"模式

资料来源：2019 全球物流技术大会演讲《山九的物流战略》。

（三）法律与时俱进应对社会问题

随着物流基础设施规模的不断完善和扩大，以及物流技术装备水平的逐步提高，日本物流业取得了极大的进步，但物流法律法规却没有进行相应的转变与发展，让物流技术在发展过程中失去了相应法律法规的约束，影响物流行业的发展。同时高龄化、少子化等社会问题也给物流行业带来了冲击。因此，日本的法律制定必须跟上技术发展的步伐，才能更好地面对挑战。

1. 缓解交通拥堵

东京是全世界生产力和消费力较大的城市之一，东京的公共交通系统十分发达，拥有 285 个地铁站，几百条线路，但路面交通存在着十分严重的拥堵问题，极大影响了物流效率。这将成为 2020 年即将举办的东京奥运会面临的最大难题。为改善路面拥堵情况，日本在奥运期间设立了临时法律，比如提高高速公路收费标准、对车辆进行限号等，东京奥组委还将在赛场边界配置交通引导员和引导牌通知车辆绕行。尽管这些措施可以有效减少交通量，但存在影响市民正常生活的副作用。如何真正行之有效地解决这些问题，日本政府还在探索之中。

2. 规范无人技术

在日本的社会5.0的概念中，无人运输技术可以缓解日本交通拥堵情况，有效应对卡车司机人手不足的问题，制定相关法律规范无人机、无人车等技术势在必行。

据《日本经济新闻》2018年3月30日报道，日本2015年发生无人机落入首相官邸的事故，政府同一年内制定了有关飞行方法和飞行地区的基本准则。如果获得国家许可，原则上可在人视线所及范围内、在一年时间里放飞无人机。日本政府将首先在离岛和山区解禁视线外飞行，认为这将有助于加速无人机的商业利用。政府将修改基于《航空法》的许可和批准标准，要求使用无人机的企业和个人限定飞行场所，通过无人机的位置、高度和速度确保安全性。日本国土交通省2018年修改了基于《航空法》的审查标准，在无人地带允许无人机在人视线范围外飞行。这样一来，操纵者远程通过平板电脑指示航线、自动飞行的使用方式成为可能。

2019年年初，日本政府计划在年内制定包括安全对策在内的方针，以便在公共道路上进行无人快递机器人配送试验。为了实现无人配送机器人实用化，日本政府还需要进行基础建设及法律整备。

随着自动驾驶技术的兴起，小型无人送货车也逐渐成为极具发展前景的研究领域。目前，在日本公共道路上测试自动驾驶车辆需要得到当地警察局长的许可，但由于缺乏有关无人送货车的安全规则，警方无法做出是否批准的决定。从2019年财年（2019年4月）开始，日本政府将允许无人送货车在公共道路上进行测试并将在3月前编制安全指南，为企业检验最新交通工具铺平道路。

3. 保障司机权益

日本卡车司机人手不足还有一个重要原因，即日本老龄化的趋势，平均一半卡车司机的年龄达到了50岁以上，且卡车司机行业的工作时间长，劳动环境较为恶劣。2017年3月，日本政府制订了"工作方式改革实行计划"，规定正常工作外的劳动时间上限为每年720小时（月平均60小时）以内。2017年度厚生劳动省公布的《过劳死等防止对策白皮书》中，指出了发生过劳死等较多的重点行业，其中重点行业就有汽车驾驶从业人员。而在运输业、邮政业的工伤认定案中，脑、心脏疾病达到465件，精神障碍达到214件。为了支撑物流业，日本政府还应该了解司机工作的环境和实际情况，考虑改善对策。

卡车运输事业者在对货主交易时处于弱势方，在过去的商业惯例中，运费的范围很模糊，在运费中也包含了附加费用的情况。国土交通省在 2017 年修改了《标准货物汽车运输条约》，并发出公告，明确了作为运输费用的运费和附带服务的报酬的费用。相关人士根据交易规则整理出的《卡车运输业转包、货主正当交易推进方针》、规定运输合同中重要事项必须书面化记录、共有的《卡车运输行业中的书面化推进方针》分别在 2016 年被修改。2017 年修改《货物汽车运送事业运输安全规则》，如果由于货主的原因而发生 30 分钟以上的等待时间，将会记录在货物等待时间上。保证卡车运输者的权益也是改善劳动环境的策略之一。

三、年度优秀案例：IHI 的便捷化、自动化系统

石川岛播磨重工业株式会社（以下简称"IHI"）作为全球综合性重工业制造商，致力于为以下四大领域的客户创造新的价值——资源、能源、环境，社会基础设施和海上设施，工业系统及通用机械，航空航天。

IHI 的历史可追溯到 1853 年，日本成立的第一家现代化造船工厂——石川岛造船厂，也是石川岛重工业株式会社的前身。该厂在日本现代化进程中发挥了至关重要的作用，将造船技术拓展到了许多新的领域，如重工业制造、桥梁建设、成套设备建设和航空发动机制造。1960 年，石川岛重工业株式会社与播磨造船厂合并，成立了石川岛播磨重工业株式会社。公司于 2007 年更名为 IHI，以强化公司在全球的品牌效应。IHI 秉持以技术服务社会的理念，通过所持多样化工程技术能力的整合，解决各种全球范围内不断增长的能源需求、城市化工业化进程及运输系统效率的问题，为社会做出贡献。

IHI 的物流业务属于 IHI 的物流产业系统，隶属于产业系统的常用板块，包括软件开发、技术开发部门等。IHI 的物流业务起始于 1968 年，为医药公司提供了自动化仓库系统；1980 年，设计制造了整车用的自动仓库；1985 年设计制造了 AGV。在开发的这些产品当中，从 1985 年就已经导入的一号机以及传送带现在还在被客户广泛使用。

近年来，网购市场在迅速发展，客户的多样化、多品种需求对物流从业人员的配送技术有更高的要求。一方面，现在的物流体系中存在人手不足的问题，物流从业人员劳动量大，所以即使收入提高，流动性也非常大，而现代物流企业需要更快、更多、更精准地去配送，这是全世界对物流行业的要求。另一方面，面对精准配送和人手不足之间的矛盾，IHI 运用人工智能以及先进的信息和通信技术（ICT）开发机器人系统来应对。2018 年 IHI 主要致力于通过发展应用四大系统来实现便捷化、无人化。

（一）搭载 AI 技术的码垛系统

这套码垛系统是世界上第一个搭载了最新 AI 技术的机器，码垛系统深度学习包装以及上架的方法，通过事前对货物图像进行分析和认知，就可以自动识别货物的位置、

方向、大小等。对于密封严实或者有花纹的盒子，以过去的技术很难识别，但是通过人工智能技术，已经可以用低于 1.5 秒的时间来识别，并且不需要等待识别和处理的时间，机器人就可以开始运作。通过搭载 AI 技术，可以实现卸货过程的自动化，同时工作效率较以往提高了 30%。搭载 AI 技术的码垛系统如图 2-45 所示。

图 2-45　搭载 AI 技术的码垛系统

资料来源：2019 全球物流技术大会演讲《日本先进物流服务》。

（二）单件分拣机器人

在自动仓库的出入口，IHI 设置了先进的单件分拣机器人（见图 2-46）。由于所要处理的货件的形状、大小各式各样，单件分拣技术具有复杂性。传统技术不能识别袋子或者是圆筒形的货物。如果货物表面有透明的塑料薄膜、保鲜膜等，由于光反射现象，所以识别起来也比较困难，IHI 的识别技术利用了人工智能，解决了这些难题。单件分拣机器人可以根据客户的要求，定制各式各样的打包模式。而且这套系统不需要提前登录，减轻了工作人员的作业负担。

图 2-46　单件分拣机器人

资料来源：2019 全球物流技术大会演讲《日本先进物流服务》。

（三）上架最优化系统

上架最优化系统针对劳动量大、效率低的盒装货物的码垛作业设计。以往只有非常熟悉此类业务的操作人员才能达到高效作业。优化后的上架系统能够自动计算出最合适的上架方案，按照可视化的形式，提供上架顺序，按照顺序进行出货，用机器人来进行码垛，实现全自动化，如图 2-47 所示。

图 2-47 上架系统运作示意

资料来源：2019 全球物流技术大会演讲《日本先进物流服务》。

（四）视觉辅助分拣系统

由于物流业务量的增加，货箱上的标签文字变得非常小，给工作人员造成了视力负担，并且很容易产生错误，在出货、上货之后，工作人员还需要记住上货的位置，这是非常繁杂的工作。IHI 的视觉辅助分拣系统（VSA）采用了高度的物体识别技术，在传送带上可以随时识别货箱，不同货箱对应不同颜色和数字。这种分拣技术极大便利了分拣过程，减轻了工作人员的视觉负担，减少了失误操作，如图 2-48 所示。

四大便捷化、无人化系统的应用极大缩短了物流工作时间，减轻了工作压力，对工作人员起到了很好的辅助协调作用，提高了整个物流作业流程的工作效率。在信息化高速发展的趋势下，IHI 未来还将继续致力于便捷化、无人化研究，利用物联网和人工智能技术对工作现场数据进行整合，以更好地满足客户需求，促使物流向更高水平发展。

图 2 –48　VSA 导入前后对比

资料来源：2019 全球物流技术大会演讲《日本先进物流服务》。

第三章　年度热点技术

第一节　5G 技术

第五代移动通信技术（5G）被誉为全球新一轮科技革命和产业变革的代表核心技术之一。我国高度重视 5G 的发展，将其列为实现万物互联、人机交互的战略性基础设施。根据百度百家号联合百度指数、北京师范大学新闻传播学院发布的《2019 百度两会指数报告》显示，5G 技术位列热点话题中第一，资讯指数高达 4269 万。5G 话题热度不断升温的背后，是人们对于美好生活的热切渴望。在 2019 年的博鳌亚洲论坛年会中"5G：物联网的成就者"分论坛上，工业和信息化部部长苗圩表示，将根据终端成熟情况，于 2019 年适时发放 5G 牌照。同时 2019 年也被业界认为是"5G 商用元年"，5G 技术将催生一系列物流新模式、新业态涌现，带来全新的物流体验和巨大的物流市场。

一、5G 技术的提出

自 2009 年起，华为开展 5G 相关技术的早期研究；2013 年 2 月，欧盟宣布拨款 5000 万欧元用于加快 5G 移动技术的研发；随后韩国、日本也纷纷加入 5G 研发领域。为积极推动 5G 的标准化进程，国际电信联盟（ITU）于 2015 年即明确了全球 5G 工作时间表，第三代合作伙伴计划（Third Generation Partnership Project，3GPP）在其框架下也紧锣密鼓地开展相关的标准化工作。2016 年 11 月 16 日，在举办于浙江省嘉兴市桐乡市乌镇的第三届世界互联网大会上，美国高通公司带来的可以实现"万物互联"的 5G 技术原型入选 15 项"黑科技"——世界互联网领先成果名单。

各国政府高度重视 5G 技术的发展，美国提出"确保 5G 的美国领导地位，我们必须保护国家在无线领域的优势以及其所带来的经济发展与国家安全"；欧盟认为 5G 将成为未来十年数字经济和社会最重要的组成部分之一。

2017 年 12 月，3GPP 第一个 5G 版本——Rel. 15 正式冻结，也就是非独立组网（NSA）核心标准冻结，这是第一个 5G 国际标准。它的出炉意味着 5G 商用进入倒计时。2018 年 6 月 14 日，3GPP 在美国举行全体会议，正式批准冻结第五代移动通信技术标准（5G NR）独立组网（SA）功能。意味着至此，第一阶段全功能完整版 5G 标准正式出台，5G 商用进入全面冲刺阶段。

2018 年 12 月 27—28 日，我国全国工业和信息化工作会议召开。会议对 2019 年重点工作进行了部署，其中 5G 技术成为关键词。会议提出 2019 年将加快 5G 商用部署，扎实做好标准、研发、试验和安全配套工作，加速产业链成熟，加快应用创新。

相比于 4G 技术，5G 子载波带宽更大（100 兆赫），同时还将采用高频毫米波通信（28 吉赫以上，400 兆赫带宽）、大规模的通道天线（Massive MIMO）、波束成型及载波聚合等技术，峰值吞吐率较 4G 提高 10～100 倍，连接数较 4G 提高 100 倍，将成为物联网、智慧家居及 AR/VR 等新兴产业发展的引擎。未来随着磁盘到磁盘（D2D）技术、5G 网络架构变化及移动边缘计算技术的发展，5G 的时延将比 4G 降低 10 倍以上，将低至 10 毫秒以内，还将成为车联网、远程医疗等行业发展的基石。4G 技术与 5G 技术关键能力对比如表 3-1 所示。

表 3-1　　　　　　　　　　4G 技术与 5G 技术关键能力对比

指标	时延	峰值吞吐率	高速移动性	连接数
4G	10～100 毫秒	100～1000 兆/秒	350 千米/小时	10000/平方千米
5G	1～10 毫秒	10000 兆位/秒	500 千米/小时	1000000/平方千米
提升（5G 较 4G）	10 倍	10～100 倍	1.5 倍	100 倍

资料来源：中信证券投资顾问部、金融界网站。

二、5G 技术发展概况

（一）5G 的技术架构

5G 作为新一代的移动通信技术，其网络结构、网络能力和要求都与过去有很大不同，有大量技术被整合在其中。

5G 网络架构属于端到端架构，平面功能划分比较清晰，主要有三个功能平面：接入平面、控制平面和转发平面。这三个平面可以构建整个 5G 网络的系统结构如图 3-1 所示，各功能平面的主要职责如表 3-2 所示。

5G 的组网部分主要关注使用的硬件设备以及平台架构和网络节点部署等，在新型集中式基础环境下，5G 组网设计中充分利用 SDN/NFV 技术加强 5G 通信的灵活性和安全性。5G 组网模式可以从四个层次来完成设计，具体过程如图 3-2 所示。中心级的主要职责是控制、管理和调度，例如基于 NFV 的虚拟化功能编排、广域网条件下的数据中心相互通信等。在全国各地按照需求量进行节点部署，担任 5G 整体架构的监控维护职能。汇聚级的核心作用是控制网络相关业务功能，例如用户数据处理和接口会话的管理等。这一层级节点可以部署在省级各地。边缘级的核心功能是完成网关控制任务，负责均衡承载用户产生的业务数据流量，这一层次节点部署于市一级。接入级是最接近客户的一级层次，中心单元和分布单元之间通过5G低时延通信完成多个用户节点之间的协作化，这一层级用户可以自由灵活组网。

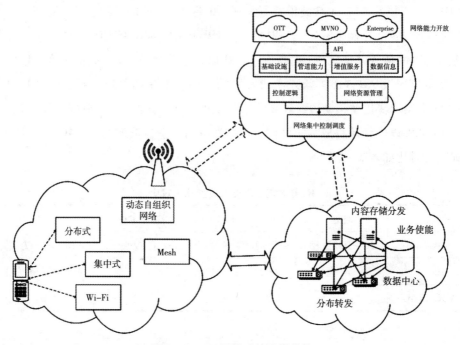

图3－1　5G网络系统逻辑结构

资料来源：2019全球物流技术大会演讲《技术升级助力快递升级》。

表3－2　　　　　　　　　　　　5G网络各功能平面的主要职责

类别	主要职责	总结
接入平面	接入平面负责构建接入网络的拓扑结构，接入应用或者网络的筛选和重新部署等，采用了多站点协作、多连接协同以及多制式网络融合技术	接入灵活
控制平面	控制平面实现集中的网络控制和调度功能，采用软件定义网络/网络功能虚拟化（SDN/NFV）技术，是一个可重构、集中式的控制结构，根据算法完成按需接入、可灵活移动以及高质会话管理等任务	高质管理
转发平面	转发平面负责5G的数据转发和处理，为其提供更动态的网络节点部署方案，5G在数据转发层面上形成分布式结构，这样可以具备更高效的数据处理能力，同时可以形成更加丰富的业务链	容错性强

资料来源：2019全球物流技术大会演讲《技术升级助力快递升级》。

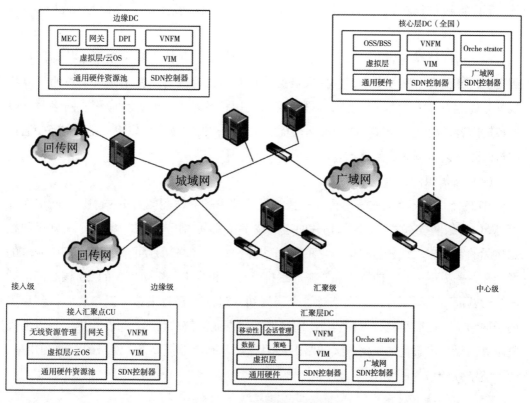

图 3 - 2 5G 组网设计示意

资料来源：2019 全球物流技术大会演讲《技术升级助力快递升级》。

5G 的关键性技术包括基于 SDN 的控制转发分离的网关设计、多元场景下的网络连接管理和移动性服务、移动边缘计算、按需组网技术、新型无线技术、无线网格网络（MESH）和动态自组织技术等。

（1）基于 SDN 的控制转发分离的网关设计

5G 采用的网关设计使得控制与转发分离，控制层集中进行策略设计，转发层专注于业务数据的路由转发。在控制层面能够灵活地对移动流量进行调度以及对其他附属网络的连接管理，在转发层面能够高效、稳定地应对海量的大数据环境。更加扁平化的网络架构可以有效降低业务环境中存在的传输时延。

（2）多元场景下的网络连接管理和移动性服务

5G 的应用场景相比传统移动通信技术更加广泛，因此 5G 采取了新的网络连接管理手段，针对不同用户业务的服务质量（QoS）需求提供个性化服务。同时，5G 根据终端的相关属性，例如通信能力、部署位置以及移动路径和网络请求的类型等确定连接的参数，由控制层根据参数发出管理指令，再由转发平面执行指令完成网络连接。

5G 提出的移动性管理协议相比 4G 更加集中统一，对位置管理、网络切换以及附着状态等内容和方案进行了相关优化和改进，可以进行不同构造的网络结构的无缝切换。

（3）移动边缘计算

移动边缘计算（MEC）技术，是一门新兴的技术，具体内容是在靠近移动用户一侧提供计算机技术服务环境，包括大数据分析和云计算能力、基于深度学习的计算机视觉分析能力等，并将获得的内容推送到靠近用户的基站，使计算应用、网络服务以及传输内容部署在一个高分布的架构环境中。因此，这项技术可以更好地支撑5G通信的低时延、高带宽的业务要求。

（4）按需组网技术

5G的组网技术考虑按需分配，较传统组网技术场景适配能力更强。其中网络切片就是5G的组网技术之一。网络切片的组网技术主要利用虚拟化技术将5G基础资源根据实际的客户需求划分为多个独立的网络切片，每个网络切片可单独根据客户需求的场景和业务模型进行功能制定和资源的编排管理，相当于一个实例化的5G核心网。同时，运营商可以根据资源的大小对每个网络切片进一步进行虚拟分割，从而得到更小的子网结构。按需组网技术使得5G网络能够根据业务需求灵活地进行组网，可以通过需求算法设计出最优的组网方案和路由部署方案，既能够提高5G网络的资源利用率，也能够增强网络的可靠性。

（5）新型无线技术

5G技术的发展是基于现有的成熟的4G技术，例如4G中不断优化的长期演进（LTE）技术，5G共用LTE的一些核心技术，例如大规模多通道天线技术、毫米波以及频谱共享等。大规模多通道的天线技术从原来的2×2 MIMO提高到了4×4 MIMO。最新研究发现，5G的新空口（NR）结构可以在基站端架设天线多达256根，通过二维分布可以实现5G通信的3D波束成型，一定程度上提高信道容量和信号覆盖范围。毫米波技术证明了5G能够将大于24吉赫以上频段用在移动通信技术领域，使5G具有更快的数据传输速度和更大的网络容量。频谱共享技术使得5G可以通过共享频谱和非授权频谱扩展到多个通信维度，可灵活兼容各种频谱，从而支持更多的部署环境。

（6）无线网格网络和动态自组织技术

无线网格网络是5G网络中最重要的无线组网技术，能够实现连续广域覆盖和超密集组网场景，从而提高基站间的协同能力、降低数据传输时延。动态自组织网络可以将基站和应用终端等各种通信节点自组织地构建成新网络结构，相比传统网络组网技术更加灵活、方便，且可以提升网络频谱效率，可以用于低功耗的多连接场景。

除了上述关键技术外，5G还采取了控制功能重构技术、多无线接入技术、优化后的正交频分复用技术（OFDM）等多个关键技术，致力于营造更高质量的通信模式。通过各类关键技术的集成应用，5G具有灵活组网、海量接入、移动性强、低时延、高带宽、易拓展、低功耗等核心优势，如图 3 – 3 所示。

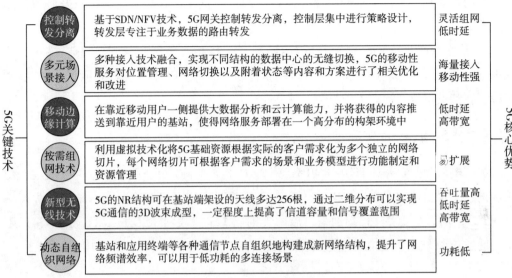

图 3 – 3　5G 关键技术与核心优势

资料来源：2019 全球物流技术大会演讲《技术升级助力快递升级》。

（二）5G 技术产业链情况

如图 3 – 4 所示，5G 技术的产业链上游为移动通信基础设施，主要包括网络规划及维护、基站建设、传输网、承载网以及核心网建设等方面。

图 3 – 4　我国 5G 产业链

5G 技术的产业链中游为移动通信运营服务商，主要为三大移动运营商。中游的通信运营商主要从上游设备制造厂商采购相应的设备，并负责基站的维护以及收取使用费用等。

5G 技术的产业链下游为终端及应用场景，不再局限于手机，而是包括汽车、智能家电、工业设备等，应用场景包括车联网/自动驾驶、AR/VR、工业互联网、8K 高清视频、智慧城市以及远程医疗等。

（三）5G 技术的应用领域

国际电信联盟召开的 ITU-RWP5D 第 22 次会议上确定了 5G 未来应具有的三大使用场景：增强型移动宽带（eMBB）、高可靠低时延通信（uRLLC）和海量机器类通信（mMTC），前者主要关注移动通信，后两者则侧重于物联网。5G 技术的应用不再局限于移动通信领域，将会在制造业、服务业的信息化方面发挥重要作用，如图 3-5 所示。

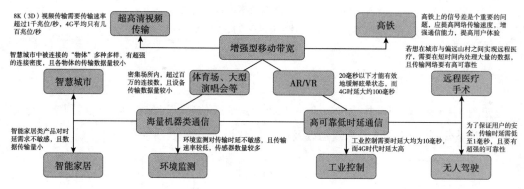

图 3-5　5G 三大场景及其应用

资料来源：亿欧智库《5G 基础梳理及应用前景分析报告》。

（1）增强型移动宽带

增强型移动宽带（eMBB）主要以人为中心，侧重于关注多媒体类应用场景，用户密度大的区域，实现无缝的用户体验。增强型移动宽带的应用场景包括超高清视频传输和高速移动物体传输。

超高清视频传输优点在于能够对现实场景进行细致和逼真的还原。未来几年，用户数据流量将持续呈现爆发式增长（年均增长率 47%），而业务形态也以视频为主（78%），在 5G 技术的支持下，用户可以轻松享受在线 2K/4K 视频以及 AR/VR 视频，用户体验速率可提升至 1 千兆位/秒（4G 最高实现 10 兆位/移），理论上能提供良好的网络承载能力。

高速移动物体传输最常见的应用是在高铁上。由于还没有达到信号间的无缝衔接，在高速行驶的列车中信号有时候会很差，而增强型移动宽带使用场景正好能有效地解决此类问题，通过提高网络传输速度，增强通信能力，最终提高用户体验。

（2）高可靠低时延通信

高可靠低时延通信（uRLLC）的使用场景对延迟时间、性能可靠性等要求极高，且此类场景也是为机器到机器（M2M）的实时通信而设计的。在此场景下，连接时延要达到 1 毫秒级别，而且要支持高速移动（500 千米/时）情况下的高可靠性（99.999%）连接。这一场景更多面向车联网、工业控制、远程医疗等特殊应用。这些场景对应用的安全性要求极高。如 2019 年 3 月 16 日，中国移动、华为、中国人民解放军总医院三方共同努力，成功完成了全国首例基于 5G 的远程帕金森病"脑起搏器"植入手术，打开了我国医疗资源配置的新窗口。

（3）海量机器类通信

海量机器类通信（mMTC）场景是 5G 技术与物联网深度结合的场景。海量机器类通信的使用场景特点为连接设备的数量巨大，但每个设备所需要传输的数据量较少，且时延性要求较低，使得终端成本更低，电池寿命更长且可靠性更高。5G 技术强大的兼容能力使得其可以从产品的生产直至消费的整个流程实现人与人、人与物的整个场景信号覆盖，真正意义上促进了互联网、物联网与其他制造业、物流业和零售业等各行业进行横、纵向的深层次融合，能够实现多年来提出的万物互联的目标。智慧城市、智慧家庭以及智慧工厂还有智慧物流这些大型的制造业场景和服务业场景都属于这一范畴。

三、5G 技术对物流的赋能提升

物流行业每次变革都是由两股力量共同推动的，即技术的突破、产业的升级。新一代物流行业紧跟新零售的发展而进步，线上、线下的边界更为模糊，服务更加智慧、便捷。相比现有的物流行业，新一代物流行业最大的变化在于移动互联网、物联网、人工智能、大数据、云计算和区块链技术等信息技术的深度应用，可根据用户的个性化需求，充分调动物流资源，有效地支持零售等商业创新，以实现高效、绿色、安全运行的物流发展目标。新一代物流应用场景将在 5G 技术三大使用场景的基础上快速实现，具体如图 3-6 所示。

（一）基于 5G 技术实现的全自动化物流运输

5G 主要用于物流运输的终端通信，即运输车辆、远程的云控制中心以及物流应用服务进行数据交互和通信的过程。终端负责采集数据、接受指令以及发送信息。数据主要包括路况和车辆状况等。运输系统采用 5G 通信技术的主要原因是 5G 能够满足车联网环境需要的自组织网络构建、数据即时共享、海量传输以及低时延高可靠等要求。

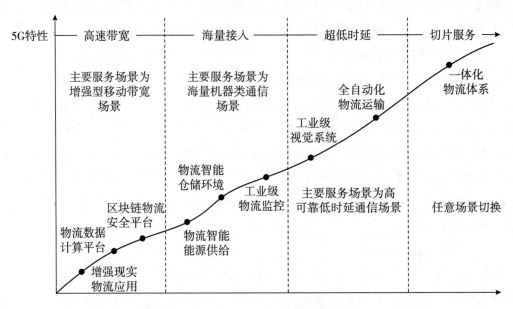

图3-6　5G技术典型场景在物流领域的应用

资料来源：2019全球物流技术大会演讲《技术升级助力快递升级》。

对于电商等上游企业和广大用户而言，全自动化运输可以带来更多便捷。通过自动化运输可以提升物流效率，从而方便上游企业向用户提供更多订单和较佳的服务，形成良性循环。目前这一场景最大的问题是伴随无人驾驶和配送体系完全自动化所出现的安全问题，国家层面需要出台相关法律严格约束，如货品的监督和相应交通法规的制定。基于5G网络的全自动运输场景示意如图3-7所示。

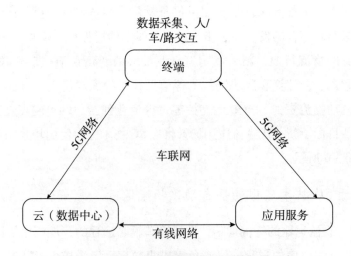

图3-7　基于5G网络的全自动运输场景示意

资料来源：2019全球物流技术大会演讲《技术升级助力快递升级》。

（二）5G 推动物流仓储环境的智能化

随着人工智能技术的快速推进，众多智能机器人设备已被应用在仓储环节中来实现自动化物流分拣、自动化物品传输以及自动化出入库等作业。5G 技术作为传输层技术提供了有力的通信环境支持，同时 5G 的海量接入特性使得仓储环节中很多智能终端设备在各模块中发挥着积极的作用，例如仓储环境中有很多无人机、机器人、穿梭车、可穿戴设备以及分拣设备等。5G 技术间接地通过仓储来为上游电商企业提供货物保障，能够为客户提供更好的物流服务体验。基于 5G 通信的智能仓储体系如图 3－8 所示。

图 3－8　基于 5G 通信的智能仓储体系

资料来源：2019 全球物流技术大会演讲《技术升级助力快递升级》。

（三）基于 5G 技术实现的增强现实技术在物流中的应用

高速网络成为 AR 技术发展的重要影响因素，可以在实现产品无线化的同时确保大容量 AR 内容的体验。因 5G 低时延和高速率等特点，AR 技术可以为客户创造更加丰富的场景，如图 3－9 所示。

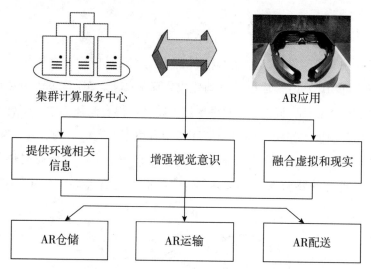

图3-9 基于5G的AR技术在物流领域的应用

资料来源：2019全球物流技术大会演讲《技术升级助力快递升级》。

AR技术在仓储环节可以协助员工完成拣货操作；在运输过程中，可以实现更高效、准确的装卸调货流程；在配送环节，可以优化配送路线，准确及时地显示路况，对快递进行编号检索和门牌号识别，提高派遣效率，保障"最后一公里"派送效率。

在AR技术的支撑下，首先保证了物流服务准确性，不会出现物流派遣慢、订单处理错误等问题；其次能够促进零售业的发展，因为AR设备使得"仓干配"等流程更加高效。客户体验越好，线上零售的业务就越广泛。当然，AR技术也需要国家层面的支持，物流信息安全是推动AR发展的重要因素，只有客户隐私和其他相关信息有了安全保障，AR技术才能真正被推广到新一代物流行业中。

（四）基于5G技术加速的物流数据计算平台

5G技术拥有高带宽特性和边缘计算等关键技术，因此大数据平台在新一代物流行业中使用也将十分广泛。在物流供应链中，5G技术可以通过大数据中心和云计算服务实现即时分析；GPS导航系统可以通过5G技术获取远程云物流平台提供的信息数据，从而进行路径规划和故障规避；在冷链物流体系中，节点可以通过5G技术连接远程云物流架构来实现温度调控和物品跟踪。除此之外，基于5G技术和数据计算平台可以对现实场景及时反馈，例如无人机、无人车等，如图3-10所示。

在5G的作用下，供应链上下游企业及最终消费群体，既是数据的产生者，也是数据的搬运者，更是数据的得益者。因此，5G技术可以显著提升新一代物流行业的服务质量和公信力。当然，还需要大数据存储策略和云计算服务方案的高效执行，才能保障物流数据计算平台的运转。

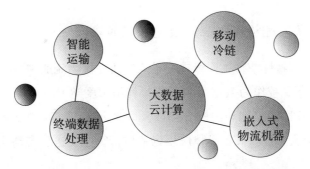

图3-10　5G技术加速大数据、云计算平台在物流领域的应用

资料来源：2019全球物流技术大会演讲《技术升级助力快递升级》。

（五）工业级物流监控依赖于5G技术

新一代物流监控系统能够对库中产品的温湿度等仓储环境进行严格监视，对运输过程中产品的实时破损状况和运输路径进行立体监控。如果出现异常情况，例如人为或天灾等造成的物品损坏，系统会及时上传数据然后进行远程操作和智能决策，从而实现对物流运输性能的保障和对客户物品的保护。

工业级物流监控面向整个物流供应链，上游用户能及时获取物流监控信息。这既可以提高物流供应链的安全等级，也可以提高物流企业的公信力。目前，5G技术在技术层面上完全能够满足工业级物流监控的条件，但是需要企业和国家对物流行业进行扶持，加大资源的投入，才能推动实现工业级物流监控。基于5G技术的工业级物流监控如图3-11所示。

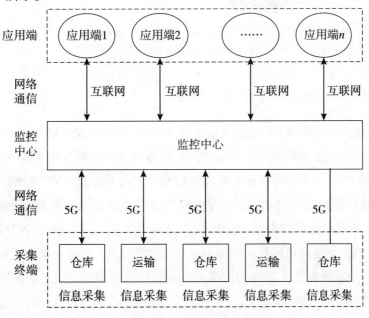

图3-11　基于5G技术的工业级物流监控

资料来源：2019全球物流技术大会演讲《技术升级助力快递升级》。

（六）5G 技术促进物流工业级视觉系统的实现

5G 技术的低时延特性使得工业级视觉系统在新一代物流业中可得到广泛应用。将物流监控和视觉采集系统作为数据采集工具，利用深度学习等视觉分析技术完成数据的高层语义操作，如图像识别和实例分割以及语义分析等，这些复杂的操作的效率在 5G 技术的辅助下会大幅度提高。具体应用场景包括智能配送、自动化作业、物流监控和物流分拣等。

5G 技术目前在技术层面上还不能确定满足工业级视觉系统的要求，但是随着 5G 技术被逐步推广和优化，未来超低时延的要求便会被满足，系统也能有效应对外界的各种突变环境。在工业级视觉系统的支撑下，新一代物流的工作效率将会大幅度提升。同时全自动化的工作流水线将会在新一代物流行业中随处可见，如图 3 –12 所示。

图 3 –12　5G 技术环境下工业级视觉技术在物流领域的应用场景

资料来源：2019 全球物流技术大会演讲《技术升级助力快递升级》。

（七）基于 5G 的物流智能能源供给

在新一代物流架构能源供给模式中，由于 5G 技术海量接入、超大带宽、低时延等特性，可以充分满足其传输层的要求。同时，5G 网络切片的安全性和隔离性使得企业自建组网框架比较简单，每个物流企业都可以进行独立电网系统的组配。当然，智能电网在物流业的应用关键在于国家和企业之间的相互配合，主要场景有物流智能配电分布式自动化、物流电能负荷精准控制、物流用电终端节点信息采集、物流新能源分布式接入等。

基于 5G 技术的智能电网技术能够为新一代物流行业中各企业节省资源成本，将更多的资金用于为客户提供更好的物流服务，从而促进制造业、服务业的进步，带动整个物流产业链的发展。但这需要与国家电网合作部署 5G 基础设施，才能实现在新一代物流企业中广泛使用。基于 5G 技术的物流智能能源供给模式示意如图 3 –13 所示。

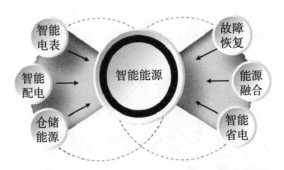

图 3 – 13　基于 5G 技术的物流智能能源供给模式示意

资料来源：2019 全球物流技术大会演讲《技术升级助力快递升级》。

（八）区块链技术依靠 5G 技术维护物流安全

5G 技术的高带宽特性将推动区块链技术在新一代物流行业中被广泛应用。在商品溯源方面，通过区块链技术记录商品信息，使用 5G 技术促进信息交互、及时处理和查询等功能的实现；在防伪防窜方面，通过区块链技术记录物品所属信息，使用 5G 技术实现快速比对，防止冒领；在物流实名制方面，通过区块链技术记录物品唯一密钥，使用 5G 技术实现快速认证。由于区块链所记录的物流信息不可篡改，基于 5G 技术的区块链安全框架将有效实现物流隐私保护，如图 3 – 14 所示。

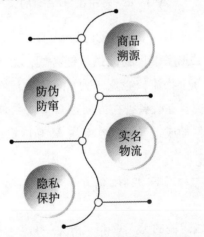

图 3 – 14　"5G + 区块链"维护物流安全示意

资料来源：2019 全球物流技术大会演讲《技术升级助力快递升级》。

依靠区块链技术能够真实可靠地记录和传递资金流、物流、信息流，而 5G 技术可以保证信息传递过程的实时性和高效性，从而提升行业整体效率。5G 技术使得区块链能够更为高效地完成密钥计算和数据处理，维护物流体系安全，助力供应链上下游企业和消费者安心运转。区块链技术的应用对于硬件要求较高，需要使用并行和分布式计算等，因此推进物流企业的基础设施和计算机资源建设是目前此应用场景急需重视的问题。

四、年度优秀案例：智慧5G时代，苏宁物流新变革

随着5G时代的到来，各大运营商开始了基础设施投资，硬件厂商也积极布局5G终端，5G已然成为巨头们加紧抢占的一块科技高地。无论是移动等通信运营商，还是华为、中兴等硬件公司，甚至是阿里巴巴、苏宁等零售企业都在积极展开市场布局。零售巨头苏宁在5G方面的深耕已初见成效，如图3-15所示。

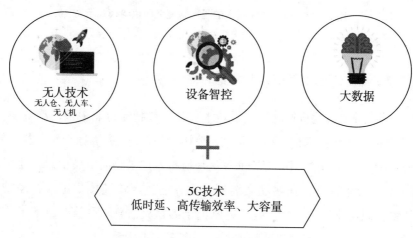

图3-15 苏宁在5G领域的探索

在2018年12月初，苏宁与中国移动已经签订渠道战略合作协议，联袂探索5G技术应用。通过高效利用数据来掌控物流供应链各端，以协同运作来提高物流运作效率和降低成本，从而打造苏宁物流核心竞争力。苏宁物流在无人驾驶和无人配送方面都有比较深入和领先的研究，在设备智控方面也具备自主研发能力。5G传输速率高、网络容量大、时延低的属性加成，苏宁物流将在AI和虚拟现实领域的不断发展并产生相关成果。

苏宁物流以先进的无人技术为基础打造了智慧物流全套解决方案，实现了"仓干配"的无人化闭环。

AGV、无人仓、干线运输的无人重卡"行龙一号"、末端配送无人车"卧龙一号"、无人机等，苏宁物流构建的全流程无人"黑科技"大军成为智慧物流的骨干，支撑了整个智慧物流解决方案的实施。"天眼"平台、"乐高"平台、"神谕"平台、"指南针"等智慧中枢则构成了智慧物流的神经，保证了智慧物流无人体系的顺畅运行与开放赋能。在智慧物流无人解决方案的保障下，用户在苏宁购买的商品从仓库分拣、出库到配送实现了全流程无人化，效率得到了极大的提升。高度智能的苏宁自动化仓库群如图3-16所示。

目前，单件商品平均拣货时间为10秒的AGV已在苏宁无人仓大范围落地，"卧龙

图 3 – 16　高度智能的苏宁自动化仓库群

资料来源：2019 全球物流技术大会《智慧 5G 时代，苏宁物流新变革》。

一号"也在苏宁小店和用户之间开始常态化运营，L4 级别的"行龙一号"已经可以实现自主避障、自主规划路线以及精准泊车等，这些都为苏宁智慧物流无人体系的创新与变革积蓄了力量。在 5G 技术的支持下，人和车、车和车、车和路之间的移动通信连接将实现跨越式增强，苏宁物流无人军团真正的大规模落地商用也将随之开始，有助于推动苏宁智慧物流服务能力的整体提升，实现整个零售产业链降本增效。

第二节　北斗卫星导航系统

北斗卫星导航系统（以下简称"北斗系统"）是我国自行研制的全球卫星导航系统，是继美国 GPS、俄罗斯格洛纳斯（GLONASS）、欧盟伽利略（GALILEO）后，联合国全球卫星导航系统国际委员会认定的第四大核心供应商。这一"国之重器"作为国家导航授时（PNT）基础设施已经在国防、交通等领域发挥重要作用，也是物流技术网联化、智能化发展的重要基础。自 2018 年 12 月 27 日起，北斗三号卫星导航系统已经完成了基本建设，并开始提供全球服务，正式迈向全球时代。随着 2019 年北斗系统彻底点亮全球，集成了传感、自动化、定位追踪和数据处理等智能化技术的北斗系统，将成为我国物流业信息基础设施升级换代的核心发动机。

一、系统建设最新进展

北斗系统是国家重要的时空基础设施，2018 年 12 月 27 日，北斗系统开始提供全球服务，目前北斗系统全球服务精度优于 10 米、可用性在 95% 以上。随着 2019 年继续布网剩余卫星且前期卫星陆续度过调试期正式服役，北斗系统将彻底点亮全球。根据建设计划，到 2020 年，中国还将发射 10 余颗北斗导航卫星，全面完成北斗系统全球组网部署，向全球用户提供更多功能、更高精度、更加可靠的卫星导航服务。2035 年还将建成以北斗系统为核心，更加泛在、更加融合、更加智能的综合定位导航授时体系，北斗系统将以更多的功能、更优的性能服务全球用户。北斗系统发展过程中的核心事件如图 3 – 17 所示。

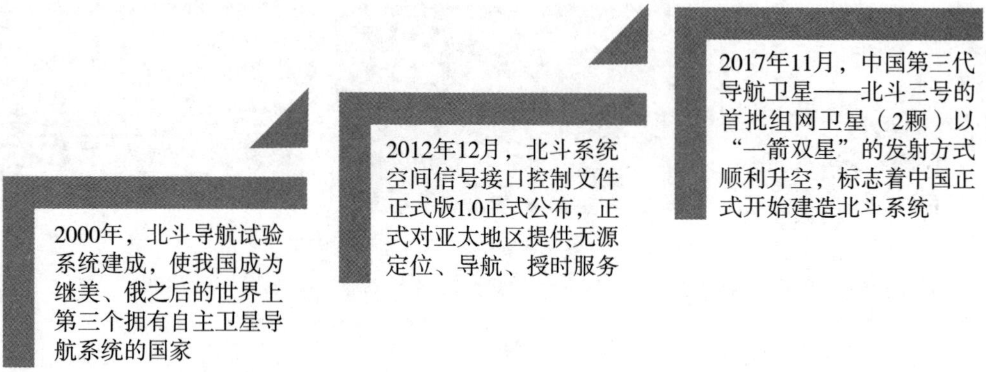

2017年11月，中国第三代导航卫星——北斗三号的首批组网卫星（2颗）以"一箭双星"的发射方式顺利升空，标志着中国正式开始建造北斗系统

2012年12月，北斗系统空间信号接口控制文件正式版1.0正式公布，正式对亚太地区提供无源定位、导航、授时服务

2000年，北斗导航试验系统建成，使我国成为继美、俄之后的世界上第三个拥有自主卫星导航系统的国家

图3-17　北斗系统发展过程中的核心事件

（一）北斗系统高密度组网序幕拉开

2019年4月20日22时41分，我国在西昌卫星发射中心用长征三号乙运载火箭成功发射第44颗北斗导航卫星。此次发射北斗导航卫星在2019年的首次发射，拉开了今年北斗系统高密度组网的序幕。

这颗卫星是北斗三号卫星导航系统第20颗组网卫星，也是北斗三号卫星导航系统首颗倾斜地球同步轨道卫星。经过一系列在轨测试后，该卫星将与此前发射的18颗中圆地球轨道卫星和1颗地球同步轨道卫星进行组网。这种包括三种不同类型轨道卫星的混合星座设计，是北斗系统独有、国际首创。此次发射将有效增加亚太地区卫星可见数，为亚太地区提供更优质服务。

（二）北斗全球系统（BDS-3）建设加快

2017年12月27日，北斗系统官方网站向全世界发布北斗三号卫星导航系统公开服务新信号B1C、B2a接口控制文件（1.0版），2018年2月9日，北斗三号卫星导航系统公开服务信号B3I接口控制文件（1.0版）发布，2019年2月27日，北斗三号卫星导航系统公开服务信号B1I（3.0版）接口控制文件发布，进一步推动北斗全球系统建设、国际合作、应用推广与产业化发展。北斗系统重要文件如图3-18所示。

（三）北斗地基增强系统正式提供服务

北斗地基增强系统是北斗系统的重要组成部分，该系统按照"统一规划、统一标准、共建共享"的原则，整合国内地基增强资源，建立以北斗系统为主、兼容其他卫星导航系统的高精度卫星导航服务体系。系统建设分两个阶段实施，一期为2014—2016年年底，主要完成框架网基准站、区域加强密度网基准站、国家数据综

图 3 – 18 北斗系统重要文件

合处理系统，以及国土资源、交通运输、地震、气象等 6 个数据处理中心等建设任务，建成基本系统，在全国范围提供基本服务；二期为 2017—2018 年年底，主要完成区域加强密度网基准站补充建设，进一步提升系统服务性能和运行连续性、稳定性和可靠性，具备全面服务能力。利用北斗/全球导航卫星系统（Global Navigation Satellite System，GNSS）高精度接收机，通过地面基准站网，利用卫星、移动通信、数字广播等播发手段，在服务区域内提供 1 ~ 2 米级、分米级和厘米级实时高精度导航定位服务。

目前北斗地基增强系统第一阶段建设任务（见图 3 – 19）已经完成，包括建设 150 个框架网基准站、2000 多个加强密度网基准站、国家综合数据处理中心、6 个行业数据处理中心及用户终端等重要设施。同时发布了《北斗地基增强系统服务性能规范（1.0 版）》，承诺对外免费提供米级、亚米级高精度定位服务。北斗地基增强系统已经具备为用户提供基本服务的能力，目前正在开展第二阶段工作。

二、北斗卫星导航系统发展现状

（一）政策法规指引顶层设计

我国《卫星导航条例》于 2016 年正式纳入国务院立法计划，于 2018 年 5 月完成征求意见稿。该条例将规范国家卫星导航领域相关活动和工作，用法律的方式确保了北斗系统建设的透明、规范，让用户第一时间了解系统运行状态、建设规划等重要内容。

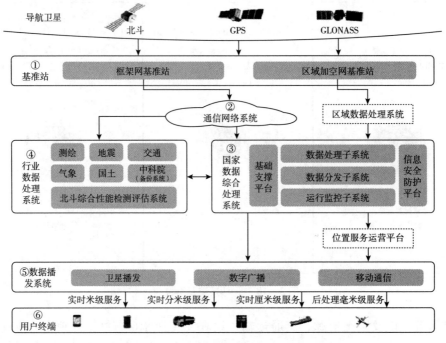

图3-19 北斗地基增强系统第一阶段建设任务

资料来源：2019全球物流技术大会《北斗卫星导航系统建设发展与应用》。

《经济建设和国防建设融合发展"十三五"规划》已颁布，就促进北斗军民融合深度发展提出要求。

国务院印发了《"十三五"国家战略性新兴产业发展规划》，提出"十三五"做大做强北斗系统及应用产业，建成北斗全球卫星导航系统，形成高精度全球服务能力的目标。并通过《国家信息化发展战略纲要》明确了"统筹北斗系统建设和应用，推进北斗产业化和走出去进程"的行动方针。

除此之外，《国务院关于积极推进"互联网＋"行动的指导意见》提出"增强北斗卫星全球服务能力，构建天地一体化互联网络"，《中国制造2025》提出"北斗卫星导航等一批重大技术装备取得突破"。

北斗系统作为重要的基础设施，受到国家、行业层面的高度重视，一系列政策法规的出台也为北斗系统提供了顶层设计指引，为北斗系统创造了良好的发展环境，对北斗系统在军民融合、产业联动方面发挥重要作用提出了更高的要求。

（二）基础产品引领精准服务

北斗系统芯片、模块、天线、板卡等基础产品，是北斗系统应用的基础。通过卫星导航专项的集智攻关，我国实现了卫星导航基础产品的自主可控，形成了完整的产业链，逐步应用到国民经济和社会发展的各个领域。伴随着互联网、大数据、云计算、物联网等技术的发展，北斗系统基础产品的嵌入式、融合性应用逐步加强，产生了显著的融合效益。

我国北斗系统芯片跨入 28 纳米新时代，国产芯片、模块销量近 8000 万片，三星、华为、小米、联想等 300 余款手机已经支持北斗系统。北斗系统应用产品已经输出到 90 余个国家和地区，其中"一带一路"沿线国家和地区已达 30 余个。随着北斗卫星全球可见性的进一步提高，将在精准服务方面发挥更加重要的作用。

（三）产业链上下游齐头并进

根据《2018 中国卫星导航与位置服务产业发展白皮书》的数据显示，2017 年我国卫星导航与位置服务产业总体产值已达到 2550 亿元，较 2016 年增长了 20.4%，与卫星导航技术直接相关的芯片、器件、算法、软件、导航数据、终端设备等在内的产业核心产值占比为 35.4%，达到 902 亿元。北斗系统对产业核心产值贡献率达到 80%。

如图 3 - 20 所示，北斗系统产业链上游为基础产品、基础软件和基础数据，其中基础产品中又包括天线、芯片和板卡；中游主要分为系统集成和终端集成；下游为运营服务。从技术的角度来看，上游的芯片、板卡等是最为核心的环节，芯片、板卡的性能、功耗、尺寸等直接决定了其应用的前景。从市场的角度来看，国内中游产值占比最大，下游保持快速增长态势。共享单车等新兴应用服务不断涌现，带动北斗系统服务逐步进入大众市场。未来随着车联网、智慧城市、物联网等应用场景的不断成熟，北斗系统运营服务的成长前景将会更加广阔。

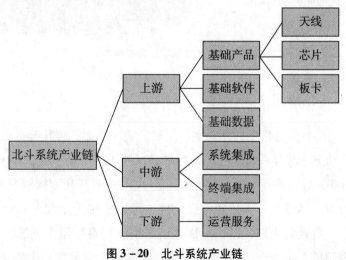

图 3 - 20 北斗系统产业链

产业链上游，2018 年国产北斗芯片已实现规模化应用，工艺已由 0.35 微米提升至 28 纳米，最低单片价格不到 6 元。但是和国际厂商相比，国内制造企业的不足主要体现在基带设计经验不足、芯片工艺落后、基带芯片集成度低以及缺乏大规模量产的经验。

产业链中游，特别是高精度终端产品市场经历了"进口—国产替代—出口"的发展历程。在2000年前后，部分国内企业开始涉足卫星导航测绘仪器的研发和生产，随着技术水平的创新以及持续积累的成本优势，国内产品逐渐成为主流。目前，国内厂商已基本占据了国内高精度终端产品市场的制高点。

产业链下游，参考美国GPS应用的"军用—行业—大众消费市场"的渗透顺序（军用市场主要应用于军队，行业市场主要包括测量测绘、精准农业和建筑施工等，大众消费市场则主要以汽车导航和移动终端位置服务为主），北斗系统目前在国防军工市场已经得到稳定应用，行业应用市场发展加快，如图3-21所示。

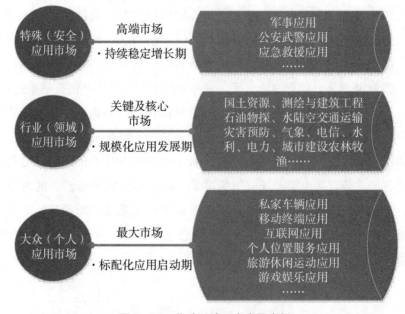

图3-21　北斗系统三大应用市场

（四）行业示范应用全面深化

在中共中央网络和信息化委员办公室、国家发展改革委、科技部、工业和信息化部等部门的联合推动下，北斗系统在交通运输、海事搜救、气象、农业、林业、渔业、公安、民政等各行业领域遍地开花、不断深化。北斗系统行业应用架构如图3-22所示。

如在配电行业，利用北斗系统短报文功能，可以实时传输配电自动化运行中采集的各类参数信息，有效解决偏远地区地面通信公网无法有效覆盖问题，如图3-23所示。在灾害预警领域，2019年3月24日，北斗/GNSS监测系统提前两天预警甘肃黄土滑坡，预警信息以短信、微信方式通知到盐锅峡镇地质灾害应急中心和相关村干部，提前告知相关人员做好防灾准备，最终未造成人员伤亡。

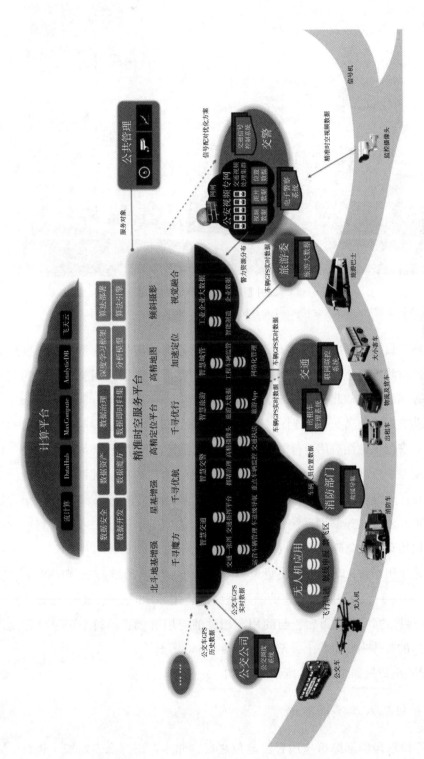

图 3－22　北斗系统行业应用架构

资料来源：2019 全球物流技术大会《北斗卫星导航系统建设发展与应用》。

电网授时

图3-23 北斗系统在配电行业的应用

资料来源：2019全球物流技术大会《北斗卫星导航系统建设发展与应用》。

交通方面，目前我国已有超过600万辆道路营运车辆应用北斗系统，海事局等单位在沿海和港口建成109座北斗系统增强基准站，已形成覆盖我国关键水域的北斗系统高精度服务网络，带动北斗/GNSS公路应用加快。

智能移动应用于改善公路交通的效率、效能和舒适性，包括导航、车队管理、公路交通监测；安全关键性应用对可能会对人身造成伤害或对系统/环境造成损害的情景的准确安全定位加以利用，包括协同式（ITS）应用、高级驾驶员辅助系统、危险货品车辆管理；责任关键性应用可根据定位数据生成重要的法律或经济结果，包括公路用户收费（RUC）和保险车联网系统；特许管理应用适用于本国立法或国际立法推行的交通政策，包括车载紧急呼叫系统（eCall）和智能行驶记录仪。

随着公路应用加快，车载系统出货量将持续上升，预计2025年达到6300万辆。欧盟立法要求自2018年后在欧盟所售的新车型必须装配eCall系统。eCall设备的出货量预计到2025年将达到3800万台。与商用车相关的应用（如智能行车记录仪和商用车队管理系统）的整体出货量将上升至2025年的1540万台。

GNSS设备出货量如图3-24所示。

（五）积极融入各类国际标准

继北斗系统取得国际海事应用合法地位之后，北斗在国际海事组织（IMO）标准领域又取得重大进展。2017年3月，可兼容GPS、北斗系统、GLONASS的多系统船载

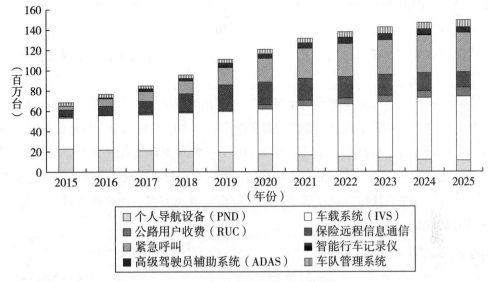

图 3-24 GNSS 设备出货量

资料来源：2019 全球物流技术大会《北斗卫星导航系统建设发展与应用》。

接收机标准获通过，同时，北斗系统也被写入海事应用的定位导航授时（PNT）导则。

国际移动通信标准方面，北斗系统已成为国际移动通信标准支持的全球卫星导航系统，目前已完成 26 项北斗系统国际标准制定工作，在移动通信相关标准的带动下，北斗系统在我国移动通信领域的渗透率已达 30%。

国际民航组织标准方面，北斗三号卫星导航系统已被国际民航组织标准明确为未来国际星基增强系统（Satellite-Based Augmentation System，SBAS）四大增强选择对象之一；北斗星基增强系统（BDSBAS）已写入国际民航组织接口文件。

目前，我国北斗系统已覆盖巴基斯坦、沙特阿拉伯、缅甸等近 30 个"一带一路"沿线国家。服务内容主要包括巴基斯坦的交通运输、港口管理，印度尼西亚的土地规划、海岸线测绘，中俄的农业自动化，缅甸的农业、林业、土地规划，老挝的精细农业和病虫灾害监测管理，文莱的智慧旅游等。

三、北斗系统助力物流智能互联

北斗系统具有快速定位、简短数字报文通信和精密授时等特点。北斗系统与其他新技术结合容易产生新的产业形态，基于北斗系统的精准农业、精准物流、物联网等前景广阔。

（一）"北斗 + 新能源"物流车

北斗航天汽车打破了产业界限，以北斗系统为核心建设北斗汽车云平台，下设产品创新平台、商品制造平台、智能营销平台、衍生业务平台四个分平台，在平台上重新架构新能源车。北斗航天汽车将北斗系统应用与智能终端、智能汽车充分结合，围绕新能源车建设"车桩网"一体化运营平台，打造基于北斗系统的城市绿色物流生态体系。

如图3-25所示，北斗航天"车桩网"一体化运营平台基于北斗系统高精度定位技术、北斗系统大数据平台及各类应用服务平台与金融服务相结合，将新能源物流车、充电桩与管理平台链接起来，通过云存储和计算，实现对新能源物流车、充电桩、货物运输、仓储管理等的有效匹配和实时管理，为用户、企业、政府等提供高效、精准、便捷的服务。该平台还将提供车辆租赁运营等金融解决方案，加速推进城市绿色物流生态体系的建设。

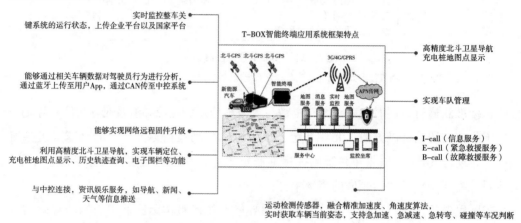

图3-25 北斗航天"车桩网"一体化运营平台框架

资料来源：北斗航天汽车官网．http：//www. beidoumotor. com/index. php？m = content&c = index&a = lists&catid = 24。

（二）"北斗+快递"

2019年1月3日，全国邮政管理工作会议提出，2019年要加快推进高质量发展，引导企业应用物联网、大数据、北斗系统等技术，创新提供即时下单、电子报关和跟踪查询等便捷服务。北斗系统将在快递行业发挥重要作用。

对于快递业来说，北斗系统的应用将使行业管理更加智能化。特别是北斗系统与5G技术对接后，运行速度更快，使用更加便捷。除了为快递车辆提供导航定位、跟踪防丢、远程操作、人机对话等服务外，北斗系统还可以对重要快件进行跟踪定位，高端快递可以借此得到进一步发展。

2018年12月，"三通一达"、顺丰联合投资的蜂网公司与一家北斗系统提供商签约，快递车辆迎来搭载北斗系统高精度定位服务的车载终端的时代，精度达到亚米级，实现车道级导航和精准位置追踪，使物流平台能更准确地判断车辆离开和到达指定区域的时间，从而精准引导车辆到达指定停车点装卸货物。

京东经过五年多的研发、部署，已成为国内最大的北斗系统应用部署企业，列装数量位居首位。京东集团自营干支线、城配线路上加载北斗系统的车辆超过6000辆，合作伙伴有超过1500辆车安装了北斗系统，更有2万多名京东配送员配备了带有北斗系统的智能手环设备。

同时，京东将北斗系统与自建物流的大数据优势相结合，通过对车辆速度和路线的实时监控，保障驾驶安全；并且，结合北斗系统的地理位置数据进行深入分析，定制了仓储和站点的位置信息，重置推算出最佳的服务线路，实现了物流运营时效的提升、运营成本管控的加强、消费者订单追踪的透明。依托于强大的北斗导航技术，系统可每30秒采集一次地理位置信息，每2分钟上传一次服务器，消费者可以随时通过手机看到商品配送轨迹和实时位置，大大提升了购物体验。

京东还建立了基于北斗系统的车载诊断系统（OBD），实现了车辆报表、驾驶员报表、驾驶员评分报表和事件报表等多套系统的智能数据生成；可以简便高效地获取包括瞬时车速、瞬时油耗、转速、发动机信息等数据，再通过系统的智能分析计算，统计出车辆的里程数、耗油量、百公里油耗等指标；实现了对车辆和人员的行车路线、位置及时间、速度、里程和停车点提供全方位动态监测；实现了管理决策科学化；确保了交易安全，降低了物流成本，提高了物流配送效率，最大限度地节约了能源、减少了排放。

第三节　新能源物流车

2019年两会期间，汽车行业的提案一直受到广泛的关注，燃料电池汽车更是成为讨论的热点，2019年《政府工作报告》从多个维度对新能源汽车的发展提出了要求，新能源汽车被列为七大重点发展的新兴产业，新能源汽车和清洁能源行业将迎来重大发展机遇。在新技术、新材料的推动下，新能源汽车行业的发展日新月异。在往年的物流技术发展报告中，已对新能源物流车做了详尽的基本介绍。在此基础上，本节将继续探讨新能源物流车在2018年下半年以来的最新发展及最新技术应用。

一、新能源物流车年度产销情况

（一）汽车产销量首度下滑，新能源汽车产销量逆势增长

新能源汽车产业一直以来都是国内汽车产业发展中的重要一环，更是国内汽车发展的一大亮点。如图3-26所示，2018年我国汽车市场较上年下滑。全年汽车产销分

别完成约 2781 万辆和 2808 万辆，虽连续十年蝉联全球冠军，但自 1990 年的连续增长趋势已被打破，同比出现下滑。

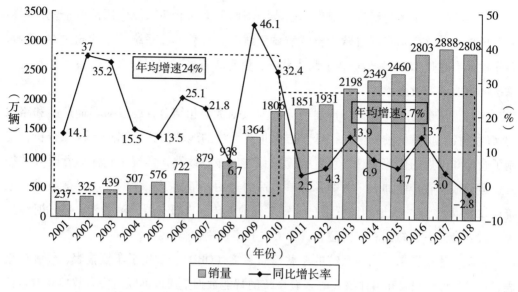

图 3-26　2001—2018 年中国汽车销量及同比增长率

资料来源：中国汽车工业协会，未对原始数据进行修改。

在国内汽车产销增速放缓的大背景下，新能源汽车仍保持高增长之势。根据中国汽车协会数据显示，2018 年我国新能源汽车产销分别完成 127 万辆和 125.6 万辆，比 2017 年同期分别增长 59.9% 和 61.7%。

新能源车的产销量在 2019 年第一季度依旧延续去年较好的表现。2019 年 1—3 月，我国汽车产销达 633.57 万辆和 637.24 万辆，同比下降 9.81% 和 11.32%。其中新能源汽车产销分别完成 30.4 万辆和 29.89 万辆，比 2018 年同期增长 102.7% 和 109.7%。

（二）纯电动汽车、乘用车构成新能源汽车产销量增长的主要驱动力

从能源类型上看，纯电动汽车产销量在新能源汽车产销量中仍占较大比重。

2018 年我国纯电动汽车产销分别完成 98.6 万辆和 98.4 万辆，比 2017 年同期分别增长 47.9% 和 50.8%；插电式混合动力汽车产销分别完成 28.3 万辆和 27.1 万辆，比 2017 年同期分别增长 122% 和 118%；燃料电池汽车产销均完成 1527 辆。2018 年我国各类型新能源汽车产量比（按能源类型分）情况如图 3-27 所示。

新能源乘用车的产销增长是新能源汽车的主要驱动力，新能源商用车产销量趋稳。2018 年我国新能源乘用车产销量分别完成 107 万辆和 105.3 万辆，同比增长 80.5% 和 82%；新能源商用车产销量分别完成 20.1 万辆和 20.3 万辆，同比增长 -0.4% 和 2.6%。2018 年我国各类型新能源汽车产量占比情况（按使用类型分），如图 3-28 所示。

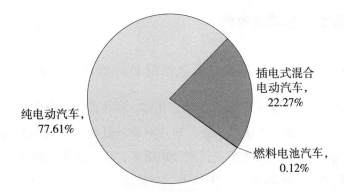

图 3 − 27 2018 年我国各类型新能源汽车产量占比情况（按能源类型分）

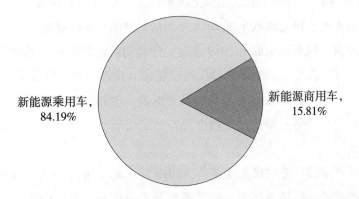

图 3 − 28 2018 年我国各类型新能源汽车产量占比情况（按使用类型分）

（三）新能源物流车市场渗透率有待提升

对比 2018 年我国商用车销量及新能源商用车销量，新能源物流车的渗透度存在很大提升空间。如图 3 − 29 所示，2018 年我国商用车销量 437 万辆，新能源商用车销量 20.3 万辆，新能源物流车销量 13.2 万辆。

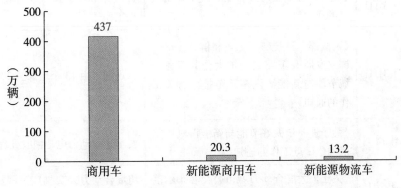

图 3 − 29 2018 年我国各类型商用车销量对比

二、新能源物流车年度政策

（一）2019 年补贴大幅退坡，大范围财税补贴接近尾声

2019 年 3 月 26 日，财政部、工业和信息化部、科技部、国家发展改革委四部委联合发布《关于进一步完善新能源汽车推广应用财政补贴政策的通知》（财建〔2019〕138 号）。该通知提高了对新能源车（新能源乘用车、新能源客车和新能源货车）的技术要求，明确 2019 年 3 月 26 日—6 月 25 日为过渡期。在过渡期期间，符合 2018 年技术指标要求但不符合 2019 年技术指标要求的销售上牌车辆按 2018 年对应标准的 0.1 倍补贴；符合 2019 年技术指标要求的销售上牌车辆按 2018 年对应标准的 0.6 倍补贴；过渡期期间销售上牌的燃料电池汽车按 2018 年对应标准的 0.8 倍补贴。

地方补贴方面，该通知明确从 2019 年起，过渡期后地方不再对新能源汽车给予补贴，应转为用于支持充电、加氢等基础设施"短板"建设和配套运营服务等方面。

与整体政策一致，新能源商用车补贴显著退坡，燃料电池车的支持政策将另行发布，仍可能保留地方补贴。据此，燃料电池车可能受到购置补贴与基础设施建设的双重支持。

我国新能源汽车推广补贴已历经多年，2019 年大幅退坡的补贴政策出台后，新能源汽车大范围的财税补贴接近尾声。新能源汽车企业将从对补贴的依赖，逐渐走向市场独立。新能源汽车财税补贴政策汇总如表 3 - 3 所示。

表 3 - 3 新能源汽车财税补贴政策汇总

成文日期	推广政策	主要内容
2009 年 1 月 23 日	《财政部 科技部关于开展节能与新能源汽车示范推广试点工作的通知》	在 13 个城市试点推广，有节油率要求
2010 年 5 月 31 日	《关于开展私人购买新能源汽车补贴试点的通知》	首次开展私人购买新能源车补贴试点工作
2010 年 5 月 31 日	《财政部 科技部 工业和信息化部 国家发展改革委关于扩大公共服务领域节能与新能源汽车示范推广有关工作的通知》	试点城市由 13 个增加至 20 个
2011 年 10 月 14 日	《关于进一步做好节能与新能源汽车示范推广试点工作的通知》	要求建立动力电池回收处理体系
2012 年 8 月 6 日	《关于扩大混合动力城市公交客车示范推广范围有关工作的通知》	将混合动力公交推广范围从 25 个城市扩大到全国

成文日期	推广政策	主要内容
2013 年 9 月 13 日	《关于继续开展新能源汽车推广应用工作的通知》	重点在京津冀、长三角、珠三角等区域推广应用新能源汽车
2014 年 1 月 28 日	《关于进一步做好新能源汽车推广应用工作的通知》	调整退坡幅度
2015 年 4 月 22 日	《关于 2016—2020 年新能源汽车推广应用财政支持政策的通知》	中央财政对新能源汽车补助实行普惠制
2016 年 12 月 29 日	《关于调整新能源汽车推广应用财政补贴政策的通知》	补贴标准按电池电量分档累退，地方财政补贴不得超过中央财政补贴的 50%
2018 年 2 月 12 日	《关于调整完善新能源汽车推广应用财政补贴政策的通知》	对燃料电池汽车给予了明确的补贴政策和技术调整要求，强调破除地方保护
2019 年 3 月 26 日	《关于进一步完善新能源汽车推广应用财政补贴政策的通知》	加大退坡力度，地方补贴取消转向充电补贴；设置三个月的过渡期

（二）政策推动物流绿色化发展，新能源物流车前景广阔

2018 年 12 月 24 日，国家发展改革委和交通运输部发布《国家物流枢纽布局和建设规划》（发改经贸〔2018〕1886 号）。该规划提出将在全国范围内规划建设 212 个国家物流枢纽。国家物流枢纽明确"鼓励使用新能源汽车等绿色载运工具和装卸机械，配套建设集中式充电站或充电桩"。国家物流枢纽的建设以智慧高效、绿色发展为原则，将通过推广绿色化装备应用，着力降低能耗和排放水平。

2019 年 3 月 1 日，国家发展改革委联合 24 部委联合印发《关于推动物流高质量发展促进形成强大国内市场的意见》（发改经贸〔2019〕352 号），其中明确"鼓励企业使用符合标准的低碳环保配送车型。落实新能源货车差别化通行管理政策，提供通行便利，扩大通行范围，对纯电动轻型货车少限行甚至不限行。"新能源物流车对推动物流高质量发展的地位得以奠定。

2019 年 4 月，国家发展改革委、交通运输部联合印发《国家物流枢纽网络建设实施方案（2019—2020 年）》（发改经贸〔2019〕578 号），国家物流枢纽布局和建设工作全面启动。127 个国家物流枢纽承载城市、212 个国家物流枢纽的运营建设将为新能源物流车的推广应用带来广阔的发展空间。

三、氢燃料电池汽车发展现状与关键技术

2019年，氢能源首次被写入《政府工作报告》，报告明确将"推动充电、加氢等设施建设"。未来随着催化剂等技术进步和成本下降，氢燃料电池竞争力将逐渐增强。

燃料电池一般以氢气、碳、甲醇、硼氢化物、煤气或天然气为燃料作为负极，用空气中的氧作为正极，是一种把燃料所具有的化学能直接转换成电能的化学装置，又称电化学发电器。它是继水力发电、热能发电和原子能发电之后的第四种发电技术。燃料电池是通过电化学反应把燃料的化学能中的吉布斯自由能部分转换成电能，不受卡诺循环效应的限制，因此效率高；另外，燃料电池用燃料和氧气作为原料，同时设有机械传动部件，故没有噪声污染，排放出的有害气体极少。由此可见，从节约能源和保护生态环境的角度来看，燃料电池是最有发展前景的发电技术。燃料电池工作原理如图3-30所示。

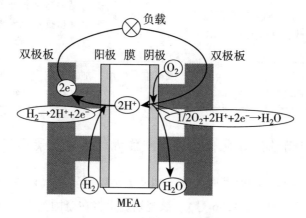

图3-30　燃料电池工作原理

资料来源：不加油/零污染 氢能源车你有多了解. http://www.zijin.net/news/cars/913952.html。

氢燃料电池因其体积小、高续航、加气快等优势，逐渐被市场重视。相比于目前正在大力发展的电能，氢燃料更加接近于传统燃油车，其加一次氢的耗费时间不过几分钟，但是续航里程可达500多千米，并且零排放、无污染，是汽车电动化的方向。氢气是常见燃料中热值最高的（142千焦/千克），约是石油的3倍、煤炭的4.5倍，在新能源产业中进一步发展氢能源产业，将更加有利于促进汽车产业发展、从而实现节能减排以及保障我国能源安全的目的。

（一）国内外氢燃料电池汽车发展情况

氢燃料电池并非全新技术，历经几次商业化浪潮和不断技术进步，氢燃料电池已经逐步进入民用市场。

1. 世界氢燃料电池汽车发展历史阶段

如表3-4所示，在20世纪60—70年代，氢燃料电池就已经应用到航空和军工领域，由于石油危机爆发，民用氢燃料电池在一段时间受到热捧，但最终因为技术不成熟，难以进行商业化而退潮。

表3-4　　　　　　　　　　　　　氢燃料电池发展历史

时间	应用情况
1970 年前后	早期应用于航空航天、军用。1973 年第四次中东战争爆发，引发石油危机。民用燃料电池汽车的研发掀起热潮，危机解决后技术热潮退去
2000 年前后	以巴拉德为代表的燃料电池厂商推出燃料电池电站示范项目，获得广泛关注，多家车企开始规划燃料电池汽车。随后受到技术瓶颈的限制，仅有少量电站和原型车
2010 年至今	日本开始推广家用燃料电池；现代、本田和丰田推出量产燃料电池汽车

在 2000 年前后以巴拉德为代表的燃料电池厂商，开始推出燃料电池电站，在非洲、北美洲等多地应用情况良好。这一阶段氢燃料电池受到了市场热捧，大量资本涌入，巴拉德股价也飞涨，但由于成本高，大规模商业化仍然存在较大问题。

基于国家能源战略角度，日本提出建设氢能社会，逐步加大了在燃料电池领域的研发。2009 年，日本开始推广家用燃料电池，此后燃料电池在日本国内的商业化迈上了快速发展阶段。近年来随着三款氢能量产乘用车"现代 NEXO、丰田 Mirai、本田 FCX Clarity"陆续上市，氢燃料电池被推到风口浪尖。

2. 国外氢燃料电池汽车典型企业

伴随着世界氢能源利用的历史，国外企业自 20 世纪以来就开展了对氢燃料电池大规模应用的探索。1966 年 1 月，美国通用公司为美国登月计划研发的氢燃料电池汽车（Electrovan）进行了为期 10 个月的测试，发现其燃料电池在耐久度、极端气候适应力方面有不错的表现。此后 Electrovan 汽车被雪藏几十年后才重现江湖，成为通用公司展现氢燃料电池科技的范本。

进入 20 世纪 90 年代，日韩汽车工业后来居上，本田、丰田和现代三家车企先后于 1992 年、1996 年、1998 年正式进军氢燃料汽车的研发工作。

2003 年，来自德国奔驰的 3 辆 CITARO 燃料电池客车开始在北京示范运行。2006 年世界上第一款供日常使用、接近零排放的氢动力驱动宝马氢能 7 系豪华高性能轿车亮相柏林。2008 年，本田生产 FCX Clarity 首款氢能源汽车用于租赁业务。

2013 年，韩国现代开始批量生产 Tucson FCEV 燃料电池车，这是全球第一款量产的氢燃料电池汽车。2014 年丰田 Mirai 燃料电池车问世，自 2014 年上市至 2016 年年底，两年时间在日本仅售出约 1370 辆，但在美国销量已经超过了 3000 辆。

近年来，美国 VAN HOOL、加拿大 New Flyer、德国奔驰戴姆勒、日本丰田和日野等都有氢燃料客车上路运营。此外，雷克萨斯、起亚、本田、宝马等汽车生产商也参与到氢燃料电池汽车的研发中。

3. 国内氢燃料电池汽车典型企业

当前国内氢燃料电池汽车主要集中于客车车型。2004 年，出身清华大学的国家级高新技术企业北京亿华通科技股份有限公司（以下简称"亿华通"），开始参与国家氢燃料电池汽车的相关科研项目。2006 年，亿华通与福田汽车联合承接了国家 863 计划节能与新能源汽车重点项目中氢燃料电池电动客车的研发；2008 年，双方共同推出 3 辆氢燃料客车，为北京奥运会的赛事做接待服务工作；2010 年上海世博会期间，上述 3 辆氢燃料客车和同济大学的与上汽合作的 3 辆申沃氢燃料客车参与展示，2010 年新加坡青奥会期间，海格和亿华通合作的 1 辆氢燃料客车参与展示。

作为客车业的龙头企业，宇通 2009 年研发出第一代增程式燃料电池客车，2012 年组建了燃料电池客车专职研发团队。宇通已完成了三代燃料电池客车的开发，通过了燃料电池客车生产资质认证，获得了车载氢系统安装资质，其燃料电池客车产品进入了工业和信息化部产品公告名单。

2011 年，深圳大运会期间，五洲龙为大运会提供 60 辆氢燃料电池场地车、2 辆燃料电池大客车服务用车。

2014 年，上汽集团进行了创新征程万里行，燃料电池汽车、纯电动汽车和插电式混合动力汽车三种车型参与了展示，燃料电池汽车在全国 14 个省、市、自治区 25 个城市运行，超过 10000 千米，接受了沿海潮湿、高原极寒、南方湿热、北方干燥的考验。

2016 年佛山飞驰客车与广东国鸿、亿华通等合作的 5 辆氢燃料电池客车在云浮和三水开始挂牌运营。2016 年，福田欧辉氢燃料电池客车获得某运营企业 100 台订单，这是迄今为止全球最大的商业化订单。2017 年，中通、重汽、申沃、扬子江、五洲龙、联孚、陆地方舟、沂星等客车企业的氢燃料电池样车亮相。

（二）氢燃料的产储运关键技术

目前燃料电池行业无论从技术储备还是商业模式仍处于积极探索中，技术上的可靠性和经济性都是制约燃料电池行业发展的瓶颈。当前影响国内加氢站终端氢气售价的主要因素是氢气到站成本（约占 70%），其中包括制备氢气成本和储氢、运氢成本。因此，除降低储氢和运氢成本之外，如何获得低成本的氢源，将是实现终端加氢站运营经济性的关键。

1. 制氢技术

近年来在环保及可持续发展理念驱动下，氢燃料电池等氢能产业快速兴起，社会对氢气的需求不断上升。在可以预见的将来，氢气必将成为人类社会最重要的能源之一，而探索低成本、高效率、高纯度的大规模工业化制氢技术成为构建"氢社会"的基础。如表3-5所示，制备氢气的技术主要包括以下7种。

表3-5 主要制氢技术和方式

制氢技术	制氢方式
光解水	在微生物或催化剂作用下利用阳光将水分解，获得氢气
电解水	利用电能将水分解，获得氢气
油类加工	将石油或再生油进行蒸汽重整或部分氧化，获得氢气
燃气重整	天然气或生物燃气与水进行蒸气重整，获得氢气
煤气化	将煤气化，然后进行蒸汽重整或部分氧化，获得氢气
醇类裂解	甲醇或乙醇在催化剂作用下发生裂解反应，获得氢气
生物质能	将木材或其他生物体进行热解工艺处理，获得氢气

当前技术经济环境下得到大规模工业化应用的主要有天然气制氢、甲醇裂解制氢、煤制氢以及电解水制氢4种。

（1）天然气制氢技术

天然气通常是指储存在地层较深部的一种富含碳氢化合物的可燃气体，主要成分是甲烷（含量大于85%）、乙烷、丙烷、硫化物、二氧化碳、氮气和水汽等。天然气制氢主要分为天然气蒸汽重整（SMR）制氢、天然气部分氧化（POX）制氢及天然气自热重整（ATR）制氢。

目前多数天然气制氢是通过天然气蒸汽重整（SMR）制备的。SMR是在一定的压力、高温及催化剂作用下，天然气中烷烃和水蒸气发生化学反应生成转化气，经过沸锅换热、进入变换炉产生氢气和二氧化碳，然后进行氢气提纯。

（2）甲醇裂解制氢技术

甲醇裂解制氢的工艺过程是甲醇和去离子水按一定的配比混合，加热至270℃左右的混合物蒸汽，在催化剂铜-锌-铝或者铜-锌-铬的作用下，发生催化裂解和转化反应，产生氢气和二氧化碳，然后进入水洗吸收塔进行提纯，即制备出氢气。

（3）煤制氢技术

以煤为原材料的制氢工艺包括煤焦炉气制氢与煤气化制氢。其中煤焦炉气制氢需要用到煤炭炼焦的副产品，其供应受制于炼焦厂产能。自2016年以来由于环保限产，全国炼焦厂产量下滑，煤焦炉气制氢发展停滞。煤气化制氢是煤粉、煤浆或煤焦与气化剂（空气、氧气及水蒸气等）在高温下进行部分氧化（POX）反应，在高温气化炉中生成以一氧化碳、氢气为主的合成气，再经过变换、低温甲醇洗工艺、氢气提纯等工序，得到高纯度的产品氢气的工艺过程。近年也采用超临界水进行煤气化生产氢气。

煤气化制氢工艺主要包括气化反应、水煤气净化、变换反应、变压吸附制氢等。

（4）电解水制氢技术

电解水制氢是一种较为方便的制取氢气的方法。在充满电解液的电解槽中通入直流电，水分子在电极上发生电化学反应，分解成氢气和氧气。电解水制氢技术成熟，污染低，且原材料水来源广泛，但是其应用较少，关键原因在于制氢成本高。

2. 储氢技术

储氢技术是氢气的制备、储运、加氢站建设以及氢燃料电池安全应用的保障。氢气的质量能量密度高，约是汽油的 3 倍，但体积能量密度很低，在常温常压下，比汽油低 4 个数量级。氢气的运输和储存需要经过压缩、液化等方法处理。压缩后的氢气压强可达大气压的数百倍，容易爆炸，因此高压氢气储运的安全性成为消费者关注的焦点。是否掌握核心的储氢技术是影响我国氢燃料电池产业化水平的必要条件之一。

如表 3-6 所示，目前国际储氢技术主要有三类：高压气态储氢、低温液态储氢、储氢材料储氢。

表 3-6 主要储氢技术对比

储氢技术		体积能量密度	优缺点	应用场景
高压气态储氢	一型：钢瓶	7.1 克/升（12~15 兆帕）	成本低，能耗低，充放快，发展成熟，但密度低	固定式、车载、散装货运储氢
	二型：纤维环向缠绕钢瓶	14.9 克/升（35 兆帕）		
	三型：金属内胆纤维全缠绕复合材料气瓶	—		
	四型：全复合轻质纤维缠绕储氢瓶	39 克/升（70 兆帕）		
低温液态储氢		70 克/升（低温）	密度高、纯度高，但耗能大；成本高、易挥发	航天航空
储氢材料储氢		58 克/升（常温常压）	密度高、储运方便，但成本高，充放氢条件限制，容易发生副反应	处于研究阶段

（1）高压气态储氢技术

储氢技术的实际应用中，高压气态储氢较为实用。由于单纯钢瓶对高压强的承受能力较弱，金属内胆纤维全缠绕复合材料储氢瓶等相继被开发出来。其中后者不仅具有更高的储氢密度，而且质量更小，抗压强度更大，适用于车载储氢系统。

（2）低温液态储氢技术

低温液态储氢技术储备的氢气虽然体积储氢密度高，但是技术成本高。低温液态储氢技术中，为了保持绝热低温、防止液氢挥发，需要花费较高成本制造复杂储氢装置，同时氢气液化过程需要消耗大量电能（约占总氢能的30%），因此低温液态储氢技术目前主要用于对成本不敏感且只需短时间储氢的航天航空领域。

（3）储氢材料储氢技术

储氢材料储氢存在诸多技术问题。储氢材料尽管在理论上具有更高的储氢密度和安全性，但是实际中存在吸放氢条件苛刻、容易发生副反应、成本高等问题，短时间内无法大规模应用，是未来储氢技术的发展方向之一。

3. 运氢技术

目前国内外的氢气运输技术可以分为高压气态、液态、有机氢载体（LOHC）及固态储氢运输四类。其中高压气态运输由于技术实现简单及成本低等特征，应用最为广泛，而液态运输次之。有机氢载体（LOHC）与固态储氢运输原理相似，均利用氢气与有机液体或固态金属反应生成氢键复合物或金属氢化物，在目的地进行脱氢处理，从而实现高效运输。后两种技术优势明显，前景可期，但目前成熟度不高。

（1）高压气态运输

高压气态运输是指采用压缩机将氢气在常温下压缩至较高密度，采用密封容器或管道运输至目的地再进行调压的技术方案。具体输送工具有集装格、集装管束及管道运输三种。

集装格是采用钢结构框架将10~16只容积40升的单瓶集装在一起，采用常规车辆进行运输的方式，钢瓶压强可以达到15~20兆帕。由于钢瓶自重较大，运输氢气的重量仅占钢瓶重量的0.067%，运输效率低下，成本高。但集装格操作简单，运输方式灵活，适合于短距离、少量需求的供应。

集装管束运输车也称为管状集装箱，是将多只（通常为6~10只）大容积无缝高压钢瓶借助瓶身两端的支撑板进行固定，采用大型拖车的方式进行运输。集装管束前端配备安全仓，仓内设置爆破片安全泄放装置，后端为操作仓，包括配置测温、测压仪表及控制阀门和存放气管路系统。

管道运输通过在地下埋设无缝钢管系统进行氢气输送，管道内氢气压力一般4兆帕，输送速度可达到20米/秒。管道运输具有速度快、效率高的优点，但初始投资较高。目前，氢气管道在美国及欧洲采用较多，我国则相当少见。目前我国已知有一定规模的管道项目有济源—洛阳（25千米）及巴陵—长岭（43千米）两个。

（2）液态运输

液氢运输是将氢气置于零下253摄氏度的低温下转化为液体形态，采用槽罐车进行运输的方式。相对于高压气态运输，液态氢具有更高的体积能量密度，因而运输效率大幅度提升。如国外常见的液氢槽罐车水容积可达到65立方米，单次可装载液氢约4300千克，运送能力是集装管束的10倍。但氢气液化能耗较高，约相当于被液化氢气热值的33%，同时在运输过程中具有极高的保温要求以防止液氢沸腾，因而成本高昂。

有机载体储氢运输是一种新型的实现氢气液态运输的技术方案。该技术方案利用某些烯烃或芳香烃等有机液体（LOHC）与氢气在催化剂作用下产生加氢反应，生成氢键复合物，从而实现氢气在常温常压下的安全高效运输。在运输目的地，对复合物进行脱氢处理，以获取氢气。该技术方案的优势相当明显，但目前仍处于试验阶段，技术成熟度低。一方面，LOHC及催化剂的成本尚不明确；另一方面，加氢及脱氢处理使得氢气的纯度难以保证。

（3）固态储氢运输

该技术利用稀土系、钛系、锆系和镁系等金属或合金的吸氢特性，与氢气反应产生稳定氢化物，在常温常压下运输至目的地后再通过加热释放氢气。利用该技术同样可以大幅度提升氢气运输的体积能量密度。理论上，与高压钢瓶同等重量的储氢合金所能吸纳的氢气量是高压钢瓶的上千倍。但储氢合金价格昂贵，目前仅用于电池领域，用于大规模氢气运输并不现实。

对以上几种氢气运输技术总结如表3-7所示。

表3-7　　　　　　　　　　　　氢气运输技术

运输状态	储存工具	最大运量	应用情况
气态	集装格	10千克/格	少量、短距离运输
	集装管束	460千克/车	中远距离运输，应用最广泛
	管道	11吨/小时	长距离，国外常见，国内较少
液态	槽罐车	4300千克/车	中远距离，国内较少
	有机载体	2600千克/车	试验阶段，少量应用
固态	储氢金属	24000千克/车	试验阶段，用于燃料电池

（三）加氢站建设的技术、成本与现状

1. 加氢站关键技术

（1）氢能源供给方式

加氢站的布局和建设，是氢能和燃料电池汽车产业商业化发展的突破口。对于氢燃料电池汽车而言，加氢站的重要程度相当于加油站对于燃油汽车一样。行业上，氢气的供给分为两种方式：一是在加氢站设置小规模裂解氢气制造设备实现供给；二是利用大规模中心氢气裂解制造设备制氢，另加物流运输系统实现供给。

针对以上内外两种供给方式，第一种氢气来源被称为站内制氢加氢站；第二种氢来自外供氢加氢站。目前，全球各地加氢站均主要为外供氢加氢站。

（2）加氢站储氢关键技术

串级高压储氢系统是加氢站构成的关键系统。串级高压储氢系统由多个高压储气瓶组成，这些储氢瓶的储气压力分为两到三个不同压力等级。对于一个加注能力为70兆帕的加氢站，三个等级分别是90兆帕、65兆帕和40兆帕。

加氢站的串级高压储氢系统可以作为缓冲系统，使得在非高峰期的时候，压缩机也能运作，将高压氢气储存起来，减少压缩机的闲置时间，降低压缩机在高峰时段需要的峰值功率，从而降低压缩机的成本。此外，采用串级高压储氢系统将氢气压缩至不同等级，相比将氢气全部加压至最高压力，更能减少压缩机能耗。最后，串级高压储氢系统也便于控制加氢速率。给燃料电池汽车注氢时，通常从最低压的储气瓶开始注氢，当车内储瓶罐压力达到设定值的时候，自动切换到中级压力储气瓶；同理，当车内储气压力未达到设定值时，则切换到最高压力储气瓶，直到达到标准压力。这种注氢方式，使得加氢速率维持在一定范围内，防止温度迅速上升，同时也能减小冷却系统的成本。

（3）加氢站注氢关键技术

目前国际上比较主流的加氢站注氢方式有串级高压注氢、增压压缩注氢以及低温液态泵注氢三种。

串级高压注氢是目前国际上应用最为广泛的加氢设计，适用于气态氢气的运输方式。通常事前会采用一个或多个大容量的中低压储氢瓶，将足够的氢气储存起来。当采用长管拖车的运输方式时，通常可以将长管拖车直接当作储氢瓶。

增压压缩注氢即针对注氢压力要求较高（如最高注氢能力为100兆帕）的加氢站，降低串级高压系统的压力等级，在系统末端添加增压压缩机（Booster Compressor）。这种设计对主压缩机和串级储氢瓶的要求相对较低，能够大大减少相应设备的成本。但需要新增增压压缩机，且对其性能要求较高，价格也相对较高。总体来说，这种设计的总成本相对串级高压注氢设计较高，仅在高压储氢瓶安全系数较低及成本较高的情况下稍有优势。

当采用氢气低温液态方式运输时，注氢过程可以采用低温液态泵来代替多级压缩机，直接将低温液态氢升压至所需压力，再通过蒸发器，将液氢汽化，注入串级高压储氢瓶。

低温液态泵注氢价格相对较低，液态加压过程相对气态加压过程所需的电量要少很多，且由于始终保持较低温度可以避免冷却设备的投入成本和运营成本，低温液态泵注氢在此三个方面能够降低运营成本。

但这种设计需要保证氢气始终处于低温液态，对液态储氢瓶的保温效果要求较高。一般来说即便在保温效果非常好的情况下，也会有部分氢气汽化，而汽化的氢气会导致瓶内压力升高，需要采用一定措施，将汽化氢气导出，避免低温储氢瓶压力过大。

2. 加氢站建设运营成本

现阶段建设加氢站最大的阻碍就是成本问题，目前我国一个日加氢能力为200千克的加氢站成本为600万～800万元，欧洲同等量级的加氢站所需成本为800万～1000万元。

加氢站的主要结构包括中低压储氢瓶、压缩机、注氢设备、串级高压储氢罐以及冷却设置。对于一个日加氢量为200千克的加氢站，其成本构成如图3-31所示。

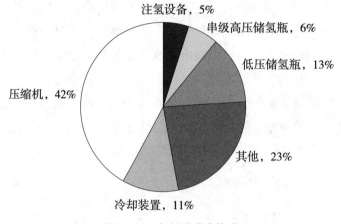

图3-31 加氢站成本构成

不考虑其他成本（23%），占据加氢站成本由高到低的依次是压缩机（42%）、低压储氢瓶（13%）、冷却装置（11%）、串级高压储氢瓶（6%）和注氢设备（5%）。

除了前期建设成本，影响加氢站投入的还有运营成本。加氢站运营成本主要来源于增压设备和冷却设备的能耗。

（1）压缩机额定流量与串级高压储氢瓶容量对成本的影响

压缩机的大小，和串级高压储氢瓶的容量密切相关：串级高压储氢瓶容量越大，所需要的压缩机额定流量就越小，反之亦然。但串级高压储氢瓶的成本随容量增加也会增加。为了降低综合成本，需要找到压缩机额定流量与串级高压储氢瓶容量两者之间的平衡。

（2）低温液态泵注氢方案对成本的影响

对于采用低温液态氢作为来源的加氢站，避免了冷却设备的投入以及压缩机的投入，成本大大降低。对于一个加氢量为200千克/天的液态储氢加氢站，理论上建设成本可为500万元以下。但加氢站的建设应该考虑多方面因素，特别是上游氢气成本。氢气的液化及液态氢气运输所需成本较高，因此氢气整体价格偏高，液态加氢站也不是在任何时候的最佳选择。

3. 我国加氢站建设现状与规划

截至2018年年底，我国在运营的加氢站共16座，另有30余座处在规划建设中。我国已建成加氢站基本情况如表3-8所示。

表3-8 我国已建成加氢站基本情况

序号	名称	投资建设方	运营方
1	云浮思劳	氢枫能源	广东国鸿
2	丹灶瑞晖	瑞晖能源	瑞晖能源
3	中山沙朗	氢枫能源	大洋电机
4	深圳大运	上海舜华	上海舜华
5	张家口（临时）	亿华通	亿华通
6	北京永丰	北京清能华通和英国石油（BP）	亿华通
7	同新	同济大学	同济大学、新源动力
8	郑州宇通	宇通	宇通
9	丰田	丰田	丰田
10	南通百应	氢枫能源	南通百应
11	上海安亭	上海舜华、同济大学	上海舜华
12	上海电驱	氢枫能源	上海电驱
13	上海神力	上海神力	上海神力
14	东风特汽（十堰）	氢枫能源	东风特汽
15	成都郫都	四川燃气、四川金星	四川燃气
16	古镇广丰	氢枫能源	国能联盛

2016年，工业和信息化部委托中国汽车工程学会牵头编制的《节能与新能源汽车技术路线图》发布，规划到2020年，市场将有5000辆氢燃料电池车，加氢站100座；2025年将有5万辆氢燃料电池车并配套350座加氢站；2030年将有100万辆氢燃料电池车并配套1000座加氢站。

此外，中国标准化研究院资源与环境分院和中国电器工业协会发布的《中国氢能产业基础设施发展蓝皮书（2016）》中，提出了我国氢能产业的发展路线图，同样也对我国中长期加氢站和燃料电池车辆发展目标进行了规划：到2020年，加氢站数量达到100座，燃料电池车辆保有量达到10000辆，氢能轨道交通车辆达到50列；到2030年，加氢站数量达到1000座，燃料电池车辆保有量达到200万辆；到2050年，加氢站网络构建完成，燃料电池车辆保有量达到 1000 万辆。我国加氢站的建设数量规划情况如表 3 - 9 所示。

表 3 - 9　　　　　　　我国加氢站建设数量规划情况

规划	2020 年	2025 年	2030 年	2050 年
《节能与新能源汽车技术路线图》	100 座加氢站	350 座加氢站	1000 座加氢站	—
《中国氢能产业基础设施发展蓝皮书（2016）》	100 座加氢站	—	1000 座加氢站	加氢站网络构建完成

四、新能源物流车运营新模式

当前物流市场中，消费升级、城镇化、节能减排、智慧交通已是不可逆的大方向。物流快递相关行业都将向高效、节能转型升级，但在车型电池迭代、能耗衰减成本、充电运维基建、服务资产盈利模式上存在着不小的问题。

在新能源车辆与传统的燃油车辆替换的大趋势下，地上铁（DST）专注于车辆资产的专业化管理和精细化运营。2018 年 3 月，地上铁租车宣布完成 A 轮 3 亿元融资，本轮由经纬中国、启明创投联合领投，国电投和钟鼎创投跟投。新能源物流车领域中，地上铁的这种全新运营模式的盈利性及可持续性得到资本市场的认可。

（一）地上铁产品及服务

地上铁 2015 年在深圳前海成立，作为一家专业从事新能源汽车集约化、创新型运营服务商，致力于为各大快递物流及城市配送提供环保、高效的运力服务。地上铁定位为新能源运营服务平台，主要为各大快递物流及城配企业提供新能源物流车队租赁（长租、短租和分时租赁）、销售及运营配套服务。地上铁通过实行集约化的运营模式，帮助用户解决用车和运维问题，减少运力的浪费。目前，地上铁已经在全国范围内为顺丰、京东、通达系等国内数十家全网型快递公司提供新能源车的全方位服务。

截至 2019 年 3 月，地上铁在全国范围内运营的新能源车辆超过 2.2 万辆，业务布局覆盖到 50 个一二线城市，深入数十个物流细分市场。服务能力方面，地上铁服务网点数量超过 3000 个，服务环节 140 多个，工单服务超过 3 万次，售后响应超 10 万次。

地上铁目前运营的车辆可分为轻卡系列、中面车型及微面车型。针对当前市场上各品牌的新能源物流车，为适应客户需求，地上铁对车辆型号及其特点进行过深入研究。轻卡系列包括东风凯普特 EV300 和北汽福田欧马可，主要负责支线运输；中面车型和微面车型负责末端配送。主要车型还包括东风凯普特纯电动轻卡、北汽纯电动厢式面包车、比亚迪 T3 纯电动车。在轻卡的选择上，公司目前使用最多的是东风凯普特

EV300 这款纯电动轻卡，主要是因为东风较早开始对新能源车，在电机、电控、电池方面有深入的研究。东风凯普特 EV300 的驾驶感受和电动控制策略较好，电池选型以及车辆的一致性和稳定性也比较出色。为了适应实际需求，在选型时，针对城市配送的轻抛货，特意选择货箱容积为 17 立方米的车型。

目前，地上铁公司的租赁客户主要以公司为主，个人用户较少。租赁服务划分为长租、特定场景的精准运力租赁和分时租赁三种。地上铁对不同的车型采用了不同的租赁模式：轻卡与中面采用的是按年签订租赁协议按月支付租金的模式，其中东风凯普特 EV300 的月租金为 4300 元；微面采用的是年租和分时租赁相结合的方式，分时租赁以一天为主，其中北汽威旺 307EV 每天的租金是 199 元。分时租赁只在龙岗的少数区域存在，目前地上铁公司以年租为主。

地上铁的新能源运力服务平台提供的服务包括车辆供应、充电运营、运力服务、SaaS（软件即服务）模式等。针对当前新能源汽车存在的充电设施问题，在充电网络布局上，地上铁有三级场站，一级场站为面向大型物流园区和公共用地铺设大型充电站；二级场站以工业园区、大型商业区和公共停车场为主；三级场站则以分布式网点为主，布局在生活社区和物流网点。

（二）科技赋能智慧型新能源物流车运营服务

1. 整车科技与应用场景高度融合

从传统能源到新能源，地上铁认为核心要素是加强数字化管理。如图 3 – 32 所示，对接整车厂、核心零部件和物流客户三方，地上铁的服务重新定义场景化。核心零部件管理方面，通过"大三电""小三电"高度集成，提高热管理效率。基础互联互通方面，实现了地上铁系统平台 3.0、高级驾驶辅助系统（ADAS）、运输管理系统（TMS）、货物识别互联互通。

2. 数字化管理科技提升物流效率

地上铁智慧车联网通过运程信息处理器（T – Box）和 ADAS 系统分别实现了对车辆监控、故障诊断及司机驾驶行为的线上化管理，通过 TMS 系统实现了订单业务的线上流程化管理。地上铁智慧应用程序（App）也让用户的租车用车、线上物流订单及停车充电搭建更加便捷。订单调度平台使得车辆 24 小时利用率和车辆使用率得到提升。智慧用车保障管理平台示意如图 3 – 33 所示。

3. 柔性能源科技辅助场景降本增效

地上铁通过互联网云服务实现了数字化智能充电站的管理，具体包括功率分配、热管理以及多能量源物联网协调管理等，帮助新能源车辆合理快速高效充电，提高车辆周转效率。数字化智能充电站运作模式如图 3 – 34 所示。

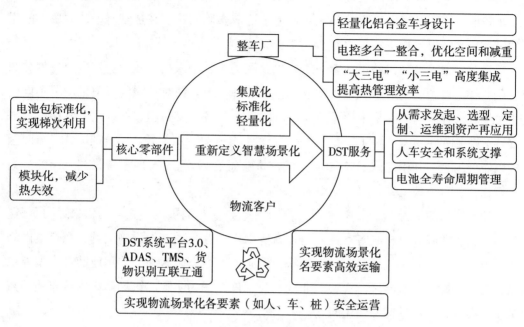

图 3 – 32　智慧物流车技术赋能生态链

资料来源：2019 全球物流技术大会演讲《科技赋能智慧型新能源 ELV 运营服务》。

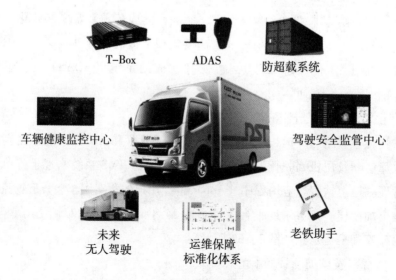

图 3 – 33　智慧用车保障管理平台示意

资料来源：2019 全球物流技术大会演讲《科技赋能智慧型新能源 ELV 运营服务》。

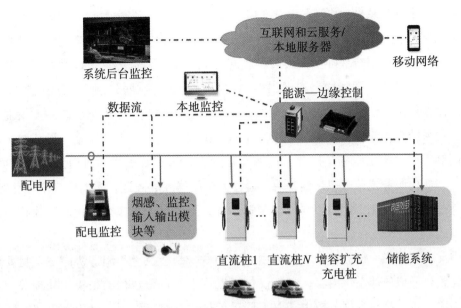

图 3 – 34　数字化智能充电站运作模式

资料来源：2019 全球物流技术大会演讲《科技赋能智慧型新能源 ELV 运营服务》。

第四节　智慧供应链技术

一、智慧供应链技术简介

近几年，在"工业 4.0"以及"中国制造 2025"浪潮的推动下，物联网、大数据和移动应用等新一轮信息技术加快了发展的步伐，全球化工业革命开始提上日程，工业转型开始进入实质阶段，智能制造成为制造业创新升级的突破口和主攻方向。随着生产、物流、信息等要素不断趋于智能化，制造业供应链也朝着更加智慧的方向迈进，成为制造企业实现智能制造的重要引擎，支撑企业打造核心竞争力。

2017 年 10 月，国务院办公厅印发《国务院办公厅关于积极推进供应链创新与应用的指导意见》，明确指出，到 2020 年形成一批适合我国国情的供应链发展新技术和新模式，基本形成覆盖我国重点产业的智慧供应链体系，中国成为全球供应链创新与应用的重要中心。之后，有关智慧供应链的相关政策陆续出台。2018 年 5 月，商务部、财政部联合发布《关于开展 2018 年流通领域现代供应链体系建设的通知》，提出了流通领域现代供应链体系建设的总体思路和目标，北京等 18 个重点城市被纳入支持范围。2018 年 10 月，商务部等 8 部门联合下发《商务部等 8 部门关于开展供应链创新与应用试点的通知》，提出在全国范围内开展供应链创新与应用试点，全国 55 个城市和 269 家企业入选。阿里巴巴、顺丰等大型企业也纷纷开展了智慧供应链的相关业务。智慧供应链技术受到越来越广泛的关注。

根据制造业的发展阶段，智慧供应链技术可以分为三个阶段。第一阶段是在传统的车间小范围智能制造基础上，通过物联网集成底层设备资源，实现制造系统的泛在感知、互通互联和数据集成，实现工厂内的物物互联与数据共享，透明化制造过程；第二阶段主要是基于生产数据分析与性能，应用生产物料调度优化、产品质量监控等制造执行系统功能模块，实现工厂生产全过程的实时监控、生产调度、设备维护和质量控制等工厂智能化服务，提升工厂智能化水平；第三阶段将通过引入服务互联网，将工厂智能化服务资源虚拟化到云端，通过人际网络互联互通，根据客户个性化需求，按需动态构建全球化工厂的协同智能制造过程，形成以大规模个性化定制为特征的商业新模式。

因此，智慧供应链的运作方法是由制造物联、制造执行和制造协同三个重要内涵层次化整合而成的体系化内容，它不仅包括工厂生产过程数据的采集与处理等制造信息化手段，也包括从数据分析中获取工厂运行规律并对工厂制造过程做出实时决策的智能化手段，同时还包括利用人际互联网数据形成定制化等商业新模式的协同组织手段。由此，如何行之有效地将制造信息化方法、智能决策方法与协同组织方法进行合理整合，满足透明化制造、智能化管控和智慧化协同三大需求特征，将对智慧工厂的成功实施与高效运作产生极为关键的影响。

二、智慧供应链关键技术

信息技术在智慧供应链中促成了实体和数字之间持续的信息流动，驱动供应链流程的实际改善和效率提升，其中最主要的信息技术是物联网技术、大数据技术以及人工智能技术。物联网技术完成了实体到数字的信息采集环节，从实体世界捕获信号和数据以创建数字记录；大数据技术完成了数字到数字的信息分析，通过对数据的汇总统计，了解业务运行的指标完成情况，并利用大数据分析结果进行异常预警。人工智能技术完成了数字化到实体的信息驱动行动环节，在人工智能的指导下，以自动化和更有效的方式传递信息，从而在实体世界中产生操作指令，完成供应链的生产环节。

（一）物联网

物联网是指通过各种信息传感设备，实时采集任何需要监控、连接、互动的物体或过程等各种需要的信息。其目的是实现物与物、物与人，所有的物品与网络的连接，方便识别、管理和控制。其主要特征是利用物理系统和信息系统的融合来实现人与人、人与物以及物与物的互联互通。与传统制造系统不同的是，物联网结合智慧供应链建立了一种集可靠感知、实时传输、精确控制、可信服务为一体的复杂过程制造网络体系架构，通过有形的实体空间和无形的虚拟网络空间相互指导和映射，实现整个生产制造过程的透明化。

由于制造过程的复杂性、随机性和不确定性，智慧供应链中的物联网必须满足以下需求。

1. 自组织网络

在智能工厂中，大量终端，例如移动机器人、手持个人数字助理（PDA）等设备都是随机移动的，即使是固定设备也会在一个时段内表现不同的加工状态，这些联网设备的网络的拓扑、信道的环境、业务模式都是随着这些节点状态动态改变的。因此，面向复杂制造环境建立一个节点能够动态地、随意地、频繁地进入和离开网络的多跳自组织网络十分必要。

2. 多优先级异构数据的实时性

智能工厂中部署的大量传感器节点，在不同制造环节搜集不同的参数，而这些参数对于数据传输的实时性和可靠性要求均不相同。根据信息的重要性，可以划分为不同的传输优先级。因此，物联网需要针对不同智慧供应链的特点设计信息的传递逻辑，以满足多优先级异构数据传输要求。

3. 设备互联包容性

智能供应链中的不同设备来自不同厂家，也有可能会采用不同标准和协议，因此需要找到一个多协议、多接口的中间平台，对不同通信协议数据进行标准化处理，以实现不同设备之间互联互通。

（二）大数据

近年来，供应链的制造资源配置逐步呈现信息密集型趋势，利用大数据融合、处理、存储、分析等技术使智慧工厂大数据为制造资源的实时感知、制造过程的优化控制、制造服务的敏捷配置等环节提供决策支持，实现了对客户需求、产品设计、协同制造、售后服务等过程的全面描述。在此基础上的大数据分析技术可以支持生产调度优化、产品质量监控、生产资源配置等实时决策优化，成为传统制造过程实现数据化制造、信息化制造、知识化制造、智慧化制造逐步升级发展的关键基础，从而更好地服务于全球化工厂协同制造。

智慧供应链在制造的各个环节广泛采集数据，包括生产现场及全供应链管理的全部数据，如制造资源基本配置数据、互联网络数据、传感器采集数据和用户操作事务数据等业务数据和衍生附加信息。智慧供应链数据呈现明显的规模性、多样性和高速性。而且数据采集的设备与手段多样、工厂制造过程的动态事件频发、工厂运行环境的交互开放，更使得其具备了高维度、多尺度、不确定和高噪声等特性。

因此，智慧供应链需要针对这些数据特点采用合适的数据清洗方法与数据集成方法提高数据质量与数据可用性，针对数据存在的规模性和高速性采用高效并行的数据查询、存储与读取算法以提高数据获取与分析效率，针对智慧供应链多维度业务应用情况下数据具有的高维度特性构建面向主题的数据仓库，以提高业务相关数据的集聚程度；最后将智慧工厂大数据作为云制造平台中重要的制造资源进行虚拟化封装与网络化交易，以提高数据的全局共享程度。

（三）云计算

云计算是分布式计算技术的一种，是一种新的 IT 发展部署及发布模式，能够通过互联网实时提供产品、服务和解决方案。企业可以利用云计算将计算资源分散分布，部分放在云上，部分放在终端上，由用户选择合理的计算资源分布方案。其最基本的概念是透过网络将庞大的计算处理任务上传，交由多部服务器所组成的庞大系统经搜寻、计算分析之后，将处理结果回传给用户。云计算通过虚拟化现实资源共享，提升资源利用率，降低成本；通过分布式计算、存储，降低对单点硬件的可靠性依赖，提升系统网络可靠性。

工业云通常指基于云计算架构的工业云平台和基于工业云平台提供的工业云服务，涉及产品研发设计、实验和仿真、工程计算、工艺设计、加工制造及运营管理等诸多环节。工业云服务常见的方式有工业 SaaS 云服务、工业 IaaS（基础设施即服务）云服务、工业 PaaS（平台即服务）云服务等方式。工业云基于云计算技术架构，使工业设计和制造、生产运营管理等工具更加大众化、简便化、透明化，通过工业云计算服务，可大幅提升工业企业全要素劳动生产率。

对于企业来说，通过云平台将制造企业的整个生产流程都放入其中，形成了一个虚拟生态链。一项任务通过三维骨架模型拆分成很多子模块，分发到相应的设计师手中，最后通过后台云计算的能力，进行仿真分析和包装组合，看是否满足用户需求。对于供应商来说，通过网络来实时协调，看是否满足用户的需求，不需要出差或者带着模型到生产单位去。如果一些对造型要求较高的供应商，可以采用 3D 打印技术，生产出一个快速形成产品。这种云制造的模式与传统模式相比，极大缩短了研制周期，且在云端构建起了一套协同设计平台，避免了因版本不同、手段不同造成的总集成时产生不匹配的问题。从研发的角度来看，通过在线的设计和生产，减少了出差、审评等时间，节省了其产生的费用。从管控的角度上来讲，质量和进度都能够实时跟踪，大大提高了效率。云计算改变了传统生产系统的生产模式，效率得到大幅提升，逐渐向云制造转变。云制造让整条制造供应链形成一个大的协作平台，围绕全供应链的计算能力、制造设备进行协作。通过平台，各种协同业务服务将线下相对孤立的企业联系起来，提升整体生产制造的价值链。

三、智慧供应链技术应用场景

随着"中国制造2025"不断推进实施，我国汽车业正在向智能制造积极转型升级。汽车物流运作模式与技术应用也正在发生变革。作为国内领先的汽车物流服务企业，一汽物流有限公司（以下简称"一汽物流"）在汽车物流服务转型升级中，积极探索新技术、新模式，结合全球物流技术发展趋势，搭建一汽物流智能技术研究中心，为新技术的落地应用提供了应用场景和试验场地，以创新持续领跑行业发展。

一汽物流为了适应智慧供应链和与之相关的新设备、新工艺，对物流信息系统进行了改造，在此过程中，一汽物流立足整个生产的生产体系水平，构建与之相匹配的供应链体系，综合智能搬运AGV、六轴关节机器人、环形货架排序、料箱码垛、纸箱拆垛、3D视觉等物流自动化领域的先进技术，整合物料存储、排序、出入库全流程解决方案，实现供应链的自动化、智能化升级，提升效率，节省人力。

（一）无人入厂物流

1. 滑链自动装卸系统

第三方仓库根据工厂零部件库存和订单信息感知工厂需求，利用卡车配送到工厂物流缓冲仓时，使用滑链装卸设备完成自动卸货。装卸系统主要分为两个部分，一部分装卸主体设备被安装在卡车内部；另一部分被集成在装卸平台上，由平台主体结构、四条平行的固定式重载滚轨线、链式传送系统、气动提升滑轨系统、控制系统、车台对接装置和安全限位系统组成。滚轨线用于承载并输送重物，每两条滚轨之间还安装有一套易载公司的铰链输送装置，为货物输送和排码提供动力。所有与平台对接的车辆均需安装易载公司提供的定位及锁定组件，以便与平台对接。该对接系统用于确保车厢内轨道与易载公司的装卸平台轨道准确对接。

货车到达后，倒车进入平台对接位进行车辆—平台对接，对接完成后车辆位置即被平台锁定。卡车驾驶员按下控制台卸箱按钮进行自动卸箱。托盘限位卡销自动降下，气动滑轨开始放气，托盘货位整体降低，托盘从车厢轨道开始滑入平台轨道，待货物完全离开车厢后，气动滑轨开始充气，货物整体回到正常高度，滑轨缩回平台完成货物卸箱。最后，卡车驾驶员手动解开车辆位置锁，车辆即可驶离平台。自动卸车系统使得工作环境更加安全。整个装卸流程，无须叉车的使用，装卸环境更加井然有序，能保证设备、物品的安全。滑链自动装卸系统示意如图3-35所示。

图 3 - 35   滑链自动装卸系统示意

资料来源：易联达官网．http：//www．enloda．com/product - item - 3．html。

2. 自动存储系统

通过信息系统精确化零部件配送时间表，零部件到达工厂物流缓冲库后，在信息系统层面通过仓储管理系统（WMS）对货物自动分配货位，减少车辆等待与装卸货时间。同时智能装备控制平台（AWCS）调动机器人快存系统与子母车密集存储系统，在穿梭车式货架内部进行货物的搬运。系统通过控制母车在横向轨道上运行并自动识别作业巷道，释放子车进行存取作业，提高了系统的自动化程度，减少了搬运机械云的距离，实现了库区空间的充分利用以及货物高效存储。自动存储系统还可以与生产系统互联，通过无人叉车搬运大型物料；通过灯光拣选、语音拣选等方式辅助拣货作业；通过信息系统实现物流作业优化。从而实现更少的投入、更高的效率，实现无缝对接，进一步提高入厂物流效率。

3. 一体化拆零拣选仓

一汽物流天津物流基地自动化立体库项目采用了储分一体的模式，行业内首次将多层穿梭车"拆零拣选"技术应用到汽车零部件小包装的仓储拣选环节，实现自动化存储和立体化货到人拣选。该基地建设了双伸拉自动化立体货架，优化设计了配套使用的专用母料箱，统一了母托盘尺寸，实现密集存储。并根据不同的生产需求，设计了批次分散存储、冷热库管理、按批次处理要货看板等系统策略。可以利用历史数据，识别订单相似度，在分散存储基础上，根据模拟仿真和算法进行储位优化，识别出入库频次，将高频次零件存储于近拣选台端，实现汽车零部件存储和拣选自动化技术创新和物流模式优化。通道及提升机按照可变尺寸进行预留，为车型变化技术升级做储备，可根据客户存储需求增加升级货架、堆垛机、穿梭车设备，实现仓储货位和作业效率的提升，具有较强的可拓展性和可推广性。一体化拆零拣选仓如图 3 - 36 所示。

图 3 - 36　一体化拆零拣选仓

资料来源：2019 全球物流技术大会演讲《汽车物流智能技术创新实践》。

（二）无人厂内物流

1. 全线 AGV 自动运输系统

一汽物流国内首创由物料输送 AGV、自动转接机构、LES 系统、RFID 信息识别系统组成的全线 AGV 自动物流系统。在料架上安装感应装置，应用 LES 系统读取物料配送提前期，通过无线生产调度系统将物料需求及时传递给 AGV 控制系统；AGV 根据系统指示衔接立体库出口及拣选区，实现自动转运及对接形成实时流动散盘区，建立从仓库到工位及时、准确、高效的补料机制，将零件准时输送到线侧，降低线旁停工风险，提高企业生产管理效率；RFID 自动识别技术可自动识别物料配送位置，保证 AGV 可以对准工位，真正做到智能厂内物流无人化。目前通过全线 AGV 自动物流系统的近160 台 AGV，可完成全部 33 条运输路线的上线运输，保证每天数万个零部件订单都能在 2 小时之内送到目标配送地点。自动化机器人搬送车身如图 3 - 37 所示。

2. 六轴机器人

汽车生产过程中会涉及上千种零部件，而这些零部件的包装和储存方式也各有不同。目前一汽物流汽车的零部件包装有料箱、纸箱等材质和包装大小不同的上百种类型，六轴机器人可以通过视觉识别技术对零部件包装形状、大小、摆放方式进行识别，并生成相应的包装拆解方案，通过特殊的夹具设计，实现包装拆卸、货物分拣等工作。

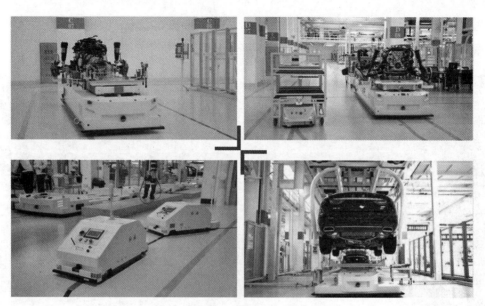

图 3 - 37　自动化机器人搬送车身

资料来源：2019 全球物流技术大会演讲《汽车物流智能技术创新实践》。

此外，焊装车间拥有 859 台机器人，率先应用涂胶检测系统和超声波无损检测技术，不仅能够确保车辆密封性并避免噪声，还能够杜绝传统检测过程中的噪声及粉尘污染，净化车间生产环境。涂装车间拥有机器人 135 台，自动化率高达 90%，居华东地区第一。

（三）无人出厂物流

1. 基于专用通道的商品车无人驾驶倒运技术

商品车在组装完成后需要利用卡车运送至相应的整车存储场地。一汽物流在青岛工厂与整车物流基地之间建设了 4.5 千米的半封闭高架桥，利用无人驾驶卡车行驶技术运输商品车。在工厂和整车物流基地均设有相应的自动泊车系统来完成两端的仓储系统和无人驾驶系统间的对接，实现整车出厂物流无人化。自动泊车系统示意如图 3 - 38 所示。

图 3 - 38　自动泊车系统示意

资料来源：2019 全球物流技术大会演讲《汽车物流智能技术创新实践》。

2. 商品车智能立体仓

一汽大众建设了占地 1000 平方米的基于智能搬运技术的商品车智能立体仓，通过 AGV 载车板和平面移动梳齿模式实现车辆的自动存储，解决了原来整车停车场土地资源稀缺、价格昂贵、仓储效率低、占地面积大等问题，提高空间利用率，充分节约有限且宝贵的土地。商品车智能立体仓可以与生产环节进行有机地连接，并通过计算机管理系统和自动化物料搬运设备使仓储成为供应链生产的一个重要环节。2019 年，一汽物流将继续推进建设商品车智能立仓项目建设，实现节约面积、提升自动化程度、提升安全性程度、节能减排、低碳环保、优化城市公共环境的目标。

3. 基于无载波通信技术（UWB）定位的商品车透明仓储技术

以往的 RFID 只能提供一维信息，无法胜任四维时空坐标的信息收集，而商品车的仓储区域常常面积较大，导致商品车仓储时经常有漏操作、误操作等现象发生，需要引入全新的技术。通过在仓储物流的仓库中部署 UWB 定位基站，结合 UWB 定位标签和定位引擎就能够非常准确地采集大量的定位元素的数据。UWB 定位技术能够提供厘米级别精度的系统要求，能够按照额定时间进行三维坐标采集，形成货物、人员、运输车辆在四维空间上的定向分布和历史轨迹，突破了以往仓储系统的二维平面化作业，形成了四个维度上的作业系统，可以迅速定位每个商品车在仓储区域中的准确位置，实现车辆实时信息和系统之间的随时交互。

第四章　运输技术

第一节　无人驾驶技术

无人驾驶技术不仅是解决目前社会面临的交通事故、道路拥堵、能源消耗、污染排放等问题的重要手段，也是构建智慧出行新型产业生态的核心要素，更是推进交通强国、数字中国、智慧社会建设的重要载体，已成为新时代汽车产业转型升级的重要突破口、全球汽车产业技术变革的战略制高点。

一、无人驾驶进展情况

无人驾驶是汽车工业发展的新高度，也是人们对智慧出行梦寐以求的目标。随着无人驾驶技术的高速发展，全国范围内无人驾驶竞争不断升级，各车企和科技公司也都加快了在无人驾驶领域的布局。

（一）无人驾驶发展环境

作为无人驾驶产业落地的战略性一环的"路测"，在过去的两年多，已先后有包括北京、上海、重庆、深圳、天津、长沙、广州在内的超过 10 个城市出台相关道路测试政策。

为推动我国自动驾驶技术的发展和应用，提高交通运输行业科技创新水平，规范自动驾驶车辆道路测试工作，2017 年 12 月，北京率先发布了《北京市关于加快推进自动驾驶车辆道路测试有关工作的指导意见（试行）》和《北京市自动驾驶车辆道路测试管理实施细则（试行）》两个文件，对测试主体、测试车辆、测试人员、事故处理等主要方面都做出了要求，以规范推动自动驾驶汽车的实际道路测试。

2018 年 3 月 1 日，上海发布了《上海市智能网联汽车道路测试管理办法（试行）》，明确了智能网联汽车在道路测试申请条件、测试申请及审核、测试管理、事故处理、违规操作责任等方面的要求，并在政策基础上发放了全国首批智能网联汽车开放道路测试号牌，划定了相关测试道路。

2018 年 3 月 11 日，重庆市颁布《重庆市自动驾驶道路测试管理实施细则（试行）》，对测试要求做出了具体的规定，包括测试车辆驾驶位上配备有通过审核的测试驾驶员，测试驾驶员连续工作时间不超过 2 小时，间隔休息时间不低于 0.5 小时，每天工作时间不超过 6 小时等。

2018 年 4 月 3 日，为加快制造强国、科技强国、网络强国、交通强国建设，推动汽车智能化、网联化技术发展和产业应用，推进交通运输转型升级创新发展，规范智能网联汽车道路测试管理，工业和信息化部、公安部、交通运输部联合发布了《智能网联汽车道路测试管理规范（试行）》。这是国家层面推进无人驾驶的重要举措。

2018 年 5 月 22 日，深圳发布了《深圳市关于贯彻落实〈智能网联汽车道路测试管理规范（试行）〉的实施意见》，细化了深圳申请道路测试的条件，包括明确每台测试车辆应配备至少一名测试安全员，每台测试车辆按有关要求应在相应场景内累计进行不少于 1000 千米的测试等。该实施意见同时明确了测试主体在开放道路测试方面的申请流程和详细材料。

2018 年 6 月 21 日，天津市发布《关于印发天津市智能网联汽车道路测试管理办法（试行）的通知》，提出要加强政府部门对智能网联汽车道路测试的监督和管理，同时通过道路测试积累的数据和经验，深入了解分析自动驾驶条件下汽车产品测试、生产、注册及使用等各个环节可能面临的新问题、新挑战，根据技术进步和发展需要及时完善管理方式和要求。

2018 年 12 月 3 日，《广东省智能网联汽车道路测试管理规范实施细则（试行）》对外公示。相对于其他地方出台的相关规定，该实施给了无人驾驶测试更多的权限，不仅有半开放路面的测试，还有全开放路面的测试。

2018 年 12 月 29 日，广州正式发布《关于智能网联汽车道路测试有关工作的指导意见》，从自动驾驶测试主体、测试车辆、测试驾驶员、测试申请和审核、测试管理、载客测试、远程测试、编队行驶测试 8 个方面对智能网联汽车道路测试做了具体要求，文件指出测试累计超过 10000 千米无交通事故或失控状况的车辆，可进行载客测试，载客测试仅能在一、二级路段开展，测试期间若发生交通事故将由测试员或企业担责。

道路测试是无人驾驶汽车必须完成的"一关"，也是无人驾驶产业落地的战略性一环，我国政府部门及时提供开放完善的道路测试政策体系及配套，不仅有利于助力本地企业迅速发展，也有利于吸引外部动能落地。

（二）无人驾驶发展现状及趋势

据公安部数据，截至 2018 年年底，我国机动车保有量 3.27 亿辆，其中汽车 2.4 亿辆，占比 73.4%；汽车驾驶员达 3.69 亿人。从分布上看，全国有 53 个城市的汽车保有量超过 100 万辆，24 个城市汽车保有量超过 200 万辆，7 个城市汽车保有量超过 300

万辆。研究显示，我国每年的拥堵成本占 GDP 的 2% 左右，2018 年拥堵带来的经济损失占城市人口可支配收入的 20%。巨大的交通流量加上昂贵的拥堵成本，使得智慧交通成为我国交通治理合理的解决办法。为此，我国计划在 2030 年前部署超过 3000 万台无人驾驶汽车，无人驾驶汽车的销量将从 2020 年的 8000 辆/年增长到 2035 年的 950 万辆/年，占所有轻型车销量的 75%。

近年来，多家无人驾驶产业相关公司获得巨额融资。2017 年上半年，全球无人驾驶领域公开融资及并购共 32 起，涉及金额超过 79 亿元，其中我国的蔚来汽车和小鹏汽车分别以 23 亿元、22 亿元位列第一位和第二位。2018 年 5 月，深圳星行科技有限公司（Roadstar. ai）以 3 亿美元的估值完成 A 轮融资，获 1.28 亿美元注资。2018 年 8 月，小马智行（Pony. ai）以接近 10 亿美元的估值完成 A 轮融资，无人汽车配套的激光雷达环境感知解决方案提供商速腾聚创（RoboSense）也获得包括阿里巴巴、上汽集团合计超过 3 亿元的战略投资。大量新鲜资本的注入不仅能够保证无人驾驶产业的快速发展，也反映出无人驾驶产业具有光明的发展前景。

除了汽车行业外，无人驾驶技术在无人自行车、无人潜艇和无人飞机等领域都有阶段性的成果。随着 5G 时代的来临，超高清精准地图、交通实时监控和先进驾驶员辅助系统都将成为我国无人驾驶弯道超车的主要技术手段。

无人驾驶产业的高速发展需要大量高层次产业人才。教育部、人力资源和社会保障部、工业和信息化部联合印发的《制造业人才发展规划指南》显示，作为十大重点领域之一的节能与新能源汽车领域人才仅有 17 万人。预测到 2020 年，无人驾驶领域人才需求将达 85 万人，2025 年达到 120 万人，缺口可能高达 100 万人。专业人才缺乏已成为限制人工智能技术快速发展的最大因素。目前我国汽车行业技术人员约为 50 万人，节能与新能源汽车人才占比不到 15%，对应的发达国家占比都在 30% 左右，汽车行业整体人才缺口较大，在无人驾驶领域高层次人才的培养及引进方面，我国还有很长的路要走。

二、无人驾驶硬件技术

当前我国每天约产生 1.5 亿件快递、5000 万单外卖，体量已达 5 年前的 2 倍，但从事物流行业的人员并没有明显增长，因此，使用更高效率的作业工具来提升行业劳动生产率已成为必然趋势。基于这种趋势判断，运输领域很多硬件制造企业纷纷投入技术研发，产出了很多成果，如新石器慧通（北京）科技有限公司（以下简称"新石器"）研发的无人驾驶商用车等，如图 4-1 所示。新石器无人驾驶商用车主要技术参数如图 4-2 所示。

图 4 – 1　新石器无人驾驶商用车

资料来源：2019 全球物流技术大会演讲《无人驾驶——物流的新大航海时代》。

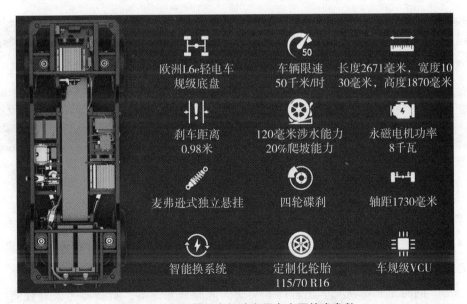

图 4 – 2　新石器无人驾驶商用车主要技术参数

资料来源：2019 全球物流技术大会演讲《无人驾驶——物流的新大航海时代》。

新石器无人驾驶商用车瞄准的是我国末端物流市场低速短途的应用场景，目前末端物流主要交通工具仍以三轮车、两轮车和微型面包车为主。这是目前市场和政府监管相互磨合的过渡产物，发展不稳定，存在很多隐患。新石器无人驾驶商用车的设计既具有三轮车的通过性，也具有面包车的装载量，如图 4 – 3 所示。

图4-3　新石器无人驾驶商用车与三轮车的通过性和面包车的装载量对比示意

资料来源：2019全球物流技术大会演讲《无人驾驶——物流的新大航海时代》。

此外，新石器无人驾驶商用车采用了模块化的智能货箱设计，以适应外卖配送、快递配送等多种配送场景，同时此种设计还可改装为移动贩卖机形式，如图4-4所示。

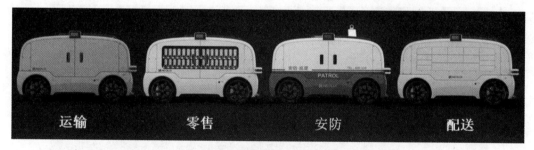

图4-4　新石器无人驾驶商用车模块化的智能货箱设计

资料来源：2019全球物流技术大会演讲《无人驾驶——物流的新大航海时代》。

新石器无人驾驶商用车无人驾驶系统是与百度合作开发的切实可行的最小系统。如图4-5所示，该系统包括云服务平台、软件平台、硬件平台、车辆平台四大部分，配有激光雷达感知方案、激光雷达定位综合方案、超声波加激光雷达的引导方案、高精地图等。同时无人驾驶汽车还需具备快捷的能源补充方案，新石器无人驾驶商用车驱动能源为电能，并配备了智能换电系统，一次充电可运行100千米。新石器无人驾驶商用车是我国无人驾驶技术的新成果，相信未来，我国无人驾驶领域还会有更多、更好的成果涌现。

三、无人驾驶软件技术

无人驾驶软件技术主要是指基于硬件系统的软件操作系统。自互联网兴起以来，

图 4 - 5　新石器无人驾驶商用车无人驾驶系统

资料来源：2019 全球物流技术大会演讲《无人驾驶——物流的新大航海时代》。

注：OTA - 空中下载技术；HMI - 人机接口；IMU - 惯性测量单元；PDU - 电源分配单元；VCU - 电动汽车整车控制器；EPS - 电动助力转向系统；EHB - 电子液压制动系统；EPB - 电子驻车制动系统；BMU - 电池管理单元；MCU - 微控制单元。

操作系统就成为巨头必争的战略高地，比如微软凭借 Windows 系统引领 PC 时代，谷歌凭借 Android 才有如今移动互联时代的王者地位，苹果帝国不仅因为其超凡的硬件设计，更在于其安全、便捷、流畅的 iOS 系统。据预测无人驾驶汽车市场的规模将在 2050 年前达到 7 万亿美元。目前一场无人驾驶操作系统争夺战已悄然打响，已经发布或者即将发布无人驾驶操作系统的公司已超过 10 家。无人驾驶操作系统及公司盘点如表 4 - 1 所示。

表 4 - 1　　　　　　　　　　无人驾驶操作系统及公司盘点

序号	名称	参与研发的公司	发布时间
1	优步自动驾驶系统	优步	2016 年
2	Autopilot 2.0	特斯拉	2016 年 1 月
3	E 级 Drive Pilot	梅赛德斯 - 奔驰	2016 年 8 月
4	Waymo 无人驾驶系统	谷歌	2017 年
5	Intel Go	英特尔	2017 年 1 月
6	PilotNet	英伟达、谷歌	2017 年 5 月
7	FARMSTAR - R2	中创博远	2017 年 8 月
8	云轨	比亚迪、华为	2018 年 1 月
9	RoboOS1.0	（Robowatch）	2018 年 4 月
10	Super Cruise	凯迪拉克	2018 年 6 月
11	阿波罗（Apollo）3.0	百度	2018 年 7 月

资料来源：自动驾驶之无人驾驶操作系统 . https：//cloud. tencent. com/developer/news/392920。

（一）无人驾驶操作系统的结构

无人驾驶操作系统横跨了控制工程学和人工智能研究两大研究领域。控制工程学是专门解决机械零部件协调运行的一个工程学分支，其处理的是复杂系统的运行问题，这些系统要通过输入和输出信息来与周围环境进行互动。因此，从控制工程学角度也可将无人驾驶操作系统分为上、中、底三层，上层控制管理汽车的长期策略计划，如路径规划和道路导航问题；中层控制是指计算机视觉感知反应；底层控制管理汽车内部系统的运行方式，如刹车、加速和转向。

1. 上层控制系统：路径规划和道路导航

上层控制系统的基础是路径规划和导航，而两者都需要通过搜索算法的应用来实现。搜索算法中最常用的一个是 A* 算法，是由尼尔斯·尼尔森（Nils Nilsson）及其同事于 1968 年发明的。A* 算法，是一种静态路网中求解最短路径最有效的直接搜索方法。几乎所有涉及将备选方案排序并筛选最佳答案的问题，都会尝试用 A* 算法来解决。这个算法为全世界的 GPS 导航设备提供了智能判断。

虽然 A* 算法是一种通用型搜索算法，但它尤其适用于驾驶活动中的上层控制功能。只要软件研发人员适当调整算法中的函数，就可以用于评估各种各样的驾驶行为需要支付的成本，例如信号灯等待时长、道路拥堵情况、道路维修工程、信号灯数量，甚至需要等待的左转弯的数量都可以计算检索。

2. 中层控制系统：计算机视觉感知反应

通过软件来监管汽车的感知和反应是当前无人驾驶汽车技术的首要难题。

中层控制系统的工作原理可以通过四个模块来解释：第一个模块是占据栅格的软件工具；第二个模块是识别并标记流入占据栅格的原始数据软件；第三个模块是用预测性的人工智能软件对障碍物用"不确定性锥"做替代；第四个模块是一个短期轨迹规划器，负责引导汽车绕过感知到的障碍，同时保证遵守相应的交通规则。

第一个模块占据栅格是针对汽车外部环境进行实时、持续更新的三维数字建模。类似于一个包含了数字记录的后端数据库，占据栅格是一个存储了汽车周围实体对象信息的数字存储库。它既可以与中层控制软件的其他模块相配合，也能作为程序员的视觉参照模型。

第二个模块借助深度学习软件对汽车附近的物体进行分类，使占据栅格可以存储这些信息，以供汽车操作系统的其余模块使用。在过去还无法准确标记数据资料的时代，占据栅格基本派不上用场，因为它只是对周边环境中的大型实物物体的一些粗糙模拟。由于不知道"潜伏"在车外的物体到底是什么，汽车软件系统的其他模块也就无法计算出最佳的应对措施，也无法预测这些"不明物体"下一步要做什么。

第三个模块是被称为"不确定性锥"的工具，用于预测汽车附近物体的位置和移动速度。一旦深度学习模块标记了一个物体，占据栅格就会显示出它的存在，不确定性锥就会预测物体下一步的运动方向。

第四个模块是轨迹规划器。当汽车附近的物体都被标记并计算成了大小不一的不确定性锥，无人驾驶汽车的轨迹规划器就能制定出汽车前进的最佳路线。轨迹规划器使用精密完善的算法计算出最有效的前进路线，并保证遵守交通规则，减少行程时间和碰撞风险。计算机尤其擅长计算这种非线性轨迹预测。在过去的几年中，软件已经被提升到了新的高度——计算机能比人更好地预测出物体的运动轨迹。

3. 底层控制系统：刹车、加速和转向

无人驾驶汽车底层控制的核心工作是将系统稳定在最佳设定值上。自 20 世纪 80 年代以来，汽车工程师将底层控制元件应用于防震、刹车和巡航定速控制等功能中。在无人驾驶汽车上，底层控制所涵盖的范围有所扩大，加入了汽车核心硬件子系统的管理，按照路径精准调控刹车和加速过程中的平滑性。现代的底层控制使用了大量种类各异的算法，以确保某个部件或整个系统的流畅运行。预测算法通常基于底层控制，它可以提升汽车的情境识别能力，根据数字地图的变化精准计算引擎的燃料注入量，使得汽车可以顺畅、平稳地运行。

想要实现汽油发动机的稳定运行，还需应对的重大难题之一就是时间延迟，或者称为时间滞后。时间滞后就意味着汽车的启动、加速以及停止都难以实现精准的时间控制。主要有两种方式可以减少时间滞后问题对自动驾驶汽车的影响，第一种方式是在底层控制中投入更多的计算能力。计算能力强大的电脑可以减弱燃油喷射器所带来的延迟问题，并为汽油发动机的匀速运行和精准计时提供更高的准确度，最终达到较高的平衡状态。第二种方式是更换发动机，电动式引擎更加容易管理调节，这也是谷歌公司和特斯拉公司为其无人驾驶汽车配置电动引擎的原因之一。只要为电动引擎配置好特定的电压电位，引擎就始终能即时产生对应程度的力矩，推动汽车前进。

（二）国内外典型无人驾驶软件解决方案

1. AutoX 无人驾驶

AutoX 的无人驾驶软件解决方案是基于三维深度学习技术从运动信息中恢复三维场景结构、3D 目标探测等。该公司设计了一种新的基于深度学习的自动驾驶技术模式。该模式基于雷达辨识、人工智能判断、全车技术等，其训练基于驾驶模拟仪器的虚拟图像，与一般的无人驾驶模式不同，该模式直接学习由输入图像到车辆位置和转向的映射。AutoX 提供 L4 级别无人驾驶的 AI 软件技术，可以实现在高速公路、工业园区、无人出租车、外卖配送等场景或领域的无人驾驶的常态化应用，如图 4-6 所示。

图 4 - 6　AutoX 在物流领域的应用

资料来源：2019 全球物流技术大会演讲《AutoX 无人驾驶技术及在物流上的应用》。

2. 百度阿波罗开放平台

百度是国内最早将人工智能提升战略高度的企业，拥有世界上最大规模的深度神经网络。2017 年百度公布了阿波罗开放计划，旨在向汽车行业及自动驾驶领域的合作伙伴提供一个开放、完整、安全的软件平台，帮助他们结合车辆和硬件系统，快速搭建一套属于自己的完整的自动驾驶系统。

截至目前阿波罗平台开源了 22 万行代码，并面向深度合作伙伴推出了企业版，提供定制化的可以面向量产的安全的自动驾驶解决方案，也是 L4 级别的全局的自动驾驶解决方案，包括自动驾驶套件、安全保障体系人机交互方案、量产工具组件以及车辆运营方案。自动驾驶套件是车辆的传感器硬件计算单元以及上面所部署的代码和算法；安全保障体系包括数据记录网络安全、功能安全、验证测试和风险应对机制；人机交互方案主要包括车内安全员/乘客交互方案与车外行人交互方案；量产工具组件包括各种配套的传感、验证、设备管理工具。车辆运营方案包括车队管理、地图服务和通过 OTA 更新的自动驾驶套件、高清地图、内容管理等，如图 4 - 7 所示。

3. 满帮集团无人驾驶技术

满帮集团是全国最大的公共物流互联网信息平台，也是中国最大的货车车后综合服

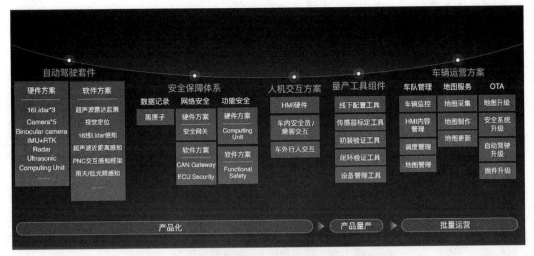

图 4 – 7　百度量产园区自动驾驶解决方案全景图

资料来源：2019 全球物流技术大会演讲《百度自动驾驶技术在物流行业的应用》。

注：Lidar – 激光雷达；Camera – 照相机；Binocular camera – 双目取景照相机；RTK – 实时动态；Radar – 雷达；Ultrasonic – 超声波；Computing Unit – 计算机单元；PNC – 噪声标准；CAN Gateway – 控制器局域网络网关；ECU Security – 电子控制单元安全；Functional Safety – 功能安全。

务平台，通过覆盖车油、不停车电子收费系统（ETC）、新车、金融、保险、园区等服务领域，为货车司机提供一站式服务。满帮集团在车货匹配市场占据 90% 的市场份额，其拓展无人驾驶领域的定位是基于订单分发权的无人驾驶和新能源生产运营工具的研发。

基于集团发展无人驾驶的战略定位，满帮集团与智加科技在高精地图的采集、大型安全自动驾驶车队、商业化运营支持以及赋能全国重卡智能化改造方面展开全方位的合作。具体到业务场景上，如货物从集散地出发，到达高速公路，经过高速公路中长途运输和切换，然后驶出高速，最终到达目的地，满帮集团关注这种仓对仓模式下 L4 级别自动驾驶技术的全局规划和局部路径优化。

在技术功能上，可以实现车道保持、跟车、避障、超车换道和交费等功能，同时提供了全方位的安全方案。在感知定位、规划控制方面，满帮集团把深度学习和计算机视觉融合，以克服 L4 级别自动驾驶过分依赖任何一个单一方案很难覆盖所有场景的弊端。在定位方面采用多元信息融合的方案，全局定位和车辆坐标系的局部定位相结合，在全局定位缺失的时候能够以车辆本身为中心，根据局部环境特征做相对定位，使车辆既能胜任中低速的城市环境，也可在全局的高速环境里安全行驶。满帮集团整个技术架构还通过交叉验证来提高安全性，提高地图的先验知识和感知。满帮集团无人驾驶技术、高精地图和融合室位技术以及交叉检验技术如图 4 – 8—图 4 – 10 所示。

无人驾驶具有广阔的发展前景，目前包括美、欧、日等在内的汽车发达国家和地区都将无人驾驶作为汽车产业未来发展的重要方向，纷纷加快产业布局、制定发展规划，通过技术研发、示范运行、标准法规、政策支持等综合措施，加快推动产业化进程。我国当前已经走在了世界前列，相信未来还会有进一步的发展。

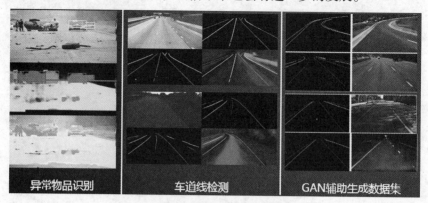

图4-8　满帮集团无人驾驶感知技术

资料来源：2019全球物流技术大会演讲《货车的自动驾驶》。

注：GAN表示生成或对抗网络。

图4-9　满帮集团高精地图和融合定位技术

资料来源：2019全球物流技术大会演讲《货车的自动驾驶》。

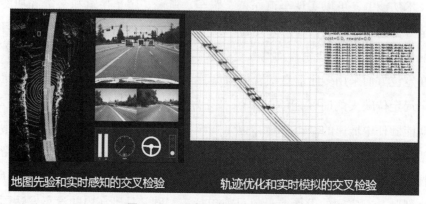

图4-10　满帮集团交叉检验技术

资料来源：2019全球物流技术大会演讲《货车的自动驾驶》。

第二节　车联网技术

信息化、智能化引领车联网进入快速发展阶段，全球车联网服务需求逐渐加大。目前中国、俄罗斯、西欧和北美等国家和地区 70% 以上的新组装车辆都已配备互联网接口。当前全球联网车数量约为 9000 万辆，预计到 2020 年将增至 3 亿辆左右，到 2025 年则将突破 10 亿辆。2017 年中国车联网用户规模达到 1780 万人，据前瞻产业研究院预计，2021 年将突破 4000 万人，中国已成为全球最重要的车联网市场。未来，与大数据、云计算等技术创新融合将加快车联网市场渗透。

一、车联网关键技术

车联网是以车内网、车际网和车载移动互联网为基础，按照约定的通信协议和数据交互标准，在车、路、人及互联网等之间，进行无线通信和信息交换的大系统网络，是能够实现智能化交通管理、智能动态信息服务和车辆智能化控制的一体化网络，是物联网技术在交通系统领域的典型应用。

（一）融合多传感器信息技术

车联网是车、路、人之间的网络，车联网中的技术应用主要是车的传感器网络和路的传感器网络。车的传感器网络又可分为车内传感器网络和车外传感器网络。车内传感器网络是向人提供关于车的状况信息的网络，车外传感器网络就是用来感应车外环境状况的传感器网络，路的传感器网络指用于感知和传递路的信息的传感器，一般铺设在路上和路边。无论是车内、车外，还是道路的传感器网络，都起到了环境感知的作用，其为车联网提供了独特的内容。整合这些内容，即整合传感网络信息将是车联网重要的技术发展内容，也是极具特色的技术发展内容。通过在一定准则下对这些传感器观测到的信息进行自动分析、综合以及合理支配和使用，将各种单个传感器获取的信息依据某种准则组合起来，形成基于知识推理的多传感器融合信息。

（二）开放智能车载终端系统平台

当前，很多车载导航娱乐终端并不适合车联网的发展，其核心原因是采用了非开放的、不够智能的终端系统平台。非开放、不够智能的终端系统平台是很难被打造成网络生态系统的。目前车联网的用户终端包括 iOS 系统、Android 系统等，车联网的终端系统平台必须能搭载 Android、iPhone 平台载体，如：iPhone、iPad、Android 手机、Android 导航仪、Android 平板电脑等，只有开放的系统平台才能更好地为用户服务。按照目前的形势来看，Google Android 也将会成为车联网终端系统的主流操作系统，而那些封闭式的操作系统也许目前发展不错，但最终会因为开放性问题而受到制约。

（三）自然语音识别技术

驾驶环境的特殊性决定了车联网时代人机交互不能用鼠标、键盘和手机触摸屏，而语音交互的安全便捷，就顺理成章地成为人机交互的最佳方式，将是车联网发展的助推器。成熟的语音技术能够让司机通过语音来对车联网发号施令，能够用耳朵来接收车联网提供的服务，这更适合在车这个快速移动的空间中体验。成熟的语音识别技术依赖于强大的语料库及运算能力，因为车载终端的存储能力和运算能力都无法解决好非固定命令的语音识别技术，因此车载语音技术的发展依赖于网络，要采用基于服务端技术的云识别技术，将大量的语音数据进行收集和计算，依托网络计算技术，构建基于移动互联网环境下独特的车联网语音平台引擎，实现对多种语言甚至方言的识别。

（四）云计算技术

对采集获取的物体数据进行综合加工分析，并提供各类综合服务。车联网系统通过网络以按需、易扩展的方式获得云计算所提供的服务。在车网互联产品中引入云计算，一方面，可以实现业务快速部署，可以在短期内为行业用户提供系统的车载信息（Telematics）服务；另一方面，平台有强大的运算能力、最新的实时数据、广泛的服务支持，能够对服务起到强大的支撑作用。比如，传统的导航均是基于本地的数据，只是一条静态的道路，基于云计算的云导航则可以实现实时智能导航。云平台会按照用户的需求，考虑到实际的路况和突发事件等因素实时调整规划，保障用户始终掌握最符合实际、最便捷到达的路线。车联网和互联网、移动互联网一样都得采用服务整合来实现服务创新，提供增值服务。通过服务整合，可以使车载终端获得更合适、更有价值的服务，如呼叫中心服务与车险业务整合、远程诊断与现场服务预约整合、位置服务与商家服务整合等。

（五）LBS 位置服务

基于位置的服务（Location Based Service，LBS）有传统服务和新型服务两大类。传统服务以整合服务产业链为主，提供的服务基本上以导航为主，也包括服务位置信息搜索（餐馆、娱乐、加油站等）、资讯推送、天气提醒、汽车服务信息等，以静态的或者单向的信息为主。新型服务则在应用的基础上结合海量用户的移动互联，通过车联网社区形成诸多更具互动性的应用，比如共享位置信息、生成自定义交通信息、交流用车经验、提供基于位置的优惠信息等，按照用户的需求和技术的发展，不断向周边延伸。从而让固有的服务逐步具备自我革新的生命力，为用户的工作、生活、娱乐带来更多便利。

（六）通信及其应用技术

车联网主要依赖两方面通信技术：短距离视频通信技术和远距离移动通信技术，前者主要是 RFID 传感识别设备及类似 Wi–Fi 等 2.4G 通信技术，后者主要是通用分组无线服务技术（GPRS）、3G、LTE、4G 等移动通信技术。技术发展重点主要是这些通信技术的应用，包括高速公路及停车场自动缴费、无线设备互联等短距离无线通信应用及网络电话（VoIP）应用（车友在线、车队领航等）、监控调度数据包传输、视频监控等移动通信技术应用。

（七）移动互联网技术

当智能手机上的各种应用铺天盖地而来的时候，用户也不再满足于车载系统上只具有基础的导航功能，而是需要如同智能手机一样支持移动互联网的产品。在车网互联的终端上，导航只是众多应用之一，还有很多针对用户位置的其他应用，比如车友论坛、突发事件上报等；另外，还可以按照需求，自由安装微博、微信、米聊、各种游戏等应用，满足相关的所有应用需求。当然，车联网与现有通用互联网、移动互联网相比，其有两个关键特性：一是与车和路相关，二是把位置信息作为关键元素。因此需要围绕这两个关键特性发展基于车联网的特色互联网应用，这将给车联网带来更加广泛的用户及服务提供者。

二、车联网技术的发展与应用

（一）政策导向

1. 车联网产业标准体系建设促进产业健康可持续发展

工业和信息化部组织编制并联合国家标准化管理委员会（以下简称"国家标准委"）印发了《国家车联网产业标准体系建设指南》系列文件。通过强化标准化工作推动车联网产业健康可持续发展，促进自动驾驶等新技术、新业务加快发展。智能网联汽车标准体系主要明确了智能网联汽车标准体系中的定义、分类等基础方向以及人机界面、功能安全与评价等通用规范方向。信息通信标准体系主要面向车联网信息通信技术、网络和设备、应用服务进行标准体系设计。电子产品与服务标准体系主要针对支撑车联网产业链的汽车电子产品、车载信息系统、车载信息服务和平台相关的标准化工作。

2. 智能网联汽车发展加速，道路测试管理规范出台

2018 年 4 月，工业和信息化部、公安部、交通运输部联合发布《智能网联汽车道路测试管理规范（试行）》。我国智能网联汽车发展持续加速，汽车与电子、通信、互联网等跨界合作加强，在关键技术研发、产业链布局、测试示范等方面取得积极进展。目前我国所测试的大部分汽车属于有条件自动驾驶，不仅不能离开人，也要对测试驾驶人进行严格要求。实行的管理规范适用于在中国境内公共道路上进行的智能网联汽车自动驾驶测试，包括有条件自动驾驶、高度自动驾驶和完全自动驾驶，涵盖总则，测试主体、驾驶人及测试车辆，测试申请及审核，测试管理，交通违法和事故处理以及附则 6 个章节，共 29 项条款、2 个附录。管理规范发布后，国内企业可以按照规范进行自动驾驶车辆测试，研发有望加速。

3. 国家推动智能化社会，智能汽车发展迎来新契机

智能汽车已成为我国汽车社会发展的战略新契机，其重要性不仅局限于产业本身，而且涉及整个社会的智能化进程，同时与国家信息安全密切相关。国家发展改革委发布的《智能汽车创新发展战略》从技术、产业、应用、竞争等层面详细阐述了发展智能汽车对我国具有的重要战略意义，对整个产业的推动将起到引领作用。在体制机制方面，我国拥有中国特色社会主义制度优势和集中力量办大事体制优势；在汽车产业方面，整体规模保持世界领先，自主品牌市场份额逐步提高，核心技术不断取得突破，关键零部件供给能力显著增强；在网络通信方面，互联网、信息通信等领域涌现一批世界级领军企业，通信设备制造商已进入世界第一阵营；在基础设施方面，宽带网络和高速公路网快速发展、规模居世界首位，北斗卫星导航系统可面向全国提供高精度时空服务；在发展空间方面，新型城镇化建设、乡村振兴战略实施也将进一步释放智能汽车的发展潜力。

4. 车联网 V2X 车路协同，从概念走向落地

2018 年 12 月，工业和信息化部下发《车联网（智能网联汽车）产业发展行动计划》，该计划表示，到 2020 年车联网产业跨行业融合将实现突破，具备高级别自动驾驶功能的智能网联汽车将实现特定场景规模应用，车联网渗透率达到 30% 以上。2020 年以后，高级别自动驾驶功能的智能网联汽车和 5G – V2X 将逐步实现规模化商业应用。

（二）车联网的发展趋势

1.5G 推进车联网标准发展的新动力

1G、2G 时代通信满足紧急呼叫功能，3G 网络推出后，与控制器局域网（Controller Area Network，CAN）相连后能基于网络收集车辆运行参数，保证车辆召回等基本措施，开启了真正的车联网时代；现在利用 3G、4G 的网络可提供新娱乐的服务，比如导

航、大数据分析等。未来随着 5G 的发展，车联网将依靠 5G 高速率、低时延的技术特性与互联网实现无线连接，应用于未来的智能汽车、自动驾驶、智能交通运输系统等。

5G 网络支持更多的车联网应用场景，使消费者带来消费体验升级。5G 对车联网的增强包括以下三个方面：非安全性车联网服务支持（如高数据速率的娱乐、动态数字地图更新）；与安全相关的车联网服务支持（如自动驾驶、远程驾驶、车辆编队、与优先级处理安全相关的 V2X 服务以及其他服务）；多系统车联网服务支持和网络环境，包括第三代合作伙伴计划（3GPP）V2X 技术互操作性方面。

（1）5G 推动基于蜂窝网络的车联网（C－V2X）标准演进

目前全球车联网主要有两大主流标准：专用短程通信技术（DSRC）、C－V2X。DSRC 是美国主推的车联网标准，而 C－V2X 是我国主要推行的车联网通信标准。C－V2X 是基于 3GPP 全球统一标准的通信技术，其中 V 代表车辆，X 代表任何与车辆交互信息的对象，当前 X 主要包含车、人、交通路侧基础设施和网络。V2X 将"人、车、路、云"等交通参与要素有机地联系在一起，不仅可以支撑车辆获得比单车感知更多的信息，促进自动驾驶技术创新和应用，还有利于构建一个智慧的交通体系。

C－V2X 包含 LTE－V2X 和 5G－V2X，从技术演进角度，LTE－V2X 支持向 5G－V2X 平滑演进。目前，支持 LTE－V2X 的 3GPP R14 版本标准已于 2017 年正式发布；支持 LTE－V2X 增强（LTE－eV2X）的 3GPP R15 版本标准于 2018 年 6 月正式完成；LTE－eV2X 是指支持 V2X 高级业务场景的增强型技术研究阶段，目标是在保持与 3GPPR14 后向兼容性要求下，进一步提升 V2X 直通模式的可靠性、数据速率和时延性能，以部分满足 V2X 高级业务需求。

车联网将会是 5G 技术的首发应用，5G 的低时延、高可靠是未来智能网联汽车的关键支撑。支持 5G－V2X 的 3GPP R16＋版本标准宣布于 2018 年 6 月启动研究，将与 LTE－V2X/LTE－eV2X 形成互补关系。

（2）5G 边缘计算为车联网提供低时延保证

5G 的主要技术边缘云计算是指在靠近物或数据源头的网络边缘侧，融合网络、计算、存储、应用核心能力的开放平台，其应用程序在边缘侧发起，就近提供边缘智能服务，产生更快的网络服务响应，以满足行业数字化在敏捷连接、实时业务、数据优化、应用智能、安全与隐私保护等方面的关键需求，十分适用于车联网场景。

未来的自动驾驶，每一辆车都将内置各种各样的数据传感器，这些传感器同时工作一天所产生的数据量将高达 4 太字节。只有边缘计算才能发挥作用，能够就近处理海量数据，有效降低对贷款的要求，提供及时的响应，为自动驾驶保驾护航。

2. 多接入边缘计算助力车联网全面发展

多接入边缘计算（Multi－access Edge Computing，MEC）技术通过在网络边缘处部署平台化的网络节点，为用户提供低时延、高带宽的网络环境以及高算力、大存储、个性化的服务能力。面向车联网的应用场景，通过建设基于 MEC 的 LTE 网络架构，一方面数据传输的路由节点来降低 Uu 模式（通信接口）的端到端网络时延；另一方面可以利用 MEC 区域覆盖的特点，支持部署具备地理和区域特色的车联网服务。

MEC 与 LTE－V2X 相结合，丰富和扩展车联网业务应用场景。一方面，相比传统 Uu 模式通信连接中心云的服务模式，将 V2X 服务器部署在 MEC 上能够在降低网络及中心云端负载压力的同时，以更低的时延提供红灯预警、行人碰撞预警、基于信号灯的车速引导等场景功能。另一方面，利用 MEC 可实现 V2I2V 通信，在提供更可靠的网络传输同时还可确保满足低时延要求，实现前向碰撞预警、交叉路口碰撞预警等场景功能。此外，基于 MEC 的 LTE 网络环境具备强力的计算、存储、传输资源，配合路侧智能设备，具有对大量交通要素进行快速、准确组织协调的能力，可以进一步扩展 LTE－V2X 网络可支持的应用场景，如车辆感知共享、十字路口的路况识别与综合分析、高精度地图的实时分发、大规模车辆协同调度等。

产业各界协同推动 MEC 在车联网领域的持续发展。在 LTE 网络中部署 MEC 可以利用 Uu 通信模式构建低时延、大带宽、高可靠的网络环境。Uu 通信模式的车载设备（On Board Unit，OBU）相对 PC5 模式具有更高的成熟度，有利于在短期内开展业务部署与示范验证。企业积极开展基础设施建设，面向典型应用场景搭建测试床和开发基础应用，为业务验证与接口标准化提供支持。智能交通与自动驾驶企业利用 MEC 作为车路协同系统中重要的边缘节点，积极推动在 MEC 部署并提供各类集感知、计算、通信于一体的智能交通和自动驾驶服务，构建安全、高效的道路环境。在未来产业发展过程中，汽车、交通、信息等行业将持续协同推动 MEC 在车联网领域的持续发展，攻关诸如低抖动低时延的可靠传输、跨运营商业务连续性、数据与业务安全性等一系列技术问题，规范车载终端与 MEC 平台之间、MEC 平台与部署业务之间的接口协议，明确 MEC 与路侧基础设施的部署、运营、管理权限与责任，丰富 MEC 平台上车联网业务应用，构建全面完整的车联网 MEC 生态。

3. 生态车联网驱动"服务找人"

车联网需要始终以用户兴趣和需求为核心，重点做好用户个性化、精准化服务推荐，以场景智能驱动"服务找人"。生态车联网示意如图 4－11 所示。

第一，面向生态车联网，需要构建以用户兴趣为核心的海量内容生态。车联网集合了游戏、音乐、电台、社交等最具优势的海量内容资源。当然，内容上车不是一个简单移植的过程，车联网结合用户画像能力、知识图谱能力、场景感知的能力，通过结合用户兴趣点以及用户出行场景，实现海量内容资源的个性化推送。例如，车主喜欢听周杰伦的歌，而外面正在下雨，系统就可以主动推荐播放相关歌曲。

图 4 - 11　生态车联网示意

资料来源：生态车联网发展，核心是千人千面 + 服务找人 . https：//bocijiahao. baidu. com/s? id = 1633653392824129649&wfr = spider&for = pc。

第二，整合第三方的娱乐服务、出行服务、车主服务、生活服务、社交服务等丰富的服务资源，并通过统一账户体系的打通，实现手机、音箱等多端互联。融合用户在多个终端的使用习惯和使用场景，构成车上和车下连贯、无缝的服务生态。

第三，用户在开车的时候，不得不掏出手机来解决各种即时的需求，既不安全也不方便，从操作和体验上都无法满足。车联网引入百万小程序快速"上车"，这些车载小程序可以通过云端更新，无须下载和安装，基于场景"主动唤醒"，构建更轻量化的应用生态。当然将小程序引入到汽车，也不是简单的移植，而是结合语音和场景。我们实现了全语音的小程序操作，在特定的场景和位置，用户需要的小程序会"主动唤醒"，并可以通过语音直接完成服务闭环。

（三）车联网的应用前景

1. 交通更为便利

我们时常会因为一点点的路况，而被堵成一条"长龙"。但是如果是车联网的话，每辆汽车都具备 GPS 定位和"眼睛"，汽车可以将路况上传给交通管理部门，由云端控制车流，进行路线规划，避免交通拥堵。在交叉路口车辆的通行率很低，车联网可以通过智能调节红绿灯来缓解这一现状，使司机在交叉路口尽可能顺畅行驶，从而提高车辆的吞吐量并减少在途时间。除此之外，还可以根据当前的路况、天气状况与以往采集到的道路车流量情况来预计未来一段时间内的道路拥堵情况，选择一条最便捷、省时的行走道路，优化司机的行驶路线，避免所有车辆聚集在一处造成拥堵。

2. 驾驶更为安全

车联网的存在，可以使汽车能够通过自身传感器主动探索周边环境，能连接城市各类红绿灯或其他管制信号，实现自动提示并规避危险。不仅是车与环境的连接，车与车之间也能进行各自的交流，这也是自动驾驶的前景，而如果这种情景得以呈现，未来实现交通零事故率将可以预期。车联网的一个重要应用是碰撞回避，防撞技术大致可服务于碰撞警告和驾驶援助。通过附近车辆检测、道路检测和车辆紧急制动手段，消除由于人为错误（分心、注意力不集中、高速行驶等）造成的事故，大量减少碰撞的可能性，可以使安全事故率减少20%左右，交通事故死亡人数下降30%～70%，大大降低了车祸发生的概率。当有意外车祸发生时，可以通过特定按钮及时发出求救信号，利用全球卫星定位技术查找到车辆的确切位置，为救援工作节省时间，还能将车主的财产损失降到最低，同时将事故信息发送给周围车辆，方便周围车辆及时做出避让措施，防止更大范围的事故发生。

3. 出行更为低碳

现在都倡导低碳出行，而如果实现车联网的话，汽车将会承担很大部分的节能减排任务，仅人、车、路三者构成的流畅交通网络就会大幅减少额外的燃油消耗和污染。据调查，对当前交通缺乏预期和低效的减速导致的燃油浪费占燃油总量的22%，而合理的驾驶将使汽车的油耗降低15%。通过车联网，利用车辆与路边基础设施之间采集到的信息来建议车主及时响应，同时对车辆进行一系列辅助控制，以减少不必要的操作。

三、年度优秀案例：面向量产的完整人工智能车联网系统解决方案——小度车载 OS

2018 年 7 月 4 日，百度 AI 开发者大会（Create 2018）上，Apollo 发布了面向量产的完整人工智能车联网系统解决方案——小度车载操作系统（OS）。

（一）五大核心组件

如图 4-12 所示，小度车载 OS 包含五个完整组件：液晶仪表盘组件、流媒体智能后视镜组件、大屏智能车机组件、小度车载机器人组件以及智能挡风玻璃组件。其中，小度车载机器人是集成语音和图像交互系统以及智能情感引擎的多模交互情感化机器人，它能够用自然的方式与驾驶员进行交流。厂商按照要求提供基础的硬件平台，可以直接一站式完成所有人工智能的软件部署，获得小度车载 OS 从底层 OTA 到云端的数据管理平台，从前端的用户交互界面到核心 AI 能力的一套完整的解决方案。

（二）五大核心能力

1. 语音和语义

小度车载 OS 拥有领先的语音识别和分析能力，可实现全语音操作，针对驾驶场景，能够满足用户在车内各种场景需求和个性化服务。基于百度强大的语音和视觉技术，小度车载 OS 系统通过语音识别、合成和语义理解，主动感知不同用户并进行行为

图 4 – 12　小度车载 OS 组件

资料来源：百度车联网官网．http：//chelianwang．baidu．com/。

分析，对人物属性、行车状态等形成智能判别，来实现针对不同用户和场景信息的个性化推荐。同时，小度车载 OS 具备帮车主点百度外卖、订电影票等多种功能。

其主要功能和优势如下。

（1）多轮及打断对话：支持 5 轮以上问答，随时打断对话。

（2）语音精准唤醒：通过唤醒词让休眠状态下的设备进入等待指令状态。

（3）降噪阵列：高速路开窗大噪声场景下的高识别率。

（4）情感化表达：可选择喜欢的声音双追溯系统（TTS），能更好地与人进行情感化交流。

（5）个性化内容推荐：百度及第三方优质资源，大数据算法推荐和深度学习技术。

（6）强大的语义能力：可覆盖 150 多个场景。

（7）一站式需求满足：车内娱乐、生活服务、聊天问答、信息服务。

（8）业界首发车载语义开放平台：零门槛快速上车、可视化创建、快速训练模型、实时体验效果、支持独立部署、多种对话技术、百度大数据支持。

（9）业界首创四音区语音识别方案、多维身份认证的声纹识别。

2. 多模交互

从语音交互到包含视觉的完整自然交互体验，从被动响应到主动感知用户需求。通过机器学习技术与人工策略相结合的方法，小度车载 OS 可以掌握车主的需求。通过记录出行的每个小细节与车主的互动，可以逐渐了解车主的各种情绪。多模交互系统主要有手势识别（见图4-13）、表情识别、点头摇头识别等功能。

图4-13 手势识别

资料来源：百度车联网官网. http://chelianwang.baidu.com/。

3. 驾驶员监测

驾驶员监测系统拥有对驾驶员进行识别、提醒、接管等功能。基于图像深度学习技术及人脸识别技术，融合车辆行驶状态和车外环境感知等信息，实现对驾驶员行车安全的监测。驾驶员监测系统主要拥有以下四大技术特点。

（1）疲劳识别模型：拥有通过人脸检测算法评价标准评测（FDDB）的世界第一人脸识别技术（见图4-14）。

（2）机器自适应学习和预测能力：可解决人体个体差异问题，如体重、肤色等。

（3）复杂环境适应能力：使用高清红外摄像头，满足复杂环境下疲劳特征检测与识别需求。

（4）灵活搭配和高扩展性：全面覆盖驾驶员图像特征应用程序接口（API），提供稳定易用的软件开发工具包（SDK），适配各类终端接入需求。

4. 车载信息安全

信息安全给消费者和车企带来新挑战，Apollo提供多重保护为安全行驶保驾护航，提供的安全解决方案包括安全升级套件、"车辆入侵检测防御系统＋车载防火墙"以及汽车黑匣子。

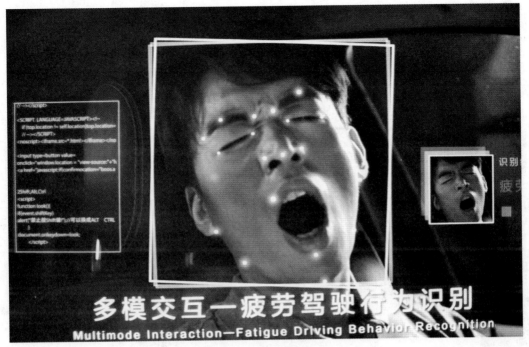

图 4 – 14　疲劳驾驶行为识别

资料来源：百度车联网官网. http://chelianwang. baidu. com/。

（1）车辆入侵检测防御系统（IDPS）

通过检测系统合法性、阻止恶意或未经授权的软件安装、检测可疑的应用连接和隐私数据访问，保障车辆娱乐系统及通信系统的安全性。

（2）车载防火墙（Car FireWall）

通过部署在防火墙的车载网关，监控整个网络通信，发现并且阻止异常的网络行为及非可信车辆的操作指令，保证车载网络安全。

（3）安全升级套件（Sec – OTA）

贯穿云和端，保证升级的安全可靠。

（4）黑匣子

汽车上用于记录交通工具运行状况且抗损毁性能高的一类设备，记录多项行车实时数据信息，事故发生时不容易损毁，常用于事故原因和事故经过的调查及分析。

5. 智能汽车数据记录软、硬件产品

（1）安全存储硬件

将黑匣子硬件部署到智能汽车，通过数据压缩、加密处理及快速传输，以安全存储大量驾驶数据。

（2）数据读取软件

通过人性化的交互界面，对数据进行解密读取。从而使得数据成为追溯事故原因、改进产品质量的重要依据。

（三）落地生产

百度选择与汽车厂家进行深度合作，通过 AI 赋能，加速汽车智能化转变。小度车载 OS 开放了人机接口（Human Machine Interface，HMI）、应用层、TSP、OTA、账号五部分，以满足车企的差异化需求。车企不仅可以自定义系统界面及 OTA 升级方式，按需接入第三方应用，而且可以使用车企自有账号登录，将车辆数据等信息储存于车企自有云端。

搭载小度车载 OS 的哈弗 H6 拥有智能语音交互、智能车载小程序（见图 4 – 15）、主动推荐、内容及服务生态、智能地图、车载聚合支付、车载信息安全 7 大核心功能。目前，其中的智能车载小程序功能已经集成 50 多款应用，其中涵盖了车后服务、资讯、休闲娱乐、视频、购物、亲子、旅游、工具等各类应用。此外，搭载小度车载 OS 的星途（EXEED）TX/TXL，依托百度人工智能技术下的车联网系统，实现了车、路、云之间的数据互通，打造全新的智能体验。

图 4 – 15　智能小程序

资料来源：百度车联网官网 . http：//chelianwang. baidu. com/。

基于小度车载 OS 的强大功能，汽车将从传统代步工具升级成为智能移动空间，在车内用户可以实现办公、娱乐休闲甚至远程实施操控家中的家居和电器，大大增加了用户生活的便捷性，把汽车的小环境嵌入生活的大环境，当车联网加入物联网中时，汽车还会与智能家居联动起来，通过业界最强的 AR 智能导航系统和双向智能家居互联功能，实现高精度导航和车家互联的构想。此外，小度车载 OS 提供的人脸识别功能也不仅限于对面部特征的识别，而是能够通过识别做到识别用户身份并主动打招呼，并将座椅调整至用户习惯的位置，播放用户喜欢的歌单，甚至车内的氛围灯、主题壁纸都可同一时间切换到用户喜欢的模式。

第三节 载运工具技术

一、铁路货运动车组技术

当前，中国经济已经进入高质量发展阶段，居民消费也在持续升级，适应消费者个性化、品质化需求的快捷货物运输、电商物流快速发展。2018 年，我国邮政业完成邮政函件业务 26.8 亿件，包裹业务 0.2 亿件，快递业务量 507.1 亿件，快递业务收入高达 6038 亿元。随着技术不断升级，社会对运输的时效性的要求也在不断提高，普通铁路货物产品的服务质量已经远远不能满足当前社会发展需要。高速铁路具有巨大的运输能力和快速的运输通道，随着我国高速铁路建设进程的推进，其技术条件不断成熟，开展货运动车组已经成为必然趋势。

（一）货运动车组

1. 货运动车组发展历史

国外铁路快捷货物运输发展由来已久，法国、德国、日本等铁路发达国家在 20 世纪就开始利用高速铁路进行货物运输。法国邮政总局 1984 年购买了两列法国高速铁路系统（TGV）客运列车，拆卸掉旅客的座位并进行相关的改造与加工，用于高速铁路货物运输，主要承运一些信件、小包裹等小型的货物。德国 2000 年就开始采用既能运行于高速线路又能运行于既有线上的集装箱列车在城际间运送包裹的相关业务。日本铁路部门于 1984 年取消了编组站，货运全部实现了直达运输，其快捷货物主要通过工业货物专用运输列车、货运站间的直达快运列车和集装箱直达列车进行运输。

铁路运输作为我国传统的重要运输方式，快捷货物运输也已经展开多年。2013 年中铁快运在京沪高铁上试运行，主打商务文件，兼做 5 千克以下的快递货物运输。目前，中铁快运服务网络也已扩展至全国高铁线路覆盖的绝大多数城市。然而长期以来，我国利用高速铁路开展的货物运输仍以确认车和捎带运输为主，客运动车组使用专用箱、冷藏箱、集装袋等集装容器以集装件的形式进行货物装载，高铁快件进入列车后，主要放置在大件行李处及二等车最后一排座位背后空当处但是整体运力较小，装卸难度较大，难以适应社会对快捷货物运输的需求。在此背景下，中国中车股份有限公司（以下简称"中国中车"）在铁路总公司的指示下，2014年6月正式启动货运动车组的研发工作，2018年9月，中国中车正式对外发布了新型动车组品种——时速250公里货运动车组平台。

2. 货运动车组设计概况

时速250公里以上货运动车组基于成熟可靠的中国标准动车组产品平台，其编组、速度等级及动力配置与标准动车组相同，转向架、制动、牵引、网络等关键系统主体结构及主要技术参数保持不变，车体、制动、转向架及牵引高压等主要关键系统技术方案基本不变，主要针对快捷货运的特点进行适应性改进，最高运营速度可达350公里/时，受环境因素影响较小，即使风霜雨雪天气，1500千米的距离5小时之内也可到达。

在货运需求方面，货运动车组以满足一般电子商务商品（如服装、3C家电、化妆品、图书音像）的运输为主。设计实用空间不小于700立方米，载重不小于100000千克，开行距离为1000~1500千米，不需要电商人员随车押运。

3. 货运动车组车辆结构

货运动车组研发根据自身技术特点，结合动车组统型要求进行了适应性的改进，全列定员2人。01车和08车司机室后面设行李员和机械师办公区，设置座椅、受电弓监视屏、货仓监视屏、饮水机、卫生间等办公和生活设施；后端设货仓区。中间车车上均为货仓区，车上设灭火器装置，电气柜及废排装置吊装在车下。货运动车组车辆结构如图4-16所示。

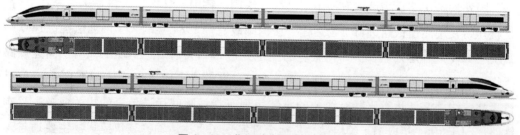

图4-16　货运动车组车辆结构

资料来源：时速350公里货运动车组研制技术方案．https：//wenku．baidu．com/view/924a35c25ff7ba0d4a7302768e9951e79a896956．html．

01车和08车为带工作区的头车货车，定员2人、装载11个集装器。设司机室、机械师和押运人员办公区。司机室设置CCU（立式中心控制器）柜、ATP柜、LKJ柜；办公区设办公座椅、备品柜、综合电气柜及饮水机等办公和生活设施；在一位端设侧门、1个坐式卫生间、工具柜、备品柜等。在通过台上方设空调机组，二位端设装载门。货动动车组01车和08车结构如图4-17所示。

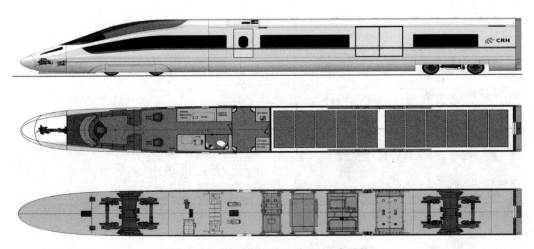

图 4 - 17 货运动车组 01 车和 08 车结构

资料来源：时速 350 公里货运动车组研制技术方案．https：//wenku．baidu．com/view/924a35c25ff7ba0d4a7302768e9951e79a896956．html。

02 车、04 车、05 车、07 车为中间货车，不设定员、装载 19 个集装器。车内设干粉、水雾灭火器各 2 个，车辆两侧设装载门。货运动车组 02 车、04 车、05 车、07 车结构如图 4 - 18 所示。

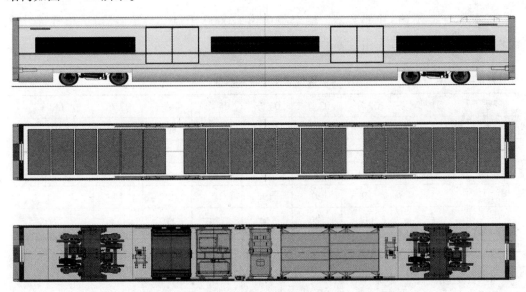

图 4 - 18 货运动车组 02 车、04 车、05 车、07 车结构

资料来源：时速 350 公里货运动车组研制技术方案．https：//wenku．baidu．com/view/924a35c25ff7ba0d4a7302768e9951e79a896956．html。

03 车和 06 车为带受电弓的中间货车，不设定员、装载 20 个集装器。车内设干粉、水雾灭火器各 2 个，车辆中部区域设装载门。货运动车组 03 车和 06 车结构如图 4 - 19 所示。

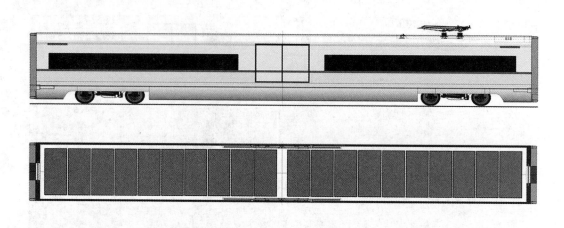

图 4 - 19　货运动车组 03 车和 06 车结构

资料来源：时速 350 公里货运动车组研制技术方案 . https：//wenku. baidu. com/view/ 924a35c25ff7ba0d4a7302768e9951e79a896956. html。

全列总计装载 138 个集装器，额定载重约 120000 千克（含集装器），净载货容积约 830 立方米。货运动车组技术参数如表 4 - 2 所示。

表 4 - 2　　　　　　　　　　　　货运动车组技术参数

序号	01 车	02 车	03 车	04 车	05 车	06 车	07 车	08 车
车种	带工作区货车	货车	货车	货车	货车	货车	货车	带工作区货车
定员	2 人	无	无	无	无	无	无	2 人
卫生间	1 座	无	无	无	无	无	无	1 座
集装器	11	19	20	19	19	20	19	11
容积载荷	66 立方米	114 立方米	120 立方米	114 立方米	114 立方米	120 立方米	114 立方米	66 立方米

4. 货运动车组技术细节

货运动车组的货物装卸问题是重难点，为实现货物装卸的高效，中车货运动车组采用了集装器设计，考虑货运动车组运输技术的发展，研制了更大存储空间的集装器方案，用来增大动车组的载货量并提高装卸效率。同时参考航空全货机，装配了集装器和集装板以实现标准化、单元化。在外形上，为使得列车顶部弧形空间得到充分利用，集装器上部为楔形。集装器同时还配备电子信息系统，便于信息化管理。货运动车组集装器参数如图 4 - 20 所示。

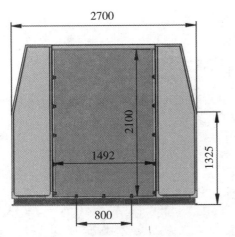
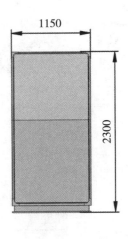

图 4 – 20　货运动车组集装器参数（单位：毫米）

资料来源：时速 350 公里货运动车组研制技术方案. https：//wenku. baidu. com/view/924a35c25ff7ba0d4a 7302768e9951e79a896956. html。

集装器设置隔板，可分类存放物品，可减小下部物品的受压程度；活动隔板由框架及面板组成，材质均为铝合金；集装器设置帆布门，帆布门左侧及下端通过拉紧器连接，右侧通过挂环连接，安装时先将右侧挂环安装到位，再将左侧拉紧器拉紧，如图 4 –21 所示。

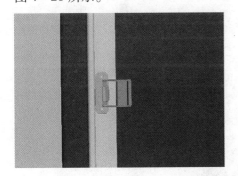
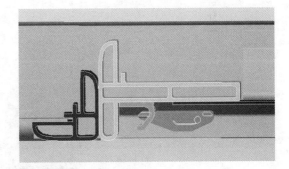

图 4 –21　集装器帆布门拉紧方式示意

资料来源：时速 350 公里货运动车组研制技术方案 . https：//wenku. baidu. com/view/ 924a35c25ff7ba0d4a7302768e9951e79a896956. html。

为与集装器配套，货运动车组的地板采用滚轮形式（见图 4 –22），便于集装器在车厢内部移动，在集装器固定方面，根据卡槽模式设计了固定装置，可将集装器卡在固定位置，防止窜动，操作简单。

货运动车组每节车厢是全开启式，装载门采用占空间最小的外塞拉门方案，每车每侧设置两个车门，车厢一侧可大幅面打开，叉车可直接装卸货物，并且采用新型标准集装器技术进行集装化装卸、周转、运输及固定，两个装载门同时装货，单车装满所需时间约为 20 分钟（见图 4 –23）。车门操作时由司机发出允许操作指令后，才能在

图 4 - 22　时速 250 公里货运动车组内装情况

资料来源：中国中车发布全球首款时速 250 公里货运动车组产品．http：//www. railcn. net/hyzx/1422. jhtml。

各车门本地控制开关门，不设置集中控制开关门功能。关门需要先向路局提出关门申请，由路局检查完后，方可在本地关门。从外部开门需采用专用钥匙。装载门近期方案净通过宽度为 1500 毫米，远期方案净通过宽度 2400 毫米，净通过高度尺寸暂定为 2200～2300 毫米。货运动车组装卸示意如图 4 - 24 所示。

图 4 - 23　货运动车组两侧开门

资料来源：中国中车发布全球首款时速 250 公里货运动车组产品．http：//www. railcn. net/hyzx/1422. jhtml。

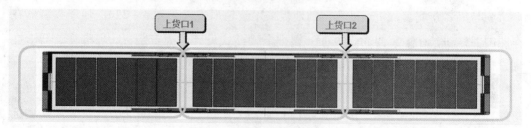

图 4 - 24　货运动车组装卸示意

资料来源：时速 350 公里货运动车组研制技术方案．https：//wenku. baidu. com/view/924a35c25ff7ba0d4a7302768e9951e79a896956. html。

在货物安全保障方面，货运动车组采用阻燃隔离方法，危化品单独存放，并设有烟雾温度报警、喷淋消防、智能照明、视频监控、冷藏功能，保障车厢温度运行 4 小时内不超过 50℃，同时视频监控重点监视装载门的状态。

在货物装载方面，货运动车组门底要与标准月台平齐，并可通过加装手动或自动渡板无间隙搭接不同高度的月台；装卸方式上考虑双侧双门及多车同时装载的形式；在装卸时间上，从装载门处开始计算，设计货物总装卸时间不大于 2 小时。

中国中车特别在货运动车组的安全性、智能化上进行了改进，通过研发与动车组配套的智能化装卸设施，可实现铁路、公路、航空的一体化运输需求。与此同时，货运动车组采用虚拟装配及在途管理系统，每个集装箱在动车组上都有自己固定的位置，使得运输人员在押运室里就可以准确地巡检车上所有集装器的状态信息，保证了货物运输全程安全可靠。相较于航空运输费用高，汽车运输效率慢的不足，时速 250 公里及以上货运动车组将以安全、经济、可靠、高效的优质服务成为未来货运的不二选择。

（二）可变编组动车组

2019 年 2 月 22 日，我国首列可变编组动车组在中车唐山机车车辆有限公司（以下简称"中车唐山公司"）完成全部 60 余项厂内试验，通过独有的可变编组验证，具备出厂条件。此前，该动车组已申请专利近 80 项，荣获中国优秀工业设计奖金奖、中国设计智造奖。

1. 可变编组动车组简介

中车唐山公司自主研发的可变编组动车组（见图 4 - 25），是中国中车工业平台化系列动车组的第一款产品，可变编组动车组最小编组单元为两节，即 2 个动力头车相接。面对运输需求变化，如要扩大编组，则根据速度和功率核算出效率最优搭配，在 2 ~ 16 节范围内随意变换搭配动车和拖车车厢，快速定制开行不同速度等级、编组数量和座席配置的动车组列车。

图 4 - 25 中车唐山公司自主研发的可变编组动车组

资料来源：微信公众号轨道世界《中国首列可变编组动车组来袭》。

　　可变编组动车组研发团队践行工业设计与制造业深度融合的理念，突破了牵引动力系统集成、网络控制、车端连接等关键技术，利用模块化、集成化、单元化设计，打破高速列车固定编组模式，对动车组设备、功能和结构进行重新设计和定义，研制出双层座车、大定员纵向卧铺车、座卧式 VIP 车、商务座车、座卧转换卧铺车、餐货和客货合造车等全新车型，其中餐货和客货合造车下层设有独立货仓，可实现小型保温、冷藏集装箱及快件、行包快捷运输功能，填补动车组货运的空白，将对生鲜产品运输、医疗卫生急救等物流行业产生深远影响。可变编组动车组核心特点如图 4－26 所示，餐车及快件运输功能车如图 4－27 所示。

图 4－26　可变编组动车组核心特点

资料来源：微信公众号轨道世界《中国首列可变编组动车组来袭》。

图 4－27　餐车及快件运输功能车

资料来源：微信公众号轨道世界《中国首列可变编组动车组来袭》。

2. 固定编组与可变编组

可变编组动车组的出现是铁路高速列车领域的重大突破，是传统固定编组动车的重大技术革新。固定编组动车技术主要受制于列车牵引动力系统。变压器、变流器、控制器、冷却系统、电池组等体形庞大、结构复杂的牵引动力设备组成的列车牵引动力系统十分笨重，放置于单个车厢会极大增加铁轨损坏风险，因此必须一节动车捆绑一节拖车，形成"2动2拖"的动力单元，分担一个完整动力系统的重量。其中，动车的转向架上设有牵引电机，负责提供动力，拖车不设牵引电机，但装配变压器、电池组等辅助设备。只有将笨重的牵引动力系统分散，多个牵引点共同发力，才能满足动力和运力要求，达到每小时数百公里的高铁速度，实现高速运输的目的。

理论上"2动2拖"动力单元的整数倍配置均满足动车开行技术要求，但实际中考虑到客流情况和站台长度，8节或"8+8"的重联编组动车才能满足实际运行需求。"8+8"重联编组动车即为16节长编组动车，是将日常运行的、有8节车厢的两列单组动车联挂在一起开行，达到运力增加一倍的目的。重联的"重"意味着两个单位的列车或机车，"联"意味着联系，是统一列控必须形成的电气、网络、制动系统的联动联调，并不是简单的连接。

固定编组列车还存在运营检修效率低的特点，因为动车组整组一体，其运营和检修必须整组进行，无法拆解，若某节车厢的一块车窗玻璃坏了，固定编组动车必须整列停运。除了零部件更换，固定编组动车组在高级修、定期修、故障修及热备等过程中均需占用整列动车组，运行效率大大降低。

若想实现可变编组，解决笨重的牵引动力系统是关键。相对于传统固定编组动车组采用的牵引动力系统，中车唐山公司设计研发了更轻巧的"动力包"，通过模块化的方式，高度集成变压器、变流器、控制器和冷却系统等动力设备，让动车不需拖车支持也可独立运行。这是可变编组动车组实现2~16节车厢任意编组的基础。

3. 可变编组动车组控制系统

除模块化动力系统外，中车可变编组动车组还实现了列控关键技术的突破，通过新型网络控制系统实现了单车控制，不需要头车发出指令，不需要人工识别和配对，单节车厢可以自动连接网络，实现相互之间的通信和控制功能。新型网络控制系统相当于动车组的大脑，除了实现车辆间自动识别、匹配，还能让旅客享受大件行李智能存放、智能点餐等功能，大幅提高出行舒适度。不仅如此，新的车端连接技术，可让车辆之间快速连挂、解编，编组时间比现有固定编组动车组缩短十几倍。

世界范围内，西门子也在研制可变编组动车组。ICE 4最高时速250公里，所有车厢均可作为独立的单元，亦可编组成车厢数量从5~14节不等的列车，满足不同运输任务的需求。ICE 4由西门子与其合作伙伴庞巴迪共同制造。新的驱动概念是列车诸多新特性中至关重要的一点。西门子开发出了一种集合各类驱动技术的自带动力的铁路车辆。一般来说，一辆 12 节编组的 ICE 4 列车需要 6 节动车驱动，而其余 6 节车厢则为拖车。这个新型解决方案的优点是每节车厢都自成一体，单独车厢即可灵活地连挂成列，也能应需求变化及时作出调整。此外，这项新技术可避免驱动系统故障导致整列高铁停车。如果某一动车在列车行驶途中发生故障，虽然速度会略有下降，但 ICE 4 列车依然能在其他动车的驱动下继续驶往目的地。

与每节车厢自成一体的模块化概念相一致，ICE 4 列车将是首次配备西门子全新 Sibas PN 控制系统的列车。这种新的列车控制系统分两级运行：列车级网络用于实现中央控制功能，同时各节车厢内则配备独立网络系统。车厢网络可以调节诸如车门、车灯和空调等系统。每次列车启动时，这些系统将登入列车级网络。如果更换车厢，新车厢也将自动集成到列车控制系统中。列车级网络部署在端车中，它将能同时作为中央界面调用所有与列车状态有关的信息。两种网络均使用高速以太网，传输速率高达 100 兆位/秒。

可变编组动车技术的突破实属为不易，当前中车可变编组动车组已通过了功能试验、安全试验、通信试验、淋雨试验、气密性试验等全部厂内试验。下一步，可变编组动车组还将接受型式试验、运用考核试验等一系列测试，最终取得制造许可证，投入交通运输实业运行，为社会带来便利。工业化平台可变编组动车组，是中国铁路供给侧改革的重要成果，为中国高铁进一步提质增效、降低成本、优化交通运输条件提供了全面解决方案，更为通过未来的洲际互联互通高铁网络实现跨国长途客运旅行和货物运输提供了先进的技术装备支撑。

二、中置轴运输车辆

中置轴运输车辆主要指中置轴车型为挂车的运输车辆，与其他挂车相比，中置轴挂车具有重心低、自重轻、结构简单等优点，同时中置轴挂车载荷相对稳定，受力比较简单，很适合采用轻量化材料和轻量化设计以达到更大的效益。中置轴挂车在挂车家族中出现得较早，但是国内应用较少。自《汽车、挂车及汽车列车外廓尺寸、轴荷及质量限值》（GB 1589—2016）发布以来，在国家的推动下，也取得了快速发展。

（一）中置轴运输车辆关键技术

中置轴运输车辆的车辆结构特别是承重与牵引系统与普通车辆有较大区别，所需的技术支撑也与普通车辆有不同侧重，一般来说，中置轴运输车辆的关键技术有空气悬挂系统、牵引装置（耦合器）、车道偏离与碰撞预警、盘式制动器等。

1. 空气悬挂系统

空气悬挂系统是中置轴运输车辆的重要组成部分，通常来讲，装备空气式可调悬架的车型前轮和后轮的附近都会设有离地距离传感器，根据路况的不同以及距离传感器的信号，行车电脑会判断出车身高度变化，控制空气压缩机和排气阀门，使弹簧自动压缩或伸长，从而降低或升高底盘离地间隙，以增加高速车身稳定性或复杂路况的通过性。中置轴运输车辆空气悬挂系统示意如图 4-28 所示，其中 2 片钢板弹簧在前半段当拖曳臂，后半段连接气囊减震，2 个气囊之间有一块底板横向连接，以加强气囊之间的刚性。

图 4-28　中置轴运输车辆空气悬挂系统示意

资料来源：微信公众号提加商用车网《提加评测/玉柴发动机 + 空气悬架　联合中置轴轿运挂车全解析》。

2. 牵引装置（耦合器）

欧洲牵引装置（耦合器）的结构形式需要符合欧盟法规。目前欧洲用于连接半挂车及牵引杆中置轴挂车或全挂车等组成列车的关键机械连接装置，简称为 ECE R55 汽车列车连接装置，主要类型从结构上有四种形式，即球形牵引座和牵引勺、喇叭口形牵引座和牵引环、牵引钩和牵引环、牵引鞍座和牵引销，如图 4-29 所示。

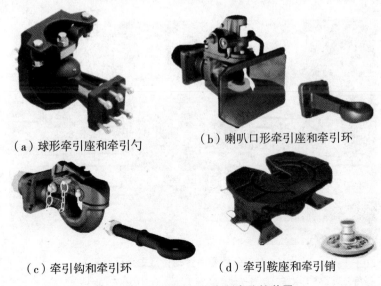

（a）球形牵引座和牵引勺　　　　（b）喇叭口形牵引座和牵引环

（c）牵引钩和牵引环　　　　（d）牵引鞍座和牵引销

图 4-29　ECE R55 汽车列车连接装置

在欧洲，牵引杆连接器的主要规格根据牵引销的直径划分，主要有 40 毫米、50 毫米、57 毫米、68 毫米四种。牵引销主要存在球销式、柱销式两种，牵引销的形式不同，其具体的技术要求也相应不同。

客观来说，虽然中置轴运输车有几种连接方式，但是宜采用球形牵引装置，目的是确保运输过程中轿车不会晃动碰撞。球形牵引装置因其是球面接触，且有竖直方向的约束，没有间隙，因而避免了中置轴挂车产生沿车辆前进方向的前后窜动冲击。喇叭口牵引装置的牵引销和牵引环孔之间有间隙（1 ~ 2 毫米），喇叭口在竖直方向没有约束，因而中置轴挂车易产生上下跳动的冲击。但是喇叭口牵引装置的优势是脱钩及耦合方便快捷，更适用于货运车，比如中置轴厢式货运列车、全挂列车或"牵引车 + 半挂 + 拖台（Dolly） + 半挂"的列车。球形和喇叭口形牵引装置如图 4 – 30 所示。

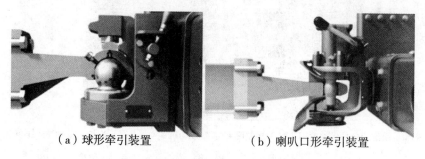

（a）球形牵引装置　　　　　　　　（b）喇叭口形牵引装置

图 4 – 30　球形和喇叭口形牵引装置

国内牵引装置的设计大多是在借鉴欧洲基础上的创新，我国新欧曼中置轴轿运车牵引装置的牵引车与挂车之间采用的是"牵引球 + 稳定摩擦盘"的耦合式牵引装置（见图 4 – 31）。该装置能防止车辆在行驶过程中因转弯或弯道时挂车甩尾及侧翻，有效提高中置轴挂车侧向稳定性，使得行车不侧倾，安全有保障。

图 4 – 31　新欧曼中置轴轿运车牵引装置

资料来源：微信公众号掌上卡车《空气气囊悬架/大马力 + 小速比/新欧曼中置轴轿运车详解/掌上卡车》。

3. 车道偏离与碰撞预警

车道偏离预警系统是一种通过报警的方式辅助驾驶员减少汽车因车道偏离而发生交通事故的系统。据交通部统计，约有50%的汽车交通事故是因为汽车偏离正常的行驶车道引起的，同时车道偏离也被看成车辆侧翻事故的主要原因。

车道偏离与碰撞预警系统主要由平视显示器（HUD）摄像头、控制器和传感器组成，当车道偏离系统开启时，摄像头（一般安置在车身侧面或后视镜位置）会时刻采集行驶车道的交通标线，通过图像处理获得汽车在当前车道中的位置参数。当检测到汽车偏离车道时，传感器会及时收集车辆数据和驾驶员的操作状态，之后由控制器发出警报信号，整个过程大约在0.5秒内完成，为驾驶者提供更多的反应时间。而如果驾驶者打开转向灯，正常进行变线行驶，那么车道偏离与碰撞预警系统不会做出任何提示。

目前，各厂商所配备的车道偏离与碰撞预警系统均基于视觉（摄像头）方式采集数据的基础上研发，但它们在雨雪天气或能见度不高的路面时，采集车道标识线的准确度会下降。为应对此种情况，出现了红外线传感器的采集方式，其一般安置在前保险杠两侧，并通过红外线收集信号来分析路面状况，即使在恶劣环境的路面，也能识别车道交通标线，便于在任何环境的路况下均能及时将汽车道路偏离状况反馈给驾驶员。车道偏离预警系统工作示意如图4-32所示。

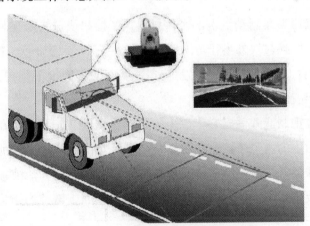

图4-32 车道偏离预警系统工作示意

资料来源：车道偏离预警系统. https://dwz.cn/iCoYbrja。

4. 盘式制动器

盘式制动器摩擦副中的旋转元件是以端面工作的金属圆盘，称为制动盘。摩擦元件从两侧夹紧制动盘进行制动。固定元件则有多种结构形式，大体上可将盘式制动器分为钳盘式和全盘式两类。

盘式制动器有液压型的，主要零部件有制动盘、分泵、制动钳、油管等。盘式制动器散热快、重量轻、构造简单、调整方便。特别是高负载时耐高温性能好，制动效果稳定，而且不怕泥水侵袭。在冬季和恶劣路况下行车，可采用的盘式制动器有平面式制动盘、打孔式制动盘和划线式制动盘，其中划线式制动盘的制动效果和通风散热能力均比较好。

盘式制动器主要包括制动盘和摩擦衬块两个部分。

（1）制动盘

制动盘技术参数主要包括制动盘直径和制动盘厚度。

制动盘直径大时制动盘的有效半径得到增加，可以降低制动钳的夹紧力，减少摩擦衬块的单位压力和工作温度。受轮辋直径的限制，制动盘的直径通常为轮辋直径的70%～79%。

制动盘厚度对制动盘质量和工作时的温升有影响。为使质量小些，制动盘厚度不宜取得很大；为了降低温度，制动盘厚度又不宜取得过小。制动盘一般做成实心的，或者为了散热通风的需要在制动盘中间铸出通风孔道。一般实心制动盘厚度为10～20毫米，通风式制动盘厚度为20～50毫米，更多的是20～30毫米。在高速运动下紧急制动，制动盘会形成热变形，产生颤抖。为提高制动盘摩擦面的散热性能，大多把制动盘做成中间空洞的通风式制动盘，这样可使制动盘温度降低20%～30%。

（2）摩擦衬块

摩擦衬块是指钳夹在制动盘上的摩擦材料。摩擦衬块分为摩擦材料和底板，两者直接压嵌在一起。摩擦衬块外半径与内半径的比值一般不大于1.5。若此比值偏大，工作时衬块的外缘与内侧圆周速度会相差较多，从而使得磨损不均匀，接触面积减少，最终导致制动力矩变大。

制动盘用合金钢制造并固定在车轮上，随车轮转动。分泵固定在制动器的底板上固定不动，制动钳上的两个摩擦衬块分别装在制动盘的两侧，分泵的活塞受油管中的液压作用，推动摩擦衬块压向制动盘发生摩擦制动。制动时，油液被压入内、外两轮缸中，其活塞在液压作用下使两制动块压紧制动盘，产生摩擦力矩进行制动。盘式制动器如图4-33所示。

图4-33 盘式制动器

资料来源：盘式制动器图册．https：//dwz．cn/LPpAecxl。

制动时轮缸槽中的矩形橡胶密封圈的刃边在活塞摩擦力的作用下产生微量的弹性变形。放松制动时，活塞和制动块依靠密封圈的弹力和弹簧的弹力回位。由于矩形橡胶密封圈刃边变形量很微小，在不制动时，摩擦衬块与制动盘之间的间隙每边只有0.1毫米左右，足以保证制动的解除。又因制动盘受热膨胀时，其厚度只有微量的变化，故不会发生"拖滞"现象。矩形橡胶密封圈除起密封作用外，同时还起到活塞回位和自动调整间隙的作用。如果制动块的摩擦衬块与制动盘的间隙磨损加大，制动时密封圈变形达到极限后，活塞仍可继续移动，直到摩擦衬块压紧制动盘为止。解除制动后，矩形橡胶密封圈将活塞推回的距离同磨损之前相同，仍保持标准值。

（二）中置轴运输车辆发展现状

中置轴运输车辆可以分为中置轴车辆运输车（中置轴轿运车）和中置轴汽车列车（中置轴厢式货运列车）两种主要类型。2016年《超限运输车辆行驶公路管理规定》发布以后，公路治超工作展开，轿运车作为重点领域率先推进；2018年4月，交通运输部发布《交通运输部办公厅关于开展模块化中置轴汽车列车示范运行工作的通知》，组织开展模块化中置轴汽车列车示范运行工作，以重点企业示范线路的方式带动了模块化中置轴汽车列车的应用和发展。

1. 中置轴轿运车

无论是中置轴轿运车还是中置轴厢式货运列车，在欧洲都有比较成熟的发展。而在GB 1589—2016出台之前，我国将中置轴挂车归入全挂车行列，不允许在高速公路上行驶，造成中置轴挂车在中国发展缓慢。近年来，凭借GB 1589—2016公布实施的机遇，中置轴轿运车和中置轴厢式货运列车逐渐进入我国道路运输产业链，引起了广泛关注。

GB 1589—2016中关于轿运车的阐述有了以下几个变化：车宽由2.5米修订为2.55米，增加了中置轴挂车；半挂车车长限值统一为13.75米，中置轴厢式货运列车车长限值统一为22米。可装载8台4.5米长商品车或10台小型SUV和紧凑型车混装。从装载能力、收益速度方面来看，中置轴轿运车是目前标准化商品车运输的最佳方案。根据治超相关规定，在2018年7月1日前不合规的轿运车将会全部被取缔，国内的各大卡车厂家、改装厂、轿运物流企业纷纷将目光转移到中置轴轿运车。

中国重汽、福田戴姆勒、一汽解放、东风天锦、上汽红岩、广汽日野等也积极推出了自家的中置轴轿运车产品，长久物流、中集、劳尔等专用车厂也积极响应、彼此相互协作，进行上装（指在汽车二类底盘上安装的其他的总成，例如罐式搅拌车的罐体部分、厢式货车的车厢部分等）与中置轴轿运车的生产，并与主机厂家达成深度战略合作。2017年，全国累计实现生产中置轴轿运车5600辆。近两年，在法规及市场淘汰下，约有 10 万辆轿运车已更换为中置轴轿运车。当前中置轴轿运车典型车型及其特点如表 4 - 3 所示。

表 4 - 3　　　　　　　　　　当前中置轴轿运车典型车型及其特点

典型车型	特点
中国重汽豪瀚 J5G 中置轴轿运车	动力优越、节能低耗，智能上装操控系统，安全多载
福田戴姆勒新欧曼 ETX 中置轴轿运车	起步快、加速快，装卸便捷，百公里节油 2～3 升
一汽解放新型 J6L 中置轴轿运车	实现五万千米长换油，四气囊结构，成熟的三大件做保障
东风天锦中置轴轿运车	两种驱动形式，三种轴距，两款动力总成，改装便利
上汽红岩中置轴轿运车	整车高度低，转弯半径仅为 12.5 米，效率和安全性高
广汽日野中置轴轿运车	以 700 系列车型为蓝本，中置轴后挂，采用了新的扁平驾驶室，实现自身的轻量化

福国戴勒姆新欧曼 ETX、东风天锦、上汽红岩和广汽日野中置轴轿运车如图 4 - 34—图 4 - 37 所示。

图 4 - 34　福田戴姆勒新欧曼 ETX 中置轴轿运车

资料来源：合规时代的"新宠儿"，你买中置轿运输车了吗?. http://www.chinawuliu.com.cn/zixun/201804/13/330227.shtml。

图 4 - 35　东风天锦中置轴轿运车

资料来源：微信公众号方得网《中置轴轿运车迎重生！解放、东风、重汽、欧曼等 9 款新车型　你更看好谁?／投票》。

图 4 – 36 上汽红岩中置轴轿运车

资料来源：微信公众号方得网《中置轴轿运车迎重生！解放、东风、重汽、欧曼等 9 款新车型　你更看好谁？/投票》。

图 4 – 37 广汽日野中置轴轿运车

资料来源：合规时代的"新宠儿"，你买中置轴运输车了吗？. http：//www.chinawuliu.com.cn/zixun/201804/13/330227.shtml。

作为国内的"全新物种"，中置轴轿运车在中国的发展并非一帆风顺，从购置成本看，中置轴轿运车售价普遍较高；从运输能力看，中置轴轿运车比传统双排车承载量少。除了大型物流企业能够迅速接受外，许多小型物流企业及个体户还面临艰难选择。中置轴轿运车的运输效率不能单从装载商品车的数量上看，还要综合考虑整个运输行程的方方面面。从长远来看，中置轴轿运车的运输效率并不比不合规"飞机板"的运输效率低：首先，中置轴轿运车依法合规，行进速度不受限制；其次，中置轴轿运车转弯半径小，安全性更高；最后，中置轴轿运车在车辆装载上能实现灵活搭配，甩挂运输更高效。

如今，正规大型卡车生产企业与改装企业联合制造的中置轴轿运车型，上装部分应用了液压系统，在车身的侧面有操作杆，可通过液压举升台板和翘板，一个人即可实现快速装卸车，而且保证了倾斜角度的精确性，充分利用了装载空间。虽然中置轴轿运车一次性投入较高，但在全生命周期运营成本方面优势明显。汽车物流企业对运输效率的追求必然是未来的大趋势，中置轴轿运车无论在运输效率还是安全性、稳定性上，都将是今后汽车物流运输的最优选择。

2. 中置轴厢式货运列车

中置轴厢式货运列车，是将货车、中置轴挂车等运载单元进行组合，组成超长汽车列车从事运输作业，并将汽车列车与甩挂、甩箱等运输组织模式结合，可以提升货运车辆装备水平，具有较高的社会效益和经济效益，对于提高运输组织效率、降低物流成本、促进物流业转型发展具有积极意义。中置轴厢式货运列车的模块化是促进道路货运车辆标准化、提升道路货运车型标准化水平、促进物流业降本增效的重要举措。

模块化运输在我国是个新生事物，它的概念是从物流发达的欧美国家传入的。目前我国的模块化运输研究，更多是参考欧洲模块化系统（European Modular System，EMS）。中置轴厢式货运列车，在规格和尺寸上就仿效了欧洲车辆。中置轴厢式货运列车的优势在于装载量和甩挂的便利性。在装载量方面，中置轴厢式货运列车由前后两个车厢组成，车身总长可达20米，在合规情况下装载方量大于牵引车。在载重方面，中置轴厢式货运列车的总重量为四轴36吨、五轴43吨、六轴49吨。相较于牵引车，中置轴厢式货运列车的车头部分，可以作为载货车汽车单独进行运输，也可以拖曳中置轴挂车后运行。当前中置轴厢式货运列车典型车型及其特点如表4-4所示。

表4-4 当前中置轴厢式货运列车典型车型及其特点

典型车型	特点
红岩杰狮C500中置轴厢式货运列车	中国第一辆完全符合GB 1589—2016的中置轴厢式货运列车，大容积、高效率、低油耗、高可靠性、运输组织效率高
陕汽德龙X3000中置轴厢式货运列车	采用"中置轴挂车+交换箱"，引用了轻量化设计和材质，左右双油箱设计，保证了长续航里程
中国重汽HOWO-T5G系列中置轴厢式货运列车	发动机B10寿命可达80万千米，整车重量较轻，全车底盘采用空气悬架，装卸货箱方便快捷

红岩杰狮C500、陕汽德龙X3000和中国重汽HOWO-T5G中置轴厢式货运列车如图4-38—图4-40所示。

2018年4月17日，为促进道路货运车辆标准化、厢式化、轻量化发展，提升道路货运车型标准化水平，促进物流业降本增效，在全国开展了模块化中置轴厢式货运列车示范运行工作。参与模块化中置轴厢式货运列车示范运行工作的企业有盛辉物流集团有限公司、江苏京东信息技术有限公司北京分公司、黑龙江龙运快运有限公司、杭州申瑞快递服务有限公司、上海顺啸丰运输有限公司、圆通速递有限公司、河北盛宇物流有限公司7家。模块化中置轴厢式货运列车示范运行企业及其示范运行线路如表4-5所示。

图 4 - 38　红岩杰狮 C500 中置轴厢式货运列车

资料来源：红岩杰狮 C500 中置轴厢式货运列车．http：//t. cn/Aijx6x3h。

图 4 - 39　陕汽德龙 X3000 中置轴厢式货运列车

资料来源：陕汽德龙 X3000 中置轴汽车列车．http：//t. cn/AijxXvuh。

图 4 - 40　中国重汽 HOWO - T5G 系列中置轴厢式货运列车

资料来源：合规时代的"新宠儿"，你买中置轴运输车了吗？http：//www. chinawuliu. com. cn/zixun/ 201804/13/330227. shtml。

表4-5　　　模块化中置轴厢式货运列车示范运行企业及其示范运行线路

示范运行企业名单	示范运行线路
盛辉物流集团有限公司	福建省福州市—福建省厦门市
江苏京东信息技术有限公司北京分公司	河北省廊坊市—山东省德州市
	山东省德州市—山东省青岛市
黑龙江龙运快运有限公司	黑龙江省哈尔滨市—吉林省长春市—辽宁省沈阳市
	黑龙江省哈尔滨市—辽宁省沈阳市
杭州申瑞快递服务有限公司	上海市—江苏省江阴市—河北省唐山市
上海顺啸丰运输有限公司	上海市—江苏省徐州市
圆通速递有限公司	上海市—江苏省苏州市—江苏省无锡市
河北盛宇物流有限公司	河北省石家庄市—北京市
	河北省石家庄市—天津市

随着国家交通运输业相关管理政策实施的逐步到位，中置轴厢式货运列车这种高效、经济、节能、环保并完全优于单体货车的运输方式必然成为物流运输行业的首选，未来3年内高附加值的中置轴厢式货运列车将迎来一个需求放大的井喷时期。

可以预见，在政策和市场的双重推动下，中置轴运输车辆作为物流标准化的重要载体，具有促进物流业"降本增效"的重要作用。在国家经济进入高质量发展阶段，中置轴运输车辆必将扮演更加重要的角色，有力推动我国物流高质量发展的进程，促进形成我国强大的国内市场。

第四节　多式联运技术

一、国内多式联运发展情况

（一）国内多式联运政策环境

2014年9月，国务院印发的《物流业发展中长期规划（2014—2020）》中将"多式联运工程"列为重点工程第一位，加快多式联运设施建设，构建能力匹配的集疏运通道，配备现代化的中转设施，建立多式联运信息平台。

2015年6月，交通运输部与国家发展改革委发布《交通运输部　国家发展改革委关于开展多式联运示范工程的通知》，开始评选多式联运示范工程。2017年1月，交通运输部等十八个部门联合发布的《交通运输部等十八个部门关于进一步鼓励开展多式联运工作的通知》对发展多式联运起到顶层设计的作用，标志着我国已将多式联运发展上升为国家层面的制度安排，政府将持续加大对多式联运的支持力度。

2017 年 12 月，交通运输部发布《交通运输行业质量提升行动实施方案》，深入推进运输装备标准化工程，提升货物多式联运换装设备、运载单元和装卸机械标准化水平。加强运输安全保障能力建设，推进铁路、公路、水路、民航等多式联运发展，以多式联运示范工程为依托，推动运输服务设施改善，组织模式创新，服务规则制定，提升服务质量。

2018 年 8 月，交通运输部办公厅公布《深入推进长江经济带多式联运发展三年行动计划》，构建有机衔接、具备竞争力的铁水联运系统，基本形成长江干线、长三角地区至宁波—舟山港、上海洋山江海直达运输系统，进一步完善干支直达、通江达海、区域成网的水运基础设施体系，初步形成布局合理、结构优化、功能完善、互联互通的长江经济带多式联运服务体系。具体为：长江经济带主要港口铁路进港率达到 80%以上，大宗散货铁路、水运集疏港比例力争达到 90%以上，重点集装箱港口铁水联运量年均增长 15%以上，力争上海洋山集装箱江海直达比例达到 20%。

2018 年 12 月，《国家物流枢纽布局和建设规划》中强调加快国家物流枢纽集疏运铁路、公路和多式联运转运设施建设，建立规模化、专业化的集疏运分拨配送体系；研究制定满足多式联运要求的快速中转作业流程和服务规范；依托统一单证探索开展"一单制"物流。

2019 年 3 月，国家发展改革委、交通运输部等二十四个部门联合发布《关于推动物流高质量发展促进形成强大国内市场的意见》，强调加强多式联运转运衔接设施短板建设和推进多式联运发展。

近五年，我国多式联运发展政策环境持续向好，交通运输大部门体制初步形成，综合运输管理体制机制不断完善，国家陆续出台多项政策支持多式联运发展，政策红利逐渐向好，为多式联运技术的发展提供了良好的环境基础。

(二) 国内多式联运发展现状

近年来，我国铁水联运进入快速增长期，公铁联运势头良好，中欧班列呈现爆发式增长，陆空联运积极探索，政策红利不断释放，市场环境不断改善，国际贸易更加便利化、构建国际物流大通道和调整运输结构成为多式联运工作导向，我国多式联运将进入快速发展的阶段。

国内多式联运发展具体表现在联运规模稳步增长，铁路及港口不断加大多式联运规模，跨境多式联运方兴未艾；运输基础设施不断完善，以铁路、公路、水路、航空和管道为主体的多层次立体综合交通运输网络基本形成；联运主体多元发展，无车承运人、无船承运人、大型货代等企业积极进入多式联运服务领域，物流企业积极拓展多式联运服务功能；联运产品不断丰富，空铁联运开始探索，多式联运开始向供应链功能拓展；标准化工作有序推进，运载单元器具、联运服务质量、联运设备标准等多方面标准日趋完善。2016—2017 年，我国集装箱铁水联运量增幅均在 18% 左右。截至 2018 年，全国主要港口集装箱铁水联运量同比增长 29.4%，达到 450.36 万 TEU，其中沿海主要港口铁水联运量 430.14 万 TEU，增长 30.5%。短短三年时间，集装箱铁水联运量增长达到近 80%，其市场发展潜力无穷；铁路集装箱、商品汽车、冷链运输分别同比增长 33.4%、25.1%、52.3%；中欧班列开行 6363 列，同比增长 73%，其中回程班列占去程班列比例由 2017 年的 53% 提高到 72%，双向运输进一步趋向均衡。

二、多式联运装备技术

（一）集装箱技术

集装箱是一种钢制的大型箱式容器，是多式联运中的主要运载单元，集装箱类型较多，其主要规格和技术参数如表 4-6 所示。集装箱不仅可以使物流作业效率得到提升，也可以使成本大大降低。采用集装箱运输可以简化货物的包装，大量节约包装费用。为避免货物在运输途中受到损坏，必须有坚固的包装，而集装箱具有坚固、密封的特点，其本身就是一种极好的包装。使用集装箱可以简化包装，有的甚至无须包装，实现件杂货无包装运输，可大大节省包装费用。此外，集装箱运输可以减少货损货差，提高货运质量。由于集装箱是一个坚固密封的箱体，货物装箱并铅封后，即使经过长途运输或多次换装，也不易损坏箱内货物。可减少被盗、潮湿、污损等引起的货损和货差，减少了社会财富的浪费，也具有很大的社会效益。

表 4-6   **集装箱主要规格和技术参数**

规格	长（毫米）	宽（毫米）	高（毫米）	最大载货总重（千克）
20GP	6058	2438	2591	30480
40GP	12192	2438	2591	30480
40HQ（高柜）	12192	2438	2896	30480
45HQ（高柜）	13716	2438	2896	30480
20OT（开顶柜）	6058	2438	2591	20320
40OT（开顶柜）	12192	2438	2591	30480
20FR（脚架式折叠平板）	6058	2438	2591	30000
20FR（板框式折叠平板）	6058	2438	2591	34000
40FR（脚架式折叠平板）	12192	2438	2591	45000
40FR（板框式折叠平板）	12192	2438	2591	36000
20Refigerated（冷冻柜）	12192	2438	2591	24000

续　表

规格	长（毫米）	宽（毫米）	高（毫米）	最大载货总重（千克）
40Refigerated（冷冻柜）	12192	2438	2896	34000
20ISO TANK（罐式集装箱）	6058	2438	2591	26000
40 挂衣柜	1219	2440	2900	30480
航空集装箱 AKE	2010	1540	1630	1588
航空集装箱 AMF	4070	2440	1610	5035
航空集装箱 AAU	4730	2240	1630	4626
航空集装箱 AMA	3180	2440	2440	6804

2018 年，全国港口完成集装箱吞吐量 2.51 亿 TEU，比上年增长 5.3%。其中，沿海港口完成 2.22 亿 TEU，增长 5.2%；内河港口完成 2909 万 TEU，增长 6.2%。全国规模以上港口完成集装箱铁水联运量 450 万 TEU，增长 29.4%，占规模以上港口集装箱吞吐量 1.80%。一方面，运输货物结构变化，适箱货物比例迅速上升，刺激了集装箱运输的发展。另一方面，在环保政策的影响下，大宗散货不断向集装箱运输转变，集装箱货物适箱率在不断提高。

但是当前由于技术限制，我国集装箱运输仍存在不足。一是集装箱运输标准和管理要求不统一，铁路、公路、空运与水运在适装品名、装载加固条件、危险货物标准、箱管规范等方面存在诸多不同。例如，铁路和水运、空运对货物界定标准不一致，造成一些集装箱货物到港后被迫拆箱，更换包装后采用铁路棚车或敞车运输。二是内陆集装箱技术标准体系不足。集装箱半挂车装载集装箱后总高度为半挂车高度（1700 毫米）＋标准 20 英尺（1 英尺≈0.305 米）集装箱高度（2591 毫米）≈4291 毫米，高于GB 1589—2016 规定的公路货车高度 4000 毫米。我国除了海运及沿海陆路运输外，国际标准集装箱在内陆地区使用还不是很普遍。同时，内陆集装箱箱型多而不统一，没有建立起符合我国内陆运输的内陆集装箱技术标准体系。

在多年的发展中，集装箱技术在集装箱的定位追踪、集装箱的特种货物箱型、内陆集装箱技术标准方面有了一定的突破。

1. 集装箱定位技术

随着贸易全球化的发展，物流行业发展也紧跟贸易的脚步，物流商对于物流过程中的安全性和时效性要求越来越高。集装箱对于物流行业的重要性不言而喻，不管是境内物流还是跨境物流，客户都希望通过手机或者电脑能够及时了解货物的位置及状态。集装箱定位技术显得越发重要。

集装箱定位系统是由安装在箱体外的 GPS 定位追踪器、安装在箱内的集装箱监控传感器、部署在云端的集装箱状态监控平台三部分组成。终端设备采集集装箱的各种状态数据，并定时将状态数据发送到集装箱监控管理平台，平台也可以远程对设备进行操作及在线升级。

GPS定位追踪器是系统终端设备的关键和核心部分，内部集成了GPS、北斗、4G/3G/2G/NB-IoT（基于蜂窝的窄带物联网）数据通信系统。软件包含数据采集和通信两部分。箱内传感器包括箱内温度检测传感器、空重载检测传感器、湿度传感器、门开关检测传感器等。集装箱定位管理系统通过计算机网络技术、无线通信技术、地理信息技术和全球定位技术，依托安装在集装箱上的有源定位追踪器，实现在全球范围内的全天候对集装箱位置信息的实时掌控，满足了现代物流对货物实时追踪的需要。

有源定位追踪器支持卫星定位和基站定位，将每次采集到的相关卫星或基站实时定位信息回传至系统监控中心，系统监控中心再将原始定位信息转换为铁路位置信息。这种关联是通过将原始的经纬度坐标进行坐标变换、纠偏处理和地图投影，最终转换成系统GIS地图中的集装箱位置信息来实现的，如图4-41所示。

图4-41 集装箱位置定位示意

定位数据的转换通过研究系统基站库创建方案、基站定位下的纠偏运算及交叉或邻近线路纠偏错误处理等关键技术，有效解决铁路集装箱定位管理系统中的铁路定位数据转换问题，为实现高准确性、高实时性的集装箱追踪提供技术借鉴。

2. 液化天然气罐式集装箱技术

LNG液化天然气罐式集装箱的整体结构是将高真空多层绝热低温液体贮罐安置于国际标准集装箱框架内，贮罐本体设计时被视为"刚性梁"。LNG罐式集装箱如图4-42所示。

图4-42 LNG罐式集装箱

资料来源：一文带你认清船用罐式集装箱可移式LNG燃料罐. http：//www. scglzykf. com/go. htm？url = news - details&c = xing_ ye_ xin_ wen&id =5467。

罐体与集装箱框架采用端部圆弧板和底部纵梁（包括几组辅助鞍式支座），保证了整体结构的牢固、可靠。低温液体贮罐是 LNG 罐式集装箱的核心组件，它是由一个盛装低温液体并承受内压的不锈钢内容器和一个在内容器外承担真空绝热夹套的碳钢外壳所组成。

内容器通过两组径向组合支撑与外壳相连接（靠近阀门、仪表一端固定，另一端滑动，以补偿材料的热胀冷缩），内容器与外壳之间的夹层为窄间隙高真空绝热空间。内容器外侧缠绕多层绝热反射屏，并装有低温和常温吸附剂。

贮罐的各种阀门、仪表及安全附件集中布置在贮罐的一端，以便于管理与操作。LNG 罐式集装箱是常规集装箱的实用新型结构，既运用了国际通行的集装箱标准外形尺寸，便于堆码排列，又大幅度减轻了集装箱的非有效重量，同时保护放置在其中的低温液体贮罐的安全。

LNG 罐式集装箱应满足以下要求。

（1）LNG 罐式集装箱的额定质量一般不大于 30480 千克，最大不得大于 34000 千克。

（2）LNG 罐式集装箱的额定充满率应不大于 90% 。

（3）LNG 罐式集装箱的安全附件应至少包括安全阀、紧急切断装置、液面计、灭火器、阻火器、导静电装置和压力表等。安全阀、液面计和压力表等应有产品合格证，不得使用玻璃板式液面计，导静电装置的接地电阻应小于 10 欧。

（4）安全阀的开启压力为设计压力的 1.05～1.1 倍，回座压力应不低于开启压力的 0.9 倍。

（5）当真空绝热层失效或处于火灾情况下，安全阀的泄放能力应足以将内容器的压力限制在不超过设计压力的 1.2 倍的范围内。

（6）LNG 罐式集装箱装卸用气相和液相的管路上应装设紧急切断装置，且在装卸、遇火或发生意外移动时，紧急切断装置应能快速关闭。在非装卸时，紧急切断阀应处于闭合状态。紧急切断装置一般由紧急切断阀、远程控制系统和易熔塞自动切断装置组成。

2018 年 1 月 13 日，搭载着 65 个液化天然气罐式集装箱的"乐从号"在辽宁锦州港完成卸载，标志着我国第一次大规模 LNG 罐箱多式联运试点工作圆满成功。此举是我国创新 LNG 运输方式、解决南方地区 LNG 接收站冬季富裕产能的有益尝试，为北方天然气需求提供了有力支撑，对我国构建全方位、多渠道的天然气输配送体系具有重要意义。LNG 罐式集装箱多式联运流程示意如图 4-43 所示。

3. 内陆集装箱技术

我国内陆集装箱运输市场较为独立，与外贸运输相比受境外运输企业的竞争影响

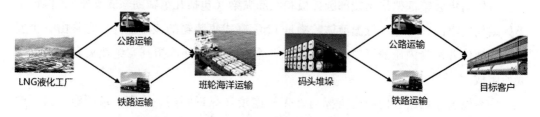

图 4-43 LNG 罐式集装箱多式联运流程示意

程度小。外贸集装箱运输受全球宏观经济的影响，近年来业绩波动巨大，但是内陆集装箱运输与外贸运输周期迥异，尽管增速有所波动，但保持了持续增长的态势。标准集装箱在水路、铁路、公路运输的切换中不需要换箱，最大限度减少了由于中间环节及换装可能带来的货物损坏和损失，有效地降低了运输成本并提升了运输效率。这种一站式的集装箱物流模式极具增长潜力。

目前我国内陆集装箱物流运输主要集中在水路运输较发达的沿海及内河区域，通常还与公路运输联动，已成为内陆货物运输的主要方式之一。我国从事内陆集装箱物流运输的沿海港口大致分布在三个区域：环渤海港口群，包括营口港、大连港、天津港、青岛港、烟台港等；华东沿海港口群，包括上海港、宁波港等；华南沿海港口群，包括广州港、厦门港等。近年来，成都、呼和浩特、哈尔滨、昆明等一批内陆港建成，内陆集装箱可通过海铁联运运至四川、内蒙古、东北、云南等内陆地区，形成了覆盖全国的运输网络。但是内陆港的运输能力与沿海港相比还是有比较大的差距：我国内河主要港口、长江上游最大内河主枢纽港重庆港最大吨位船舶为 2017 年 5 月新增的"港盛 1603"，可载货 6880 吨；而我国沿海港宁波港 2017 上半年沿海货船平均吨位达 13817 吨。吞吐能力方面尤其是集装箱吞吐量沿海港优势也更加明显。

2017 年 12 月，国家标准委发布国家标准《系列 2 集装箱分类、尺寸和额定质量》（GB/T 35201—2017），交通运输部发布两项交通运输行业标准《系列 2 集装箱技术要求和试验方法第 1 部分：通用货物集装箱》（JT/T 1172.1—2017）、《系列 2 集装箱吊具尺寸和起重技术要求》（JT/T 1173—2017）。作为内陆集装箱运输的重要基础性技术标准，三项标准填补了内陆集装箱运输领域标准的空白，对于有效支撑和保障我国内陆集装箱多式联运发展，推动我国集装箱物流业"降本增效"等方面，具有重要意义。

35 吨集装箱是按照我国基础设施的技术条件，选择发展的大容量、大载重的内陆集装箱，以通用的 40 英尺集装箱为例，总重由 30.48 吨提高到 35 吨，提高了 14.8%，可有效提高多式联运集装箱运输效率，推进多式联运装备技术升级，推动内陆集装箱运输规范有序发展。35 吨敞顶箱如图 4-44 所示，其主要技术参数如表 4-7 所示。

图 4 – 44　35 吨敞顶箱

资料来源：北京铁运新世纪物流有限公司官网. http：//tieyun56. com/html/340295615. html。

表 4 – 7　　　　　　　　　35 吨敞顶箱主要技术参数

项目	参数
额定质量（千克）	35000
自重（千克）	2780
允许载重（千克）	32220
容积（立方米）	≥39. 4
最大允许堆码重量（吨）	140

（二）铁路集装箱智能站场

铁路集装箱货场的发展对智能化程度要求越来越高。铁路集装箱智能站场主要包括智能门检系统和轨道式集装箱门式起重机智能运程控制系统。

1. 智能门检系统

货场大门作为集装箱中心站与运输车辆交接的门户，其通行的效率以及数据的安全准确是至关重要的。集装箱卡车通过集装箱货场大门时，需要对集装箱货物、集装箱、集装箱卡车等的交接以及各种操作处理进行识别、验证和记录。

通过集成地感线圈车辆检测器、RFID 读取设备、箱号识别设备、称重设备、针式打印机、LED 显示屏、电子挡杆等大量硬件设备，结合严谨、顺畅的业务流程设计，系统实现电子车牌自动识别、集装箱箱号自动识别、集装箱称重数据自动采集、业务逻辑校验、集装箱送箱位置自动分配、提示信息 LED 显示、指示单自动打印、挡杆自动控制等一系列的智能化操作，保障了无人值守进出货场大门时的高效通行。同时，通过系统的通道监控模块，实现了门检通道的实时监控和异常情况处理。

2. 轨道式集装箱门式起重机智能远程控制系统

铁路自动化装卸系统具有安全、高效、智能等优点，正成为铁路集装箱站场建设的新趋势。我国自动化集装箱站场发展尚处于起步阶段，对现有设备操控网络进行自动化改造是顺应这一趋势的重要途径。轨道式集装箱门式起重机智能远程控制系统较以往增加了多项安全保护措施，且自动化程度更高。操作人员只需在远程操作台上对设备进行最后的抓放箱动作，即可实现火车—堆场、火车—集卡、火车—火车的自动化远程操控，并加装多项安全保护措施。

（1）系统构成

轨道式集装箱门式起重机智能远程控制系统主要由自动控制系统、安全防护系统、通信系统、音频视频系统构成。轨道式集装箱门式起重机智能远程控制功能由软件功能、远控中心、视频/语音后端、视频/语音前端、列车/集卡识别、列车扫描定位、运行机构定位、集卡引导、波导管通信、列车防挂锁、集卡防吊起、吊具防撞及引导、打车防撞构成。轨道式集装箱门式起重机下方装置如图4-45所示。

图4-45 轨道式集装箱门式起重机下方装置

资料来源：亮个相！全路首个集装箱装卸自动化远程智能集控系统. https://www.sohu.com/a/229743491_196061。

该系统涵盖了门吊大小车定位、集卡车定位、铁路车辆信息采集等多项智能集控功能，实现了门吊自动找箱、快速吊箱、准确落箱等智能化装卸作业流程。在轨道式集装箱门式起重机的下方安置了多个摄像头。这些摄像头是这套系统的关键性的核心技术之一。与其他轨道式集装箱门式起重机不同的是，锁具上装有的 8 个测距摄像头，能够通过扫描、测距、定位，使龙门吊作业从集装箱底部到落箱位置之间的垂直误差累计不超过 5 毫米，实现了吊具自动识别的目的且运行流畅、定位精准。

（2）系统特点

轨道式集装箱门式起重机智能远程控制系统利用扫描检测设备对设备运行过程进行监控，避免对堆场内的其他物体发生碰撞；利用视频监控对设备装卸进行监控，保证装卸、堆放过程的安全性；利用重量测量、吊具平衡检测、视频监控等多种方式进行 F－TR 锁解锁辅材功能；利用 RFID 检测方式对铁路车皮编号进行识别、比对，确保装卸任务的顺利执行。系统涵盖了门吊大小车定位、集卡车定位、铁路车辆信息采集等多项智能集控功能，实现了门吊自动找箱、快速吊箱、准确落箱等智能化装卸作业流程。从前，人工完成一次作业的时间大概是 6 分钟，但自从使用了该套系统后，完成一次作业的时间压缩到了 3.5 分钟，时间节省了将近一半。

（3）远程操作环节的流程

工作人员可以在操作室内远程操纵轨道式集装箱门式起重机，系统的操作过程为一辆装载着集装箱的卡车停在某货场集装箱卡车装卸区域内，智能扫描识别系统立即将有关信息传输到 500 米外的货装楼控制室内，工人在远程操作系统中输入一串指令，站场内的拖车识别信息后触发指令。指令控制庞大的红色龙门吊运行到拖车集装箱的位置，工人远程操作提起集装箱，确认安全后提升 0.5 米，然后由计算机接管设备控制权。龙门吊自动将集装箱吊运到目标上方 0.5 米处，再由远程操作放下集装箱。最后，轨道式集装箱门式起重机将吊具提升到安全位置，等待下一条指令。轨道式集装箱门式起重机远程操作系统及轨道式集装箱门式起重机远程工作实况如图 4－46 和图 4－47 所示。

铁路集装箱站场轨道式集装箱门式起重机智能远程控制系统使得一个操作员在远程中控室内可同时操作多台轨道式集装箱门式起重机进行集装箱远程装卸作业，提高了轨道式集装箱门式起重机的利用率，改善了操作员的工作条件。随着轨道式集装箱门式起重机智能远程控制技术的成熟，将为传统铁路集装箱站场的操作带来一场革命，其市场应用前景非常广阔。

（三）多式联运智能空轨集疏运系统

当前，中国经济影响全球，运输规模巨大。但在铁路、公路、水运、民航等运输方式上缺乏无缝连接，存在运输方式接驳"碎片化"、铁路进港"最后一公里"瓶颈突出、联运枢纽集疏运通道严重不足等关键问题，制约了中国经济的发展。

图4－46 轨道式集装箱门式起重机远程操作系统

资料来源：亮个相！全路首个集装箱装卸自动化远程智能集控系统. https：//www. sohu. com/a/229743491_196061。

图4－47 轨道式集装箱门式起重机远程工作实况

资料来源：亮个相！全路首个集装箱装卸自动化远程智能集控系统. https：//www. sohu. com/a/229743491_196061。

中国中车提供的多式联运智能空轨集疏运系统解决方案，依托轨道交通、电气化、信息化控制领域的技术，创新研发出智能控制、高效转运、精准分配的集装箱多式联运整体解决方案，在国内外集装箱运输装备领域属于首创。该技术已获得国家产权局受理、授权专利40余项，专利合作协定（PCT）发明3项。

多式联运智能空轨集疏运系统（见图4-48）是一套借助空中轨道系统，将铁路、水运、公路、航空等物流体系进行有机衔接，实现集装箱或各种运载单元集散中心之间的互联互通，满足零距离换运、无缝化衔接的需求，相对目前国内外扩展疏港公路、建设疏港公路、地下集装箱等解决集装箱联运的方式，具有高效、快捷、智能、绿色、无人驾驶等特点，以及建设施工占地面积小、预制化程度高、建设周期短等优势，运输效率是普通运输的近5倍。多式联运智能空轨集输运系统采用电力驱动，零排放、绿色高效，在地面交通上空自由穿梭，可以跨水域、坡度建造，任意提取或转运20英尺、40英尺、45英尺等各种标准集装箱以及专用集运载单元，设计时速30千米/时，适合于中、短距离的运输、配送路线。

图4-48 多式联运智能空轨集疏运系统

资料来源：让货物坐"轻轨"在天上飞，中车长江物流超级神器全球发布. http://www.cjrbapp.cjn.cn/p/47113.html。

作为一种货物运输方式，多式联运智能空轨集疏运系统也是由运行轨道及货运动车两大部分组成。比较特别的是该系统运行轨道建立在地面上空，基本不受用地限制，可以跨水域、丘陵缓坡建造，可以与集装箱集散中心现有的设施进行无缝衔接，最大纵坡达到8%，最小平面曲线半径为50米，最小竖曲线半径为800米，货物上下坡、转弯运输都不是问题。货运动车通过专用智能吊具提取或转运标准集装箱及专用集运载单元后，沿着封闭的轨道内运行，通过规划好的线路完成货物的转运分配，而且不受恶劣天气影响，真正做到全天候、全时段运营。

多式联运智能空轨集疏运系统是集绿色、节能、高效、智能、安全等众多优点于一体的高端物流系统装备。系统运营全过程全电驱动，安静、节能、绿色环保；运营全过程实现远端智能化操控，无人驾驶、无人作业、无干扰、无拥堵；设置了车辆一级、二级安全防护装置和交通安全防护系统，实现了安全双保险。目前，铁路、水运、公路、航空等运输方式还做不到无缝衔接，装卸货麻烦，物流成本高，运输效率低，多式联运"中间一公里"亟待解决。多式联运智能空轨集疏运系统以立体交通的思维构建未来物流的立体运输网络，用科技与智慧创造着美好未来，破解了多式联运"中间一公里"难题。现在码头上一般都是用汽车来转运集装箱，装卸货麻烦，效率低下。如果港口使用了这套系统，集装箱货轮进入港口后，系统的智能吊具可以直接把货轮上的集装箱提取出来，通过无人驾驶的载运小车运到空中轨道上，再经空中轨道运输到物流公司的配送中心，真正实现了陆海空零距离、零换乘接力运输。全过程智能化操控，可全天候、全时段运行。

从空中开辟通道，就好像货运坐上轻轨一样，避免了通道不畅及交通拥堵的问题。全电驱动，节能环保。而且修建在地面上空的运行轨道，基本不受用地限制，可跨城市道路、水域、丘陵缓坡建造，货物上下坡、转弯运输都不是问题。可根据用户需求设计长度，适于中短距离运输。大范围推广后，甚至可以直接修建到企业、厂区。

三、多式联运技术发展趋势

（一）标准化

多式联运的标准化包括软件、硬件两个方面："软件"是指多式联运在运作规则、操作标准、技术标准、信息系统、单证、管理制度等方面的标准化以及彼此的衔接程度。交通运输部已于2017年4月起正式实施《货物多式联运术语》《多式联运运载单元标识》两项多式联运行业标准。国务院则将制定完善统一的多式联运规则并将多式联运经营人管理制度纳入《"十三五"现代综合交通运输体系发展规划》之中。未来随着各项规划的不断实施，多式联运在"软件"上的标准化将进一步完善。"硬件"是指技术装备的标准化发展。根据各项规划的要求，"硬件"标准化包括：铁路多式联运专用装备、铁路集装箱、载货汽车、内河运输船舶、江海直达船舶的标准化，推广集装化和单元化装载技术的推广，发展集装箱、半挂车和铁路平车，推广普及甩挂运输，发展公路铁路两用挂车以及大型吊装、滚装等专用换装装备等。

（二）集装箱化

欧美发达国家的发展经验表明，标准化的集装箱多式联运已成为国际范围内的最优运输方式。如在欧洲,以可脱卸箱体和集装箱为运载单元的联运市场份额占比为78%。国务院在"十三五"综合交通运输发展主要指标中明确要求集装箱铁水联运量年均增长率为10%。国家发展改革委、交通运输部、中国铁路公司在《"十三五"铁路集装箱多式联运发展规划》中要求:到2020年,集装箱运量达到铁路货运量20%左右,其中,集装箱铁水联运量年均增长10%以上。

(三) 信息化和智能化

国务院在《"十三五"现代综合交通运输体系发展规划》中要求:到2020年,交通基础设施、运载装备、经营业户和从业人员等基本要素信息全面实现数字化,各种交通方式信息交换取得突破,具体规划包括:将信息化、智能化发展贯穿于交通建设、运行、服务、监管等全链条各环节,推动云计算、大数据、物联网、移动互联网、智能控制等技术与交通运输深度融合,实现基础设施和载运工具数字化、网络化,运营运行智能化;拓展铁路计算机联锁、编组站系统自动化应用,推进全自动集装箱码头系统建设。随着产业环境信息化的不断完善,多式联运企业的信息系统建设不仅要发挥整合能力,打通物流信息链,实现物流信息全程可追踪,还要利用信息大数据实现价值挖掘,以数据驱动供应链。

第五章　仓储技术

第一节　智能仓储技术

随着信息技术、电子商务的快速发展，以及《商贸物流发展"十三五"规划》等相关政策规划的出台，国家积极推动物流信息化、智慧化建设，同步推进物流重要环节仓储业的智能化、高效化的发展。我国智能仓储行业在"互联网＋"的带动下快速发展，与大数据、云计算等新一代互联网技术深度融合，整个行业向着运行高效、流通快速的方向迈进。与此同时，智能仓储技术也在不断创新，智能仓储领域的技术和服务水平正在快速提高。

一、智能仓储技术发展概况

（一）智能仓储行业发展环境

由商务部、国家发展改革委、原国土资源部、交通运输部、国家邮政局于2017年2月出台的《商贸物流发展"十三五"规划》提出要加强商贸物流基础设施建设、提升仓储服务水平；通过信息技术优化物流资源配置和仓储配送管理模式，为我国仓储业的智能化和物流业发展的现代化提供了建设方向。除此之外，国家智能化仓储物流示范基地名单（见表5-1）的公示更进一步地明确了在我国电子商务规模不断扩大、人均购买量不断增加的需求下，仓储物流正逐渐向智能化方向转变。

智能仓储一般是由自动化立体仓库、立体货架、有轨巷道堆垛机、高速分拣系统、出入库输送系统、物流机器人系统、信息识别系统、自动控制系统、计算机监控系统、计算机管理系统以及其他辅助设备组成，并且还要借助物联网技术，通过先进的控制、总线、通信等手段，实现对各类设备的自动出入库作业。

智能仓储是智能物流体系中的关键环节，也是构建智能工厂和实现智能生产之间的关键纽带。随着各工业企业发展趋于稳定，物流效率的提升将成为企业的另一重要利润来源。纵观全球仓储物流的发展历史，我国已经基本完成从人工化的物流运输方式向机械化的转变，并逐步实现自动化发展。未来，我国仓储物流将由机械化向自动化

表 5 - 1   国家智能化仓储物流示范基地

序号	基地名称	基地介绍
1	京东上海亚洲一号 物流基地	集商品暂存、订单处理、分拣配送等功能于一体，是当今我国的大型先进电商物流中心
2	南京苏宁云仓物流基地	汇聚全球智慧物流技术的行业标杆项目，2016 年 11 月 1 日正式投入运营
3	顺丰华北航空枢纽 （北京）中心	构建了以深圳、杭州为双枢纽，辐射全国的航线网络；着力发挥航空业务优势、提升空地转运效率
4	九州通武汉东西湖 现代医药物流中心	全国有 30 座省级物流中心，73 座市州级物流中心，而武汉物流中心是全国各中心联网的"心脏"。武汉东西湖物流中心可容纳 100 万件药品在库存储，日最大吞吐量 10 万件（药品大包装箱），是全球规模排名靠前、亚洲先进性排名靠前的单体（单栋楼）医药物流中心
5	长春一汽国际物流 有限公司物流中心	是中国第一汽车集团公司旗下的专业物流企业，在全国拥有 100 多万平方米的整车仓储基地
6	日日顺物流青岛仓	日日顺物流在全国共建立了 15 个大发运基地、136 个智慧仓、6000 多家微仓，总仓储面积 600 万平方米以上
7	菜鸟网络广州增城 物流园区	专门为天猫超市提供仓储和分拣服务，与别的仓库最大的不同是自动化程度高，从收到订单到包裹出库，除了条码复核等环节均实现了自动化
8	招商物流北京分发中心	为客户提供全面的物流信息化服务
9	怡亚通供应链深圳 物流基地	占地面积 41377 平方米，总建筑面积 105592 平方米，仓库建筑面积 44853.22 平方米，是集办公、研发、展览、仓储于一体的现代化多功能综合性基地
10	荣庆上海嘉定冷链 物流园区	采用自动化存储、自动化分拣、机器人作业等方式，将大数据、云计算、物联网等先进信息技术和设备应用于仓储物流领域

和智能化升级，也将带动下游产业链中的自动化立体库、自动输送设备和自动分拣设备向更智能的方向发展。

预计到 2020 年，智能仓储市场规模将超 954 亿元。纵观其发展历程，即使在全球经济萧条的大背景下，产业链依然保持较高的发展速度。未来，在经济回暖向好的物流产业发展进程中，智能仓储设备投资将会迎来下一个高峰。

（二）智能仓储核心设施设备发展概况

1. 自动化立体仓库

自动化立体仓库（见图 5 - 1）主体由货架、巷道式堆垛起重机、入（出）库工作台和自动运进（出）及操作控制系统组成，是实现仓库高层合理化、存取自动化、操作简便化的必要物流仓储设备。自动化立体仓库是目前技术水平较高的仓储形式。可广泛应用于医药、食品饮料、冷链物流、电子商务、跨境电商、快消品及保健品等行业。

图5-1　自动化立体仓库

资料来源：［揭秘］新松自动化立体仓库是什么样的？. http：//www. sohu. com/a/108492767_ 282196。

随着自动化的不断发展及逐渐成熟，自动化立体仓库越发受到关注并得到广泛应用。相较于传统仓库，自动化立体仓库具有以下特点及优势。第一，有效提高库房面积容积利用率，自动化立体仓库采用高位货架、立体存储，每排仓储货架间仅预埋较窄的堆垛机巷道，节约了空间、节省了成本。第二，自动化立体仓库中全自动输送机系统与巷道堆垛机的应用，极大地降低了库房工作人员的工作量，同时降低了人工误差，提高了准确率及工作效率。第三，自动化立体仓库货位采用集中管理方式，方便进行库存进出作业及盘查库存数量。

近年来，我国每年建成的各类自动化立体仓库已经超过400座。截至2018年，中国自动化立体仓库保有量已超过4000座，其中烟草、医药、零售是主要的应用领域。从国际方面来看，美国拥有各种类型的自动化立体仓库2万多座，日本拥有3.8万多座，德国拥有1万多座，英国拥有4000多座。与这些发达国家相比，我国自动化立体仓库保有量依然很少，未来具有极大的发展潜力。根据中国物流技术协会信息中心统计，近十年来自动化物流仓储系统市场规模保持了平均20%左右的增长速度。预计未来五年，我国自动化仓储市场规模增速将保持在18%～20%的水平，到2022年市场规模将超过1100亿元，前景十分广阔。

2. 自动分拣系统

自动分拣系统（见图5-2）是智能物流装备中的核心部分。自动分拣系统一般由控制装置、分类装置、输送装置及分拣道口组成。自动分拣系统是物料搬运系统的一个重要分支，广泛应用于各个行业的生产物流系统或物流配送中心。自动分拣机主要由供件装置、输送装置、控制系统、分类装置和分拣道口等部分组成，是对物品进行自动分类、整理的关键设备之一。

图5－2　自动分拣系统

资料来源：［物流］中国自动分拣系统市场现状与发展趋势．http://www.sohu.com/a/299577091_757817。

随着物流业快速发展，特别是电商、快递等行业的业务爆发，以及人力成本不断上升，自动化输送分拣装备市场出现爆炸式增长。2017年我国自动化分拣设备投资规模约56亿元。假设未来快递总量以2017年快递总量同比增速（28%）增长，中转次数、分拣效率、单条线成本不变，预计至2022年我国物流行业自动化分拣系统市场规模将达到190亿元。

未来，自动分拣设备与数据采集设备及智能分拣机器人相结合，可实现包裹称重、读码后的快速分拣及信息记录交互等工作。分拣系统可大量减少分拣过程中的人工需求，提高分拣效率及自动化程度，并提高分拣准确率。随着大数据算法日趋优化、快递邮件信息标准逐步完善、智能控制系统不断集成，分拣系统将进一步推动物流业由劳动密集型产业向智能化产业转型。

3. 码垛机器人

码垛机器人（见图5－3）是机械与计算机程序有机结合的产物。码垛机器人主要由机械主体、控制系统、手臂机构、末端执行器、末端执行器调节机构以及检测机构组成，常用于仓储、码头、工厂等场所。码垛机器人可按不同的物料包装、堆垛顺序、层数等要求进行参数设置，实现不同类型包装物料的码垛作业。码垛机器人结构简单、适用性强、占地面积小、能耗低、运作灵活高效、码垛整齐，在极大程度上节约了人力资源，降低了成本，提高了工作效率及准确率。基于良好的政策环境以及智能技术的不断进步，使用机器人降低人工成本已成为一种发展趋势，且随着未来货运量、快递量将持续增加，市场对物流机器人的需求也将进一步提高，进而码垛机器人也将得到越发广泛的应用。码垛机器人码垛与人工码垛对比如图5-4所示。

图5-3 工作中的码垛机器人

资料来源：微信公众号中国粮油《降低成本提高效率码垛的机器人》。

（a）码垛机器人码垛 　　　　　　　　　　　　　（b）人工码垛

图5-4 码垛机器人码垛与人工码垛对比

资料来源：微信公众号中国粮油《降低成本提高效率码垛的机器人》。

据数据显示，近年来中国码垛机器人以乐观的速度稳步增长，2017年码垛机器人销量为4.3万台，同比增长33%，预计2020年市场销量将超过10万台。市场规模有望达到165亿元。中国码垛机器人企业前三大集中省份为广东、上海和江苏，占比分别为27.6%、13.2%和12.9%。其中，广东主要以隆深、万世德、孺子牛等企业为代表，上海主要以沃迪等企业为代表，江苏主要以锦明等企业为主。此外，典型企业还包括青岛宝佳、合肥雄鹰等。2016—2019年中国码垛机器人销量及对2020年销量的预测如图5-5所示。

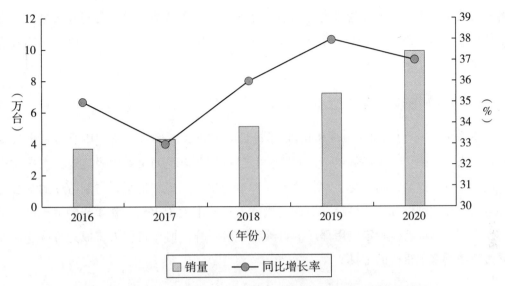

图 5 - 5　2016—2019 年中国码垛机器人销量及对 2020 年销量的预测

资料来源：中商产业研究院。

二、促进智能仓储发展的技术趋势

智能仓储是物流过程的一个重要环节，智能化是仓储业发展的主流趋势，近年来智能产业迎来爆发式发展，呈现快速生长态势。自动化、智能化技术的广泛开发与应用，驱动着智能仓储的迅猛发展。

（一）认知计算

认知计算是一种全新的计算模式，包含信息分析、自然语言处理和机器学习领域的大量技术创新，能够助力决策者从大量非结构化数据中揭示深层的规律。随着科学技术的快速发展，机器人流程自动化将成为重要的发展趋势，即机器人不仅要完成指定的动作，而且可以应用程序和任职计算服务。当机器人流程自动化与认知计算相结合时，能够使程序像人类一般做出商业决策。从而使工作人员专注于真正的关键任务，合理利用人力资源，实现仓储运作的降本增效，使仓储智能化体现得更加极致。

（二）预测性维护

预测性维护（Predictive Maintenance，PdM）是以状态为依据（Condition Based）的维修，在机器运行时，对它的主要（或需要）部位进行定期（或连续）的状态监测和故障诊断，判定装备所处的状态，预测装备状态未来的发展趋势，依据装备的状态发展趋势和可能的故障模式，预先制订预测性维修计划，确定机器应该修理的时间、内容、方式和必需的技术和物资支持。预测性维护应用于智能仓储中可对仓库进行全面的监控，实时发现问题，降低昂贵和耗时的设备故障发生的概率，从而降低时间及仓储成本。

（三）协作机器人

协作机器人（Collaborative Robot）是设计和人类在共同工作空间中有近距离互动的机器人。未来，当工厂从单一、大规模生产和分销流程的束缚中脱离时，工厂与仓库间的区别可能会渐渐淡化。例如企业仓库变得更小、更智能化，与制造业的结合更加紧密。在这种情况下，可编程协作式机器人等技术尤为重要，就像智能手机可能成为一系列流程或行业特定应用程序的可编程平台一样。协作机器人将成为智能仓储发展过程中越来越重要的工具。

（四）物联网

物联网（Internet of Things）是互联网、传统电信网等信息承载体，让所有能行使独立功能的普通物体实现互联互通的网络。物联网将现实世界数字化，应用范围十分广泛。物联网拉近分散的信息，统整物与物的数字信息。物联网的应用领域主要包括以下方面：运输和物流、工业制造、健康医疗、智能环境（家庭、办公、工厂）、个人和社会领域等，具有十分广阔的市场和应用前景。如今，智能仓库正在逐渐推出与物联网传感器相关的转型策略，以便机器人、工作人员、管理者甚至智能车辆都能知道每件物品的准确位置，并在运输过程中跟踪它们。但是，目前还没有任何标准可以定义物联网设备应该如何相互通信，或者存储和处理信息。物联网正在影响着智能仓储，未来十分光明。

三、年度优秀案例：京东"X 仓储大脑"

随着物流行业的自动化升级，物流机器人数量日渐庞大，设备模型、接口以及技术标准复杂多样，为实现仓储系统高效运维、高度智能化的项目"X 仓储大脑"应运而生。通过将物联网和人工智能技术进行交叉融合，"X 仓储大脑"可以帮助无人仓实现自我感知、比较、预测以及自适应，将规划、运营监控及维保效率提升高达 80%，节约运营成本 50% 以上。在 2019 全球物流技术大会上，京东自主研发的"X 仓储大脑"解决方案获得了"2019 年物流技术创新奖"。京东"X 仓储大脑"在京东无人仓有序运转实况如图 5-6 所示。

"X 仓储大脑"系统不仅具备商品预测、智能排产、数据分析、自主决策等多种能力，还可以自我感知，实现机器人健康自检、系统云端管理和海量物流场景自动适应

图5-6 京东"X仓储大脑"在京东无人仓有序运转实况

资料来源：京东物流推出"X仓储大脑"，打造物流技术对外输出又一能力．https：//baijiahao.baidu.com/s?id=1628038252577609305。

的功能，目前已经迈入对外开放阶段。

"X仓储大脑"落地了商品销量预测、订单量预测、商品关联度聚类等辅助决策技术，辅助仓库运营管理人员实时监控订单；将运筹优化算法、物流仿真技术和机器学习技术应用于智能排产和智能布局，自动匹配多种技术参数条件下的物流机器人，起到中枢大脑的作用，充分调度自主研发的地狼、天狼、飞马等近20种不同场景机器人高效运转，为合作伙伴提供智能物流综合解决方案，大大提升了运营效率并缓解了订单暴涨带来的压力，如图5-7所示。

除此之外，"X仓储大脑"工厂级的设备监控、分析、可视化、预测性、动态建模等多种前沿技术也可对其他行业提供参考，利用机器学习算法帮助设备进行故障预测，应用到其他工业设备平台，利用大数据、云技术、物联网的技术融合，帮助其他行业进行探索创新。

除了订单数据的监控、预警和资源配置建议外，"X仓储大脑"还可以进行仓内机器人健康程度诊断，针对不同产品仓储环境规划算法并自动化建模，此外还可以自动适配PC、移动端等不同的终端平台，实现云端管理，成为真正的自感知、自适应、自驱动的"大脑级"产品。此外，基于"X仓储大脑"技术，针对生鲜农产品这类存储要求高、时效性强的商品，京东物流依托物流、商流、信息流、资金流"四流合一"的供应链一体化优势，实现产地端与消费端高效协同，不断打造行业内"快"和

图5－7　"X仓储大脑"帮助京东无人仓实现订单有序调度

资料来源：微信公众号物流技术与应用《京东物流研发"X仓储大脑"，AI智囊相当于无人仓的"MOSS"》。

"鲜"的双重标准，让消费者得到实惠，促农民增收。

第二节　拣选技术

当前，随着人口红利逐步消失，人工成本不断升高，越来越多物流企业开始在拣选作业中运用工业机器人，进而降低成本、提高效率。2017年12月26日根据《增强制造业核心竞争力三年行动计划（2018—2020年）》（发改产业〔2017〕2000号），国家发展改革委印发《智能机器人关键技术产业化实施方案》（发改办产业〔2017〕2063号）。文件指出：未来机器人向着高柔性的协作机器人、智能机器人方向发展。近5年国内机器人市场一直保持高速增长，未来行业仍将保持20%以上的增速。工业机器人作为机器人的一大领域，在我国也发展得较为迅速，我国连续数年成为全球第一大工业机器人应用市场。而机械手作为工业机器人的主要类型之一，其灵活性在物流拣选应用中得到充分体现。因此，本节将对机械手技术进行详细介绍。

一、机械手技术

（一）机械手技术概述

机械手指的是能在平面或者三维空间内进行线性位移的一种非人型机器人。作为在工业中最早出现的一种机器人之一，机械手能够按要求模仿人类手臂完成一系列的生产工艺流程，是一种能在不同条件下工作的自动控制设备。机械手能够根据人们在控制系统编制的程序进行准确且快速地抓取、搬运货物或者操作工具。现代工业中机械手应用广泛，不仅可以大大提高工业的生产效率，也可以代替人类在危险的环境中工作。随着我国科学技术的进步，机械手已经是工业生产、物流活动中至关重要的组成部分。

1. 机械手的构成介绍

（1）执行机构

执行机构由手部机构、手臂机构和躯干机构三部分组成。

①手部机构。手部机构安装在手臂的前端。手臂的内孔中装有传动轴，可把动力传给手腕以转动、伸曲手腕，开闭手指。作为模仿人手指的构造，机械手的手部分为无关节、固定关节和自由关节。手指的数量又可分为二指、三指和四指等，其中以二指使用比例最大。同时，可根据抓取对象的形状和大小配备多种形状和大小的夹头以适应操作的需要。另外，当前也存在没有手指的手部结构。所谓没有手指的手部结构，其相应部位一般为真空吸盘或磁性吸盘。

②手臂机构。手臂的作用是引导手部准确地抓住工件，并运送到所需的位置上。为了使机械手能够正确地工作，手臂的3个自由度都要精确地定位。

③躯干机构。躯干是安装手臂、动力源和各种执行机构的支架。

（2）驱动机构

机械手所用的驱动机构主要有4种：液压驱动、气压驱动、电气驱动和机械驱动。其他还有采用混合驱动，即液－气或电－液混合驱动。以下主要介绍液压驱动、气压驱动、电气驱动和机械驱动4种驱动机构。

①液压驱动式机械手通常由液动机（各种油缸、油马达）、伺服阀、油泵、油箱等组成驱动系统，由驱动机械手执行机构进行工作。它通常具有较大的抓举能力，其特点是结构紧凑、动作平稳、耐冲击、耐震动、防爆性好，但液压元件要有较高的制造精度和密封性能，否则容易发生漏油情况，将污染环境。

②气压驱动式机械手的驱动系统通常由气缸、气阀、气罐和空压机组成，其特点是气源方便、动作迅速、结构简单、造价较低、维修方便。但难以进行速度控制，气压不可太高，故抓举能力较低。

③电气驱动是机械手使用得最多的一种驱动方式。其特点是电源来源方便，响应快，驱动力较大（关节型的持重已达400千克），信号检测、传动、处理方便，并可采用多种灵活的控制方案。驱动电机一般采用步进电机，直流伺服电机（AC）为主要的驱动方式。由于电机速度高，通常须采用减速结构［如谐波传动、RV（旋转矢量）摆线针轮传动、齿轮传动、螺旋传动和多杆结构等］。同时，有些机械手已开始采用无减

速机构的大转矩、低转速电机进行直接驱动（DD），这既可使机构简化，又可提高控制精度。

④机械驱动只用于动作固定的场合。一般用凸轮连杆机构来实现规定的动作。其特点是动作确实可靠，工作速度高，成本低，但不易于调整。

（3）控制系统

机械手控制系统要素包括工作顺序、到达位置、动作时间、运动速度、加减速度等。机械手的控制分为点位控制和连续轨迹控制两种。

控制系统可根据动作的要求，设计采用数字顺序控制。它首先要编制程序加以存储，然后再根据规定的程序，控制机械手进行工作。程序的存储方式有分离存储和集中存储两种。分离存储是将各种控制因素的信息分别存储于两种以上的存储装置中，如顺序信息存储于插销板、凸轮转鼓、穿孔带内；位置信息存储于时间继电器、定速回转鼓等；集中存储是将各种控制因素的信息全部存储于一种存储装置内，如磁鼓和磁芯等。这种方式用于顺序、位置、时间、速度等必须同时控制的场合，即连续控制的情况下使用。

其中插销板用于需要迅速改变程序的场合。换一种程序只需更换一种插销板即可，而同一插件又可以反复使用；穿孔带容纳的程序长度可不受限制，但如果发生错误时就要全部更换；虽然穿孔卡的信息容量有限，但便于更换、保存，可重复使用；磁鼓和磁芯仅适用于存储容量较大的场合。至于选择哪一种控制元件，则根据动作的复杂程序和精确程序来确定。

对动作复杂的机械手，可采用示教再现型控制系统。更复杂的机械手采用数字控制系统、小型计算机或微处理机控制系统。控制系统以插销板用得最多，其次是凸轮转鼓（它装有许多凸轮，每一个凸轮分配给一个运动轴，转鼓运动一周便完成一个循环）。

2. 机械手基本形式

机械手形式较多，按手臂的坐标形式可以分为 6 种基本形式：直角坐标式、圆柱坐标式、球坐标式、关节式、仿人式和并联式。

（1）直角坐标式机械手

直角坐标式机械手（见图 5-8）是适合于工作位置成行排列或传送带配合使用的一种机械手。它的手臂可以伸缩或左右、上下移动，按直角坐标形式 X、Y、Z 三个方向的直线进行运动。其工作范围可以是 1 个直线维度运动、2 个直线维度运动或是 3 个直线维度运动。如在 X、Y、Z 三个直线运动方向上各具有 A、B、C 三个回转运动，即构成 6 个自由度。

直角坐标式机械手有以下优点：①产量大、节拍短，能满足高速的要求；②容易与生产线上的传送带和加工装配机械相配合；③适于装箱类、多工序复杂的工作，定位容易改变；④定位精度高，可达到±0.5毫米以下，载重发生变化时不会影响精度；⑤易于实行数控，可与开环或闭环数控机械配合使用。直角坐标式机械手的缺点也比较明显，即其作业范围较小。

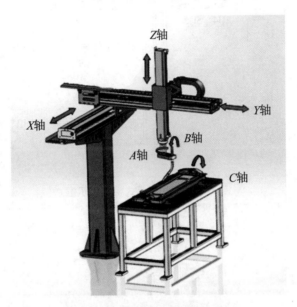

图 5 - 8　直角坐标式机械手示意

资料来源：雷赛控制技术有限公司官网．http：//www．leadcnc．com．cn/industry/show - 544．html。

（2）圆柱坐标式机械手

圆柱坐标式机械手（见图 5 - 9）是应用最多的一种形式，它适用于搬运和测量工件，具有直观性好、结构简单、本体占用的空间较小的特点。其动作范围可分为一个旋转运动，一个直线运动加一个不在直线运动所在平面内的旋转运动。

圆柱坐标式机械手一般包括以下五种基本动作：①手臂水平回转动作；②手臂伸缩动作；③手臂上下动作；④手臂回转动作；⑤手爪夹紧动作。圆柱坐标式机械手的特征是垂直导柱上装有滑动套筒，手臂装在滑动套筒上，手臂可做上下直线运动和在水平面内做圆弧状的左右摆动。

（3）球坐标式机械手

球坐标式机械手（见图 5 - 10）是一种自由度较高、用途较广的机械手。球坐标式机械手的工作范围包括一个旋转运动、两个旋转运动、两个旋转运动加一个直线运动。

球坐标式机械手一般包括以下八种基本动作：①手臂上下动作，即俯仰动作；②手臂左右动作，即回转动作；③手臂前后动作，即伸缩动作；④手腕上下弯曲动作；⑤手腕左右摆动动作；⑥手腕旋转动作；⑦手爪夹紧动作；⑧机械手整体动作。

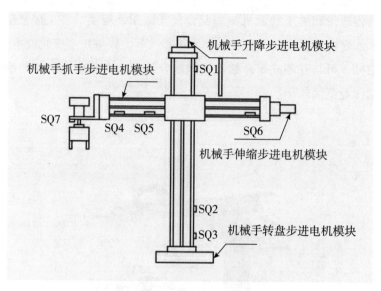

图 5 - 9　圆柱坐标式机械手示意

资料来源：用 PLC、实现对立体仓库机械手部分的控制 . http：//artide. cechina. cn/2007 - 05/2007521111956. html。

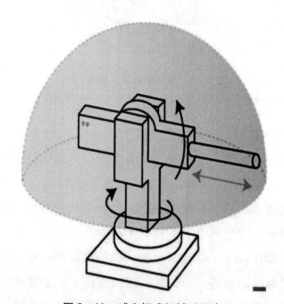

图 5 - 10　球坐标式机械手示意

资料来源：英威腾伺服 DA200 在机械手的应用 . http：//www. gkong. com/company/invt/SolutionDetail. ashx? id = 28423。

　　球坐标式机械手的特点是将手臂装在枢轴上，枢轴又装在叉形架上，能在垂直面内做圆弧状上下俯仰运动。它的臂可做伸缩，横向水平摆动，还可以上下摆动。因此，工作范围和人手的动作类似，能自动选择最合理的动作线路，所以工效高。另外，由于上下摆动，它的相对体积小，而动作范围大。

（4）关节式机械手

关节式机械手（见图5-11）是一种适用于靠近机体操作的传动形式。它像人手一样有肘关节，可实现多个自由度，动作比较灵活，适于在狭窄空间工作。

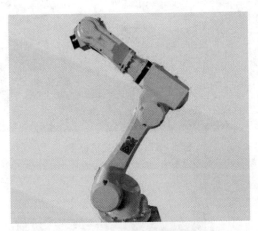

图5-11 关节式机械手

资料来源：慧聪网. https://b2b. hc360. com/supplyself/586442066. html.

关节式机械手的特点是关节式机械手有大臂与小臂摆动，以及肘关节和肩关节的运动。若想具有人手操作的机能，需要研制最合适的结构。关节式机械手的传动机构采用齿轮式、齿条式和摆动式。其传动机构采用哪种形式，主要根据工件的轻重来决定。若按摆动式扭矩来设计，则油缸将加大，而装载油缸的机架也将随之加大。特别是靠近关节式机械手前端关节部分的重量对肩部影响很大。传动机构在承受负荷的同时必须承受自重，因此，传动效率低。如需要大的转动角，则宜采用摆动油缸。

（5）仿人式机械手

目前，仿人式机械手（见图5-12）根据每个手指的驱动器数目可以分为灵巧手和欠驱动手。灵巧手功能的实现至少需要3个手指，并且每个手指至少有3个驱动器和3个自由度，所以整个手的自由度很高，但是其感知系统过于复杂，携带和维护不方便。欠驱动手同样每个手指也有3个以上的自由度，但只有一个驱动器，对复杂形状的物体具有很强的自适应能力；除此之外，欠驱动结构简单、轻量化，操作便捷。

（6）并联式机械手

并联机构是一种由多个并行链构成的闭环系统，采用多个并行链构成的闭环机构，零部件数目也大幅减少，容易实现组装和模块化。并联式机械手（见图5-13）具有以下结构特点：刚度较大，载荷自重比高，基本无误差积累，不增加运动负荷，各项同性好等。正是因为并联式机械手的这些特点，常被用于虚拟轴机床，运动模拟器和机器人操作器等。

图 5 - 12　仿人式机械手

资料来源：高端酷炫"黑科技"亮相世博会 . http：//pic. people. com. cn/n1/2018/1106/c1016 - 30385161 -
6. html。

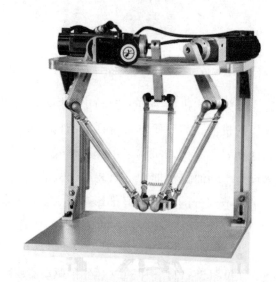

图 5 - 13　并联式机械手

资料来源：中华机械网 . http：//china. machine365. com/Product/SDetails/9406917. html。

（二）机械手在拣选的应用

1. 选择顺应性装配机械手（SCARA）在螺丝拣选包装的应用

SCARA（Selective Compliance Assembly Robot Arm）是一种圆柱坐标式的特殊类型的工业机械手。SCARA 机械手有 3 个旋转关节，其轴线相互平行，在平面内进行定位和定向。另一个关节是移动关节，用于完成末端件在垂直于平面的运动。手腕参考点的位置是由两旋转关节的角位移 φ_1 和 φ_2 及移动关节的位移 z 决定的，即 $p = f（\varphi_1,$ $\varphi_2,z）$。这类机械手的结构轻便、响应快，例如 Adept1 型 SCARA 机械手运动速度可达 10 米/秒，比一般关节式机械手快数倍。它最适用于平面定位、垂直方向进行装配的作业。

螺丝包装的工艺流程大致可分为：热压包装移入、放料以及封装三个程序。早期采用人力进行螺丝放料及包装费工费时，容易产生零件放错位置或是单一料盒内料数不足的情况。这些情况容易导致不良品产出，造成客户购买后无法成功组装，降低日后购买组装家具产品的意愿。针对客户螺丝检测与包装的需求，台达公司采用 4 台 SCARA 工业机械手 DRS60L 系列及控制系统，搭配 4 组机器视觉系统 DMV 2000 系列与新一代专用镜头，通过构建"自动化取放料站"进行螺丝入料与包装制程，实现快速换料与扩充物料种类，满足生产线自动分拣包装的灵活性与多样性。

实际作业流程上，输送带将空置的盛料盒输送至各个机械手工作站，由各站的机器视觉 DMV 2000 系列先进行"视觉辨识"，处理拍摄下的工料画面，检测信号通过 RS－232 通信协议传输至机械手控制驱动一体机 ASDA－MS 系列中，再由 SCARA 工业机械手从取料区夹取对应的螺丝料件，放入盛料盒中完成分拣动作。配料完成后，盛料盒将送至热压包装机进行封装，完成螺丝检测包装程序。同时，在整体生产线的编程控制上，台达公司采用高功能标准型控制器 DVP－EH3 系列作为主控制器，为生产线的入料、输送带运行与收料作业进行编程控制。上位主机通过工业高速以太网通信，可与生产线的 DVP－EH3 系列及各个机械手工作站的控制驱动一体机 ASDA－MS 系列进行实时数据传输。用户可依照需求，利用上位主机调整编程指令，实时修改生产线各运动轴与 SCARA 工业机械手的动作，达到高速且灵活的控制效能。

在实际配套使用后，台达公司螺丝分拣包装解决方案能够帮助客户实现"分拣—包装"自动生产线整合，从而节省大量厂房空间，同时取代人力，提升产能，降低产品不良率与成本。

2. 并联式机械手在拣选的应用

并联式机械手因其刚度高、速度快、柔性强、重量轻等优点，在食品、药品、3C、电子等轻工业中物料的理料、分拣、装箱、转运等方面有着无可比拟的优势。常见的分拣工艺，应用并联式机械手结合传感器、工业相机、编码器等外界感应识别系统，对来料按照特定条件进行快速分拣，大致可分为以下两类：①按照不同形状、颜色进行分类分拣；②根据要求的质量、形状进行筛选分拣。并联式机械手分拣方式分类如图 5－14 所示。

这些常规形式的分拣工艺，在已有的生产环节因其高效率的优势广泛应用，但在各式各样的实际应用过程中发现，前端来料可以凌乱、可以无序，但是不能出现堆叠现象。在实际生产中，出料机构批量出料的情况下，如果不增加理料工序，物料堆叠的情况将会影响分拣工艺的正常进行。

针对制造业企业面临的来料堆叠、分拣之前不可避免地增加理料环节、增加工艺

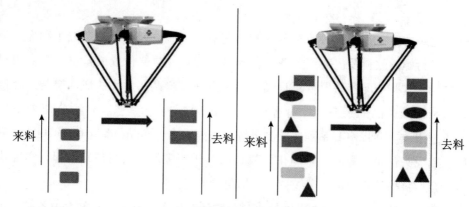

图 5-14　并联式机械手分拣方式分类示意
资料来源：并联机器人如何进行"分拣"？. www. sohu. com/a/302750847_ 100302143。

之后设备的现场占地面积增加以及来料密集情况下机械手无法一次性完成抓取等一系列棘手的问题，目前市场提出了两种非常规分拣的解决方案。

（1）堆叠物料 3D 分拣

当来料出现堆叠现象，常规分拣之所以无法进行的原因之一在于堆叠物料的平面投影轮廓和 2D 相机视觉系统既定轮廓不一致，导致无法识别，机械手没有接收到视觉系统给到的坐标信号。第二个原因在于，即使给视觉识别系统配备 3D 视觉，可以对物料进行立体空间外部轮廓的识别，并联式机械手受末端自由度的限制，无法进行空间六自由度的抓取。因此，为省去前端理料，一次性完成堆叠物料的分拣，勃肯特推出 3D 视觉配合串并混联六自由度机械手。

串并混联六自由度机械手为一种 3P-3R 的新型结构机械手，具备了串联机械手的灵活性和并联机械手的高速性，末端 J4、J5、J6 轴可分别进行空间 ±360 度、±150 度、±360 度旋转，末端执行器能进行空间六自由度操作。因此在配合 3D 视觉识别系统时，能够根据堆叠物料的位姿及定位坐标去调整末端执行器姿态进行空间六自由度的抓取，完成分拣，一机两用。前端无须再增加理料工序，解决客户分拣工艺痛点问题的同时节省了工厂设备空间占地面积。

（2）密集物料循环分拣

所谓循环分拣，就是来料密集的情况下，机械手分拣过程中物件漏抓时，主转盘将物件旋转至原来的位置后继续完成抓取，防止机械手漏抓影响加工生产进度，也省去了传统生产线常见的回料装置，这就是针对客户最新应用场景推出的圆盘抓取，其解决了现有车间生产线传送带占地面积大，来料密集状态下机械手无法一次性完成抓取的来料循环问题。圆盘抓取技术的实现，是国内并联式机械手行业中的首创。圆盘抓取实现的技术难点在于，并联式机械手如何有效根据视觉系统、编码器提供的来料在圆盘上的位姿、运动速度的信息，通过运用圆形轨迹追踪算法，以圆盘中心建立工件坐标系，配合视觉系统提供的信息实时转换末端执行器的轨迹，来实现并联式机械手在圆形主转盘上追踪、抓取物件。

（三）机械手的发展前景

机械手虽然灵活度不如操作熟练的人工，但机械手可以不知疲倦地不断重复生产环节的某一操作，并且机械手的实际操作能力远高于人工。因此，要注重对机械手的改良与创新，使机械手的未来发展能更好地顺应国内制造业、物流业的发展。

1. 机电一体化

机械手的机电一体化系统属于典型的自动化技术，"编辑控制器—传感器—动力元件"三部分构成机械手的主要结构。研发人员在改进机械的性能时，要充分考虑机械手实际的工作环境。国外的制造业、物流业机械手向智能系统化方向发展，通常具有一定的传感能力，通过对外界信息的收集与反馈，感知外界的信息变化，使机械手能在外界变化时及时做出自身的调整，给机械手赋予触觉功能与视觉功能。现阶段机械手的研究已经取得阶段性的进步，许多研究成果已经实际应用到工业生产、物流活动中。

2. 高效节能化

目前，无论国内还是国外都倡导环境友好型社会的建设，节能作为一个时代重要的话题，越来越受到人们的关注。物流业的未来发展也应该从节能的角度考虑，节能不仅可以为企业节省生产成本，还能对环境资源进行保护。为了适应不同行业对于机械手的不同要求，机械手的制造企业要根据实际情况选择稳定性好的配件。近年来，新材料、新技术不断问世，对机械手的节能化发展起到推动作用。比如用自润滑材料制造的机械手不需要润滑油，且系统简单、摩擦稳定性好、寿命长、经济成本低。

3. 生产模块化

模块化拼装机械手的导向系统配置了集成电接口，并带有电缆与油管，这些设施使机械手运动灵活，能在三维空间内进行更自如的操作。机械手的模块化应用是未来机械手发展的一个趋势，模块化机械手开拓了新的应用市场，合理运用开发技术为机械手的未来发展做出贡献。

4. 高精度化

机械手的高精度化工作是高效率生产的关键，传统人工生产流程中人作为最不稳定的因素影响着生产效率与质量，而机械手在程序的指导下进行操作，发生差错的概率很小。所谓精度，指的是机械手达到指定点的精确程度。在机械手精确操作的过程中，机械驱动器的分辨率与反馈装置起着重要的作用。重复精度是比精度更为重要的概念与工业要求，机械手要在多次重复相同操作工作中保证每一次的精度都符合生产要求。机械手发生误差时，在实际操作中会出现一个稳定的精度差异，这种差异可以经过程序编辑程序矫正。随着现代微电子技术与控制的快速发展，工业级要求的机械手重复精度越来越高，现代核工业与军事领域等普遍应用机械手进行规模生产。

二、语音拣选技术

在现代物流业中，RFID 技术凭借快速信息化处理优势，在物流分拣作业中取得了非常广泛的应用，成为目前学术界和企业的热门技术，但是许多冷库在 RFID 技术的采用上情况不太理想。由于冷库内部温度较低，使用射频（RF）技术的手持终端会影响分拣作业的效率，因此在国内许多的冷库中分拣作业尚未采用 RF 技术。运用 Vocollect 语音拣选技术，可以在低温环境下解放分拣作业人员的双手，并且可以解决低温下条码和 PDA 设备操作不便的难题，为相关的分拣作业环境提供参考和借鉴。

目前，Vocollect 语音技术作为一种利用语音指令来指引作业人员进行物流活动的技术，在许多领域得到了应用，尤其在冷库等特殊环境下有着非常好的应用效果。该技术的原理为 Vocollect Talkman 行动计算装置与企业的 WMS、企业资源计划（ERP）等信息系统进行连接，并获取作业信息，将其转化为语音指令，移动装置通过语音告知作业人员需要操作的具体活动，当工作完成后，语音将转变为资料，实时传送回 WMS 系统。这种作业模式既提高了作业效率，又解放了工作人员双手，保证了作业的准确率。

如图 5 - 15 所示，Vocollect 语音分拣解决方案根据作业内容的不同在系统架构上可以分为两层：上层是数据处理层，下层是作业层。其中数据处理层将语音拣选系统与企业的 WMS 系统和 ERP 系统融合，在该层次中语音拣选系统将企业的库存信息和生产信息进行分析处理，将企业生产所需的分拣作业信息转变为语音指令并传达给作业层，同时作业层将作业信息实时地通过语音拣选系统转变为数据信息，并提供给上层信息系统进行数据的更新。

作业层是该系统的人工作业环节，主要功能就是依据数据处理层的语音作业信息进行实时的分拣作业，操作人员可以通过耳麦实现信息交互。与 RF 技术相比，该技术的特点就是将条码和手持终端设备换成了方便操作的无线耳麦设备，作业信息以语音指令的形式传达给操作人员，操作人员可以实时将分拣进度报告给管理人员，其实时纠错效果非常好，尤其在特殊作业环境下可以大大提高分拣准确率。

硬件方面，在冷库中增加了语音设备的接收器等设备，相比手工操作情况下的设备需求并没有太大的改动，因此该方案在冷库重新设计和设备安装上节省了很多成本。

此外，Vocollect 语音拣选系统减少了手持终端设备和条码的使用，取而代之的是无线耳麦和分拣人员腰上的信号接收设备。通过该设备将 Vocollect 系统的语音指令传

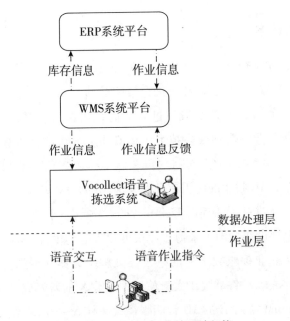

图 5 - 15　Vocollect 分拣系统架构

资料来源：黄海霞，樊亚男 . Vocollect 语音技术在冷链物流分拣作业中的应用 ［J］. 物流技术，2014 (10)：61 - 64。

达给分拣作业人员，可见分拣作业人员所需的硬件设备非常简便，并且在分拣作业当中解放了作业人员的双手，便于提高作业效率。

在冷库当中试运行了 Vocollect 语音解决方案，与原来操作不便容易失误的 RFID 系统相比，从效率上来说，语音解决方案解放了分拣作业人员的双手，避免了手持终端设备的操作，极大地提高了效率，原来冷库需要经常加班的现象不复存在，分拣工作人员的压力也变小了。从管理人员角度来说，该系统对于作业人员的要求较低，只需要半天左右的培训即可上岗，降低了人员的培训难度；由于语音解决方案只需要简单的语音系统和语音接收终端，从而大大降低了分拣作业的硬件设施成本，也降低了管理难度。

Vocollect 分拣在提高分拣作业效率和减少操作失误方面有很大的改善，具体表现为以下几个方面的优势。

（1）准确性达 99.99% 以上。

（2）生产率提高 20% ~40%。

（3）支持 60 个国家、35 种语言，并具有语音识别功能。

（4）缩短 50% 的员工培训时间。

（5）12 个月内即可开始取得效益。

（6）设备质量可靠，能够承受极低温（-30℃）与极高温（50℃）。

三、AR 分拣技术

仓库一般分为自动化仓和非自动化仓两类。其中，非自动化仓的核心是围绕着货仓来解决效率运转的问题，人是非自动化仓效率运转的核心主题。但人需要在仓库的很多环节里做识别、查找，工作一般超过 4 小时，出错率较高，从而导致效率下降。因此我们可以在分拣作业中看到很多技术应用其中，分拣的技术包括按纸质拣货单分拣（Pick by Paper）、用无线射频枪分拣（Pick by RF）、灯光分拣（Pick to Light）、声音分拣（Pick to Voice），AR 技术的使用使目光分拣（Pick by Vision）成为可能。AR 技术的使用解决了口音不标准就无法使用 Pick to Voice 分拣的问题。

UBiMAX 公司总部设在德国不来梅，专攻可穿戴电子设备，不过并不以电子化娱乐为方向，主要是为大企业提供数字化的电子穿戴解决方案。据悉，该公司也是谷歌在欧洲的主要合作伙伴之一，谷歌眼镜大量使用 UBiMAX 的研究成果。

从整体上看，UBiMAX 生产的 3D 智能眼镜（见图 5 - 16），由一个镜架、一个固定在镜架右前端的摄像头以及一个位于右眼前方的 3D 投影屏组成，控制总成、接收系统、存储器和处理芯片被高度集成在右侧眼镜支架上。

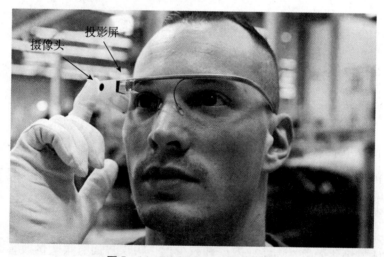

图 5 - 16   UBiMAX 3D 智能眼镜
资料来源：UBiMAX 3D 智能眼镜现身大众狼堡工厂 . https：//chejiahao. autohome. com. cn/info/1503456。

值得一提的是，所谓的 3D 投影屏只有指甲盖大小，并不是真正意义上的屏幕，其作用是将 3D 画面直接投射进佩戴者右眼的视网膜上，其可视信息只有佩戴者一人可见。

眼镜上的摄像头可以不间断地扫描任何可见的二维码或条码，并以 3D 图层的方式显示其信息——例如货类、入库时间等。所有图层的前后显示位置均可以由眼镜佩戴者调整。

　　只要完成相关工作，眼镜佩戴者通过操作眼镜右侧支架上的触摸控制键，或者通过语音指令，就可以在显示图层中进行操作确认，相关信息就会发送到管理人员的电脑或者是下一位工友的 UBiMAX 3D 智能眼镜上，连签收程序都可以被省掉。如果工作结束，相关货物的信息码在眼镜投射图层中显示为绿色，表示可以被删除，否则显示为红色，表示不可删除。

　　UBiMAX 3D 智能眼镜不只有扫码的功能，还有找货的功能。这款眼镜会提供给工作人员所需货物的具体位置。如果货物被埋在货架深层，眼镜甚至能向工作人员提示需要搬出多少货物才能找到所需的货物。因为所有的货物入库时都被 UBiMAX 3D 智能眼镜扫码录入系统，系统只要通过检索货物入库的先后顺序就能做到这一点。

　　目前，大众集团物流部门中已经有 30 名员工在使用 UBiMAX 3D 智能眼镜，在经过短暂适应期之后，首批试用 UBiMAX 3D 智能眼镜的员工已经熟悉并喜爱上了这套设备，员工的双手获得了解放，工作效率和生产安全性均得到大幅提升，员工之间的协作也更为顺畅。

第三节　装卸搬运技术

　　近年来，随着物流技术不断发展，智能软硬件、智能机器人、智能运载工具开始频频应用于物流企业。但是，一个工业机器人的价值大概对标一个员工至少 20 个月以上的薪水，许多企业负担不起如此高昂的成本，所以人工作为当前无法被机器人完全取代的劳动力，在现代物流中仍旧发挥着巨大的作用。因此，人机交互设备也是当前物流技术发展的重要方向之一。装卸搬运是物流的重要组成要素，加大外骨骼设备等装卸搬运人机交互设备研发应用的力度，对于仓储降本增效有着重要的作用。本节将对外骨骼技术进行详细介绍。

一、外骨骼技术

（一）外骨骼技术概述

　　一些昆虫类动物，长有身体以外的骨骼，具有支撑、保护身体的作用，被称为外骨骼。人工装卸搬运助力装置是一种人机结合的外骨骼机械助力装置，根据仿生学的思想，为穿戴者设计一套体外支架，通过均衡分配外挂物重量，传导、放大穿戴者的肢体动感，做到既增强个人负重能力，又保持其行动灵活性。它不受地面路况、天气环境以及作业空间的约束，其控制系统可以使助力装置与使用者的四肢运动保持协调一致，负重通过助力装置转移到地面，人体感受的负重只有实际负重的 10%，从而极大地减少穿戴者的体能消耗，使其在高强度作业后仍然保持较充沛的体能，提高作业效率。

位于不来梅的德国人工智能研究中心，将机械外骨骼分为被动式机械外骨骼和主动式机械外骨骼。被动式机械外骨骼是指没有外部能源提供额外动力的外骨骼机械，通过弹簧组件与人员产生互动；主动式机械外骨骼包含动力源，可自身产生动力，以提供恰当的力量辅助，可以用很小的力搬运起各种重物。机械外骨骼穿戴过程中，传感器会对人体姿势进行检测，并优化算法，方便不同行动之间的模式转换。机械外骨骼还包含电池和控制系统，当穿戴者收缩二头肌时，系统会辨识出穿戴者弯曲手肘，从而产生运动。此类互动让人们与机械的接触更加紧密。这种机械外套主要用于协助无法由其他技术工具替代的工作流程，如拆解汽车或搬运家具。机械外骨骼已经进入量产，将对降低工作意外及工伤病假产生革命性的影响。

（二）外骨骼关键技术

1. 获取人体动作信号

适合于人工装卸搬运助力装置的人体信号获取方式大致可分为三类。

第一类为基于人体脑电信号的采集方式。脑电信号微弱、噪声大、研制成本高、提取困难、数据处理程序较为复杂。适用于肢体瘫痪患者助力装置的设计。

第二类为基于人体表面肌电信号的采集方式。该方式穿戴不便，采集信号易受干扰，稳定性和准确性差，控制难度大。

第三类为基于运动物理信号的采集方式。人体穿戴助力装置后，人体动作、人和助力装置之间、助力装置和地面之间都会产生较为稳定、有规律、不易受干扰且易于采集的运动物理信号，为了保证快速、准确采集信号，必须在助力装置和人体上使用大量不同类型的传感器装置。

目前，在军事领域应用的人工装卸搬运助力装置大多采用第三类方式采集信号。

2. 分析人体动作

根据所采用的信号采集方案，具体设计和布局传感器类型、数量以及优化安装位置，并对传感器信号进行测量分析，为跟随系统的设计提供数据支持。图 5 - 17 为人体行走时下肢动作分析。将人体动作三维扫描数据导入仿真软件中，构建仿真模型，分析人体各关节运动曲线和力学参数，进行信号采集点的优化。

3. 设计跟随系统控制策略

根据采集的人体运动信号判断推导人体运动意图，研究跟随系统的控制策略，构建跟随系统，分析研究影响人工助力装置与人体动作一致性的因素。人工装卸搬运助力装置基本控制结构如图 5 - 18 所示。

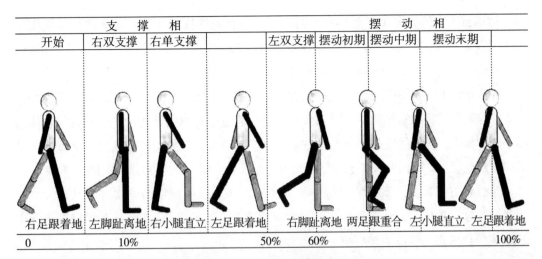

支　　撑　　相				摆　　动　　相			
开始	右双支撑	右单支撑		左双支撑	摆动初期	摆动中期	摆动末期

右足跟着地　　左脚趾离地　右小腿直立　左足跟着地　　　右脚趾离地　两足跟重合　左小腿直立　左足跟着地

0　　　　　　　10%　　　　　　　　　　50%　　　60%　　　　　　　　　　　　100%

图 5 – 17　人体行走动作分析

资料来源：高波. 人工装卸搬运助力装置研究现状及关键技术〔J〕. 中国储运，2014（12）：144 – 147。

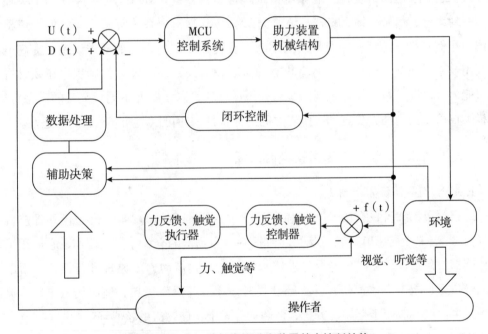

图 5 – 18　人工装卸搬运助力装置基本控制结构

资料来源：高波. 人工装卸搬运助力装置研究现状及关键技术〔J〕. 中国储运，2014（12）：144 – 147.

4. 选择助力装置驱动方式

根据穿戴者重量、助力装置自重以及作业目标，设计人工装卸搬运助力装置驱动力，结合结构布局和系统设计重量要求合理选择动力源和传动方式。常见的驱动方式有液压驱动、气压驱动、电气驱动、机械驱动。

5. 设计上肢助力装置机械结构

主要工作包括：机械结构和关节运动副的优化设计，驱动器件和传感器的合理布局，运动自由度的分配和冗余自由度的选择，材料的选择，支撑与身体防护的优化设计等。设计中要充分体现仿生学和人机工效学的思想，尽量模拟真实人体肢体机能，穿戴舒适，操作灵活，最大限度地提高助力装置对物资装卸搬运的作业能力和效率。人工装卸搬运助力装置中上肢助力机械结构有两种方案，第一种方案采用悬吊方式，手臂只是起控制方向和稳定作用，不承担负载重量。通过末端执行器中的传感器将信息传到微型处理器中，重物的载荷等于人力与驱动器产生的总力，将力转移到助力装置上，最后转移到地面上。美国的人类通用型负重外骨骼（HULC）上肢助力便采用此种方式。

第二种方案将美国雷神公司的步态与 XOS 2 的上肢机械助力结构进行结合，主要由机械骨架、传感器、传动装置以及控制器构成，由液压驱动。XOS 2 的上肢助力动作较从前的悬吊式上肢助力装置更加敏捷有力。

6. 搭建控制系统

人工装卸搬运助力装置控制系统由末端传感器、信号处理与分析系统、中央控制器、驱动系统、信号反馈系统、环境监测系统及电源管理系统等组成。如何快速检测人体动作信号并正确判断，同步或减小助力装置和穿戴者之间的动作误差，提高电源的利用效率等问题是控制系统所需攻克的难点。另外，助力装置控制程序还须具有自学习能力，可以学习不同穿戴者的步态并原样再现，以便匹配不同穿戴者的步态特征。这样不仅可以提高助力装置和穿戴者之间的同步性，还可以增加穿戴者的舒适性。

（三）外骨骼技术在物流领域的应用

1. 铁甲钢拳外骨骼机器人

北京铁甲钢拳科技有限公司（以下简称"铁甲钢拳"）发明的第一代外骨骼机器人（见图 5-19）于 2017 年"双 11"期间在京东物流的仓库中投入使用，它应用了压力传感器、陀螺仪、无线传导等先进技术和仪器，凭借动力学原理进行设计，帮助工人减轻负重，减少身体损伤，并大幅度提升效率。其操作简单，适应场景丰富，灵活耐用，可以广泛应用于存储、分拣、装卸货等 8 个仓储物流的核心环节。

当前，京东物流所投用的第二代外骨骼机器人（见图 5-20）是第一代外骨骼机器人的升级版本，不论是材质还是操作手法，都做了很大的改进。外骨骼机器人材料由原先的铝合金改为钛合金、航空铝合金、碳纤维等轻量材料的组合，重量由原先的 7.4 千克下降到了 5.5 千克。动力方面采用了气－电混合外部动力装置，可以提供 30 千克外部助力。电机驱动精度高，但成本高。电气驱动成本低，但不能实现精确的中间位置调节。气－电混合驱动可以降低单一技术路径带来的局限性。软件方面，铁甲钢拳开发了适应于不同个体的自适应算法。铁甲钢拳通过陀螺仪、压力传感器、角度传感器等装置采集人体运动数据，并通过自适应算法控制外骨骼机器人在合适的时机提供合适的助力。

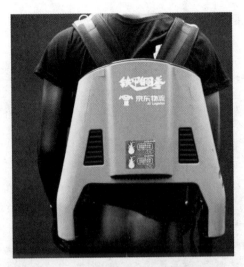

图 5 – 19　铁甲钢拳第一代外骨骼机器人

资料来源：重劳动者的辅助神器，铁甲钢拳外骨骼机械人亮相世界机器大会 . https：//baijiahao. baidu. com/
s？id = 1609042658571968939&wfr = spider&for = pc。

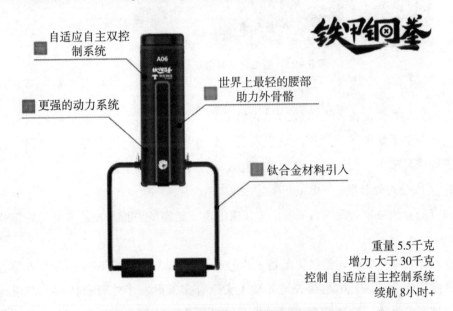

图 5 – 20　铁甲钢拳第二代外骨骼机器人示意

资料来源：王潮：外骨骼技术不仅用在物流 更要帮助人类进化. http：//news. zol. com. cn/693/6930303. html。

　　针对左撇子员工，研发人员将部分外骨骼机器人的助力翻开按钮设置在右手，以
便员工使用左手发力。穿戴上了第二代外骨骼机器人，即使是女性员工，也能够轻松
转移一箱 25 千克以上的货品。

　　一套产品大概对标一个工人 3 ~ 6 个月的工资，更重要的是可以将单人工作时长有
效延长 6 ~ 8 小时，在使用了铁甲钢拳公司研制的外骨骼机器人之后，京东节省了 15 万
元左右的成本。第二代外骨骼机器人应用情景如图 5 – 21 所示。该机器人 7 分钟就可以

掌握使用者的所有使用习惯，可操作性极强。

图 5 - 21　第二代外骨骼机器人应用情景

资料来源：王潮：外骨骼技术不仅用在物流 更要帮助人类进化．http：//news. zol. com. cn/693/6930303. html。

仓储员与外骨骼机器人组成的"人机 CP"，在减轻了员工劳动负荷的同时，还大大提高了仓储系统的运营效率。日后若是将外骨骼机器人运用在分拣、打包、装卸车等关键物流环节中，便能将仓储配送运营效率提升 200% 以上。

2. 劳氏公司外骨骼——Exosuits

弗吉尼亚州一家劳氏（Lowe's）连锁店的员工正在试用新开发的非机动外骨骼——Exosuits。

家居零售商劳氏公司给员工配备了构造简单的机械外骨骼 Exosuits，以协助他们完成装卸搬运作业。该公司与弗吉尼亚理工大学合作，研发了外骨骼技术，以帮助工人更轻松地搬运重物。这种类似于保护带、非机动化的外骨骼可以穿在人身上；它的碳纤维支架起到了人造肌腱的作用——在人下蹲时弯曲，人站起时弹回。当穿上外骨骼的员工弯下腰捡东西时，支架会从中获取势能；当员工重新站起时，支架会将积累的势能"注入"他们的双腿和背部。穿上了外骨骼后，员工感觉拾起的重物要比原来的轻。

Exosuits 是一种提举辅助的外骨骼，为员工在装卸搬运时助力而设计，尽量保护他们的身体。这种外骨骼设计成柔软而轻便的套装，供工人穿戴在常规工作服外面。以碳纤维制成的杆穿戴在员工的背部和腿部，是完成辅助托举的主力。织物合身，重量很轻，确保运动时体姿自然。

　　特别有趣的是，Exosuits 并不包括任何电机，因此并不需要消耗能量；它其实也没有计算机芯片，只是巧妙地设计成在某个操作节拍中吸收能量，并在另一个节拍中把能量还给主人。

　　具体地说，当穿戴者弯腰时，外骨骼像弓一样弯曲，借助在背部和腿部的碳纤维棒储存能量；而在穿戴者提举重物时，外骨骼恢复直立，这些能量又被释放出来，使人伸腰时用的力减少。这样，以整个动作循环而言，员工提举自身重量所需的能量大致得到补偿；另外，外骨骼的配合也使举重物（如水泥袋）变得更容易一些。Exosuits 应用情景如图 5 - 22 所示。

图 5 - 22　Exosuits 应用情景

　　资料来源：仓库工作人员的福音：Lowe's 机械外骨骼. http：//baijiahao. baidu. com/s？id = 1567794910538799&wfr = spider&for = pc。

　　目前，劳氏公司在弗吉尼亚州克里斯琴斯堡的一家连锁店已经向员工发放了四套定制外骨骼。在使用这种装备一个多月后，员工给出了较高的评价。同时，劳氏公司正在和弗吉尼亚理工大学合作，对这项技术进行改进优化。

　　3. LG 外骨骼——CLOi SuitBot

　　LG（乐喜金星）公司为经常在仓库中搬运重物的工作人员设计了一款以"人为中心"辅助机械：CLOi SuitBot（见图 5 - 23）。它能够为工作人员提供更多的搬运能力，在更少的肢体力量下能够获得更强大的力量支持。内置的人工智能能够让机器人研究周围环境和使用者的习惯，从而调整运动和工作效率。此外，它还能和其他 LG CLOi

SuitBot 机器人进行通信，能够在需要的时候共享信息。

这个机器人与 LG 研发的其他机器人不同，因为它是一个穿戴式的外骨骼机器人，而不是真正的机器人。它具有旋转关节，可帮助用户更轻松地在外骨骼的"皮囊"内进出自如。

CLOi SuitBot 可以穿戴在工作人员腰部，在弯腰和伸展背部时激活，机器人系统将帮助工作人员执行重复性任务，从而降低其劳动强度。

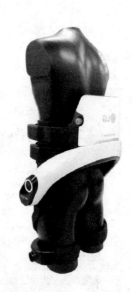

图 5 – 23　CLOi SuitBot 样式

资料来源：LG 推出仓库人员的助力外骨骼. http：//www. patent – cn. com/2018/12/27/174055. shtml。

2018 年 8 月，LG 展示了 CLOi SuitBot 的另一个版本（见图 5 – 24），加强腿部和下半身的设计，帮助用户增强体力。其主要固定于穿戴者的腰部、胯部、膝盖、脚踝以及脚掌位置，防止穿戴者脚滑、腰肌扭伤、突然脱力等危险。

它的设计舒适，在行走、站立和工作时，可以通过智能识别用户的动作，提供自然增强力量的功能。目前，其他一些机械智能还很难精准地判断人类的动作，而能够实现高度协调的 CLOi SuitBot 无疑占据了一大优势。由于大幅改善了传统可穿戴机器人的穿戴体验，并且操作简单灵活，CLOi SuitBot 很适合为那些抬重物或操作重型工具的人提供帮助与支持，避免其因腰部、腿部或脊椎等部位不当施力而受伤。

CLOi SuitBot 还可以连接到 LG 的服务机器人，成为智能工作网络的一部分，并与其他品牌的机器人互动。它们可以协同配合工作，在工厂或工作现场交换信息和提供运输工具。这些机器人还具有在工作中学习、分析生物识别和环境数据，优化功耗的能力。

目前，CLOi SuitBot 已经在 LG 部分工厂中投入试用阶段。值得注意的是，它不是

图 5 – 24　CLOi SuitBot 加腿部版

资料来源：智能化！LG 推出可穿戴外骨骼机器人"未来工厂"生产、物流人员的福音 . https：//baijiahao. baidu. com/s? id = 1610007282354368443&wfr = spider&for = pc。

为个人用户市场准备的，而是可以与微软的全息眼镜 Holo Lens 等设备一样应用于某些特殊的工业环境中，为"未来工厂"提供辅助。其想法就是打造一个更高效、安全的智能化生产或仓储物流网络，里面的员工全部配备这种外置骨骼。

CLOi SuitBot 更像是一种工业机器，是一种以人为中心的辅助机械，它的目的并不是取代人类，而是对人类技能的延伸和增强。

机器人领域正在成为 AI 技术的切入点和重要增长点，据市场研究机构国际清算银行（BIS）的数据显示，到 2026 年，全球可穿戴机器人的市场规模将有望增长到 46.5 亿美元（约合 316.9 亿元）。

4. Ekso Bionics 公司的 EksoVest 外骨骼

根据调查，每条福特汽车工厂生产流水线每天需要组装 4600 辆汽车，这就意味着处于该流水线上的装备工人每天都需要执行 4600 次组装任务。这项高强度的重复性工作会引起肩部和背部的多种病症，使得这个岗位工人的替换率更高，而年轻的工人往往没有年长的工人那样娴熟的技巧，但是后者随着年龄的增长，无法达到前者相同的健康水平，从而降低了整体的工作效率。

2017 年的圣诞节，两家美国的福特工厂决定给予装配工人们一份高科技的圣诞礼物——由 Ekso Bionics 公司制作的 EksoVest，上半身外骨骼（见图 5 – 25），由腰部的魔术贴、背部的支架以及两个护臂组成，并以相互连接的方式覆盖了工人们的上半身。

EksoVest 只有 9.5 磅重（4.3 千克），但是能够提供 5 ~ 15 磅（2.2 ~ 6.8 千克）的支撑力。EksoVest 通过模拟失重环境，将手臂佩戴者抬起手臂的力量分散到腰部和臀部，这样一来，佩戴者的手臂就拥有更大的力量，以进行更稳定的操作，从而提高了作业效率。此外，因为臀部和腿部比肩部和背部拥有更大的力量，所以 EksoVest 通过分散力量的原理使得工人们在劳作时得到了更多的保护。

EksoVest 外骨骼不需要电力，但是这并不意味着它没有使用 AI。事实上，Ekso Bionics 在 2005 年成立的时候，其核心竞争力就是仿生学外骨骼借助 AI 预测佩戴者动作。

对于 EksoVest，Ekso Bionics 先将原型机提供给了福特汽车工厂的工人们，这些原型机上装有传感器（需要插电提供能源），用于记录工人们的装配动作、习惯姿势等。这些数据会被上传至 Ekso Bionics 的云端，通过该企业独有的 AI 算法进行软件模拟，再把模拟的结果与物理硬件的机械结构进行匹配。

最终，这些在 EksoVest 上安装的传感器会被去除，企业客户最终得到的将是一款真正不插电的上半身外骨骼，同时也能够更贴合汽车装配工人的动作。

图 5 - 25　EksoVest 上半身外骨骼

资料来源：这款被福特汽车盯上的半身外骨骼，不仅能提高效率，还不需要电 . http：//baijiahao. baidu. com/s？id = 1588012118337318322&wfr = spider&for = pc。

EksoVest 外骨骼设备并不便宜，每一位员工投入的成本约为 6500 美元。但经过将近一年的测试，EksoVest 外骨骼在减轻疲劳的同时也能有效降低员工因为疲劳而造成的生产事故率，为公司省下了相当大的一笔钱。

二、AGV 技术

随着 AGV 产品和技术的不断发展，可以将生产工序或产线之间进行高效连接，提高了自动化水平和生产效率，使得工业柔性生产线、自动化物流系统得以进一步实现。当前，AGV 开始在外形上有所突破以形成新的功能。

形似"蚂蚱"的 AGV 名为 FLIP（见图 5 - 26），由德国弗劳恩霍夫物流与物流研究所（Fraunhofer IML）设计，原型于德国斯图加特国际物流展会（LogiMAT）2019 年首次亮相。该产品的推出再次证明了 Fraunhofer IML 的创新能力。相比之前 Fraunhofer

IML 推出的"攀爬"穿梭车、"两栖"穿梭车，FLIP 机器人一点也不逊色。

图 5 – 26　FLIP 机器人

资料来源：微信公众号 AGV 在线《形似"蚂蚱"的 AGV，搬运靠"腿"！》。

　　FLIP 机器人有许多亮点。首先，FLIP 机器人更紧凑、更灵活。FLIP 的宽度为 560 毫米，几乎与其拾取的容器一样窄。在现有技术水平下，具有可比性的车辆明显比 FLIP 机器人更宽。这也是设计者的初衷。紧凑的设计让机器人能够在狭窄的空间中也可以实现位置转移，适用于工业 4.0 下工厂及内部物流的灵活度要求。

　　其次，FLIP 机器人作业时不需要运转中心。FLIP 机器人不需要转运站，可以随时在任何位置卸载和取出货物，这是通往无基础设施的内部物流的又一进步。

　　而且，FLIP 机器人有着高精度传感器。FLIP 机器人配备了市场上最新的传感器技术——荷兰初创公司的创新型高精度导航传感器，可确保车辆确切地知道物体在哪个角度。传感器在驾驶时测量地面特性并提供运动和位置数据。因此，即使在没有额外基础设施的变化环境中，也可以达到非常高的精度。

　　FLIP 机器人不仅形似"蚂蚱"，搬运物体也和"蚂蚱"一样，需要依靠两条"腿"来移动货物。

　　FLIP 机器人在作业场景中，需要先移动到装载货物的单元容器具旁边，通过感知到重量时，将货物移动到"双腿"上，然后 FLIP 机器人直接从地面捡起容器和堆叠的容器，再朝着目的地行驶。行驶时 FLIP 机器人将货物用自己的"双腿"包裹住，抬起或移动货物时都需要通过"踩腿"，这一动作与"蚂蚱"移动相似。

　　FLIP 机器人目前设计的有效载荷为 60 千克。原型配备磷酸铁锂电池。车辆的设计最长运行时间为 9 小时。

第六章　包装及单元化技术

包装是物流基本功能之一，也是物流作业的重要环节，包装通常具有三大功能，一是保护功能，包装既可保护货物避免在流通的过程中遭受数量或质量损失，又能防止有害货物与人或环境的直接接触；二是方便作业，通过标准化、单元化的包装，可使货物便于运输或仓储作业；三是促销功能，包装可起到商品宣传作用，促进商品销售。包装可分为物流包装和商品包装两大类，由于使用环境不同，一般而言，物流包装更侧重前两大功能，同时包装虽与运输、仓储等同为物流基本功能，但相对而言所受关注较少。近年来，随着绿色环保理念的贯彻深化、人工智能渗透领域的不断延伸和国家物流标准化工作的深入推进，物流包装受到越来越多的关注，绿色化、智能化、共享化、标准化、单元化的物流包装成为行业研究的重点，相关物流技术也取得了更多的成果。在 2018 年 10 月举办的首届物流包装技术发展大会上，中国物流与采购联合会相关负责人明确提出未来物流包装发展的主要趋势和方向是绿色化、智能化、共享化、标准化。本章将从绿色包装、智能包装、循环共享包装以及集装单元化四个方面展示物流包装技术的最新发展与应用。

第一节　绿色包装技术

近年来，随着我国经济的发展，我国国民对美好生活环境的追求越发强烈，加之政府的大力宣传引导。"金山银山不如绿水青山"的绿色理念受到了国民以及各行各业的普遍接受，而物流行业更是如此。政府网站上公布的 2019 年《政府工作报告》正式稿中，在"2019 年政府工作任务"章节就有"推广绿色快递包装"相关的表述，足见我国政府对于快递物流领域绿色化的重视程度。包装的功能体现了对环境保护的思想，正是由于有了包装，各种货物才能更为安全地送到世界各地，从而减少各种其他物流环节中资源和能源的浪费。然而，随着商品经济的发展，非绿色的、不可降解回收的包装使用量日趋增大，甚至出现了许多过度包装的现象。因此，物流包装对于资源和能源的消耗越来越多，对环境的污染以及生态环境的破坏也日趋严重。物流包装绿色化已然成为物流绿色化的主战场。面对日益严峻的物流包装环保压力，我国政府与各个企业纷纷行动起来，研发物流包装绿色化相关技术。很多对环境有污染的包装材料正在淡出我们的生活，绿色包装已然成为包装行业的发展趋势和未来。

一、典型技术

在各个领域中，电子商务物流率先在绿色环保包装方面取得了突破。近年来，随着互联网技术以及移动支付的广泛普及，电子商务高速崛起，快递数量急速增长。伴随着快递数量的增长，快递包装的数量也快速增长。快递包装在一定程度上保障了商品在运输过程中质量以及数量的完整性，促进了经济的发展，但大量的快递包装不可避免地对环境造成了极大的危害。2018 年全国快递业共消耗快递运单逾 500 亿个，中国报告网预测的结果显示，到 2020 年，我国快递包装消耗量将达到快递运单 1002.5 亿份、编织袋 146.6 亿条、塑料袋 400.0 亿个、封套 150.0 亿个、包装箱 480.0 亿个、胶带 820.0 亿米、缓冲物 144.0 亿个。中国计量学院完成的《中国快递标准化》研究中指出，我国每年因快递包装过度浪费的瓦楞纸板约 18.2 万吨，相当于年均砍掉 1547 万平方米的森林。

近年来，政府高度关注包装对环境造成的影响，出台了多项政策推进包装绿色发展。国务院办公厅印发了《国务院办公厅关于推进电子商务与快递物流协同发展的意见》，要求强化理念，发展绿色供应链；制定实施电子商务绿色包装、减量包装标准，推广应用绿色包装技术和材料，推进快递物流包装物减量化；开展绿色包装试点示范，培育绿色发展典型企业，加强政策支持和宣传推广；鼓励电子商务平台开展绿色消费活动，提供绿色包装物选择，依不同包装物分类定价，建立积分反馈、绿色信用等机制引导消费者使用绿色包装或减量包装；探索包装回收和循环利用，建立包装生产者、使用者和消费者等多方协同回收利用体系；建立健全快递包装生产者责任延伸制度。该意见首次提出电商快递绿色发展理念，鼓励电子商务与快递物流企业协同推动绿色发展，开展绿色包装试点，实现供应链绿色流程再造，以价格信号引导绿色消费，探索建立包装回收和循环利用体系。国家邮政局发布《快递业绿色包装指南（试行）》，指导企业逐步建立绿色供应体系，逐步建立快递包装物使用的企业内部统计制度，积极组织从业人员开展绿色包装标准、操作规范的培训；提出企业在采购和使用塑料包装时，可加入全生物降解塑料考察因素，逐步提高符合标准的塑料包装袋的采购比例，建立绿色包装应用的推动机制，主动为用户提供绿色包装选项，并建立相应的激励机制以推动绿色包装应用。同时宜优先采用水性印刷工艺生产的包装物料，或者由具有绿色认证资质的企业生产的包装物料，使用封装胶带进行封装操作时应符合有关标准要求；鼓励企业积极探索使用循环快递箱、共享快递盒等新型快递容器，逐步减少包装耗材用量，并对使用的缓冲填充物、包装物品印刷提出要求。该指南还指出，企业寄递协议客户的标准产品时，要加强与上游电子商务企业或生产企业的协同，积极向协议客户建议使用简约包装，逐步减少二次包装。24部委联合发布《关于推动物流高质量发展 促进形成强大国内市场的意见》，该意见中指出各企业应当使用绿色包材，推广循环包装，减少过度包装和二次包装，推行实施货物包装和物流器具绿色化、减量化。国家邮政局印发《国家邮政局关于全面加强生态环境保护坚决打好污染防治攻坚战的实施意见》，并联合10部委出台了《关于协同推进快递业绿色包装工作的指导意见》，明确了绿色发展指标和计划完成的时间节点。2019年将推动相关统计指标纳入常规统计调查范围，加快建立快递包装产品监测评价体系。

此外，国家邮政局还制修订了《快递封装用品》系列国家标准和《快递电子运单》《邮政业封装用胶带》等4项行业标准。试行快递业绿色包装指南，从绿色采购、内部培训、作业操作等方面明确了相关要求，推进规范化、系统性治理。若干国家政策的发布证明了绿色包装在绿色物流发展过程中的重要地位，且各个电商物流企业均在积极响应国家政策，多措并举推进包装绿色化发展。

（一）多种减量手段并用，包材使用量显著下降

一个快递包装通常由填充材料、外围纸箱以及密封胶带组成，而各个快递企业就从这三个方面着手，为快递包装"瘦身"。

一是填充材料方面，我国电商物流相关企业研发的新材料技术，使得缓冲和填充包装厚度降低35%以上，也因此每年减少使用聚乙烯（polyethylene，PE）颗粒1000千克。广州绿发材料科技有限公司开发的以非粮淀粉为原材料的热塑性淀粉发泡材料，可以彻底解决缓冲包装带来的白色污染问题，而且是目前生物质材料中相对具有价格优势的材料。除此之外，一些快递企业使用充气袋来替代传统的填充材料。充气袋相比传统的泡沫等包装填充材料，加大了气泡直径，增加了内部空气量，使缓冲减震效果得到极大的增强，同时减少了填充物制造消耗的材料。与此同时，该类充气袋加强了气袋膜的柔韧性，使之不易被压破。从仓储角度来看，新型快递充气袋是现充气现用的，未充气前呈卷膜状，单卷直径不到20厘米，相较于传统气泡膜来说，能够为企业节约大量的仓储空间。从运输角度来看，填充气袋轻便整洁，其重量可以忽略不计，不会增加物流成本，又能够很好地保护产品安全运输。如图6-1所示，苏宁物流在充气袋的基础上进一步创新，将双面气泡植入包装袋中，使之能够承载一定的外界压力，在保护包装内商品安全的同时大幅减少填充材料的体积。苏宁物流相关方面的预测显示，随着这种包装袋的大面积投入使用，相比传统包装箱，将可以减少42%的不可降解材料的消耗，从而实现减量化环保的目的。

二是外围纸箱方面，我国电商物流企业致力于将纸箱材质最优化，尽可能将五层

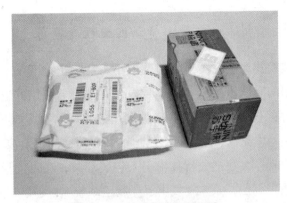

图 6 - 1　苏宁物流气泡包装

资料来源：［前沿］快递新包装无须胶带填充物，10 秒完成自动化包装．http：//www. sohu. com/a/227759322_
156203。

纸箱和高克重纸板的使用比例降低至 5% 以下（欧洲 10%，美国 8%），这将极大程度
地减少木材的消耗。对于纸箱外的面单，可通过利用实际面单与电子面单相结合的技
术，使整体面单面积减少 30%，年纸张减少 1000 吨以上，成本节省 12 亿元以上。

　　三是密封胶带方面，我国平均每件快递的用量是 0.8 米，密封胶带不仅本身为不
可降解材料，这在客观上造成了纸箱与塑料难以分离，提高了回收成本。我国电商物
流逐步推行"瘦身"胶带，所谓的"瘦身"胶带是指窄于传统胶带宽度的新型胶带，
通过降低 15% 的宽度，最终实现每年减少胶带使用 2 亿米的目标。除了对胶带进行
"瘦身"，一些企业研发"一触合"环保胶水来取代传统胶水。传统胶水的生产需要高
温条件，所以常常带来安全隐患、生产环境脏乱差等问题，行业内急需环保胶水。"一
触合"环保胶水则可以使纸与乙烯 - 醋酸乙烯共聚物（EVA）、泡沫、珍珠棉等快速黏
合，常常只需几秒钟。另外，一些快递企业研发了封箱过程中无须胶水、胶带等耗材的
无胶带纸箱（见图 6 - 2），从根本上杜绝了胶带的使用，可降低碳排放和自然资源消耗。

图 6 - 2　阿里巴巴无胶带纸箱

资料来源：如意仓携手菜鸟启用首批无胶带、可多次利用的环保快递箱．http：//blog. sina. com. cn/s/blog_
1617e48360102xnh0. html。

（二）应用大数据技术，包装与货物匹配程度提高

传统的人工包装模式无法完美地将包装大小与货物进行匹配，经常会产生包装内空间没有被充分利用的问题。虽然一件包装内没有被充分利用的空间很小，但是考虑到我国每年上百亿件的包裹数量，这些未被利用的空间将会累加成为一个天文数字。随意装箱会需要更多的填充物、占用更多的运输和存储空间以及浪费更多纸箱。因此，我国一些电商快递企业将大数据分析技术引入包装环节，通过大量的数据训练，阿里巴巴研究出了"切箱"算法，京东开发出了"精卫系统"。使用"切箱"算法时，"卖家只要输入商品的长、宽、高和历史订单数量，系统就会自动推荐最佳尺寸的箱型。有新订单时，系统会根据商品体积，自动与纸箱匹配，并提供装箱顺序及摆放样式。有效的大数据切箱算法将会改进包装箱空间的利用率，从源头帮助商家、快递公司节约包材使用。相比人工装箱，改进后的"切箱"算法虽仍会产生包装空间浪费，但三层纸箱使用率可以达到95%以上。这意味着电商物流包装环节将会更加环保并且为企业节省大量成本。根据阿里巴巴2016年公布的数据推算，2018年时我国快递规模达500多亿件，通过"切箱"算法最少可以节省20亿个包装箱，从而拯救648万棵树木。

（三）包装模式创新，减少电商物流二次包装

传统的电商物流包装往往包含二次包装，即商品生产商对产品进行包装后物流快递企业再次对商品进行包装。然而我国目前快递包装的回收率不足20%，因此造成了大量的浪费。为了应对这样的情况，我国快递物流企业对包装模式进行了创新。创新出了"预包装""直发包装"以及"简约包装"的新包装模式。

1. 预包装

预包装（见图6-3）又被称为无界包装，是指单品销售的商品，在生产时不使用品牌本身的包装，而是使用电商或物流企业的快递包装，从而减少供应链包装使用，避免快递企业的二次包装，从而提高供应链包装效率。根据京东相关的统计数据，截至2018年，全社会通过该模式节省包装1000万个以上。

2. 直发包装

直发包装是指商品在生产时的包装就可以满足在物流运输过程中防护商品的要求，且满足外界物流环境，留有贴面单的位置。通过这样的方式，同样可以避免快递企业进行二次包装，在粘贴相应的快递面单后直接发货，节省包装材料。

汰渍环保盒（Tide Eco-Box）（见图6-4）是宝洁公司为了使汰渍洗衣液运输过程中更有效、更轻便而设计的直发包装。使用新直发包装时不再需要通常要用到的外箱或者填充物，并且该设计符合各种零售商认证，包括 ISTA 6A-SIOC 和 ISTA 3A 行

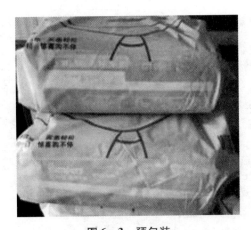

图 6 - 3　预包装

资料来源：2018 年物流包装技术发展大会演讲《包装可持续发展 共享绿色未来》。

图 6 - 4　Tide Eco - Box 环保盒

资料来源：微信公众号包装前沿《【包装前沿】这包装要小心，弄不好就爆燃了!》。

业标准。Tide Eco - Box 与传统体积为 150 美标液体盎司（约为 4500 立方厘米）的汰渍按压式包装相比，在制造时减少使用塑料 60%，减少使用水 30%，并且由于盒装的设计，减少了产品在运输过程中对于空间的占用，使得运输更高效。

3. 简约包装

简约包装（见图 6 - 5）是指通过简化品牌商运输包装版面，实现包装版面简约化，提升供应链品牌商包装的二次利用率，从而达到节省包材的目的。根据京东相关的统计数据，截至 2018 年，全社会通过该模式节省的包装箱达 1 亿个以上。

图6-5 简约包装

资料来源：2018年物流包装技术发展大会演讲《包装可持续发展 共享绿色未来》。

（四）绿色包材技术发展，包装废弃物污染减少

传统的包装材料中包含了大量的塑料，虽然塑料成本低廉、结实耐用，然而当其废弃后将会产生很多问题。且不说捕获各种塑料垃圾的难度，单纯是处理塑料垃圾也很麻烦。处理塑料垃圾一般有两种方法：填埋和焚烧。但前者需要大片土地，而且不是长久之计；后者则散发大量有毒气体，污染空气。为了避免使用塑料后产生的遗留问题，人们开始研发塑料的替代物，希望能找到有相似特性但可降解的材料；这些材料可以被微生物或自然环境因素所分解，最终变成二氧化碳和水，重新归于环境中。

菜鸟网络目前正在大力推广可降解塑料包装袋，在自然条件下可以实现完全降解。这种可降解塑料包装袋的原料是聚乳酸。要制造聚乳酸，只需要淀粉、糖和纤维素——许多植物中都有这些原料。先把原料发酵，分离出产物中的乳酸，再缩聚，就能制造聚乳酸。我国企业早已有了成熟的聚乳酸生产方法，能够制造成各种不同类型的类塑料制品——包装袋、农业大棚薄膜、餐具等。更重要的是，这种材质可以在几个月内降解，而不是像塑料埋入地底后数十年无法降解。聚乳酸材料会像埋在土里的树皮草根那样慢慢消失，而且速度还会更快。大片的聚乳酸塑料会像浸在水中的餐巾纸那样逐渐变得脆弱，渐渐水解破裂变成更小的碎片，然后成为微生物的食物。土壤中的青霉菌、镰刀酶念珠菌等会把聚乳酸当成能量来源，对聚乳酸进行分解，使其变为二氧化碳和水，重新进入生态循环，其分解过程如图6-6所示。

二、发展趋势

（一）包装"瘦身"进一步进行，过度包装越来越少

在认识到了过度包装对于自然资源的浪费之后，各个物流企业必将采取措施，在

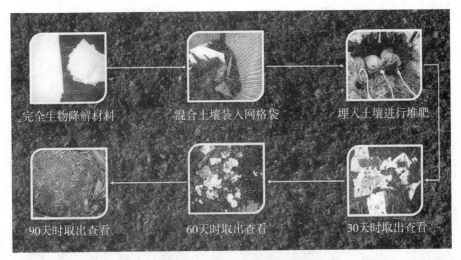

图 6 - 6　聚乳酸包材分解情况

资料来源：拆完快递的空包裹，还能有什么奇葩用法？. http：//wemedia. ifeng. com/16387238/wemedia. shtml。

包装的源头方面减少对包装材料的消耗。目前，随着各个企业的共同努力，包材消耗的确有所下降，但这还不够。未来，各家企业随着实践的进一步深入，会逐渐找到能够满足包装强度需要的最简包装，从而进一步减少包材消耗。

（二）数据分析盛行，包装利用率越来越高

除了制造出最简包装外，还需要将各种货物与最简标准箱相匹配。随着技术的发展，未来人工智能大数据分析的准确程度将进一步提升，因此箱货匹配程度将进一步提升，包装利用率也将进一步提高。

（三）新型环保材料逐渐普及，废弃包装污染越来越低

目前我国物流包装，特别是快递包装回收率极低。这些废弃的包装除产生大量的资源浪费外，还会对环境产生极大的污染。面对这样的情况，一方面我们要培养人们回收再利用的意识，另一方面要提高包装材料的环境友好程度。尽管目前新包装材料使用率较低，发展受阻。但在未来，随着新包装材料技术瓶颈的突破，可降解型包装材料的使用率必将提升，包装材料废弃污染程度越来越低。

（四）供应链思想得到应用，物流包装全流程适应性越来越高

通过电商物流领域的预包装和简约包装可以看出供应链思想已逐步应用于包装领域。自 2017 年国务院办公厅印发了《国务院办公厅关于积极推进供应链创新与应用的指导意见》和党的十九大报告将发展供应链作为重点发展对象以来，国内各企业对于供应链的关注程度越来越高。特别是生产企业，在考虑包装的成本时不再单单考虑自

身的情况，而是去关注包装在链条后续一系列环节中的适应程度。未来，在落实供应链思想的过程中，生产企业将更加考虑自身生产的产品包装与整个链条流程的契合程度，逐步解决传统的生产物流包装存在的静态设计、高冗余、保护不均衡三方面的问题，提高供应链整个链条的效率，减少不必要的成本以及资源的浪费。

三、年度优秀案例：宝洁直发包装

宝洁公司是一家美国消费日用品生产商，目前是世界上最大的日用消费品公司之一，公司成立于 1837 年，总部位于美国，简称 P&G。目前宝洁主要经营范围包括美容美发、居家护理、家庭健康用品、健康护理、食品及饮料等，经营品牌多达 300 个，其中包括大家熟知的飘柔、舒肤佳、玉兰油、帮宝适、汰渍、吉列、潘婷、海飞丝、沙宣、伊卡璐、威娜、卡玫尔、德国博朗、SK - II 等品牌，在全球 80 多个国家和地区设有分公司和工厂，产品畅销全球 160 多个国家和地区。

为适应中国市场，宝洁在中国入驻了淘宝、京东等大型电子商务平台。随之而来的便是大批次小批量产品邮寄的需求。面对这种与商场完全不同的需求类型，传统的包装模式已经不再适合电子商务。传统的包装模式往往为了适应大规模的批量运输，采用大包装模式。但这种大包装单元内的货量往往远超于电子商务订单的需求。这使得宝洁相关产品的大包装送至快递企业后，快递企业必须对大包装进行拆解，之后再进行小包装，且在操作的过程中时常会出现漏液的情况，而拆解后的大包装往往被废弃。这给宝洁造成了大量不必要的物流包装环节的成本。

为了减少此类成本，宝洁公司对自己的电商产品包装进行了调整。宝洁电商包装调整主要涉及两项措施，一是采用防漏液包装（见图 6 - 7），通过对产品出液口结构的调整，将包装中传统的出液口变成了"缩头"的出液口。此种出液口需要使用较大的力量将其拔起后才能出液，大大降低了液体从包装中外漏的可能。通过这样的方式，一方面减少了产品在运输、装卸过程中因碰撞而发生漏液的情况，另一方面也降低了

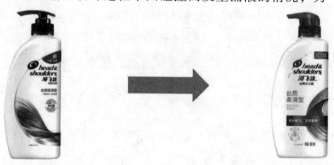

图 6 - 7　宝洁"海飞丝"防漏液包装

资料来源：2018 年物流包装技术发展大会演讲《包装可持续发展 共享绿色未来》。

液体泄漏可能对周边环境造成的污染。二是积极探索直发包装，如图6-8所示，产品不再像之前一样委托快递企业进行再次包装，而是在生产时直接做成可以直接贴面单、满足电子商务每单小批量需求的包装。这样一来，快递企业无须再对产品在包装方面进行流通加工，大大节省了包装方面的成本。宝洁公司内部数据显示，通过改进洗发水包装，端到端的成本可以下降20%～40%，且能减少70%包装残损和赔付，效果显著。

图6-8　宝洁直发包装

资料来源：2018年物流包装技术发展大会演讲《包装可持续发展 共享绿色未来》。

第二节　智能包装技术

随着市场经济的发展和技术的进步，特别是RFID以及GPS定位系统的广泛应用，加之5G等新兴技术的兴起，人们开始逐渐在包装中加入更多的智能化技术成分，以满足日益复杂的流通系统要求，使其具备传统的包装技术无法实现的功能。高新技术的浪潮将包装推向了更高的发展境界，智能技术在包装领域的应用越来越广泛，智能化包装不断发展。智能包装可以实现对产品的流通过程全程定位，并表现出产品的实际品质。随着全球化程度的提高，市场范围大大延伸，产品供应链也随之扩大。消费者对产品品质的保证要求越来越高，尤其是食品的新鲜度和精密仪器的保护程度以及药品的安全性。这就间接要求产品供应链中的制造商、物流运输第三方和零售商，提高产品的品质和运输效率，保证产品流通的成功率，减少零售商的退货和消费者的投诉率。消费者对产品包装功能的不断追求，是促进智能包装的主要动力。据相关数据统计，2017年中国智能包装行业市场规模达到1488亿元，同比增长9%。目前智能包装细分市场规模最大的为RFID市场，2017年RFID市场规模已达到752.4亿元。据中商产业研究院预测，到2023年，中国智能包装行业市场规模有望突破2000亿元。物流智能化包装作为智能包装的一个品类，也在顺势快速发展，涌现了许多新的智能化包装技术。

一、典型技术

（一）智能保温箱

随着国民经济水平的日益提升，我国国民对于冷链类商品的需求也逐渐提升。中商产业研究院的统计数据显示，2017年我国冷链市场规模达到2686亿元，且预测2020年将达到4700亿元。随着冷链市场规模的扩大，国民对于冷链运输质量的要求也越来越高。以冷链运输较为常见的药品与蔬菜水果为例，由于不同的药品有不同的温度区间需要严格控制；不同的生鲜蔬菜水果等也有更加适宜的温度要求以保证营养流失更少；而在东北等极寒地区，生鲜蔬菜等还面临冻伤的问题，需要保温箱进行保暖。因此，保温箱的功能正由保证商品不坏向保证商品品质更好的方向提升。如何使保温箱保温时间更长，并且为不同的商品提供适合的温度范围，成为对保温箱重要的要求之一，也是保温箱技术发展的重点。目前，行业正通过试验寻求保温性能更高的保温材料，调节保温材料的厚度、密度及构造来实现。

这样的大环境下，国内以中集冷云为代表的企业一直致力于相变材料的研发，通过相变冷媒温控能够满足不同种类的商品，不同温控时长、不同的温控区间在极寒或者热环境下的精准控温。不管是医药物流的过冷问题还是食品冷链的保暖问题，均可通过同一套配置的合理相变点的冰排来实现。除此之外，中集冷云还研发出温控时长达120小时，可供至偏远地区的复合材料保温箱。

中集冷云代表性保温箱主要有保温材质以高密度聚苯乙烯（EPS）以及绝热用挤塑聚苯乙烯（XPS）为代表的一次性保温箱，以及产品名称为真空绝热板＋聚氨基甲酸酯（VIP＋PU）拼接箱和PE＋PU箱的循环保温箱。

EPS一次性保温箱（见图6－9）的特点为箱体密封性好，温控效果优；易成型，可满足不同客户的个性化需求，适用于发货量相对固定的产品温控解决方案。

图6－9　中集冷云 EPS 一次性保温箱

资料来源：中集冷云官网．http：//www.cccc58.com/index.php？controller＝site&action＝pro_listss&fid＝5&pid＝24。

XPS 一次性保温箱（见图 6-10）的特点为隔热性好、吸水性差、无模具成本，可根据客户要求定制生产，尤其适用于发货量小或销售趋势不明朗的产品的温控解决方案。

图 6-10　中集冷云 XPS 一次性保温箱

资料来源：中集冷云官网 . http：//www. cccc58. com/index. php？ controller = site&action = pro_ listss&fid = 5&pid =24。

VIP + PU 拼接箱（见图 6-11）一体发泡成型，密封性好，箱体结构牢固；坚固耐磨，重复使用性好，适用于运输时效长、长距离运输模式的循环使用。

图 6-11　中集冷云 VIP + PU 拼接箱

资料来源：中集冷云官网 . http：//www. cccc58. com/index. php？ controller = site&action = pro_ listss&fid = 5&pid =24。

PE + PU 箱（见图 6-12），采用高密度聚乙烯（HDPE）材料作为防护外壳，使用军工工艺制作，坚固耐用；适用于国内物流状况下长期周转使用。

以上保温箱均可以满足不同的温控需求，包括 2℃ ~8℃、0℃ ~5℃、-20℃ ~ -10℃、-50℃ ~ -30℃ 等温度区间。不同的是一次性保温箱的最高控温时间为 72 小时，而循环保温箱的最高控温时间可达 120 小时。

（二）活性智能标签

在冷链环节中，物流企业既需要功能结构型智能包装来为货物创造合适的运输温

图 6 - 12 中集冷云 PU + PE 箱

资料来源：中集冷云官网．http：//www．cccc58．com/index．php？controller = site&action = pro_ listss&fid = 5&pid = 24。

度，也需要功能材料型智能包装来实时监控箱中货物的温度状况，出现问题及时处理，从而避免更大的损失。

时间温度指示标签（Time - Temperature Indicator，TTI）（见图 6 - 13）是一种便宜的活性智能标签，其开发和生产商的成本范围一般为 0.1 ~ 1.2 元。通过与全部或部分产品相连接，TTI 可以显示出易衡量的温度随时间变化的关系，检测的时间可以从几小时到几周的范围内进行调整，从而适应各种各样的产品，帮助优化产品的分销、改进保质期的监控和管理，进而减少产品浪费并使消费者清楚地了解所购买商品的状态。根据不同的工作原理，冷链中使用的 TTI 分为基于酶的时间温度指示标签（如瑞典 Vitsab 公司生产的 CheckPoint®）、基于聚合物的时间温度指示标签（如美国 Temptime 公司生产的 Fresh - Check®系列）和基于扩散的时间温度指示标签（如美国 Avery Dennison 公司生产的 TT Sensor Plus™和 3M 公司生产的 Monitor Mark®）等，各种类 TTI 特性如表 6 - 1 所示。

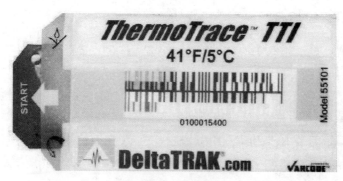

图 6 - 13 TTI 标签

资料来源：智能温控标签（TTI）在冷链中的应用．http：//www．Sohu．com/a/231519845_ 644021。

除了检测温度随时间的变化情况外，TTI 还可以被用来检测食品腐坏程度随时间变化的情况。根据 TTI 和食品系统模型，选取一个或多个随时间变化的特征质量指标，通过 TTI 来将食品腐坏的程度转化为可以直接检测的信息。所选指标可以是化学的

（如由于氧化或其他化学反应而导致异味的产生或颜色的改变以及化妆品或保健品成分，如营养物、活性成分的损失）、生物的（如微生物生长、酶恶化）或物理的（纹理缺失等）。由于 TTI 上的信息易于通过视觉读取和理解，因此只需要对冷链工作人员进行适当的培训就可以投入使用，节省了培训的成本。

表 6-1　　　　　　　　　　　　　　　TTI 特性

TTI 类型	工作原理	相应类型	相应范围	成本
CheckPoint®	色墨套印误差值	≤0.15 毫米	≤0.15 毫米	—
M 型和 L 型	酶	绿色至黄色至红色	4℃条件下数小时至数周	0.4~1.2 元
Fresh-Check®	聚合物	无色至蓝色	4℃条件下数小时至数周	0.08~0.4 元
OnVu™	光化学	深蓝色至无色	4℃条件下数小时至数周	0.08~0.4 元
TT Sensor Plus™	扩散反应	黄色至粉红色	4℃条件下数小时至数周	0.4~1.2 元
eO	微生物	绿色至红色	4℃条件下数小时至数周	0.4~1.2 元

（三）温湿度云监测系统

温湿度云监测系统主要由温湿度云监测仪和冷链监测云平台构成，如图 6-14 所示。温湿度云监测仪主要负责保温箱内部温湿度数据的采集与传输，同时具备利用全球定位系统（Global Positioning System，GPS）采集位置信息的功能。温湿度云监测仪作为智能硬件终端，可以配置在不同型号的冷链保温箱上，使用时直接放置在保温箱内部或者嵌入保温箱表面。云监测仪采集的温湿度、地理位置等数据通过 GPRS 技术实时传输至后端云平台，冷链监测云平台通过数据处理等，将温湿度数据、地理位置信息呈现出来。电脑端和移动端（如智能手机）与云平台互联，实现同步查看数据功能。用户直接访问冷链监测云平台或者移动端 App 即可监测冷链保温箱内温湿度数据、位置信息等；同时可以实时查看保温箱内超温或低温报警情况，并采用相关的处理措施。

温湿度云监测仪包括主处理器、温湿度传感器、电池管理模块、显示模块、全球移动通信系统（Global System for Mobile Communication，GSM）通信模块、GPS 定位与自定义扩展模块。主处理器（单片机）是整个硬件部分的核心模块，其他模块分别与主处理器相连接，其中自定义扩展模块可以外接显示屏或者其他传感器，以满足冷链保温箱不同应用场景的需求。单片机由 I/O 口采集温湿度传感器的信号，经过分析处理，将其温湿度数据发送给 GSM 通信模块，再通过 GPRS 网络传输数据至后端云服务器。如果 GSM 通信模块自测掉线，温湿度数据会先缓存至本地存储单元，待 GPRS 网络恢复连接后再重新发送数据，以确保温湿度数据不会丢失。

冷链监测云平台系统的开发，采用超文本预处理器进行编程设计，在云服务器外

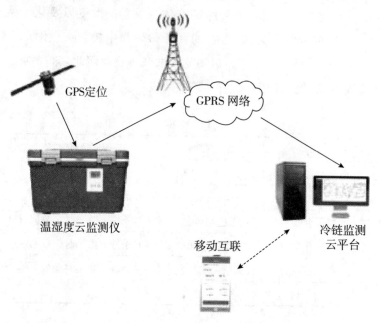

图 6-14 温湿度云监测系统框架

接一个 GPRS 无线接收端，可接收数据采集终端的数据并传输至 PC 监控台，在 PC 端呈现实时温湿度数据、温湿度数据曲线图表、地理位置轨迹显示等。在冷链监测云平台软件中建立数据库，可随时调用和查看历史数据信息。

经过试验证明，温湿度云监测系统接收温度数据误差为 ±0.3℃，接收湿度数据误差为 ±3%，完全符合温湿度传感器精度范围的要求，且满足《药品经营质量管理规范》对药品温湿度监测精度的要求。作为附着于传统包装上的检测系统，其具有一定的推广价值。

（四）新型环保芯片袋

无线射频识别技术（Radio Frequency Idenfication，RFID）是一种非接触的自动识别技术，目前已被广泛应用于各个物流场景之中。通常 RFID 的识别条码会被粘贴在托盘等相对较大的单元化包装上或是直接粘贴在商品包装上。随着时代的发展，市场需要一种大小介于托盘与商品包装之间的单元化智能包装。于是，多家电商物流企业开始研发循环芯片包装袋。

申通快递便是研发循环芯片包装袋的代表企业。在江、浙、沪、皖网点推广试用后，申通快递宣布自 2016 年 9 月 21 日起，在全网范围内推广使用环保芯片袋，如图 6-15 所示。随着宣传推广的不断深入，操作者良好体验的现身说法，环保芯片袋使用率逐步攀升。截至 2017 年，在申通网络中，环保芯片袋使用率超过 14%。

图 6-15　申通快递新型环保芯片袋

资料来源：中国快递协会官网．http://www.cea.org.cn/content/details_23_14062.html。

环保芯片袋采用拉链式封包，并用定制小封签上锁，内含芯片，易于追责。为配合环保芯片袋的使用，申通快递研发与环保袋配备的 RFID 巴枪，实现在线查询功能。若运输途中条码不慎掉落，可以通过 RFID 巴枪扫描芯片号得知大包号、始发网点、目的地等信息。除此之外，RFID 巴枪实现了下载批次号功能，数据与环保袋系统同步，方便了转运中心发放人员的扫描工作，不再需要手工录入批次号，避免了录错信息的情况，减少了因此造成的损失。

当然此新型环保袋也兼顾了包装最基本的功能需求，采用涤纶布料，耐磨耐损，中转过程中破损率极低；袋体防水密度高达 80%，可以在多雨季节保护快件不被淋湿。

推广此新型环保袋，意味着申通快递每年可以减少 93520 吨垃圾，截至 2017 年，每年可以节省 93520582 元的成本。

（五）电商包装印刷电子技术微型传感器

如今，电商行业获得了前所未有的发展，电商产品包装也在逐步融合新兴的信息化和智能化技术。利用印刷电子技术制备微型传感器（见图 6-16）应用于电商包装可以帮助电商实现包装信息化及可视化。随着智能手机的普及，传感器在包装上的应用展现了丰富的想象空间，电商包装可以通过微型传感器作为流量入口，接驳多方面信息，如对贵重物品实施跟踪监督、监测食物是否变质、提供防伪凭证等。

印刷电子技术是将传统印刷技术和电子技术相结合，伴随着先进材料的研究发展，从而把传统印刷工艺应用于制造先进功能电子器件和高性能产品。印刷电子技术制备微型传感器的主要方式是利用特定的功能性材料、助剂等配置成液态墨水。通过改善承印物表面的印刷适性，并且根据生产、生活所需要的功能来设计微型传感器的结构，从而实现微型传感器的全印刷制备。

图6-16　印刷微型传感器

由于印刷电子技术可以实现柔性及大批量制备等优势，大大减少了其他传统加工方式中的污染和能耗等不可避免的问题。同时，随着信息技术的进步，微型传感器已经具备统计处理功能，可对电商包装运输过程中的各种数据进行分析统计和修正，还可以对温度、噪声、湿度、响应时间等做出误差补偿，实现对包装内产品的实时监控。这些优点使得微型传感器在电商包装领域有广阔的空间。就市场占有率来讲，微型传感器是目前最为成功并最具有实用性的微型电子器件之一。过去几十年，微型传感器在一些领域已经得到了良好的应用，这都为今后微型传感器在电商包装中的应用提供了宝贵的经验。

（六）基于ZigBee技术的海运冷藏集装箱实时监测系统

随着经济全球化趋势的发展、国内外贸易的快速增长及"一带一路"倡议的提出，我国海上货运量快速增长，其中药品、血液制品、生鲜食品等不易储存的高价值货物所占的比例也呈几何式增长。海运冷藏集装箱作为技术性能先进的冷藏运输工具，运价相对较低、运输质量较高，能实现国到国直达运输，是药品、血液制品、保鲜食品等冷冻冷藏货物的最佳运输方式之一。但由于我国对冷藏集装箱内部环境缺少有效监测，导致货物损坏率（20%~25%）远远高于发达国家（1%~5%），所以对在途冷藏箱内部环境的监测显得十分重要。

ZigBee技术是一种基于IEEE 802.15.4的近距离、低复杂度、低功耗、大容量、可靠、时延短的双向无线通信技术，可工作在2.4吉赫（全球）、868兆赫（欧洲）和915兆赫（美国）3个频段上，分别具有最快250千比特/秒、20千比特/秒和40千比特/秒的传输速率，能在数千个微小的传感器之间相互协调并实现通信，可较好地满足冷藏集装箱实时监测系统在全球复杂环境下的技术需求。同时ZigBee技术具有自适应组网功能，能够满足冷藏箱在途中需要中转或临时装卸时自动加入所在船舶的无线网络，保证无线网络的连续性；能够有效解决冷藏集装箱船在深船舱、高堆叠、高屏蔽环境下的无线自动组网及数据传输过程中的信号屏蔽问题。

基于 ZigBee 技术的海运冷藏集装箱实时监测系统，由冷藏箱数据采集与处理部分、远程数据通信部分和冷藏箱监测中心组成，包含有若干温湿度传感器节点的温湿度检测系统、多节点 ZigBee 无线通信系统、具有异常报警功能的船载监测系统和面向不同终端用户的远程监测系统等。系统总体框架如图 6－17 所示。

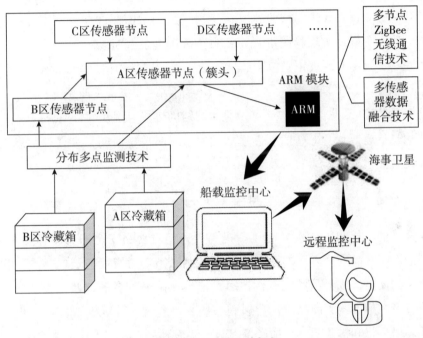

图 6－17　系统总体框架

海运冷藏集装箱实时监测系统整体流程如下。

①由温湿度检测系统通过分布式多点监测技术采集冷藏箱内部信息。

②运用多传感器数据融合技术对数据进行处理，并通过多节点 ZigBee 无线通信技术将数据上传至船载监测系统。

③船载监测系统对数据进行收集、压缩、判断等，若有异常数据则报警并提供异常数据来源。

④船载监测系统通过海事卫星将冷藏箱信息和集装箱船信息等实时传递到岸上的远程监测系统，提供给不同用户。

实验结果表明，系统方案可以保证箱内温度场监测的准确性和传输数据的可靠性，提高冷藏集装箱监测的自动化程度，对海运冷藏集装箱实时监测系统的开发具有一定的借鉴作用和参考价值，同时对保障远洋运输的安全性和可靠性具有重要意义。

二、发展趋势

（一）信息技术不断升级，物流可视化率逐步提高

物流可视化是指综合运用智能化技术，实时、准确地获取和处理物流运输的数字化信息，并对物流活动进行有效控制的一体化综合电子信息系统。实现物流在运的可视化，能及时、准确地掌握物资的位置、状况、活动等信息，为物流运输提供优质高效的系统化服务，提高管理与决策水平，实现产品的增值，这是未来物流发展的重要趋势之一。为了更好地实现物流可视化，更为准确地追踪货物状况，物流包装信息将会进一步完善，逐渐实现仅识别包装信息就能获取对应货物信息、自动追踪货物包装、检测货物运输环境等功能。2019年下半年5G通信网络或将普及使用，其峰值理论传输速度可达每秒数10千兆位，比4G移动通信网络的传输速度快数百倍。届时，5G网络将在加快信息传递速度、提高信息传递准确率、提高单位时间云端处理信息能力等多个方面促进智能包装与云端的高效对接。

（二）食品领域智能包装应用前景大好

随着经济的增长和生活水平的逐渐提高，人们对食品安全的关注程度越来越高。愈发强烈的对于食品安全方面的需求将极大地刺激市场对智能包装的需求。智能包装能检测食品的质量，或者是鉴别真伪，尽可能地保障消费者的权益，实现产品可追溯功能。消费者在超市购买商品时，会遇到一些食品包装，外观看似完好，也在保质期内，但是，微生物和霉菌的滋生往往是肉眼无法看到的，我们无法判断食品能否食用，导致食品安全事故的发生。而智能包装技术可以方便消费者选择安全放心的食品，可以延长食品的保质期，有利于食品的保存和运输，具有广阔的市场前景。特别是在市场监管机制还不健全、假冒伪劣产品十分泛滥的情况下，消费者更加需要智能包装技术的帮助。

（三）包装智能化技术水平日益提升

智能包装是未来包装重要的发展趋势之一，我国目前还没有规模化实现，究其原因，技术落后与高成本是阻碍智能包装发展较大的问题之一。但随着"中国制造2025"的推进和制造强国战略的实施，智能制造成为未来制造业发展的重点方向，智能工厂和智能生产成为智能制造的主要内容。未来智能包装相关研发与制造将得到更多的关注，更先进的技术将应用于智能包装之中，使包装智能化程度越来越高。

三、年度优秀案例：新一代物流运输环境实时检测监控分析系统

为了解决物流包装设计缺乏科学依据、物流包装损害鉴定标准缺失、物流包装风险预案不足等问题，南京磊茂智能科技有限公司研究推出了新一代物流运输环境实时检测监控分析系统，如图6-18所示。该系统具有四项技术特点：第一，能够采集物流大数据；第二，能够抓取小概率的破损事件；第三，捕捉获取的信号数据是真实可靠的；第四，能够进行专业数据的分析，通过检测记录、专业算法和专业软件等方式来实现。

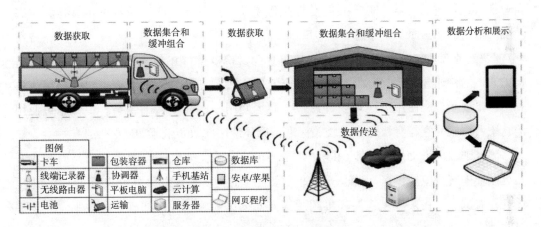

图6-18　新一代物流运输环境实时检测监控分析系统示意

资料来源：2019全球物流技术大会演讲《物流运输环境检测监控与包装安全》。

新一代物流运输环境实时检测监控分析系统有五大优势：一是功能非常集中，可把如温度、湿度、光照、气压等集中在一起并根据需要进行实时或非实时的监控；二是小巧易用，该系统检测器实体大概50克，可以安装在包装及产品的任何位置，对被检测产品本身的影响非常小；三是数据分析，本系统可以对收集到的信息进行一定程度的测算。测算的内容包括专业分析振动冲击响应谱、跌落高度及方向、数据统计等；四是检测监控，系统检测精度高，可对路线路况实时监控，实时报警；五是安全性高，此系统分网络版和单机版两个版本，单机版主要是为了满足有的企业提出的保密需求，军工、国防企业就必须使用单机版。

通过新一代物流运输环境实时检测监控分析系统可以收集到各个物流环境中的包装数据。通过此数据可以明确货损的责任，提供索赔的证据，也可以提供物流的风险诊断分析。目前该系统跟宝洁已经有初步的合作，双方共同打造了从包装到物流相关的、第三方和大家都认可的物流标准。

第三节　循环共享包装技术

近些年来，随着共享单车的出现，我国对于共享经济的关注程度越来越高。2016年共享经济发展报告显示，2016年共享经济的规模已经达到了39450亿元，增长率达到了76.4%，未来几年共享经济将保持年均40%左右的速度增长，2020年共享经济的规模将占整个GDP的10%左右。可以看出共享经济依然是一片蓝海。伴随着火爆的共享经济，物流共享循环包装受到各家企业更多的关注。发展共享循环包装不仅可以为企业带来经济上的利益，更重要的是提高包装的利用效率，减少资源的浪费，为生态环境的保护做出贡献。

《快递业绿色包装指南（试行）》要求企业要积极推行在分拨中心和营业网点配备标志清晰的快递包装回收容器，建立相应的工作机制和业务流程，推进包装物回收再利用；要逐步推广使用可循环快件总包，避免使用一次性塑料编织袋。快件总包使用的材质、规格等宜符合快递行业相关标准，循环使用次数不低于20次。

国家邮政局推动快递企业积极开展循环包装实践，如组织申通等6家品牌企业开展可循环中转袋应用试点，选取顺丰等5家品牌企业在8省市针对包装箱回收等12项任务开展试点。在快递包装循环再利用等方面创出经验、做出样板。各地邮政管理部门推动在邮政快递网点结合本地实际完善快递包装回收体系，如设置包装废弃物回收装置，引导快递企业通过在高校和社区网点设立回收装置，快递员上门回收，开启包装物回收逆向物流模式。2019年，邮政管理部门聚焦包装治理和节能减排任务，目标为实现50%以上的电商快件不再进行二次包装，循环中转袋使用率达到70%，在1万个邮政快递营业网点设置包装废弃物回收装置；选取部分城市开展行业生态环境保护城市综合试点，探索邮政绿色发展全流程、全生态的城市治理模式。相关的政策要求以及国家邮政局的相关试点体现了包装循环化在物流包装发展过程中的重要意义。循环化物流包装相较于一次性包装具有以下3点明显的优势。

（1）环境友好：循环包装主张将包装最小化并设计用于回收和再利用，大幅度减少固体废料，譬如一个每年需要10万次运输包装的企业，如果使用可重复性包装代替一次性使用的木制或者纸质包装，那么一年对环境的贡献为减少250吨温室气体排放，相当于49辆乘用车一年产生的温室气体。

（2）运输环节更为精简：可回收包装通常设计为堆放或折叠，因此可以减少存储和运输空间以及相关成本。这意味着每辆卡车可以运送更多的产品，从而减少总的卡车运行里程，进而减少额外的碳排放以及运输成本。

（3）对产品的额外保护：可回收包装的制造和设计更加坚固耐用，这有助于降低运输过程中产品损坏的风险。对于价值比较高的产品和需要在储运和运输过程中加以特别保护的客户尤为重要。

一、典型技术

（一）循环周转箱

1. 佳怡周转箱

佳怡供应链企业为应对目前的市场环境以及政策环境推出的一款兼具绿色、防水、智能属性的周转箱，如图 6 - 19 所示。

图 6 - 19　佳怡周转箱

资料来源：佳怡智能 RFID 周转箱技术助力中国直销物流标准化. http：//news. zhixiaoren. com/2017/1115/1/65316. html。

佳怡周转箱按照《商务部等 10 部门关于推广标准托盘发展单元化物流的意见》推荐的 600 毫米 ×400 毫米模数进行设计。在我国最通用的 1200 毫米 ×1000 毫米托盘上正好可以码放 5 个此种周转箱。此周转箱绿色耐用，箱体制作材料为食品级的全新聚丙烯（PP）材料，这种材料可以二次利用，甚至回炉再造。正常使用的情况下，可使用三年。使用新材料并没有影响周转箱的承重能力，其堆码承重可以达到 250 千克。除此之外，此周转箱还具有极高的抗低温和抗高温以及防水能力，在 - 25℃ ~70℃，可以正常地运行。周转箱合盖的情况下，在离箱体 2 米高处以每小时 100 平方米/升的速度进行喷淋，周转箱里面丝毫不会进水。此外，周转箱还预留了 RFID 防水芯片，可以对周转箱里的货物进行数据跟踪，并通过信息平台传递到云端进行大数据汇总，对周转箱里的产品的可追溯性也做了非常好的设计。

截至 2018 年，佳怡借助自身及合作伙伴的资源，已经在全国建立了 21 个服务中心，可以实现客户货物跨区域正向及逆向物流的周转箱回收。在上述过程中，还可以匹配佳怡自主研发的天鸽周转箱管理系统，实时追踪箱子的在途状态，尽可能地做到随借随用、随用随还。21 个服务中心都可以实现箱子的租赁、回收、存储、维护、清理等，这种网络服务甚至可以延伸到乡镇一级。

在此周转箱研发成果投入使用后的四个月内，佳怡通过数据计算，其使用量已经累计达到了50万次，每使用一次就意味着节约一个纸箱，共节约了50多万个纸箱，接下来，佳怡将在生产物流和采购物流中进一步地推广此周转箱。

2. 顺丰共享循环箱——丰·BOX

顺丰一直着力于可持续发展相关方面的研究，其旗下名为可持续包装解决方案（Sustainable Packaging Solutions，SPS）的实验室，是一间为全行业打造可持续包装解决方案的实验室。而丰·BOX正是其为适应企业自身所处环境而研发出来的循环箱。

顺丰目前共推出了8款不同规格的丰·BOX，尺寸依次增大，装载的重量也相应增加，可以满足不同规格托寄物的需求，同时顺丰也明确了包装要求，以达到更标准化的使用。与一次性包装相比，丰·BOX（见图6-20）有效解决了成本高、破损多、操作效率低、资源浪费等问题。丰·BOX目前已经申请了3项国家专利，其不仅发明了用拉链代替封箱胶纸。还创新了易拆封、可折叠、防盗、内绑定、无内填充等产品结构，除此之外，还增加了防静电、防水、阻燃、隔热、保温等特殊性能。同时，丰·BOX拥有更长的使用寿命（可重复使用数十次乃至上百次），且使用100%可回收的环保材料，绝对无二次污染，能较大程度地从实际意义上践行绿色可循环的环保理念。按计划，深圳全区将推广50000个丰·BOX用于同城快件，来部分替代传统纸箱包材，第一批先期投入26600个，涉及84个网点、7个点部。自从丰·BOX箱上线以来，快件损坏率有了很大的改善，极大地提升了客户的满意度。业务员对此项目也反应热烈，在包装物品更加牢固的同时，也有效减少了业务员的操作难度，大大提升了工作效率。从首批投入试点的反馈结果上看，截至2018年7月，丰·BOX依然保持"零"破损的使用纪录。2019年2月顺丰于中苍南片区投入丰·BOX 317个。投放1个月以来，丰·BOX共循环使用886次，累计节约纸箱及包材物料成本5000余元。根据顺丰自己内部的数据分析预测，1000万个丰·BOX将可替代5亿个纸箱、14亿米胶带以及225万立方米内填充的投入使用，可为绿色环保做出贡献。

图6-20 丰·BOX

资料来源：〔趋势〕顺丰势要颠覆包装业？新研发的丰·BOX将大批量取代纸箱.http://www.sohu.com/a/239364326_174775。

3. ZerO Box

国家邮政局的数据显示 2018 年中国全年快递数量已经突破 500 亿件，与此同时，当今快递包装存在大量浪费资源与污染环境的现象，其主要体现在以下几方面：①我国快递纸箱回收率不足 20%。无法回收的包装箱便意味着资源的浪费。此外，商家受利益驱使，过度包装后夸大产品价值促进营销的现状，也在一定程度上加剧了资源的浪费。②环保包装成本相对较高，且降解周期长。生产商为压缩成本选用较劣质的原材料生产加工，透明胶带、塑料袋等包装物的处理方式多为焚烧、填埋，此类物品含有聚氯乙烯，在处理的过程中会产生大量的污染物质，且降解的时间长达百年以上。③利用生活垃圾和化工材料生产的快递包装含有超标的重金属及有毒物质，对人的身体健康产生极大的威胁。为了解决目前的问题，灰度环保科技（上海）有限公司（以下简称"灰度科技"）耗时两年开发出了名叫 ZerO Box（见图 6 - 21）的循环包装箱。

图 6 - 21 ZerO Box

资料来源：灰度科技官网. https：//www. huidugroup. cn/。

灰度科技是一家致力于环保循环包材研发、生产、运营及回收再生的科技企业。公司成立于 2017 年 8 月，现有厂房面积 7000 余平方米，总部位于上海市奉贤区。其开发的 ZerO Box 环保包装箱采用的是聚合塑料类材料，该种材料的优点是重量轻、无毒无害，且由于 ZerO Box 采用绿色环保聚丙烯材料，生产过程中不排放有毒气体和污水，且该箱可以 100% 回收无污染循环再造，循环次数可达 14 次以上；ZerO Box 箱体结构设计上有多项国家专利，采用"插拔式"特殊锁扣设计，因此不需要胶水胶带及封箱胶带即可成型，而且兼具无毒、无味、防水、耐腐蚀、耐酸碱等特性，甚至可直接包装食品。同时，灰度科技还有自建自营的回收网络系统。ZerO Box 和几大云仓配送中心合作已经初步建成配套的包装回收循环利用体系试点，最终通过若干个辐射范围为 500 千米的回收站覆盖全国。通过 ZerO Box 可同时解决快递包装回收难以及生产及使用过程产生有毒、有害物质的问题。

此外，ZerO Box 还具有轻便易用、表面刚度高、抗划痕、不易开裂等特点，且耐热性强，使用温度可达 110℃~120℃，与传统纸箱相比还能做到为不同的产品类型进行定制的附加属性。在使用成本方面，ZerO Box 采用一体化生产制造体系，成品单次使用价格比纸箱低 30% 以上，既环保又经济。

2018 年 11 月灰度科技完成了 1000 万元天使轮融资，投资方为优势资本、尚湾投资和重庆环保产业股权基金，与苏宁物流集团、圆通快递、申通快递、猫武士物联科技签署了深度合作协议，并达成了 6 家省级代理商的签约授牌。除了 ZerO Box，灰度科技还开发了 ZerO Bag 以及 Cool Box 两款环保循环包装。物流循环包装是一个万亿元级的市场，相信在未来 ZerO Box 可以在其中占有一席之地。

（二）包装共享租赁

通用包装共享租赁模式（见图 6-22）是应用于不同的零部件供应商或不同行业客户之间的包装共用体系，以包装设备共同分享、使用为目的的业务模式；通过统一的第三方服务平台，实现通用包装在不同客户之间的共享，规避或减少包装的返程费用，降低供应链的整体物流成本。安吉智行物流有限公司（以下简称"安吉智行"）结合自身覆盖全国的汽车物流服务网络开展汽车零部件包装的共享租赁。

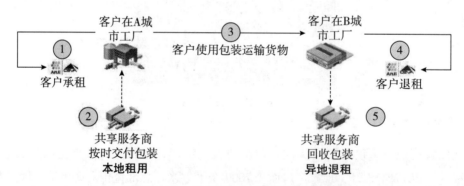

图 6-22　通用包装共享租赁模式示意

资料来源：2018 年物流包装技术发展大会演讲《吴迪打造汽车供应链包装一体化服务平台》。

围板箱在汽车行业被广泛应用。可代替传统的纸箱、木箱等一次性包装，是一种循环利用、绿色环保的包装解决方案。除此之外，托盘也被广泛应用于汽车行业。因此，安吉智行选择围板箱与托盘作为共享的包装。不同型号及种类的围板箱与托盘的参数如表 6-2 与表 6-3 所示。

通过实行包装共享租赁模式，在创造价值方面，可以提高包装标准化水平、提升供应链整体效率、实现绿色环保的供应链，在减少浪费方面，能够减少一次性用品包装浪费和消耗、减少包装丢失率，使包装设备利用率更高。

表 6 – 2　　　　　　　　　　　　　不同型号围板箱参数

围板箱型号	外长（毫米）	外宽（毫米）	外高（毫米）	自重（千克）	载重（千克）
1 号围板箱	1200	1000	1100	32	350
2 号围板箱	1200	1000	750	32	350
3 号围板箱	1450	1100	750	45	300

表 6 – 3　　　　　　　　　　　　　不同种类托盘参数

托盘种类	外长（毫米）	外宽（毫米）	外高（毫米）	动载（千克）	静载（千克）
塑料托盘	1200	1000	150	1000	4000
木托盘	1200	1000	150	1000	4000

（三）PT 备库循环包装

以往电压互感器（Potential Transformer，PT）备库主要使用一次性包装，需投入巨额备库费用，且不利于环境可持续发展。为解决这个问题，上汽研制出了四地备库共享的备库循环包装，以减少一次性包装投入。包装循环情况如图 6 – 23 所示，四地共用的循环共享料架采用模块化设计的金属框架与可拆卸木质加固、定位材料，整机料架利用（EOP）项目废弃料架改造结合可折叠设计，降低运输和存储成本。

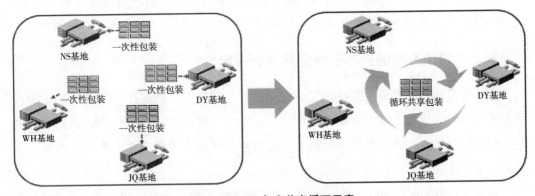

图 6 – 23　PT 备库共享循环示意

资料来源：2018 年物流包装技术发展大会演讲《上汽大通汽车零部件包装智能化、循环化、绿色化及标准化》。

二、发展趋势

（一）循环包装系统规模化程度越来越高

由于研发共享包装、建设回收物流系统成本较高，但收益却很低，单纯依靠企业自身常常难以开展。因此，推动共享循环包装体系的建成，不光是企业单方面的事情，也需要政府的引导与支持。与此同时，国民绿色环保意识逐渐增强，自主参与到包装循环的过程中也同样重要。因此，未来发展的趋势是建立政府主导、政策扶持、企业积极参与的绿色包装推进组织，并联合企业、社区、学校等，探索建立包装回收试点。除此之外，政府还可以通过对一次性包装征收废弃物处理费以及减免循环包装产品的增值税的方式促进循环包装的发展。

（二）循环包装回收服务网络覆盖范围越来越大

若想真正地实现循环包装的大范围循环，需要建设有效的覆盖全国的服务网络，减少空载循环包装系统逆向物流费用。没有覆盖范围大的服务网络，循环包装只是单向的流通，没有逆向物流，无法形成闭环，易造成循环包装丢失等情况。因此，循环包装本身逐渐发展的同时，包装循环回收服务网络覆盖范围将越来越大。

（三）对循环包装盈利能力的关注度越来越高

循环包装系统能否被广大客户接受，需要循环包装系统生产企业开发出符合各行各业要求的、性价比优异的循环包装系统产品。循环包装的开发本身就需要大量的资金进行支持，若在开发完成后仍无法盈利，该种循环包装将很难可持续地发展下去，前期的投资也将浪费。因此，在开发循环包装时就要关注各个行业对包装的实际需求，找到循环包装的盈利点，切不可为了循环而循环，造成类似于共享单车一样的结局。

三、年度优秀案例：苏宁物流共享快递盒

大部分消费者对快递包装持有"一次使用，用完就扔"的态度，包裹量的暴增直接带来纸箱的浪费，大量快递垃圾的产生，无形之中对环境造成不可逆转的伤害。目前市场有可以降解的快递纸箱，但其生产过程中要排放大量的废水、废气和废渣，污染量也不容小觑。

企业在追求利润的同时，更应该树立良好的企业形象、企业信誉，履行社会责任。如何抑制物流活动对环境造成的危害，使物流资源得到最充分的利用，成为苏宁物流重要的研究课题。

多年来，苏宁物流致力于绿色包装产品的研发和使用，为减少纸箱及胶带的使用，推出更加轻便、易于携带、可循环使用的共享快递盒，代替传统的纸质快递盒，从而实现节约资源、降低能源消耗、减少污染排放。

2017年"4·18"期间，苏宁物流首次推出"漂流箱计划"，也就是共享快递盒1.0版本，如图6-24所示。使用的城市有北京、上海、广州、南京、深圳等13个。

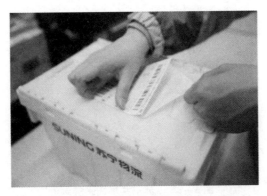

图6-24　苏宁共享快递盒1.0

资料来源：苏宁易购集团股份有限公司。

共享快递盒1.0采用可循环回收并且防水抗污的塑料材质。为了增强用户体验，这款快递盒还特别设计了牢固的封箱扣，封箱扣是一次性材质，一旦被打开就会损坏，以此保证商品安全，保障用户隐私。

这种快递盒在两种情景下可以接收到，一种是自提模式，消费者可以在苏宁的自提点或者是社区代收点自提快递，遇到这样的快递盒可以取出商品后将快递盒放回自提点回收。另一种是送货上门时，消费者可以当面拆箱验货签收，然后将快递盒交由快递员带回。为了方便回收，共享快递盒被设计成梯形结构，方便叠放，节省运输成本和存储空间。

2017年12月11日，苏宁物流发布共享快递盒2.0版本（见图6-25）。这款新版共享快递盒，采用环保高科技材料，重量轻、无毒无害、坚固耐用，可100%回收再循环，生产过程中不排放任何有毒气体、不排放污水，让可循环的快递盒本身也绿色环保，并且获得了多项国家发明专利、实用专利及外观专利。该共享快递盒兼具密度小、轻便易用、表面刚度高、抗划痕、柔韧性好、不容易开裂的优点，可有效循环使用60次以上，成品单次使用价格比纸箱低30%以上。

与第一代相比，单个箱体重量仅为50克，打开使用仅需5个步骤，回收折叠时只要4个动作，非常适合在仓库与运输途中的堆叠码放，能够有效提高物流运输效率，节省仓库容量，提高物流周转率。

在循环回收系统设计上，新版共享快递盒实现了入仓、分拣、包装、配送、回收的全流程在线，每个箱体码就是唯一的身份证，可以实现动态的盘点和回收管理。此外，在物流商品安全性方面，共享快递盒设置了牢固的一次性环保封箱扣，能最大限度地保障商品安全。

在共享快递盒推广的早期，苏宁将共享快递盒集中投放在3C类、母婴用品等特定的品类上，因为这些贵重、易碎的商品需要消费者面签，方便快递员当面回收共享快递盒。

图 6 – 25　　苏宁共享快递盒 2.0

资料来源：苏宁易购股份集团有限公司。

　　在早期推广流程打通后，苏宁致力于解决共享快递盒推广过程中面签和回收的问题，进一步扩大共享快递盒的推广范围。一方面开发大数据平台，通过数据分析消费者的消费习惯和签收习惯，精准定位可当面签收的目标受众，针对这一群体集中投入共享快递盒服务；另一方面在绿色末端上，苏宁物流正式启动"绿色灯塔"快递包装社区回收体系建设。"绿色灯塔"基于遍地开花且就在用户身边、覆盖百姓生活"最后一公里"甚至几百米的苏宁小店以及快递点，设立快递包装回收专区，首先立足于对传统纸箱、循环包装的回收再利用，继而进一步覆盖到社区、校园、商场、写字楼等领域，真正实现全场景回收模式。

　　为加快共享快递盒的周转，降低丢失率，降低共享快递盒的回收成本，苏宁构建内部天眼数据平台中的漂流箱使用状态监控系统，通过数据监控共享快递盒的实时位置，让共享快递盒的日常管理趋于动态化、实时化、透明化。同时搭配天眼数据平台使用的还有 RFID 管理技术，该技术将共享快递盒和 RFID 标签相结合，对每个共享快递盒进行编号，并将共享快递盒相关信息写入数据库中。在共享快递盒交接过程中，通过手持式读写器读取 RFID 标签信息进行数据采集，再将共享快递盒流通信息上传至天眼平台。自共享快递盒启用大数据管理以来，对实现了快递盒位置信息的实时管控，有效降低了丢失率，2018 年全年，共享快递盒的丢失及损坏率仅为 0.016%，真正实现了绿色循环。在逆向回收体系上，苏宁物流依托苏宁小店及快递点建设的"绿色灯塔"快递包装社区回收体系，通过快递末端触点与用户形成更紧密的连接，有效降低回收成本。

　　2017 年 4 月 18 日至年底，苏宁物流共投入使用共享快递盒 5 万个，节省纸箱约 780 万个；2018 年，苏宁物流以共享快递盒为代表的绿色循环产品，累计投放 1 亿次，相当于节省约 5 万棵树木。共享快递盒在全国范围投放后，苏宁物流一年节省下来的快递盒可绕地球一圈。经过一年的建设与探索，苏宁物流在共享快递盒领域已建设完成一整套数据监控体系和绿色回收体系，实现绿色循环包装规模化利用。2018 年，苏宁物流在共享快递盒的基础上，进一步推出"青城计划"，打造了以绿色仓库、绿色运输、绿色配送为核心的物流全链路绿色行动"三张王牌"，发力从产生到配送完成的每一个环节。

共享快递盒已经在苏宁体系内循环使用，取得良好效果。为降低循环共用成本，在物流行业内形成更大范围的流通和应用，苏宁致力于绿色产业联盟共建，将联合政府、科研机构、品牌商户等社会各界力量，打造开放式回收网络。

苏宁物流联合多个品牌发起"绿色共享行动"，一是围绕零售上下游进行绿色包装的联合推广和应用，相关品牌商在工厂出厂时使用共享快递盒包装，销售后苏宁仓库可直发顾客，未来一年计划把共享快递盒推广至 1000 个品牌。二是着眼于全行业，把共享快递盒推广至其他快递企业，协同多方力量推进共享快递盒的普及化、常态化；并通过物联网的传输和应用网络搭建信息化数据共享管理平台，实现管理数据共享，以此打破各行业间流通壁垒。

第四节　集装单元化包装技术

物流集装单元化是指以集装单元化作业方式，从供货方到需求方组织物品的装卸、搬运、存储、运输等一系列物流活动。而在进行物流活动的过程中，为了便于运输和储存，把货物规整成统一规格的作业单元，这种统一的作业单元称为集装单元。其具有多种优点：①在储存方面，集装单元具有一定的体积和形状，便于堆垛，可以提高单位面积的储存能力。如集装箱可以堆高重叠，进而提高空间利用率，在车站、港口、码头等空间紧张的场所尤其占有优势。②在包装方面，使用单元集装器具，可以简化货物包装，节省包装费用；同时集装单元器具具有通用性，可以循环使用，降低成本，为可持续发展和绿色物流理念的实现提供了保障。如木质托盘使用数量的大量减少，对保护森林资源有着重要意义。③在运输方面，由于集装单元化物流能够将零散、非标准规格的物品集装化、单元化，使物品从始至终处于标准化，具有一定的体积和形状，便于实现装卸、运输的机械化和自动化，提高整个系统的作业效率，适合长途、大批量运输。④在装卸搬运方面，以集装单元为单位，便于清点件数，简化交接手续，且装卸搬运作业不受气候影响，可以提高装卸搬运效率，降低劳动强度，加速货物周转。

为进一步推进集装单元化的发展，集装单元化相关物流包装技术成为了国家以及物流行业关注的重点。2018 年 5 月，商务部流通业发展司在官网上发布了《关于开展2018 年流通领域现代供应链体系建设的通知》。该通知提到要将发展单元化流通，提高供应链标准化水平作为 2018 年五大主要任务之一，并鼓励把标准托盘、周转箱（筐）

作为供应链的物流单元、计量单元、数据单元进行采购订货、物流运作、计算运费、收发货和验货，减少中间环节和货物损耗，提升供应链单元化水平；鼓励托盘、周转箱（筐）、包装箱等物流单元化载具租赁和循环共用体系建设，减少用户自购自用；依托社会力量，探索建立物流单元化载具质量标准认证体系。在硬件标准化基础上，拓展供应链服务标准化，促进优化供应链流程和流通组织方式。在国家的大力支持下，集装单元化器具得到了有效的发展。仅以代表性的托盘为例，2003 年时市场保有的托盘总数约为 1 亿片，2008 年时总数约为 3.2 亿片，2013 年时总数约为 8.6 亿片，2017 年时达到了 12.63 亿片，涨势迅猛。伴随着托盘数量的增加，托盘相关技术也得到发展，定制化的、循环性的托盘逐渐进入市场，标准化技术得到实际应用。

一、典型技术

（一）标准包装统筹管理服务模式

标准包装统筹管理服务模式是由安吉智行设计，主要面向汽车原始设备生产商（OEM）用户的服务模式，其模式示意如图 6-26 所示。通过投入标准周转包装，并建立信息管理系统进行跟踪、管理，以实现提高包装的标准化率，达到标准包装在不同供应商之间共享的目的。该模式提供集包装设计、制作、管理、维护于一体的全方位包装服务，在节省包装成本的同时，使汽车主机厂可以专注于核心制造业务，其具体提供的服务如下。

①包装设计——所有标准包装的方案设计、优化。

②包装制作——国产外购件标准包装的统一采购、采购供应商管理、质量保证。

③资产管理——账务跟踪、盘点管理、差异分析、供应商管理。

④计划控制——供应链需求管理、空箱调拨、短缺预警。

⑤现场运作——空箱接收、分拣、清洁、维修、储存、配送。

⑥系统应用——基于 Web 界面操作的内容管理系统（CMS）支持。

该模式实施的总体效果较好。相较于供应商自投包装，该模式包装成本下降约 25%。该模式可以满足车型配置频繁切换的生产状态，提供稳定的包装供应，使周报缺数不超过 1 起。与此同时，包装的年度丢失率相较于行业平均水平下降 1%～3%。该模式所设计的标准包装零件覆盖率高于一般主机厂 50%～60% 的比率，可以达到 70% 以上，更利于包装在车型之间沿用。除此之外，该模式有利于提高厂内空箱存储效率、运输装载率等物流效率，并实现整洁、有序的厂区 5S（整理、整顿、清扫、清洁和素养）管理，其场内实景如图 6-27 所示。

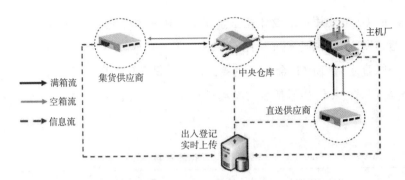

满箱流
空箱流
信息流

集货供应商　　中央仓库　　主机厂

直送供应商

出入登记
实时上传

图 6 - 26　标准包装统筹管理服务模式示意

资料来源：2018 年物流包装技术发展大会演讲《吴迪打造汽车供应链包装一体化服务平台》。

图 6 - 27　标准包装统筹管理服务模式场内实景

资料来源：2018 年物流包装技术发展大会演讲《吴迪打造汽车供应链包装一体化服务平台》。

(二) EPAL 托盘

目前欧洲使用的托盘载具主要是木制托盘，使用以木材为首的可再生能源作为包装材料将阻止对一次性及不可回收产品原材料的持续采购和生产，有助于减少工业排放。以木制平托盘为首的货物载具若按标准化规范进行生产、维修和出售的运作，同样会大大减少生产一次性木托盘所消耗的原材料，进一步达成减少温室气体排放的环保目的。而由欧洲托盘协会（European Pallet Association，EPAL）监管质量的 EPAL 托盘更是全球目前流通体量较大的标准化木制托盘载具之一，在全世界范围内均可采购这一物流载具进行使用，在提升物流效率的同时，其标准化的生产与维修规范也大大减少了不必要的原材料生产浪费。EPAL 托盘分为通用标准系列以及 CP 危险品、化学品运输系列。EPAL 托盘最大的特点在于不断地与时俱进，与不同的使用环境相契合，根据不同使用地区的通用标准设计托盘。其中通用标准系列包括 EPAL 欧标托盘，EP-AL 工业托盘，EPAL 中国托盘（见图 6-28），EPAL 半托盘（国际通用基础包装模数600 毫米×800 毫米），EPAL 金属托盘箱；而 CP 危险品、化学品运输系列包括 CP1 ~ CP9 共计 9 款产品。不同型号托盘的参数及 EPAL CP8 托盘示意如表 6-4 和图 6-29 所示。

表 6-4 不同型号托盘的参数

托盘型号	长（毫米）	宽（毫米）	高（毫米）	自重（千克）	载重（千克）
EPAL 欧标托盘	800	1200	144	25	1500
EPAL 工业托盘	1200	1000	162	35	1250
EPAL 中国托盘	1000	1200	144	30	1500
EPAL 半托盘	800	600	144	9.5	500
EPAL 金属托盘箱	1200	800	970	70	1500
EPAL CP1 托盘	1000	1200	138	—	—
EPAL CP2 托盘	800	1200	138	—	—
EPAL CP3 托盘	1140	1140	138	—	—
EPAL CP4 托盘	1100	1300	138	—	—
EPAL CP5 托盘	780	1140	138	—	—
EPAL CP6 托盘	1200	1000	156	—	—
EPAL CP7 托盘	1200	1100	156	—	—
EPAL CP8 托盘	1140	1140	156	—	—
EPAL CP9 托盘	1140	1140	156	—	—

图 6-28 EPAL 中国托盘

资料来源：微信公众号 EPAL 埃帕《EPAL 埃帕系统中包含哪些托盘产品？》。

（三）摩方智享智慧托盘

广州摩方智享科技有限公司（以下简称"摩方智享"）成立于 2017 年 6 月，总部位于广州，是一家基于标准化物流载具循环共享的综合服务商，公司独立开发了摩方

图 6 – 29　EPAL CP8 托盘

资料来源：微信公众号 EPAL 埃帕《EPAL 埃帕系统中包含哪些托盘产品?》。

智享云服务平台，并结合自主研发的、嵌入智慧物流芯（内置集成了 RFID、GIS 码、NB – IoT 窄带物联网数据传输、蓝牙电子标签及"GPS + LBS"双定位系统的智能模块）的托盘产品，可以实现直接对货物追踪，并且可以有效对托盘进行跟踪，实现托盘定位回收、管理、结算智能化，降低经营管理成本。

整体来看，摩方智享是在托盘产品打造、运营模式规划方面与传统托盘租赁企业相比都有所不同的企业，是在原有行业基础上进行的一次具有积极意义的创新尝试。目前公司业务刚开始起步，对自身产品和模式仍在进行摸索和优化。摩方智享智慧托盘示意如图 6 – 30 所示。

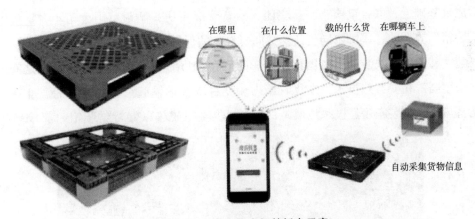

图 6 – 30　摩方智享智慧托盘示意

资料来源：微信公众号物流技术与应用《【荐文】一文读懂各行业可循环包装之路》。

（四）动子托盘

动子托盘是德国倍福公司于 2018 年 12 月对外发布的可以在特定环境中自主移动、定位的小型托盘。利用磁悬浮技术，动子托盘可自由悬浮在由传输平面模块拼接组成的任意形状的传输平面上运动，可以实现极其灵活、精确且高动态的定位任务。

平面磁悬浮输送系统的平面传输基础是传输平面模块，每个模块的尺寸为 240 毫米 × 240 毫米，用户可以根据具体的应用需要自由拼接成任意几何形状。其传输平面的表面材质可以自由选择，例如易于清洁的玻璃、采用卫生型设计的不锈钢或者塑料，这类适用于洁净室、制药与食品行业以及真空环境。动子托盘内集成了永磁体，因此其上方可以悬浮任意数量的动子。动子托盘不仅可以水平运动，也可以垂直运动，甚至还可以上下晃动。动子托盘共有四种规格，其型号及参数如表6-5所示。

表6-5　　　　　　　　　　　　　　动子托盘型号及参数

托盘型号	长（毫米）	宽（毫米）	有效载荷（千克）
小型动子	95	95	0.4
标准动子	155	155	1.5
长动子	275	155	3
大型动子	275	275	6

（五）独立蓄热控温集装箱

独立蓄热控温集装箱是陆军勤务学院国家救灾应急装备工程技术研究中心相关研究团队在过去十余年从事高原高寒特殊环境下军队营房采暖、太阳能利用方面积累的技术成果基础上，联合重庆市交运集团、渝新欧（重庆）物流有限公司、中集集团冷藏集装箱厂等企业，军民协同创新，共同研发出的保温特种集装箱。

独立蓄热控温集装箱（见图6-31）创新性地利用运输起始点与途经地区之间的温差，采用高效相变蓄热技术，发货时箱内相变材料在运输起点相对较高的温度环境下熔化蓄热，当集装箱途经极寒地域时，相变材料凝固放热以保持集装箱内部较高的温

图6-31　独立蓄热控温集装箱

资料来源：中集研制的全球首款"黑科技"集装箱 破解了中欧班列冬运难题. http://www.sohu.com/a/251409783_ 251755。

度。集装箱蓄放热控温过程无须传感器和机械工作，也不需要化石燃料等，具有极高的可靠性、环保性和经济性，让对低温敏感的货物不再受季节影响。

独立蓄热控温集装箱最早被应用于中欧班列（重庆）之中。中欧班列（重庆）开通初期，货源主要以 IT 产品为主。IT 产品对低温敏感，存放温度不能低于 -20℃。而中欧班列（重庆）所经线路跨越 6 个国家，冬季寒冷漫长，沿途温度低至 -40℃，最高温差达到 70℃。如此极端的低温，将对笔记本电脑、液晶显示器等产品的性能造成破坏，严重影响货物运输安全，使得中欧班列（重庆）在冬季时停运 IT 相关产品。首批 40 多台独立蓄热控温集装箱投入到渝新欧使用，货物运输时间也从过去海运的 45 天缩短到铁路运输的 15 天，创造了极大的价值。

截至 2018 年 7 月，独立蓄热控温集装箱已经获得 1 项发明，3 项实用新型专利授权，并获得重庆市科技进步一等奖。新型独立蓄热控温集装箱已经承运了 100 多亿元的货物出口欧洲，产生直接经济效益 1.13 亿元，使得众多的外贸企业从中受益。未来随着更多中欧班列的开通，该种新型集装箱将拥有更多的使用前景。

二、发展趋势

（一）集装单元化相关标准制定将进一步推进

在 2018 年中，我国共发布了 4 个有关托盘单元化的标准，其中包括 1 个推荐性国家标准与 3 个物流行业标准。这其中，《托盘单元化物流系统 托盘设计准则》（GB/T 37106—2018）的推出具有较为重大的意义。该标准发布于 2018 年 12 月 28 日，将于 2019 年 7 月 1 日生效，标准中规定了托盘单元化物流系统中托盘集装单元、托盘、单元货物包装容器、装卸及搬运设备、仓储货架、集装箱及运输车辆的要求。此标准适用于流通托盘平面尺寸为 1200 毫米×1000 毫米的托盘单元化物流系统，涉及平托盘、箱式托盘、立柱式托盘、滑板托盘等多个托盘类型。其他托盘单元化物流系统亦可参考此标准使用。标准填补了我国单元化物流相关标准的空白，对于实现我国供应链物流各个环节无缝衔接，形成高效低成本的社会化的托盘单元化物流系统提供了基础技术支撑，具有指导意义。3 个行业标准：《木质箱式托盘》（WB/T 1078—2018）、《钢质箱式托盘》（WB/T 1080—2018）、《联运通用平托盘 钢质平托盘》（WB/T 1079—2018），在各自具体的领域中进行标准化的规定，也具有一定的指导意义，但这还远远不够。由于物流研究在我国发展年限相对较短，目前仍有很多单元化器具缺乏统一化的标准，企业间相关器具尺寸不一，使用效率较低，从而产生较高的物流成本。因此，进一步扩大国标或是行业标准的宣贯和落实将成为未来发展的一大趋势。

（二）集装单元化容器标准化程度越来越高

前期由于国内缺乏相关的行业标准，整个行业无标可依。再加上客户需求的多样化、差异化，对容器尺寸、材质要求非常随意，造成国内托盘、周转箱等容器尺寸、型号繁杂，标准化程度非常低。目前政府虽然已经主导建立了国内的托盘标准，但短时间内难以改变托盘非标准化严重的问题，需要时间逐步消化、完善。澳大利亚托盘标准化率达90%，日本、韩国等托盘标准化率在40%以上，中国目前仅为25.5%。尽管目前我国集装单元化容器非标准化问题严重，但逐渐由不标准过渡到标准是未来的发展趋势。《国家物流枢纽布局和建设规划》提出相关的要求，未来国家物流枢纽单元化、集装化运输比重将超过40%。

（三）集装单元化容器损毁、丢失等比例将逐渐降低

国内因为前期没有形成带板运输的操作习惯，所以托盘破损率比较高。具体表现在，商品包装尺寸多样、打托随意造成质量分布不均；超载超重的现象普遍，再加上叉车司机操作不规范，使得托盘损毁率较高、托盘维护压力较大。以木托盘为例，在美国的木托盘使用寿命普遍可达10年，但在国内有些托盘的使用寿命不超过3年，主要原因是使用不当。此外，由于物流行业从业人员素质以及行业内企业诚信水平参差不齐，存在一定人为破坏、盗卖或盗用的现象，也会造成包装容器损毁和流失。未来随着物流操作逐渐规范化、合理化，集装单元化容器损毁、丢失等比例将逐渐降低。

三、年度优秀案例：风神物流 KD 汽车零部件包装模式

根据乘用车市场信息联席会（以下简称"乘联会"）统计的数据显示，2017年我国汽车出口量为106亿台。2018年时受美国贸易政策影响，我国汽车出口量有所下降，但仍达到104亿台。我国汽车出口市场规模巨大，然而如何对汽车产品进行包装却已困扰汽车生产企业多年。根据调查显示，我国出口汽车中，仅有5%的汽车是以整车的形式出口的，而剩余95%的汽车则是以零部件或是半成品的形式发往国外的，由于汽车结构的复杂性，这些零部件或半成品的种类高达上千种。如此多的货物种类加之缺少统一的包装标准，产生了多种类型的包装规格，极大地提升了包装采购时的成本。与此同时，大量包装的尺寸与实际零部件尺寸不同，又产生了大量包装空间的浪费，进一步增加了汽车出口物流的成本。

风神物流有限公司（以下简称"风神物流"）于2002年9月3日在广州成立，是行业领先的AAAAA级物流企业和高新技术企业。2018年时该公司下设6个子公司以及2个分公司，员工人数与仓储面积分别达到4127人以及100万平方米。为了解决汽车

出口零部件包装的问题，风神物流对现有的汽车零部件包装设计流程进行了改进，从传统的根据零部件设计外包装模式改为了先设计统一的包装，再将各个零部件与其最适合的包装进行匹配，最后各个包装再根据匹配的零部件情况进行调整的可拆装（KD）包装模式。根据新的汽车零部件包装设计思路，风神物流将包装大小分为了三个等级，其中1级包装是指应用于2级包装的最小单元包装，主要指用胶带、小零件的集配包装；2级包装主要指可以放进集装箱的包装；3级包装是指可以直接应用于运输阶段的集装箱。在对包装进行反复的测试之后，风神物流共得到了3级包装3种、2级包装24种以及1级包装13种，其中3级包装的集装箱型号及参数如表6-6所示。2级包装中的"托盘+纸"包装以及金属包装分别如图6-32和图6-33所示。

表6-6　　　　　　　　　　3级包装的集装箱型号及参数

集装箱型号	长（米）	宽（米）	高（米）	毛重（千克）	容积（立方米）
1AA	11.95	2.34	2.68	22000	75
1A	11.95	2.34	2.38	22000	66.5
1C	5.9	2.34	2.38	17500	33

图6-32　"托盘+纸"包装

资料来源：2019全球物流技术大会演讲《汽车零部件出口包装模数研究与应用》。

图6-33　金属包装

资料来源：2019全球物流技术大会演讲《汽车零部件出口包装模数研究与应用》。

在实际应用时，先对标准件进行分类，匹配 13 种 1 级包装，再匹配 24 种 2 级包装。通过使用 KD 包装模式，汽车出口零部件包装规格数由 121 种减少至 37 种，与此同时，包装内空使用率也达到了 90% 以上。包装成本方面，预计通过该模式可以减少20% 的包装成本，约为全社会每年节省 6 亿元。

截至 2018 年，风神物流设计的 KD 包装模式已经产出了包装设计图纸 400 多份、包装指导作业书 900 多份、KD 包装设计材料基准 32 项、包装专利 12 项等。KD 包装模式在加快物流与运输包装的一体化、提高包装质量、促进物流包装工业的发展、促进资源合理利用、减少材料消耗、降低物流商品包装成本、简化包装容器的规格等多个方面具有推广价值，未来发展前景良好。

第七章　信息技术

第一节　计算机视觉技术

一、计算机视觉 + 物流技术

（一）计算机视觉概念

计算机视觉（Computer Vision，CV）是一个跨领域的交叉学科，包括计算机科学、数学、工程学、物理学、生物学和心理学等。计算机视觉也是一门研究如何让计算机达到人类"视觉效果"的学科。更准确地说，它是利用摄像机和电脑代替人眼使得计算机拥有类似于人类的那种对目标进行分割、分类、识别、跟踪、判别决策的功能。

人类由外界感受到的信息有 70% 以上是视觉信息，包括图形、图像、文字等。模仿人类的视觉系统，计算机视觉系统中信息的处理和分析大致可以分成两个阶段：图像处理阶段（又称视觉处理中的低水平和中水平处理阶段）和图像分析、理解阶段（又称视觉处理中的高水平处理阶段）。

在计算机视觉系统中存在一个数据库，数据库中存放着各种实际可能遇到的物体的知识模型以及实际景物中各种物体之间的约束关系。在图像分析和理解阶段，计算机根据事先存贮在数据库中的数据模型，识别出各个基元或某些基元组合所代表的客观世界中的某些实体以及根据图像中各基元之间的关系在数据的指导下得出图像所代表的实际景物的含义，得出图像的解释或描述。在整个过程中数据时刻提供处理的样板和证据，每一步的处理结果随时同数据进行对比。最后，将处理的中间结果和最终结果反馈给知识库作为知识的更新和积累。

（二）计算机视觉技术

计算机视觉技术使计算机模拟人类的视觉过程，具有感受环境的能力和人类视觉效果的功能，是图像处理、人工智能和模式识别等技术的综合。

计算机视觉技术是一门主要研究计算机认知能力的技术，主要是用摄像机代替人的眼睛，用电脑代替人的大脑，最终使计算机具备类似于人类的识别、判断以及记忆目标的功能，代替人类进行部分生产作业。计算机视觉技术是目前研究的人工智能技术中的一项重要内容，通过计算机视觉技术可以让计算机拥有利用二维图像认知三维环境的功能。总的来说，计算机视觉技术是在图像与信号处理技术、概率分析统计、网络神经技术以及信息处理技术的基础上，利用计算机来分析、处理视觉信息的技术，是现代社会新兴起的一门高新技术。

随着电子商务的迅猛发展，与电子商务平台相辅相成的物流行业也空前繁荣。电子商务是指利用互联网平台使交易双方不必通过现金或者实际接触即可实现银行结算，达成交易。这样的数字化电商交易是空前高效的、低成本的，可作为电子商务主要的交易形式，物流业也迫切需要进一步实现信息化、数字化、智能化。

二、计算机视觉技术在物流领域应用优势

随着物联网、云计算、大数据、移动互联网等现代信息技术在物流领域应用的深入，现实世界的物流实体运作与网上虚拟的物流信息开始全方位融合，现代物流进入了4.0时代。在物流4.0时代，物流行业中的包裹收派、分拣、运输、装卸等各个环节都需要自动化、智能化的技术来提速增效。通过计算机视觉技术对货物、人员、车辆等进行监控和分析，提供智能化分析结果，可使物流运作的整个过程更加安全、可靠、低成本、高效。

（一）安全、可靠

基于计算机视觉识别技术，具有更高的安全可靠性。一是人员安全，在人脸识别准确率高达99%的情况下，利用人脸识别技术对企业员工进行自动识别可靠性更高。非公司人员进入公司内部，能够及时发出预警。将企业的每一位员工都纳入人脸识别系统之后，还可以省略钥匙和应答器等装备，自动匹配设备的访问和使用权限，在保证安全性的同时，实现了高度的自动化。二是货物安全，利用计算机视觉技术能够解决人为操作不可控的问题。计算机视觉技术能够协助发现违规的操作，通过对作业场所内的监控摄像头所拍摄的视频进行场景分析，查看是否有不当的处理过程，并且通过计算机视觉技术还可以早避免、早预警，最大限度降低事故发生的概率。

（二）低成本、高效

计算机视觉技术的使用能够替代简单的重复劳动，对人工进行辅助和赋能（如货物体积测量、单据识别、自动化分拣、智能客服等），减少作业时间和成本；对业务流程和管理持续优化（智慧地图、智慧路由规划、车货匹配提升装载率），实现效率的提升。

利用计算机视觉技术可以实现物流信息的准确、及时、快速采集。通过摄影测量技术和图像识别技术能够在物品出入库、自动分拣的过程中识别物品的体积、重量、条码等信息。物流系统中一般采用传感器来收集相关信息，但是传感器的位置是固定的，如果需要多方位的信息，必须同时配置多个传感器才能完成。而借助计算机视觉技术，只需要通过一台设置程序的摄像机就可实现多方位信息的收集。

三、计算机视觉技术在物流领域应用场景

计算机视觉技术主要有五大类技术，分别是图像分类、对象检测、目标跟踪、语义分割和实例分割。目前，基于计算机视觉技术的全目标属性识别技术已支持人体的面部、年龄段、性别、头部特征、衣物特征、手提物特征等近50种属性的识别，车辆的颜色、车型、品牌、车牌号、标志物、是否违法等近20种属性的识别，非机动车的车型、车身特征、驾驶员特征等40余种属性的识别。基于计算机视觉的行为识别技术，能够通过分析人体的轨迹或者肢体动作，进而识别人的行为。基于计算机视觉的全目标抓拍技术，利用物体检测、跟踪等技术获取图像或视频中物体的位置和大小。目前，全目标抓拍主要支持人脸、人体、机动车、非机动车（二轮车、三轮车）等物体的识别。

（一）物流园区

1. 实现园区6S管理，消除管理黑洞

通过计算机视觉技术与深度学习技术，可全面解析各场景下的关键生产要素，形成覆盖全网的实时业务动态数据，实现物流行业场景生产要素数字化、智能化。

每个物流园区都有许多监控摄像头，摄像头将拍摄到的连续运行的图像传送到该园区的中央控制室。但是在庞大的物流仓储体系中，大量摄像头会生成海量信息。这些信息在安保过程中会给安保人员带来繁重的工作负担，最终导致大量摄像头处在无人监察的状态。并且摄像头起到的作用并不大，仅仅能起到留存证据的作用。在事故以及安全隐患之前自主判断问题，主动干预，才是物流园区对安全监控的真正需求。今天的计算机视觉技术可以通过对摄像头传回的图像进行实时分析，并将整理好的数据和信息反馈给中央控制系统，实现7×24小时实时监控园区工作，也可实现全网标准化业务管理、6S（整理、整顿、清扫、清洁、素养和安全）管理，实时监测各场地各类暴力违规操作，有效降低破损件和丢失件的概率。

例如，顺丰科技对园区进行全网覆盖，通过计算机视觉技术实现标准化，不仅可以对人员、车辆、货物状态进行分析，还可以在重大事故发生前进行预警和干预。在

人的标准化管理方面，利用图像识别技术对人脸、人体等特征属性的识别，实现对工作人员的工作服穿戴情况、工作证佩戴情况以及非工作人员的非法进入情况进行监测。利用各种传感器和视频分析技术，通过分析人体的轨迹和肢体动作，进而识别人员是否进行了违规的操作，全程记录违规事件并上传到云端共享。人员违规行为监测界面如图7-1所示。在物品的标准化管理方面，通过精确识别物品特征，对自浮框、做件台等工具进行定置定位检测；对回流件数量以5分钟/次的频率进行统计，可以预警回流件堆积；快速定位海量包裹，监测破损包裹并且预警上报至人工处理。物品检测界面如图7-2所示。在车辆的标准化管理方面，计算机视觉技术的应用能够实现毫秒级识别车辆进出、准确获取车辆数据信息。车辆识别界面如图7-3所示。

图7-1　人员违规行为监测界面

资料来源：顺丰科技官方网站．http://www.sf-tech.com.cn。

在计算机视觉技术的帮助下，顺丰科技能够真正地实现减少违规，达到园区管理6S的要求，持续保障安全生产。根据顺丰科技数据的测算，相比于人工查违，利用视觉技术查违能将查违效率提升10余倍，从而降低破损赔付金额，全网每年预计能够节约超千万元。

图 7 - 2　物品检测界面

资料来源：顺丰科技官方网站 . http：//www. sf - tech. com. cn。

图 7 - 3　车辆识别界面

资料来源：顺丰科技官方网站 . http：//www. sf - tech. com. cn。

2. 物流机器人视觉导航

随着人口红利逐渐消失，依赖人力的物流行业，也正努力从劳动密集型向技术密集型转变，从传统模式向机器人智能物流升级。近年来，我国物流行业正不断向现代化、智能化发展，各种先进技术与先进装备应运而生。具备搬运、码垛、分拣等功能的智能机器人，也如雨后春笋般蓬勃发展。智能高效的物流机器人，在降低人力成本、降低差错率的同时，显著地提高了仓库利用率和运营效率，从而提升了物流行业的竞争优势。

在以智能制造为核心的工业 4.0 时代背景下，我们需要机器人能够具备识别、分析、处理等更高级的功能，而实现这些功能，首先要做的就是让他们能够"看"到。机器视觉系统可以通过机器视觉产品（图像摄取装置），将摄取的内容转换成图像信

257

号，随之传送给专用的图像处理系统，得到摄取目标的形体信息。

机器视觉相当于为工业机器人装上了"眼睛"，让他们能够清晰地不知疲倦地看到物体，代替人眼进行检测，这在高度自动化的大规模生产中具有重要作用。

例如，2018年11月11日，京东的物流库房使用了国内首款视觉导航物流车——灵动科技的BX-350。BX-350以"视觉感知（眼睛）—决策（大脑）—控制（小脑）"为闭环的技术逻辑，能够实现0.1秒内的端到端感知到执行。同时该物流机器人使用了基于深度学习的计算机视觉进行环境感知、基于视觉的即时定位与地图构建（VS-LAM）、基于强化学习的导航避障以及自动控制技术，让它拥有了具有感知、认知判断及决策能力的"智慧大脑"。与传统制造业的工业机器人实现自动化不同，BX-350可以利用机器视觉、路径规划、机械控制等技术实现更复杂的拟人操作，且该物流机器人的传感器采用的是视觉导航技术，不需要激光雷达和地面二维码即可轻松实现自动导航功能。

BX-350物流机器人使用了计算机视觉技术的即时定位与地图构建、多传感器融合的视觉导航技术。利用三个摄像头对环境做感知，在它的移动的过程中，三个摄像头会面对前方、左侧、右侧对环境构图，基于深度学习来理解附近40米的环境内容，根据视觉信息进行距离估算、物体分类、行人识别、运动预测、姿态识别。BX-350物流机器人作业场景如图7-4所示。该机器人看到人可以暂停，并通过视觉定位技术找到可行路径，通过人机协同将人的重复行走时间占比由80%降低到40%，使人的工作效率提升2~2.5倍。BX-350不仅已在"京东6·18""双11"等国内大型电商购物节中投入使用，也供全球最大第三方物流公司等明星、灯塔用户使用。

图7-4　BX-350物流机器人作业场景

资料来源：ForwardX官方网站. https：//www. forwardx. com/ai. html。

（二）装卸作业

1. 优化装卸资源利用率

由于缺乏有效的手段去收集装卸作业庞大的数据信息，目前装卸作业存在业务信息数据缺乏的问题。如果通过人工不断地去巡查装卸口，收集人、车、货物的运转情况，不仅工作量大，而且无法做到24小时的实时监控。但是目前，可以通过将摄像机部署在装卸口，通过分析车辆到达卡口/离开卡口行为、车牌识别、车辆装载率、人员工作能效等基础数据，可以刻画出装卸口作业场景的完整生产要素，将所有作业数据线上化，持续优化各项运营成本，优化运转效率，就像"润滑油"，让"人""货""场""车"等"齿轮"高速运转，提升装卸口这台"机器"的效率。

计算机在精度与可控性上远远优于人工，在保证货物安全、发现并纠正违规操作、协助货运过程中降低亏舱率、保证装卸与集装作业有条不紊地进行等方面，能够为物流行业带来无与伦比的技术利好。

例如，在车辆识别方面，顺丰科技利用全目标属性识别技术识别车辆的颜色、车型、品牌、车牌号、标志物等，实现对装载车辆蓝牌、黄牌、港牌、新能源车牌的识别，并可关联得到车型、载重的信息。在车辆装载率识别方面，通过摄像头拍摄并记录车辆到达卡口时间、装卸货开始时间、装卸货结束时间以及车辆离开卡口时间，同时利用计算机视觉技术识别车辆在装载过程中的动态的装载率、到达卡口/离开卡口装载率。在人员能效分析方面，利用视频分析技术分析人体的轨迹和肢体动作，识别员工的工作过程，统计员工在整个装卸过程的工作状态。计算机视觉技术分析装卸过程示意如图7-5所示。通过对车辆识别、装载率识别以及人员能效分析，可以判断装卸口资源是否合理分配，并根据不合理之处持续优化装卸口资源利用率，最终实现场地调度优化、运力优化、能效优化的目的。除此之外，这些数据不仅可以用于分析，还可以联动园区管理系统，去主动地干预流程，让装卸流程按照要求发生。同时还可以反馈给调度系统，持续优化装载率，降低运力成本。根据顺丰的数据，通过对装载率的不断优化，在车辆装载率合理利用的情况下，单一中转场每年能够节约成本超百万元；通过对人员能效的提升，优化排班系统，单一中转场每年能够节约人力成本五百万元。

2. 监测暴力装卸

电商行业的迅猛发展给物流行业带来更多机会的同时，也给包裹处理能力带来考验。目前，在物流服务的过程中，由于需要传输的货物量比较大，在货物装卸时，容易出现暴力装卸的问题。暴力装卸不仅浪费人力资源、降低装卸效率，有时也会损毁包裹，侵害消费者权益。

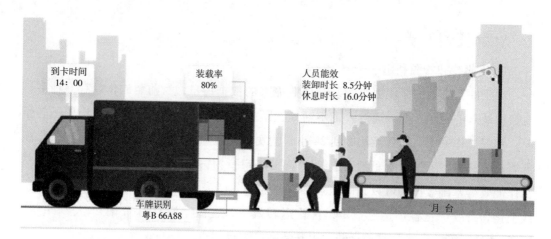

图7-5 计算机视觉技术分析装卸过程示意

资料来源：2019全球物流技术大会演讲《计算机视觉助力智慧物流的挑战与契机》。

利用计算机视觉技术，能够对物流装卸过程中的暴力装卸行为进行有效的识别。通过对暴力装卸行为进行制止与处罚，可以有效提升物流行业的服务质量，保证货物的安全。

例如，华为云开发的AI智能分析系统能够对监控视频中的行为进行实时分析，自动识别装卸人员在装卸货过程中出现的暴力装卸行为，自动输出暴力装卸片段以及发生的时间和地点。这项技术大量地减少了人工监控成本，且有效地降低暴力装卸行为的发生，保障货物完整无损地到达收件人手里。华为云EI（企业智能）防暴力装卸识别服务优势有以下几点。

①准确率极高。先进的神经网络算法和多样化模型，能够让识别准确率高达70%。

②识别速度快。先进的神经网络算法和AI芯片技术，比人工分析快百倍以上。

③成本低。视频检测时长可根据实际场景灵活配置，使用成本低。

④数据安全性高。视频和识别结果均保存在客户云存储账户中，只有客户有权限访问。

⑤实施方案简单。视频上传云即可，在客户端无须增加任何设备。

⑥上传带宽需求低。先进的视频处理技术，每路视频上传带宽可低至250千位/秒。

德邦快递使用摄像头来检视快递员是否暴力装卸，之前使用人工观看视频至少需要400人以上。现在，德邦基于华为云先进AI视频分析技术，实时分析监控视频，能够自动识别装卸分拣过程中出现的扔、抛等可能损坏货物的暴力行为。暴力装卸监控画面如图7-6所示。人工智能视频分析系统能给快递员肢体动作打分，如果快递员在装卸快递时动作太粗暴，"暴力指数"超标，那么系统将会发出警示。在多人多车的复杂场景下，能够达到识别准确率60%，召回率40%。

图 7 - 6　暴力装卸监控画面
资料来源：2019 全球物流技术大会演讲《智能华为云开启智慧物流新未来》。

3. 流通加工

（1）测重量方

目前在快递业中，包裹大多使用人工进行测量、称重、扫码、记录的全套流程，除工作量大、效率低之外，还需要高昂的人力成本。在人工智能技术高速发展的今天，物流行业测重量方正从人工操作作业向智能化、自动化方向快速演进。现代视觉理论和技术的发展，不仅在于模拟人眼能完成的功能，更重要的是能完成人眼所不能胜任的工作。基于计算机视觉的测量技术，无须前期大量物体建模即可实现物体实时检测，能够实现物品的非接触、高精度测量。该测量技术可广泛应用于工业物流生产线、仓储物流中心、快递物流、码头集装箱物流、物流园区、安检物流等场景，能够承担多人任务，无须停顿休息，可极大地提高生产效率。

例如，深圳市异方科技有限公司（以下简称"异方科技"）是国内首家做物流包裹智能测量的公司，异方科技在遥感、计算机视觉、摄影测量、3D 建模等领域拥有近10 项专利技术。异方科技（Goodscan）推出的货物体积智能测量系统能够一键快速获取货物体积、重量、条码等信息，极大地解决了高成本、低效率的行业痛点。在数据采集方面，Goodscan 系列产品融合了最新的 3D 镜头和机器视觉算法，能在 1 秒内精确获取货物的尺寸、重量、条码等信息，一步替代原有测体、称重、扫码、存档、计算五步流程，1 秒内完成熟练工人 30 秒的工作量，在降低社会化物流成本的同时，提升物流作业效率。在数据共享方面，Goodscan 系列产品还可以作为物流信息的采集入口，将采集的物流数据上传至云端，在整条运输线上进行信息的共享，以提升装箱率、满载率和仓储率。利用行业数据，推荐最小包装，提前调度车辆，精准规划仓容，从而实现车辆、仓库及网点的精准对接。

异方科技针对不同行业货物运输环节的特点，目前已上线了"GS 100 手持测量终端""GS 200 量方—称重—扫码一体机""GS 300 整托盘大货测量设备"共三个系列十余款产品，分别应用于货物收发、分拣、入库、出库等各个环节，不同型号对应不同领域的用户。如 GS 200 系列是专为客户提供的测量范围在 5 厘米×5 厘米×1 厘米~60厘米×60 厘米×60 厘米、称重量程小于 50 千克的小型货物称重量方扫码拍照一体机设备。它利用 3D 视觉测量技术和异方科技深度传感器进行测量，平均尺寸测量精度达到 3 毫米，平均称重精度为 10 克。GS 200 标准测量数据结果如图 7-7 所示。

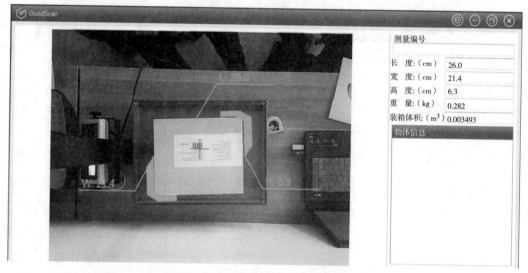

图 7-7　GS 200 标准测量数据结果

资料来源：异方科技官方网站．http：//www.goodscan.cn/? p = 1590。

（2）OCR 识别

国内物流每天平均都要产生将近 900 万个包裹和商务信件，如果单纯依赖员工手动录入表单信息，其效率无法支撑日渐庞大的业务量，而人手的增加也在无形加重企业的成本支持。利用先进的深度学习算法开发的光学字符识别（OCR）技术对快递单进行单号内容提取，一方面能够简化快递人员的烦琐录入工作，提高快递员的工作效率；另一方面能够解决人工识别容易出现的录入错误问题，提高录入准确度。目前，OCR 技术能够做到识别单据快，识别内容准确率高，实现识别即录入。在物流领域，OCR 技术能够实现单据数据自动结构化和电子化，大大提升表单处理能力，完美避开人工环节，可以有效降低用户隐私泄露的风险。

华为云文字识别技术，是能够赋予机器一双"慧眼"的好技术。首先，它能够对图像进行预处理，进行倾斜校正、去背景、表格提取、文字定位等。然后基于深度学习 OCR 引擎，进行文字识别。最后，对识别结果实现后处理纠错，进行语言模型矫正、格式矫正、结构化数据。它能够高效准确提取图片关键信息，构建数据资产库。目前，华为 OCR 的识别能做到高于每秒一张图片的识别速度，且准确率已经高达99%，降低了重拍工作量，能有效避免外界干扰。华为 OCR 技术能够实现身份证、电子面单、纸质面单、手机号、截图识别以及物品名称检测。海关单据识别演示如图 7 – 8 所示。取件时，快递工作人员可直接拍照或截图，系统会自动识别收寄信息并即时录入系统，录入过程简单高效。高精度的 OCR，还能够处理背景复杂、光照不均、模糊以及图片缺角等问题，能够减少异常情况的人工处理时间，大幅提高服务效率及用户体验。

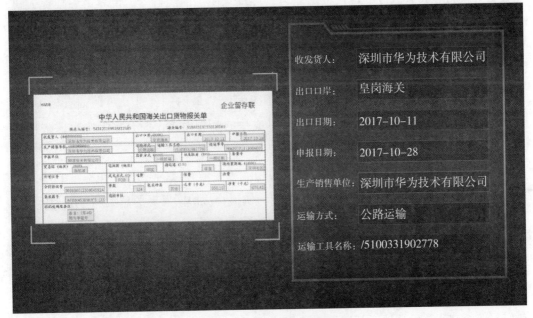

图 7 – 8　海关单据识别演示

资料来源：华为云官方网站．https://www.huaweicloud.com/product/ocr.html．

面对海量且去向各异的包裹，华为云还可通过 OCR 技术自动识别分拣，按目的地分类管理。包裹取回并传至流水线后，系统会自动拍照识别，一秒读取运单图片中的快递信息，然后根据寄件人信息、货物信息、是否盖检视章等信息，对物品进行合规性检测。最后，按照识别的结果，流水线可将包裹按目的地自动分拣开来，整个流程智能高效，大幅节省了分拣人力。

目前，德邦快递已经全面应用华为 OCR 技术识别快递面单，代替了之前通过雇用人力纯手工录入。OCR 技术的应用不仅提高了录入准确率，解决了效率低下的问题，还节省了大量的人力，管理成本降低了 25% 左右。

中外运敦豪（DHL）是全球著名的邮递和物流集团德国邮政（Deutsche Post DHL）旗下的公司，该公司应用华为 OCR 技术进行快递单据识别，实现高效扫描零部件单据。每个工厂每天进行 1500 次零部件运输，每次平均 5 张单据，每天 OCR 调用 7500 次，每年 API 调用次数超 200 万次。

第二节　无人机技术

一、无人机技术简介

无人机是无人驾驶航空器的简称，是一种机上无人驾驶、程序控制飞行和无线电遥控引导飞行、具有执行一定任务的能力、可重复使用的飞行器。世界第一架无人机诞生于 1917 年，随着科学技术的发展和对无人机应用价值认知程度的加深，无人机在物流方面的用途逐渐被重视和开发，对其作业半径、遥控距离提出了更高要求，同样也促使无人机产品向更长航程、更大载荷方向发展。无人机技术的不断创新必将颠覆物流行业的传统作业方式，通常被认为是解决配送"最后一公里"难题的有效手段。未来，物流无人机定将成为现代物流业不可或缺的基础设施，助力物流业实现跨越式发展。

近年来，我国逐渐重视并鼓励无人机在物流等专业领域的应用。2018 年 1 月，国务院出台《国务院办公厅关于推进电子商务与快递物流协同发展的意见》，明确指出要提高科技应用水平，鼓励快递物流企业采用先进适用技术和设备，提升快递物流装备自动化、专业化水平。全国邮政管理工作会议还提出，要促进科技创新，推广应用无人机、无人车、无人仓库等技术。2018 年 5 月，民航局发布《民航局关于促进航空物流业发展的指导意见》，对无人机物流明确给予支持，提出：支持物流企业在空域条件良好、地面交通欠发达地区开展无人机物流配送试点工作；同时，文件特别提到：物流企业利用通用航空器、无人机等提供航空物流解决方案，需要加快制定和完善有关运行规章制度和标准体系，规范市场秩序，推动新兴商业模式健康发展。

无人机从狭义概念上主要指的是空中飞行器，但从无人机装备技术特点上，更重要的是无人机系统概念。所谓系统，是由若干个相互联系、相互作用、相互依存的组成部分（要素）结合而成的、具有特定功能的有机整体，是指相关部件、软件与功能的有机集合。无人机不仅指代无人飞行器本身，还包括地面测控站、发射与回收设备、地面保障设备等无人机通信、任务载荷设备和地面设备，需要发达的信息技术支持。

二、无人机技术在物流领域的优势

(一) 提升物流配送效率

相比于地面运输方式，无人机物流具有方便高效、节约土地资源和基础设施的优点。在一些交通瘫痪路段、城市拥堵区域以及偏远区域，由于地面交通无法畅行，导致物品或包裹的投递比正常情况下耗时更长或成本更高。类似的情况时常发生，严重影响送达的效率。这些情况下，采用无人机则能以同样的成本实现更高的物流效率。而且，通过合理利用闲置的低空资源，能有效减轻地面交通的负担，还能节约土地资源，节约基础设施的投入。同样，发达国家和地区的经验表明，一些城市的高层建筑会越来越多地配备直升机停机坪，一些乡镇、村落等地方，也很方便设置数平方米的场所供无人机起降。

(二) 降低运营成本

相比于一般的航空运输和通航运输方式，无人机运输具有成本低、调度灵活等优势，并能填补现有的航空运力空白。近些年，航空货运的需求量逐年攀升，持证飞行员的数量和配套资源已无法满足发展的需求。加之飞行员和机组成员的人工成本很高，也制约了航空货运的发展。无人机货运的成本相对低廉，同时无人驾驶的特点能使机场在建设和营运管理方面实现全要素的集约化发展，在运力调度中也减少了飞行员和机组等人为因素的制约。在很多四、五线城市之间以及区域内各城市之间，存在一定的航空速运的需求，但由于距离较近、批量较小，传统的航空货运在起降、高度、飞行距离和容积载重等方面难以实现经济运力的匹配效益，因而此类需求比较适合发展支线无人机货运。

在适合的情景下，无人机配送方式对比传统的"人+车"配送模式，在效率和成本上也体现出巨大优势。无人机的飞行在常态下是全自动自主飞行，使用可充电电池做能源，也比车辆花费的燃油费用低很多，因而无人机配送在整体成本上占明显优势。而且随着无人机上下游产业链整合日趋完善和大规模的应用，将节省更多时间、人力、能源及仓储资源，降低企业运营成本。从亚马逊和京东等企业的情况来看，在合适的情景下使用无人机配送，能使效率提升60%～70%，成本节约60%以上。

(三) 破解劳动力不足难题

无人机物流可以节约人工，通过协助人力发挥"人机协同"效应能产生最佳效益。由于城市配送的劳动强度高，通常情况下一线员工的年龄范围为18～35岁。同时，人口老龄化导致适龄劳动力短缺，每逢节假日和物流高峰期，人工短缺和服务水平降低的问题往往会暴露无遗。"用工荒"问题总会周期性地爆发。很多物流企业成功引进了仓内机器人搬运、分拣系统和一些自动化设备，显著提升了运营效率和降低了成本。

常态化运营的无人机配送任务，全过程是通过智能无人机按程序事先设定的坐标航线自动起飞、飞行、降落（或投递），正常情况下不需要人工操作。只有在特殊情况或个别时间需要人工协助。这种模式是物流业机械化、自动化和智能化趋势在配送环节的体现。无人机物流可以有效降低人力资源的消耗，将复杂环境下大批量的投递任务交给人和地面车辆，而将简单场景下的小批量的投递任务交给无人机，则可以更充分地发挥人力的灵活应变能力，减少体力消耗。

（四）助推产业转型

在科学规划的基础上，综合利用"互联网＋无人机"、机器人等技术和方式，能实现产能协同和运力优化。在电商、新零售和本地服务多样化等需求不断增长的情况下，物流供应能力和服务水平必须同步跟上。企业要用互联网和大数据优化网络和运力，提高货运组织水平；要合理使用机器人进行分拣和搬运作业；要合理使用无人机提升送货效率和物流服务能力。

为了处理一些快速交货和连续补货的订单，亚马逊和沃尔玛等企业在建设先进的信息系统、智能仓储系统以及优化业务流程的基础上，规划了智能、高效的无人机城市配送中心，还设计了"无人机航母"。这些配套设施，将为无人机的智能作业提供支持和保障。以无人机为代表的智能物流将助力物流产业转型升级，系统的、智能的设计和规划，使物流体系的各个组成部分之间紧密配合、流畅衔接，从而使其综合水平达到最佳。在这项新技术的应用中，无人机送货是对传统方式的有益补充。传统的铁路运输、公路运输、航空运输、管道运输、水路运输和多式联运，加上无人机的末端配送和支线运输，结合实情、"天地联合"，必将使现代物流的服务能力再上新台阶，其整体的效率、成本和运力也将得到优化和重构。

（五）打破道路和地形限制

无人机航线相对是直线，距离也是最近的，不受具体地形限制，在某些环境和条件下，只有无人机运输才能实现有效的送达，这是其他方式所无法替代的。以偏远乡村为例，在送货效率上，无人机在空中几乎沿直线飞行，距离短、速度快；而车辆在地面的路程曲折环绕、崎岖陡峻，送货时间被大幅拉长，无人机能有效解决物流配送"最后一公里"难题。在某些山顶景区或边防哨所等依赖人力或常规交通工具无法有效补给物资的区域，也可以借助无人机来实现。

三、无人机关键信息技术

（一）无人机"视觉"技术

无人机在飞行过程中，通过其传感器收集周边环境的信息、测量距离，从而做出相应的动作指令，从而达到避障的作用。目前，无人机避障技术中最为常见的是红外线传感器、超声波传感器、激光传感器以及双目视觉传感器。

1. 双目视觉避障

计算机视觉技术的基础在于如何能够从二维的图像中获取三维信息，从而了解我们身处的这个三维世界。视觉识别系统通常来说可以包括一个或两个摄像头。单一的照片只具有二维信息，并无直接的空间感，我们只能依靠"物体遮挡、近大远小"等生活经验脑补。故单一的摄像头获取到的信息极其有限，并不能直接得到我们想要的效果。类比到机器视觉中，仅凭单个摄像头所收集到的图片信息无法得到场景中每个物体与镜头的距离关系，即缺少第三个维度。双目立体视觉中，左右眼看到的场景略有差异，能够直接给人带来强烈的空间临场感。类比机器视觉，立体视觉能够直接获取并提供第三个维度的信息，即景深。双目视觉的基本原理是利用两个平行的摄像头进行拍摄，然后根据两幅图像之间的差异，利用一系列复杂的算法计算出特定点之间的距离，当数据足够时才能生成深度图。双目视觉避障原理如图7-9所示。

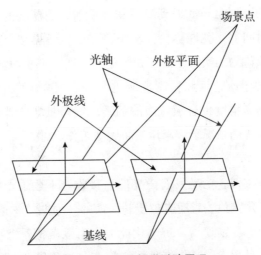

图7-9　双目视觉避障原理

资料来源：无人机避障四种常见技术中，为何大疆首选双目视觉？. https：//www.81uav.cn/tech/201712/11/618.html。

2. 红外线视觉避障

红外感应器包含红外线发射器与电荷耦合器件图像传感器（CCD）。红外线发射器会发射红外线，红外线在物体上会发生反射，反射的光线被 CCD 接收之后，由于距物体的距离 D 不同，反射角度也会不同，不同的反射角度会产生不同的偏移值 L，得到了这些数据再经过计算，就能得出相对于物体的距离了。红外线视觉应用时间与范围更广，可在黑夜和照明条件不好的室内使用。红外线视觉避障原理如图 7 - 10 所示。

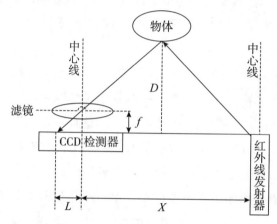

图 7 - 10   红外线视觉避障原理

资料来源：无人机避障四种常见技术中，为何大疆首选双目视觉？. https：//www.81uav.cn/tech/201712/11/618.html。

3. 超声波探测避障

超声波其实就是声波的一种，因为频率高于 20 千赫，所以人耳听不见，并且指向性更强。超声波测距的原理是声波遇到障碍物会反射，而声波的速度已知，所以只需要知道发射到接收的时间差，就能轻松计算出测量距离，再结合发射器和接收器的距离，就能算出相对于障碍物的实际距离，如图 7 - 11 所示。超声波测距相比红外测距，价格更加便宜，相应的感应速度和精度也逊色一些。同样，由于需要主动发射声波，所以对于太远的障碍物，精度也会随着声波的衰减而降低，此外，对于海绵等吸收声波的物体或者在大风干扰的情况下，超声波将无法工作。

4. 激光避障

激光避障与红外线类似，也是发射激光然后接收。不过激光传感器的测量方式很多样，有类似红外的三角测量，也有类似于超声波的"时间差 + 速度"。但无论是哪种方式，激光避障的精度、反馈速度、抗干扰能力和有效范围都要明显优于红外和超声波。但这里注意，不管是超声波还是红外线，抑或是这里的激光测距，都只是一维传感器，只能给出一个距离值，并不能完成对现实三维世界的感知。不过，由于激光的波束极窄，可以同时使用多束激光组成阵列雷达，近年来此项技术逐渐成熟，多用于自动驾驶车辆上。激光避障原理如图 7 - 12 所示。

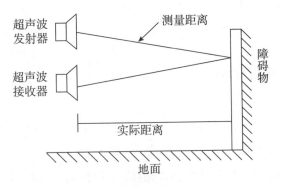

图 7 - 11 超声波探测避障原理

资料来源：无人机避障四种常见技术中，为何大疆首选双目视觉？. https：//www. 81uav. cn/tech/201712/ 11/618. html。

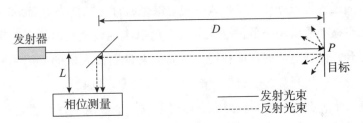

图 7 - 12 激光避障原理

资料来源：红外？视觉？主流无人机避障技术解析. http：//www. 5imx. com/portal. php？mod = view&aid = 871。

各个避障技术在无人机上都有应用，只是应用场景有所不同。红外线和超声波技术，因为都需要主动发射光线、声波，所以对于反射的物体有要求，比如：红外线会被黑色物体吸收，会穿透透明物体，还会被其他红外线干扰；而超声波会被海绵等物体吸收，也容易被桨叶气流干扰，还会产生两台机器相互干扰的问题。相比之下，虽然双目视觉也对光线有要求，但是对于反射物的要求要低很多，两台机器同时使用也不会互相干扰，普适性更强。最重要的是，常见的红外和超声波目前都是单点测距，只能获得特定方向上的距离数据，而双目视觉可以在小体积、低功耗的前提下，获得眼前场景的比较高分辨率的深度图，这就为避障之后的智能飞行、路径规划提供了充足的发展方向。激光技术虽然也能实现类似双目视觉的功能，但是目前的激光元件普遍价格贵、体积大、功耗高，应用在消费级无人机上既不经济也不实用。所以各方比较之下，性价比高、原理简单、前景广阔、普遍适用的双目视觉是物流行业应用最广泛的无人机视觉技术。

（二）无人机信息传输技术

无人机物流配送包括运营调度中心、无人机配送站、无人机终端三个实体。在配送过程中涉及配送任务下发、配送任务执行、无人机状态上报等环节，当前无人机物流对通信的需求包括：飞行状态上报以及实时动态（RTK）高精度定位信息的下发。出于飞行安全和紧急情况处理考虑，物流无人机也需要具备视频回传实时操控能力，在必要的时候由人工接管。所以，在无人机行业高速发展的同时，也对无人机通信链路提出了新需求，呈现出与蜂窝移动通信技术紧密结合的发展趋势，形成"网联无人机"。

传统无人机，通信方式主要以 Wi - Fi 或蓝牙为主，但带宽较窄，图传是 8 兆带宽，满足现有的 1080P 的图传。5G 在网联无人机的通信上优势明显，其带宽更大，可以传出 4K 或 8K 的视频，通信距离也从以前的几千米变成异地实时通信，5G 所采用的新型大规模天线阵列可以灵活自动地调节各个天线发射信号的相位，满足国家对 500 米以内低空空域监管要求和未来城市多高楼环境下无人机 120 米以上的飞行需求。此外，在无人机的远程精细操控、飞行数据安全保障、行业赋能等方面，5G 也具有较多优势。接入低空移动通信网络的网联无人机，可以实现设备的监视和管理、航线的规范、效率的提升，促进空域的合理利用，从而极大延展无人机的应用领域，产生巨大经济价值。基于新一代蜂窝移动通信网络 5G 为网联无人机赋予了实时超高清图传、远程低时延控制、永远在线等重要能力，全球将形成一个数以千万计的无人机智能网络，7×24 小时不间断地提供航拍、送货、勘探等各种各样的个人及行业服务，进而构成一个全新的、丰富多彩的"网联天空"。

过去的移动运营商没有专门为无人机设计空中覆盖，在即将到来的 5G 时代，5G 蜂窝移动通信技术与无人机的结合使得这些原本难以想象的想法成为可能。通过 5G 网络，可以实现物流无人机状态的实时监控、远程调度与控制。在无人机工作过程中，借助 5G 网络大带宽传输能力，实时回传机载摄像头拍摄的视频，以便地面人员了解无人机的工作状态。同时，地面人员可通过 5G 网络低时延的特性，远程控制无人机的飞行路线。此外，结合人工智能技术，无人机可以根据飞行计划及实时感知到的周边环境情况，自动规划飞行路线。

四、无人机技术主要应用场景

（一）无人机仓储管理

仓储管理是物流管理中的重要环节，库存盘点则是仓储管理的重中之重。而传统的仓内人工盘点的弊端已经显现，大型高架仓库、高架储区、集装箱堆场的检视和货物盘点常常会耗费大量的时间与人力，小型仓库货物摆放密度也越来越高，人工盘点操作空间有限。另外，人的注意力集中时间有限，盘点过程中出错在所难免，盘点效率也受体能所限。如何保证盘点的准确高效，是业内急需解决的难题，无人机航拍取代人工盘点不失为一个好方案。原来仓库管理人员需要利用梯子或电梯才能进入的高层库区，无人机则可以很容易地到达，且无人机在被编程后可以在固定空间内根据导航进行工作，执行大规模和重复盘点任务的准确度和效率都优于人工，降低了时间和人力成本。

无人机盘点可以按照库区规划方向设计飞行路线及点位并随时调整，可实现库区全方位覆盖，通过无人机航拍获取图像数据，基于视觉识别技术模型进行自动分析，并快速识别库区及库内货物数量、货物所在的库位号、与库存系统进行实时比对，如果实际数量与库存数量不吻合，将对异常数据进行警示，从而实现库存自动盘点。经过多次的数据训练，可将无人机准确识别率提升至100%。无人机不仅能够识别每台车辆信息、总的车辆数目、实拍照片中场地画线区域或标注区域点位，生成区域内商品车停放位置示意简图，还可与已有整车仓储定位管理系统（LVCS）进行对接，并互通数据，按照 LVCS 提供的数据生成模拟点位图，与生成的点位示意图进行对比。当实拍图与从 LVCS 获取车辆位置信息形成的图示有差异时，将会第一时间提示工作人员，查漏补缺，避免产生重大损失。无人机识别车辆堆存信息原理如图 7-13 所示。

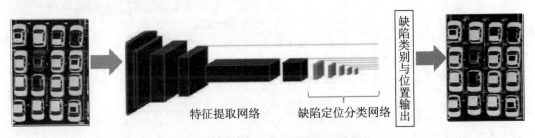

特征提取网络　　缺陷定位分类网络　　缺陷类别与位置输出

图 7-13　无人机识别车辆堆存信息原理
资料来源：2019 全球物流技术大会演讲《汽车物流智能技术创新实践》。

（二）大载重、中远距离支线无人机运输

一些大型无人机还可用于中远距离的支线运输，这些大型无人机的载重一般都可达到吨级，续航时间有数个小时，送货距离为 100～1000 千米。这些大型无人机主要用于跨地区的货运、边防哨所、海岛等物资运输以及物流中心之间的货运分拨等，大多数采取固定航线、固定班次，标准化运营管理方式。无人机的投入也可以大大降低物流成本。目前从攀枝花到成都陆运需要 12～15 小时，如果把支线的陆运转变为大型无人机空运，时间将缩短到 2.5 小时，可极大提升快件时效和服务可靠性。与此同时，相比同等级别的"有人机"，无人机至少能节省 30% 的运营成本。在飞行员较为缺乏的中国航空运输市场，无人机运输可以突破飞行员紧缺的瓶颈。此外，还可不受机组人

员执勤时间限制，24 小时皆可提供服务。

京东正着手打造干线、支线、末端三级"无人机 + 通航"的智慧物流体系，以航空方式构建空中物流网络。京东还发布了可用于支、干线运输的倾转旋翼无人机 VT 1（见图 7－14），一种将固定翼飞机和直升机优点融为一体的新型飞行器，具备占地面积小、垂直升降、可在空中平稳悬停等优势，具备 200 千米以上飞行距离能力，起飞重量为200 千克以上。假设一件包裹的重量是 1 千克，那么 VT 1 一次可以运输 200 件包裹，基本可以承担跨乡镇、跨地市的无人机支线运输与快件分发业务。而且京东第一架基于物流运输场景需求研发的重型无人机"京鸿"也已完成总装正式下线，载重量为 1～5 吨，航行里程大约为 1000 千米，巡航速度为 200 千米/时。

图 7－14　京东 VT 1 无人机

资料来源：1. 2019 全球物流技术大会演讲《汽车物流智能技术创新实践》。
2. 京东副总裁肖军：未来无人机配送成本将降五成 . http：//www. sohu. com/a/168745753_ 267106。

"大型有人运输机 + 支线大型无人机 + 末端小型无人机"三段式空运网也是顺丰在无人机领域所要实现的一个愿景，顺丰的无人机同样并不会直接面向客户，而是进行顺丰速运不同网点之间的配送，主要是将货物送往人力配送较难、较慢的偏远地区。2017 年 7 月，顺丰在成都双流自贸试验区建立大型物流无人机总部基地，也是国内首个正式落地的无人机支线物流运输项目。顺丰自研的蝠鲼（MantaRay）垂直起降固定翼无人机（见图 7－15）拥有水陆两栖的能力。这种无人机运输重量可以超过 200 千克，运输距离也可以超过 1000 千米。2017 年 12 月，顺丰开展了一次大吨位无人机试飞投递。它是一架大型固定翼无人机，机长 10 米、翼展长 20 米，可以承载 1.2 吨的货物，航程可以达到 3000 千米。

（三）末端无人机配送

小型无人机的运输距离一般在 10 千米以内，对应地面路程可能达到 20～30 千米，载重为 5～20 千克，单程飞行时间为 15～20 分钟，主要用于急救物资和医疗用品等的

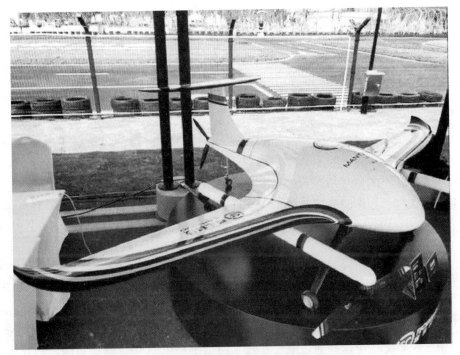

图 7－15　顺丰 MantaRay 垂直起降固定翼无人机

资料来源：顺丰无人机 MantaRay 真机首曝光，采用固定翼垂直起降结构 . http：//www. yuchen360. cn/news/ 18563－1－0. html。

运输以及快递和外卖的末端配送等业务。

饿了么送餐无人机已经开始小范围的商业运营。在上海金山工业园区内设立了 17 条无人机即时配送航线，合计覆盖面积 58 平方千米，服务外卖商家 100 多家，这些航线最远的飞行距离为 3.5 千米，最近的为 1.5 千米，平均 2.2 千米。无人机投入使用后，本地即时配送时效将从 30 分钟缩短至 20 分钟。无人机送餐并不是用无人机将外卖送到客户手中，而是由工作人员将外卖装上无人机，由无人机完成配送全程 70% 距离的运输工作，无人机到达地点后，由工作人员将外卖取出，送达消费者手中。目前投入使用的无人机，最高飞行速度为 65 千米/时，最大载重可达 10 千克，满载续航距离最远为 20 千米。

京东无人机的应用主要集中在末端配送环节。Y－3 无人机为京东在 2017 亚洲消费电子展（CES Asia 2017）上推出的小型无人机，由京东 X 事业部自主研发，可以在 120 米以下低空飞行，主要负责 20 千米范围内的送货任务，最大载荷 10 千克，续航时间 20 分钟。Y－3 无人机携带的包裹并不会直接送到用户手中，而是由京东在每个村子的乡村推广员分发。在京东未来的乡村物流模式中，每个村都将有一名京东快递员与这些无人机进行交接。无人机自动卸货后随即返航，继续其他配送。目前京东已经在江苏宿迁、陕西西安实现载重 10～15 千克、续航 15～20 千米的小型无人机的常态化运营，只要天气和空域条件允许，工作人员每天都会将包裹按要求打包，置于 Y-3 无人机下，来完成物流的"最后一公里"运输。通过无人机进行配送，在成本上可以接近人力配送的成本。但现在配送的规模还不大，随着京东无人机配送范围的不断扩大，无人机本身的造价大幅降低，预计未来无人机配送成本与现在人工配送相比可下降50% 左右。

不过，目前无人机离大规模推广仍然存在很大的场景落地难度，无人机配送目前大多还在偏远地区实行，想要在城市内投入使用还需政策进一步开放。这种多旋翼的无人机体积往往不大，对角机翼的长度多在两米以内，对天气要求很高，遇到风、雨、雾、雷电的天气，很多时候就只能停飞，改成人工配送。2017 年 12 月 29 日，南方周末记者在宿迁看到，当地起了大雾，原先定好的无人机送货计划就被搁浅了。

第三节　边缘计算

2019 年的信息和通信技术领域，边缘计算成为除 5G 外的最大热点。中国联通、中国移动相继发布了《中国联通边缘计算技术白皮书》和《中国移动边缘计算技术白皮书》，在多地开展了种类繁多的边缘计算，包括中兴通讯、英特尔在内的多家企业陆续发布了最新边缘计算器等产品和方案，无不说明边缘计算从萌芽到广泛部署的火热态势。

边缘计算技术作为 5G 网络架构中核心的一环，随着运营商边缘机房智能化改造的趋势，将解决 5G 网络对于低时延、大带宽、海量物联的硬性要求，正在成为各大运营商与行业相关企业占据 5G 发展快速道、把握未来全新业务形态、开拓蓝海市场的关键。对此，物流行业更应把握当下信息互联领域的热点与趋势，丰富和完善智慧物流体系架构内涵，探索边缘计算的实际场景，助力物流业降本增效。

一、边缘计算技术原理

边缘计算是在靠近物或数据源头的网络边缘侧，采用集网络、计算、存储、应用核心能力于一体的开放平台就近提供边缘智能服务，满足行业数字化在敏捷连接、实时业务、数据优化、应用智能、安全与隐私保护等方面的关键需求。它可以作为连接物理和数字世界的桥梁。简而言之，边缘计算是一种本地化的信息处理技术，可以使大量数据在本地处理，降低传输的数量，提升时效，降低时延，面对低时延、高可靠通信要求的 5G 时代，边缘计算是必然选择。

（一）边缘计算的产生

自 2005 年，云计算的提出和广泛应用已经改变了人们日常工作和生活的方式。云计算采用按使用量付费的模式。这种模式提供可用的、便捷的、按需的网络访问，在可配置的计算资源（包括网络、服务器、存储、应用软件、服务）共享池中，这些资源能够被快速提供，只需投入很少的管理工作或与服务供应商进行很少的交互。通俗地说，云计算就是通过大量在云端的计算资源进行计算，云计算是计算服务的集中化，以最简单的形式利用共享数据中心基础设施和规模经济来降低成本。

由于云计算的出现，计算技术进入了一个新时代。许多计算服务提供商如谷歌、亚马逊、微软、国际商业机器公司（IBM）等，将这种计算模式作为一种工具，通过基础架构即服务（IaaS）、平台即服务（PaaS）、软件即服务（SaaS），同时处理企业和教育相关的问题。然而，大多数的云数据中心是集中化的，离终端的设备和用户较远。所以，实时性要求高的计算服务，需要远端的云数据中心的反馈，通常这样会引起长距离往返延时、网络拥塞、服务质量下降等问题。

特别是如今我们已经从物联网时代迈进万物互联（Internet of Everything，IoE）的时代，相比物联网而言，万物互联除了"物"与"物"的互联，还增加了更高级别的"人"与"物"的互联，其突出特点是任何"物"都将具有语境感知的功能、更强的计算能力和感知能力。将人和信息融入互联网中，网络将具有数十亿甚至数万亿的连接节点，由此每天产生的数据会出现爆发式增长。思科全球云指数预估，2019 年全球数据中心总数据流量预计将达到 10.4 泽字节（ZettaByte，ZB）。思科互联网业务解决方案集团预测，到 2020 年，连接到网络的无线设备数量将达到 500 亿台。基于万物互联平台的应用服务需要更短的响应时间，同时也会产生大量涉及个人隐私的数据。在此情况下，传统云计算模式将不能高效地支持基于万物互联的应用服务程序。

为了解决一系列的问题，业界提出了边缘计算。边缘计算的初衷是为了将计算能力带向离数据源更近的地方，即让数据在边缘网络处处理。它是一种分散式运算的架构，在这种架构下，将应用程序、数据资料与服务的运算，交由网络中心节点移往网络逻辑上的边缘节点来处理。边缘网络基本上由终端设备（如移动手机、智能物品等）、边缘设备（如边界路由器、机顶盒、网桥、基站、无线接入点等）以及边缘服务器等构成。这些组件具有必要的性能，支持边缘计算。作为一种本地化的计算模式，边缘计算提供了对于计算服务需求更快的响应速度，通常情况下不将大量的原始数据发回核心网。总体来说，边缘计算不会主动协助 IaaS、PaaS、SaaS 和其他云服务，更多地专注于终端设备端。

（二）边缘计算的特点

云计算是集中式大数据处理，边缘计算是边缘式大数据处理，数据不用传到遥远的云端，在边缘侧即可解决。由于边缘计算更加靠近数据源，所以能够在第一时间获取数据，并对数据进行实时的分析和智能化处理，相较云计算也更加高效和安全。相比云计算，边缘计算主要有以下特点。

一是低时延。边缘计算靠近数据接收源头，能够实时地获取数据并进行分析处理，能够更好地支撑本地业务的实时智能化处理与执行。

二是高效性。边缘计算距离用户更近，可以在边缘节点处就实现对数据的过滤和分析，不需要等待数据传输的时间，因此效率会更高。

三是节省带宽。边缘计算在进行云端传输时通过边缘节点进行一部分简单数据处理，当面对大量数据时，可以采用一定的压缩算法，提取到有用信息之后再进行传输，能够大量节省数据带宽的消耗。

四是安全性。一方面边缘计算下，不需把用户数据特别是隐私数据上传至数据中心，而是在边缘近端处理，从源头有效解除了数据泄露风险；另一方面边缘计算在接收到数据之后，可以对数据加密之后再进行传输，提升了数据的安全性。

五是绿色性。边缘计算下数据是在近端处理的，因此在网络传输、中心运算、中心存储、回传等各个环节，可节省大量的服务器、带宽、电量乃至物理空间等成本，从而实现低成本化、绿色化。

（三）边缘计算的技术架构

1. 边缘计算的通用架构

云边协同的联合式网络结构一般可以分为云计算中心、核心网络、边缘计算服务器和终端四个层面，如图 7-16 所示，各层可以进行层间及跨层通信，各层的组成决定了层级的计算和存储能力，从而决定了各个层级的功能。

（1）终端层

终端层由各种物联网设备（如传感器、RFID 标签、摄像头、智能手机等）组成，主要完成收集原始数据并上报的功能。在终端层中，只考虑各种物联网设备的感知能力，而不考虑它们的计算能力。终端层的数十亿台物联网设备源源不断地收集各类数据，以事件源的形式作为应用服务的输入。

（2）边缘计算层

边缘计算层是由网络边缘节点构成的，广泛分布在终端设备与计算中心之间。它可以是智能终端设备本身，例如智能手环、智能摄像头等，也可以被部署在网络连接中，例如网关、路由器等。显然，边缘节点的计算和存储资源是差别很大的，并且边缘节点的资源是动态变化的，例如智能手环的可使用资源是随着人的使用情况动态变化的。因此，如何在动态的网络拓扑中对计算任务进行分配和调度是值得研究的问题。边缘计算层通过合理部署和调配网络边缘侧的计算和存储能力，实现基础服务响应。

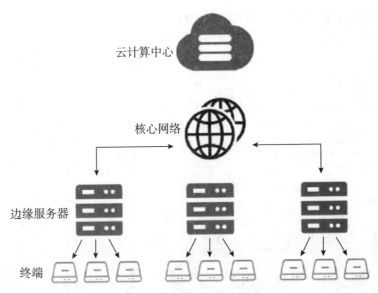

图7-16　云边协同的联合式网络结构

资料来源：微信公众号大数据期刊《边缘计算的架构、挑战与应用》。

（3）云计算层

在云边计算的联合式服务中，云计算中心仍然是最强大的数据处理中心，边缘计算层的上报数据将在云计算中心进行永久性存储，边缘计算层无法处理的分析任务和综合全局信息的处理任务也仍然需要在云计算中心完成。除此之外，云计算中心还可以根据网络资源分布动态调整边缘计算层的部署策略和算法。

2. EdgeX Foundry

2017年4月，Linux（林纳克斯）基金会创立了"边缘X工厂"（EdgeX Foundry），旨在创造一个互操作性强、即插即用和模块化的物联网边缘计算生态系统，提出了专注于物联网边缘的标准化的微服务框架——EdgeX Foundry。该框架最早孵化于戴尔公司的物联网中间件框架中，现已将代码开源，可供开发者快速地根据自己的服务需求进行重构和部署，其架构如图7-17所示。架构的设计遵循了以下原则：①架构应是与平台无关的，能够与多类别操作系统进行对接；②架构需具有高灵活性，其中的任意部分应该都可以进行升级、替换或扩充；③架构需具有存储和转发的功能，支持离线运行，并保证计算能力能够靠近边缘。

EdgeX Foundry是微服务的集合，分为4个层次：设备服务层、核心服务层、支持服务层、应用及导出服务层。以核心服务层为界，整个服务架构可以分为"北侧"和"南侧"。

"北侧"包含云计算中心和与云计算中心通信的网络，分为支持服务层与应用及导出服务层。其中，支持服务层包含各种微服务，可提供边缘分析能力，并可以为框架

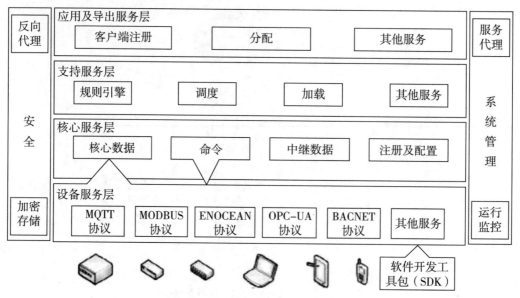

图7-17 EdgeX Foundry 架构

资料来源：微信公众号大数据期刊《边缘计算的架构、挑战与应用》。

本身提供日志记录、调度和规则引擎等服务；应用及导出服务层则保证了 EdgeX Foundry 的独立运行，在其不与云计算中心连接时，仍可以对边缘设备的数据进行收集，同时，导出服务层也负责提供网关客户端注册等功能，并按照云计算中心要求的数据格式和规则进行处理。

"南侧"包含物理领域中的全部物联网对象以及与它们直接通信的网络边缘。其中，设备服务层提供软件开发工具包（Software Development Kit，SDK），以实现与设备的连接和通信，设备可以是网关或其他具有数据汇集能力的设备，同时设备服务层也可以接收来自其他微服务的命令，进而传递到设备。作为中心的核心服务层是实现边缘能力的关键，其中"核心数据服务"提供了持久性存储服务和对设备数据的管理服务。"命令服务"负责将云计算中心的需求驱动至设备端，并提供命令的缓存和管理服务。"中继数据服务"为中继数据（又称元数据，是对数据的属性描述）提供管理和存储服务。"注册及配置服务"为其他微服务提供配置信息。

3. 边缘计算参考架构3.0

除 Linux 基金会外，边缘计算产业联盟也于2018年12月发布了《边缘计算参考架构3.0》，并提出了边缘计算参考架构3.0（以下简称"边缘架构3.0"，见图7-18）。边缘计算产业联盟认为，边缘计算服务框架需要达成的目标有：对物理世界具有系统和实时的认知能力，在数字世界进行仿真和推理，实现物理世界与数字世界的协作；基于模型化的方法在各产业中建立可复用的知识模型体系，实现跨行业的生态协作；系统与系统之间、服务与服务之间等基于模型化接口进行交互，实现软件接口与开发语言、工具的解耦；架构应可涉及支撑部署、数据处理和安全等服务的全生命周期。

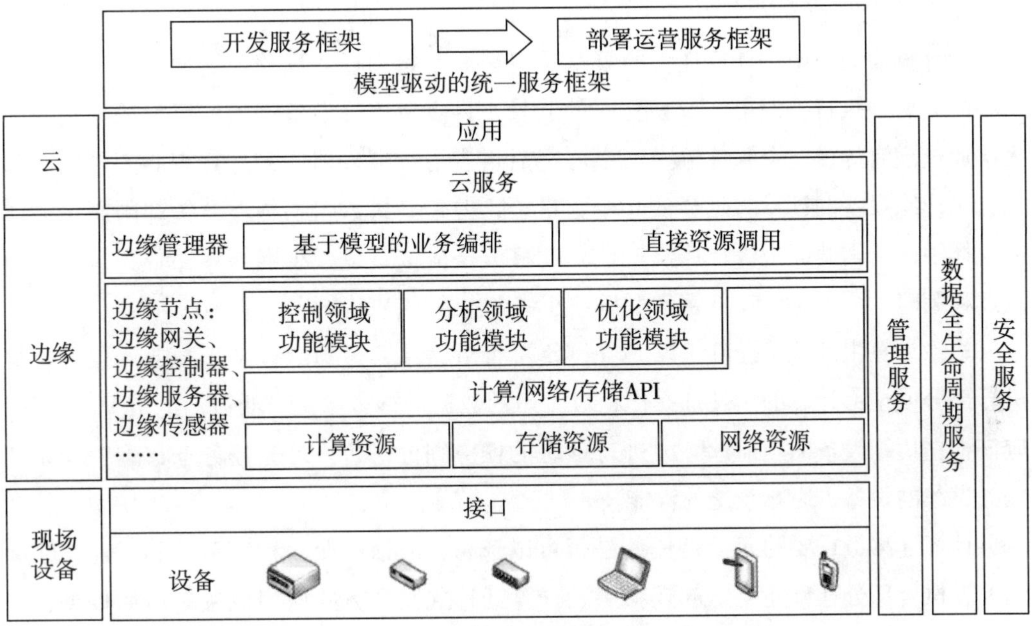

图7-18　边缘架构3.0

资料来源：微信公众号大数据期刊《边缘计算的架构、挑战与应用》。

边缘架构3.0也具有贯通整个架构的基础服务层，其中安全服务与管理服务的功能与EdgeX Foundry类似，数据全生命周期服务提供了对数据从产生、处理到消费的综合管理。从纵向结构来看，最上侧的是模型驱动的统一服务框架，它能够实现服务的快速开发和部署。下侧按照边缘计算通用架构分为现场设备、边缘和云3层，边缘层又划分为边缘节点和边缘管理器2个层次。

边缘节点的形式、种类是多种多样的，为了解决异构计算与边缘节点的强耦合关系，降低物理世界带来的结构复杂性，边缘节点层中的设备资源被抽象为计算、网络和存储3种资源，使用应用程序编程接口（Application Programming Interface，API）实现通用的能力调用，控制、分析与优化领域功能模块实现了上下层信息的传输和本地资源的规划。边缘管理器则使用模型化的描述语言帮助不同"角色"使用统一的语言定义业务，实现智能服务与下层结构交互的标准化。根据功能，边缘框架3.0提供了4种开发框架：实时计算系统、轻量计算系统、智能网关系统和智能分布式系统，覆盖了从终端节点到云计算中心链路的服务开发。

（四）边缘计算的关键技术

计算模型的创新带来的是技术的升级换代，而边缘计算的迅速发展也得益于技术的进步。边缘计算的关键技术主要包括计算迁移技术、新型存储系统、轻量级函数库和内核、边缘计算编程模型。

1. 计算迁移技术

云计算模型当中，计算迁移的策略是将计算密集型任务迁移至资源充足的云计算中心的设备中执行。但是在万物互联的背景下，海量边缘设备产生的巨大的数据量将无法通过现有的带宽资源传输至云中心之后再进行计算。即便云计算中心的计算时延相比于边缘设备的计算时延会低几个数量级，但是海量数据的传输开销却限制了系统的整体性能。因此，边缘计算模型计算迁移策略应该是以减少网络传输数据量为目的的迁移策略，而不是将计算密集型任务迁移到边缘设备处执行。

边缘计算中的计算迁移策略是在网络边缘处，将海量边缘设备采集或产生的数据进行部分或全部计算的预处理操作，对无用的数据进行过滤，降低传输的带宽。另外，应该根据边缘设备的当前计算力进行动态的任务划分，防止计算任务迁移到一个系统任务过载的设备，影响系统的性能。

计算迁移最重要的问题是任务是否可以迁移、应该按照哪种决策迁移、迁移哪些任务、执行部分迁移还是全部迁移等。计算迁移规则和方式应当取决于应用模型，如该应用是否可以迁移，是否能够准确知道应用程序处理所需的数据量以及能否高效地协同处理迁移任务。计算迁移技术应当在能耗、边缘设备计算时延和传输数据量等指标之间，寻找最优的平衡。

2. 新型存储系统

随着计算机处理器的高速发展，存储系统与处理器之间的速度差异，已经成了制约整个系统性能的瓶颈。边缘计算在数据存储和处理方面具有较强的实时性需求，相比现有的嵌入式存储系统，边缘计算存储系统更具低时延、大容量、高可靠性等特点。边缘计算的数据具有更高的时效性、多样性和关联性，需要保证能够对边缘数据进行连续存储和预处理。因此，如何高效地存储和访问连续不断的实时数据，是边缘计算中存储系统设计需要重点关注的问题。

现有的存储系统中，非易失存储介质（Non – Volatile Memory，NVM）在嵌入式系统、大规模数据处理等领域得到了广泛的应用，基于非易失存储介质（如NAND Flash，PC RAM，RRAM等）的读写性能远超于传统的机械硬盘，因此采用基于非易失性存储介质的存储设备能够较好地改善现有的存储系统输入/输出端口（I/O）受限的问题。但是，传统的存储系统软件栈大多是针对机械硬盘设计和开发的，并没有真正挖掘和充分利用非易失性存储介质的最大性能。随着边缘计算的迅速发展，高密度、低能耗、低时延以及高速读写的非易失存储介质将会大规模地部署在边缘设备当中。

3. 轻量级函数库和内核

与大型服务器不同，边缘计算设备由于硬件资源的限制，难以支持大型软件的运行。即使是 ARM 处理器的处理速度不断提高，功耗不断降低，仍难以支持复杂的数据处理应用。比如，Apache Spark（快速通用的计算引擎）若要获得较好的运行性能，至少需要 8 核中央处理器（CPU）和 8GB 的内存，而轻量级库 Apache Quarks 只可以在终端执行基本的数据处理，而无法执行高级的分析任务。

另外，网络边缘中存在着由不同厂家设计生产的海量边缘设备，这些设备具有较强的异构性且性能参数差别较大，因此在边缘设备上部署应用非常困难。虚拟化技术是解决该问题的首选方案。但基于虚拟机（VM）的虚拟化技术是一种重量级库，部署时延较大，并不适用于边缘计算模型。资源受限的边缘设备更加需要轻量级库以及内核的支持，以消耗更少的资源和时间，达到更好的性能。

4. 边缘计算编程模型

在云计算模型当中，用户编写应用程序并将其部署至云端。云服务提供商维护云计算服务器，用户对程序的运行情况完全不知或者知之甚少，这是云计算模型下应用程序开发的特点之一。用户程序通常是在目标平台上编写、编译，并在云计算服务器上运行。而边缘计算模型中，部分或全部的计算任务是从云端迁移至边缘节点，而边缘节点大多都是异构的平台，每个节点上运行的环境存在差异，因此在边缘计算模型下部署用户应用程序将面临较大的挑战，需要开展基于边缘计算的新型编程模型的研究工作。

编程模型的改变需要新的运行时库的支持。运行时库是指编译器用以实现编程语言的内置函数，为程序运行时提供支持的一种计算机程序库。程序库内是一些经过封装的程序模块，具有对外提供接口、进行程序初始化处理、加载程序的入口函数、捕捉程序的异常执行等功能。边缘计算中编程模型的改变，需要新型运行时库的支持，提供特定 API 接口，以方便应用开发。

（五）边缘计算的市场发展

如今边缘计算还处于产业爆发的前夜，边缘计算的行业特点和发展阶段决定了其正在经历一个百家争鸣、百花齐放的勃兴时期。目前在边缘计算领域里集结了云计算厂商、内容分发网络（Content Delivery Network，CDN）服务商、硬件制造商、运营商、研究机构、产业联盟和其他中小厂商等主体。其中云计算厂商、CDN 服务商、硬件制造商是三大主体。

1. 云计算厂商

传统云计算厂商纷纷投入边缘计算领域。亚马逊在边缘计算的核心产品是 AWS Greengrass（亚马逊云服务平台）边缘计算平台。通过该平台，AWS 的云功能高效地扩展到了本地设备，还可以更靠近信息源来收集和分析数据，同时可保证本地网络相互通信的安全性。从客户感知层面上，则可获得 AWS 的实时互联、实时响应，并处于安全的开发边缘应用和分析的环境中。

微软紧随亚马逊步入边缘计算市场，并于 2017 年推出了面向物联网的 Azure IoT Edge（微软物联网：边缘计算平台）服务，Azure IoT Edge 可以将计算能力由 Azure 端推送至边缘设备，同时 Azure IoT Edge 还包括了 AI 模块，并通过托管平台 GitHub 实现了充分开源。

谷歌开发了硬件芯片 Edge TPU（一种新的硬件芯片）和软件堆栈 Cloud IoT Edge（针对网关和连接设备的谷歌云 AI 功能的扩展），以帮助改善边缘联网设备的开发。其中 Cloud IoT Edge 将谷歌云强大的数据处理和机器学习功能扩展到数十亿台边缘设备，如机器人手臂、风力涡轮机和石油钻塔。它们能对来自其传感器的数据进行实时操作，并在本地进行结果预测。

阿里云是国内边缘计算领域的龙头，2018 云栖大会·深圳峰会上，阿里云宣布将战略投入边缘计算技术领域，推出 IoT 边缘计算产品 Link Edge（连接边缘），随后又联合英特尔，推出了专门针对物联网应用的开放性框架，发布了物联网边缘网关技术，同时开源了实时计算平台 Blink。

2. CDN 服务商

切入边缘计算领域的 CDN 服务商中，以国外的阿卡迈（Akamai）和国内的网宿科技最为著名。2018 年年底，Akamai 开始在中国市场加大对边缘计算的布道力度，但尚未推出真正意义上的产品或者是解决方案。网宿科技从 2018 年年初开始正式搭建边缘计算平台，提供边缘平台的 IaaS 和 PaaS 服务，并逐步开放边缘计算平台资源。2019 年年初，网宿科技联手中国联通成立了合资公司云际智慧，瞄准 5G 场景下的机遇，大力布局边缘计算，开启了 CDN 节点下沉的进程，网宿科技计划通过基础设施建设，为将来 5G 大规模商用提供支撑。

3. 硬件制造商

切入边缘计算市场的硬件制造商中包含了英特尔、思科、华为、戴尔、美国超威半导体公司（AMD）、ARM 等。华为如今已有边缘计算的物联网（EC－IoT）解决方案、智能边缘平台（IEF），在 2018 年全连接大会上公布的可实现全场景覆盖的昇腾芯片也包含了边缘计算功能。此外，华为还于 2016 年联合中国科学院沈阳自动化研究所、中国信息通信研究院、英特尔公司、ARM 和软通动力信息技术（集团）有限公司创立了边缘计算产业联盟（ECC）。

惠普计划在未来四年在边缘计算领域投资 40 亿美元，致力于建设其 Edgeline Converged Edge Systems 系统，帮助希望获得数据中心级计算能力，且通常在边远地区运营的工业合作伙伴。该系统可在不将数据发送到云或数据中心的情况下，为工业运营

（如石油钻井平台、工厂或铜矿）提供来自联网设备的信息。人工智能芯片制造商英伟达于 2017 年推出了 Jetson TX2，这是一个面向边缘设备的人工智能计算平台，其前身是 Jetson TX1，为重新定义将高级 AI 从云端扩展到边缘的可能性而设计。

如今边缘计算市场仍然处于初期发展阶段。客观看，目前涉足边缘计算领域的各类厂商都有自身独特优势。在边缘计算的比拼中，每个厂商最终能够取得的成绩取决于其对产业的理解、转身的速度、布局与投入的多寡、合纵连横的能力以及保持战略的定力。

（六）边缘计算的发展趋势

虽然边缘计算还没有全面爆发，但是从现在涌动的暗流中，可以发现边缘计算呈现出了以下几个趋势。

一是去中心化。数字新媒体产业（Technology Media Telecom，TMT）行业尤其是互联网领域，"开放"俨然是整个行业的第一定律，而开放也往往意味着"去中心化"。谈及去中心化，互联网行业为此奋斗了 20 年左右的时间，但是仍旧任重而道远。就目前看来，拼购、社区团购、社交电商一定程度上破除了电商的中心化；自媒体破除了媒体领域的中心化；边缘计算也会破除计算的中心化。因为边缘计算从行业的本质和定义来看，就是让网络、计算、存储、应用从"中心"向边缘分发，以就近提供智能边缘服务。

二是非寡头化。一直以来，TMT 行业在很多领域都存在着强者恒强，甚至是赢家通吃的现象。在即时通信、社交、搜索、安全等领域均是如此。但是在边缘计算领域，这一现象或将不存在。最主要的原因在于边缘计算是互联网、移动互联网、物联网、工业互联网、电子、AI、IT、云计算、硬件设备、运营商等诸多领域的"十字路口"，一方面参与的各类厂商众多，另一方面"去中心化"在产品逻辑底层，一定程度上通向了"非寡头化"。

三是万物边缘化。边缘计算不仅可应用于纵向的垂直领域，还可应用于横向的基础设施等。边缘计算与 IT、互联网、云计算、移动互联网以及人工智能一样，具备普遍性和普适性。在万物互联的未来，有万物互联就有应用场景，有应用场景就要边缘计算。

二、边缘计算最新发展

从 2015 年在安防监控、智慧城市、智慧家居等行业实现了应用试点开始，边缘计算的这把火就烧了起来。2019 年世界移动通信大会期间，中兴通讯发布了 ES 600S MEC 服务器，使其在边缘侧具备很强的神经网络推理能力，从而进一步实现边缘人工智能。

2019 年 2 月 27 日，地平线（Horizon Robotics）公布获得 6 亿美元左右的投资。地平线在发布中称：将继续向着成为边缘人工智能芯片和计算平台的全球领导者这一愿景不断迈进。2019 年 3 月 4—10 日，以边缘计算为关键词的百度搜索指数一跃达到了 7790，而此前一直在 1000 以下，如图 7 – 19 所示。

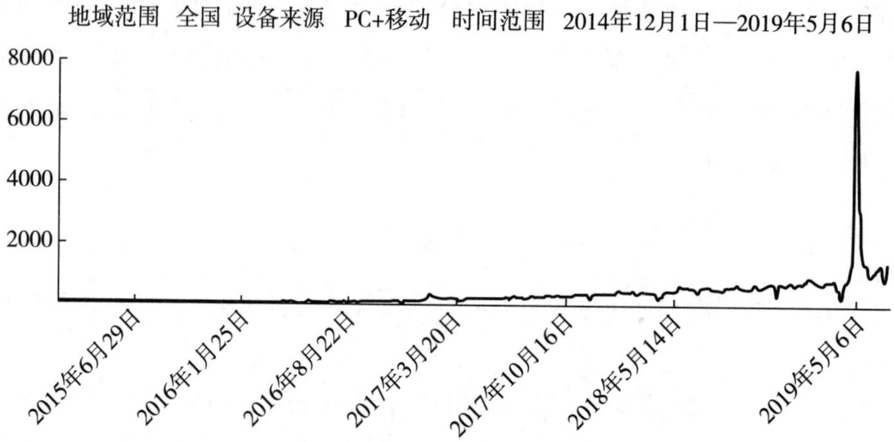

地域范围 全国 设备来源 PC+移动 时间范围 2014年12月1日—2019年5月6日

图 7 – 19　"边缘计算"百度搜索指数趋势部分数据
注：统计时间自 2014 年 12 月 1 日开始，图中仅显示部分数据。

通过云计算使得本地计算资源实现了云端化，做到了按需使用、按需付费。但随着云计算的普及、场景云端化，出现了高时延、数据量巨大、带宽不够等问题，于是边缘计算应运而生。边缘计算的出现则能将计算、决策前置，获取最原始的数据，实时在边缘结点进行数据的分析和决策，同时还能将过滤后的数据传输上云，与云端形成协同效应。简而言之，边缘计算是一种在网络边缘执行计算任务的计算模型，相比于云计算模型，能够更快速、可靠、节能地响应用户需求。

物联网需要每个端具有一定的智能化水平，这就是边缘计算。边缘计算是物联网的核心。物联网领域中，腾讯云发布了其基于边缘计算的物联网平台加速物联网套件（IoT Suite），阿里云在边缘端的拓展则是物联网边缘计算平台 Link IoT Edge。在 AI 应用领域，旷视、商汤、科大讯飞等公司纷纷推出"AI + 硬件"产品，通过 AI 赋能传统硬件。在车联网及自动驾驶方向更需要实时计算，减少反应延迟，在车辆本地进行实时的智能分析、决策计算已经成了标配，特斯拉更是针对自动驾驶场景研发了 AI 芯片。

信息技术研究和分析公司 Gartner（加纳特）指出，2019 年十大战略性技术包括自助设备、增强分析、AI 驱动的开发、数字双生、边缘计算、沉浸式体验、区块链、数字道德和隐私、智能空间、量子计算。作为一种计算拓扑，边缘计算将信息处理、内容收集和传递的场所更靠近需求端。试图保持流量和处理更接近"本地化"，从而减少流量损耗和延迟。

据调研公司 MarketsandMarkets 测算，到 2022 年，边缘计算市场的价值将达到 67. 2

亿美元，比 2017 年的 14.7 亿美元大幅增多，年复合增长率高达 35.4%。物联网和 5G 网络的出现、"智能"应用的数量增加以及云基础设施上的负载越来越大是其迅速增长的重要因素。

三、边缘计算探索应用与实践

在智慧物流系统，边缘计算应用于单元级智慧物流终端设备，是智慧物流终端设备思考的计算模式。智慧物流落地应用，最关键的就是智慧物流终端设备。如：智能分拣机器人、快递无人飞机、智能穿梭车、AGV 搬运车、无人装卸设备、无人驾驶卡车、物流配送机器人、智能堆垛机等。这些设备如果仅作为自动化设备应用，则不需要边缘计算。但是，智慧物流已经迈入物流互联网时代，这些设备需要接入智慧物流系统，需要接入智慧物流服务平台，这时边缘计算就成为智慧物流终端设备智慧觉醒的关键。

智慧物流设备基本上都布置在物流互联网边缘，在智慧物流边缘网络中，各类终端相互连接，并进行物料搬运、输送分拣、装车卸车、末端配送等作业，需要判断哪些"物"应该对话，哪些"物"不能对话，需要设备间有判断或计算的能力，边缘计算便是这种能力的赋予者。

边缘计算就是通过数据分析处理，实现物与物之间传感、交互和控制。它是物流互联网智慧终端设备觉醒的一把钥匙，更是终端设备从"笨拙"变得"智慧"的重要途径。在交通物流领域，国内各家科技企业结合边缘计算的特点已展开了探索与实践。

（一）华为边缘计算服务器实现深圳智能交通管控

深圳交警借助华为 FusionServer 高性能边缘计算服务器，搜集实时交通数据，将交通信息存储、过滤、处理后，传回到华为开发的交通大数据平台，准确地提供"移动对象时空引擎"和"通出行量计算"信息，依据拥堵区域、道路和位置点等多维度数据实时拥堵分析，再将智能分析后的结果传到边缘侧，实现信号调优从被动采集到主动感知，从局部优化到宏观规划，从而利用有效地制定信号配时、交通诱导设置和对流量来源地的疏导指挥等策略，整体提升交通管制效率。

通过信号调优方案，深圳市高峰期局部重点路段持续时间预期可减少 15%，深圳大梅沙、龙华等部分重点路段运行速度提高 9%，利用边缘计算能力实时监测反馈，实现深圳交通的智能管控。

（二）海康威视 AICloud 框架及系列产品

将 AI 算力注入边缘计算，赋能边缘智能是大势所趋。2017 年，海康威视发布"IoT-基于神经网络的认知计算系统——海康 AICloud 框架"。海康威视发布的 AICloud

框架，由云中心、边缘域、边缘节点三部分构成，实现从端到中心的"边缘计算＋云计算"。基于 AICloud 框架，海康威视发布了以海康深眸、海康神捕、海康超脑、明眸为代表的一系列 AI 智能边缘设备，搭载高性能 GPU 计算芯片和深度学习智能算法。

能够在边缘实现原始视频图片中人体、人脸、车辆等属性信息的高效提取和建模，数据回传云端统一分析的同时，也可满足本地自治系统的数据应用，提升业务敏捷性和实时性。

以交通信控为例，云平台汇聚全城路网、过车、信控配时数据，提供全局的"交通数据超脑计算中心"。与此同时，在路口终端，边缘计算系统则自主学习路口的交通流模态，通过场景适配自主生成路况管理预案库，自动调节路口的交通秩序管理手段。因此形成了智能交通中心"大脑＋神经元末梢"的新型智能交通生态系统。目前，海康威视已经在宜春、海口、洛阳等城市完成了试点。

（三）智慧物流运输管理边缘计算实验平台

在我国物流行业普遍面临竞争加剧、成本上升等压力的大环境下，货物运输管理领域还存在诸多问题。软通动力联合英特尔、华为基于边缘计算构建智慧物流运输管理解决方案，通过专用车载智能物联网终端，实时全面采集车辆、发动机、油箱、冷链设备、传感器等的状态参数、业务数据以及视频数据，对车辆运行状况全面感知，形成高效低耗的物流运输综合管理服务体系。基于边缘计算构建的智慧物流运输管理解决方案总体架构如图 7 - 20 所示。

车载智能物联网终端基于边缘计算的本地快速计算响应优势，实现了以下几方面的重点应用。

（1）车辆状态全程监测，异常实时报警

通过专用车载智能物联网终端，实时全面采集车辆、发动机、油箱等的状态参数和业务数据，驾驶前对全车进行了安全扫描，行程中要对发动机进行实时检测，即瞬时油耗数据监测分析，一旦出现异常便实时报警，并自动通知驾驶员及后台监控中心，驾驶后可通过车载智能物联网终端存储的数据进行油耗行程、预防性维修分析，转变车辆管理模式，从结果管理到过程管理，从粗放式管理到精益管理，支撑物流运输经营者持续提升管理水平。

（2）司机行为实时监测，精细化管理规范司机驾驶行为

车载智能物联网终端集成精密陀螺仪和智能载重识别，实时监测司机急加速、急减速、急转弯、急刹车、超速、超重等违规违法行为，及时报警并通知后台监控中心。此外车载智能物联网终端具备 GPS/北斗（＋基站）定位功能，实时获得车辆行驶位置及运行轨迹，与事先预设的行驶路线和行驶区域进行实时对比分析，如果发生偏离，

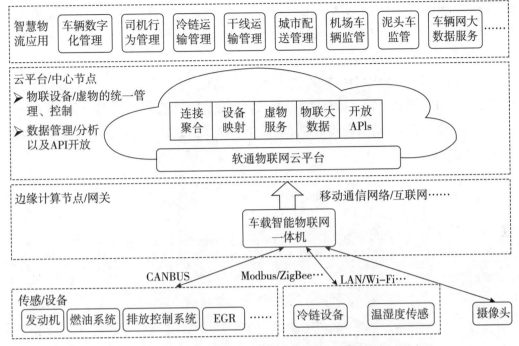

图7-20 基于边缘计算构建的智慧物流运输管理解决方案总体架构

将及时报警并通知后台监控中心。

（3）冷链运输温度实时监测、智能控制

食药等货物在运输过程中对存储温度有着严格的要求，通过车载智能物联网终端多协议接入能力，可实时采集门磁、压缩机、温湿度传感器数据，车载屏和后台监控中心可实时展示车厢不同温区、压缩机、室外温度等多方位温度，一旦温湿度不符合货物存储要求，车载智能物联网终端将及时报警并通知给后台监控中心。车载智能物联网终端甚至还可以实现本地智能控制功能，可以根据温湿度自动启动制冷、恒温、除湿等工作模式。

（4）视频触发，安全管理

可通过自定义设置，一旦急刹车、超速、急加速、急转弯、车门途中打开等情况出现时，车载智能物联网终端将触发连接的摄像头进行抓拍、录像并存储至本地（在网络许可情况上传至后台监控中心）。通过将抓拍的司机照片与本地数据进行分析对比，并结合司机驾驶时间进行司机疲劳度分析，对事故进行报警。并通过还原事件前后1分钟的视频，用以事故分析、教育、事故证明等，提升车辆驾驶及运营安全性。

（5）特种车辆身份识别，安全监管

在机场车辆、运钞车、危化品运输等特种运输场景中，对驾驶人及乘车人的身份识别是非常重要的。事先将车辆认证信息绑定在车载智能物联网终端本机程序中，通过本地指纹识别、人脸识别等方式实时判断车辆使用者的身份合法性。当出现异常或非法驾驶或乘车时，及时报警并通知后台，启动自动锁定程序，实现特种车辆的安全监管，保障生命财产安全。

货车联网运用新一代移动通信、物联网、大数据、智能传感等技术实现车辆、司机运力主/货主、货物、路面基础设施之间的感知互联，对于提升运输管理效率、规范司机驾驶行为、保障货物质量和车辆运营安全、提高交通运行效率、降低污染排放都具有重要意义。

第八章　特色物流技术

第一节　区块链技术

一、区块链物流发展概况

在现代物流的时代背景下，物流企业需要最大限度地利用社会各方资源为客户带来更优质的服务，减少物流总支出、降低运营成本。近些年来，区块链技术在物流业的应用进一步推动了整个物流的发展。

（一）区块链物流发展政策环境

2017 年 10 月，由国务院办公厅出台的《国务院办公厅关于积极推进供应链创新与应用的指导意见》中明确提出，要利用区块链、人工智能等新兴技术，建立基于供应链的信用评价机制。推进各类供应链平台有机对接，加强对信用评级、信用记录、风险预警、违法失信行为等信息的披露和共享。创新供应链监管机制，整合供应链各环节涉及的市场准入、海关、质检等政策，加强供应链风险管控，促进供应链健康稳定发展。2019 年商务部等 12 部门联合印发的《商务部等 12 部门关于推进商品交易市场发展平台经济的指导意见》明确提出要加大对商品市场开展互联网、物联网、大数据、云计算和区块链等信息技术研究与应用支持，引导符合条件的商品市场向高新技术企业转型。区块链日益受到中国政府的重视与关注，国家正积极鼓励区块链在行业中的应用。中国区块链行业国家层面部分文件/会议如表 8 - 1 所示。

表 8 - 1　　　　　　　　　　　中国区块链行业国家层面部分政策/会议

发布/开始时间	文件/会议名称	文件/会议主要内容
2018 年 1 月	《知识产权重点支持产业目录（2018 年本)》	该目录确定了 10 个重点产业，细化为 62 项细分领域，明确了国家重点发展和急需知识产权支持的重点产业，有利于各部门、地区找准知识产权支撑产业发展中的发力点、高效配置知识产权资源、协同推进产业转型升级和创新发展。目录中的 2.7.6 为区块链部分

续　表

发布/开始时间	文件/会议名称	文件/会议主要内容
2018 年 2 月	《工业和信息化部办公厅关于组织开展信息消费试点示范项目申报工作的通知》	现代物流服务。支持发展面向信息消费全过程的现代物流服务，支持多式联运综合物流的创新应用，积极探索利用区块链技术开展物流信息全程监测，推进物流业信息消费降本增效
2018 年 3 月	《2018 年信息化和软件服务业标准化工作要点》	提出推动组建全国信息化和工业化融合管理标准化技术委员会、全国区块链和分布式记账技术标准化委员会
2018 年 4 月	《教育部关于印发〈教育信息化 2.0 行动计划〉的通知》	积极探索基于区块链、大数据等新技术的智能学习效果记录、转移、交换、认证等有效方式，形成泛在化、智能化学习体系，推进信息技术和智能技术深度融入教育教学全过程，打造教育发展国际竞争新增长极
2018 年 5 月	中国科学院第十九次院士大会、中国工程院第十四次院士大会	习近平总书记在中国两院院士大会上的讲话中指出，以人工智能、量子信息、移动通信、物联网、区块链为代表的新一代信息技术加速突破应用
2018 年 6 月	《工业互联网发展行动计划（2018—2020 年)》	鼓励推进边缘计算、深度学习、增强现实、虚拟现实、区块链等新兴前沿技术在工业互联网的应用研究

从全国各省区块链相关政策/措施发布情况可知，部分地区出台了区块链专项政策，如上海、广州、深圳、重庆等。而部分地区则未出台区块链专项政策，其涉及的区块链政策呈现于各行各业的发展规划或指导意见中，将区块链作为一项创新技术运用于各行业中。

中国主要省市的区块链专项政策/措施发布情况如表8－2所示。

表8－2　　　　　　　　中国主要省市的区块链专项政策/措施发布情况

地区	是否出台专项政策	政策名称/措施	备注
北京	否	—	北京作为全国的政治文化经济中心，区块链创业优势明显，虽然未出台针对区块链产业发展的专项政策，但一直保持高速发展状态
上海	是	《互联网金融从业机构区块链技术应用自律规则》	上海市政府在区块链政策上相对保守，只在金融区块链试点上出台多项指导政策

地区	是否出台专项政策	政策名称/措施	备注
广州	是	《广州市黄埔区广州开发区促进区块链产业发展办法》	广州作为改革开放的前沿，对新生事物向来都是包容、开放、支持的，紧密对接国家"区块链＋"发展战略，针对区块链产业多个环节给予重点扶持，出台了目前国内支持力度最大、模式突破程度最强的区块链扶持政策
深圳	是	深圳市首个区块链创投基金启动	深圳为确保在区块链产业国际化竞争中走在前列，积极扶持重点企业与重点项目，出台长期配套发展资金
重庆	是	《关于加快区块链产业培育及创新应用的意见》	重庆市政府对区块链产业发展高度重视，在引进专业人才、凝聚产业力量以及营造良好的产业生态环境等方面加大投入和支持力度
浙江	是	《关于打造西湖谷区区块链产业的政策意见（试行)》	浙江是国内最早重视区块链技术的省份之一，2016年年初就有相关人士指出，希望浙江成为全国区块链技术开发应用高地。2018年更是提出把区块链打造成未来产业、对区块链的重视程度非常高，发布的诸多政府文件中都提及区块链
江苏	是	《苏州高铁新城区块链产业发展扶持政策（试行)》	江苏是目前国内在政府文件中提及区块链最多的省份之一，江苏软件产业发达，科教资源丰富，具备区块链技术发展与应用的良好环境，在政策扶持上制定了针对区块链领域的人才扶持及产业创新的优惠政策，先后成立一批与区块链相关的研究机构，致力于推动区块链技术应用、发展
贵州	是	《关于支持区块链发展和应用的若干政策措施（试行)》	贵州是国内最早占据区块链发展风口、率先制定出区块链发展战略规划、发展区块链产业的地区之一。在推动区块链产业迅速发展的同时，也形成了国内较为完善的区块链产业生态
山东	是	《关于加快区块链产业发展的意见（试行)》	山东在政策扶持上，设立了区块链产业发展年度专项资金，已连续执行五年

（二）区块链物流发展现状

区块链是一种在对等网络［也称点对点网络，是无中心服务器、依靠用户群

（peers）交换信息的互联网体系，可以减少传统网络的传输节点，降低资料遗失的风险〕环境下，通过透明和可信规则，构建可追溯的块链式数据结构，实现和管理事务处理的模式。

目前我国区块链产业处于高速发展阶段，创业者和资本不断涌入，企业数量快速增加。区块链技术正在衍生为新业态，成为经济发展的新动能。区块链技术正在推动新一轮的商业模式变革，成为打造诚信社会体系的重要支撑。与此同时，各地政府积极从产业高度定位区块链技术，政策体系和监管框架逐步发展完善。从中国区块链公司地域分布情况来看，北京、上海、广东、浙江为区块链的集中地，企业总数占比约80%。其中北京作为中国区块链创业活跃度最高的地域，其区块链公司数占比38%。除此之外，中国区块链创业活跃度前十的地区还包括江苏、四川、福建、湖北、重庆、贵州，具体如表 8 - 3 所示。

表 8 - 3　　　　　　　　　中国区块链创业活跃度前十的地区

排名	地区	公司数量	占比（%）
1	北京	175	38
2	上海	95	21
3	广东	71	16
4	浙江	36	8
5	江苏	13	3
6	四川	13	3
7	福建	7	2
8	湖北	4	1
9	重庆	4	1
10	贵州	3	1

资料来源：2018 年我国区块链发展现状及未来趋势分析. http://tuozi. chinabaogao. com/it/0953636342018. html。

2018 年上半年，我国提供区块链专业技术支持、产品、解决方案等服务，投入或产出的区块链企业共 425 家，产业规模达到 4.5 亿元。随着国家有关部委规范行业发展相关文件相继出台，全国各地政策支持力度加大，区块链技术与产业发展的良好氛围逐步形成。预计 2019 年具有投入产出的区块链企业超过 600 家。

根据 Gartner 和 MarketsandMarkets 等调研机构数据显示，2017—2022 年，区块链直接市场价值将由 4.1 亿美元增长到 76.8 亿美元，复合年均增长率为 79.6%，预计2020 年各类基于区块链的延伸业务将达到 1000 亿美元。随着区块链技术的应用场景迅速拓展，人才、资本和技术资源向区块链行业不断汇聚，预计 2019 年产业规模超过 8 亿元①。区块链在物流中的应用情况如图 8 - 1 所示。

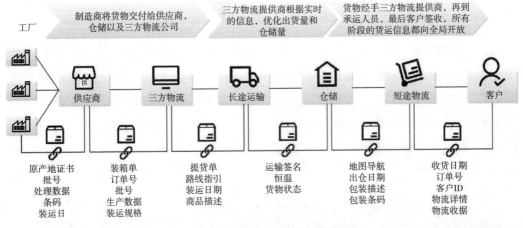

图 8 - 1　区块链在物流中的应用情况

区块链能够解决社会物流中信息不对称和信息被造假的问题，可避免因网络攻击造成的系统瘫痪。基于区块链的共识机制可构建去中心化的信任体系，帮助各参与方打造既公开透明又能充分保护各方隐私的开放网络，能够帮助产业中各方构建一个公开透明又能充分保护各方隐私的现代化物流。区块链的开放、共识使物流车队、仓库和一线物流服务人员等参与方均可以充当网络节点，保障物流过程信息的透明性和真实性；区块链的共识机制可消除对可信中介方的依赖，同时也能避免因网络攻击造成的系统瘫痪。

物流供应链中企业之间的生产关系较为复杂，涉及因素较多，会受到经济、社会各方面因素的影响。因此，通过区块链技术的共识机制构建，信任体系就显得尤为重要，可以使上下游的物流企业加强对彼此的信任。

物流上下游企业各有一套信息闭塞的物流系统，通过区块链可以打造一个既透明又充分保护各方隐私的开放网络，提高物流供应链上下游企业的风险控制能力。区块链不可篡改的特性可以确保分类账本、数据和资金的安全，提高企业的财务安全。可追溯的特性帮助物流企业追溯货物来源，共享的分类账本可以让上下游参与者随时查看商品出处。

二、区块链物流技术应用场景

区块链在物流领域的应用探索可以追溯至 2015 年，主要集中在流程金融、物流征信、物流追踪等方向，具体包括结算对账、商品溯源、冷链运输、电子发票、资产支

---

① 根据 2019 全球物流技术大会整理。

持证券（ABS）等领域。

（一）流程金融——航运供应链金融平台

在航运供应链领域，很多进出口企业都是小微企业，由于航运供应链具有时间长、跨度大、流程复杂、涉及相关方多等特点，很多小微企业时时刻刻承受着资金链紧张的压力。而与这种小、快、频的金融需求相对应的是复杂、缓慢、高成本的金融体系和流程。造成这种局面是由于信息不对称、不完整，金融欺诈的广泛存在，金融机构不得以采取风险管控手段，导致整个流程复杂、冗长且容易出错。航空供应链金融平台示意如图8-2所示。

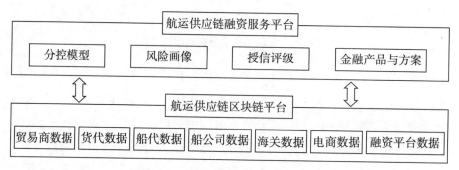

图8-2 航空供应链金融平台示意

对于进出口小微企业的航运供应链金融，面向的客户行业广、客户散、授信小、形态多，金融风险相对分散，若借助以区块链技术为依托的风控平台，则可以从源头上保证物权凭证的可信性、可流转性以及可追溯性，充分保证其真实性、可承兑性、防伪性以及不可抵赖性。

（二）物流征信——物流征信信息平台

物流上下游环节中离不开一线从业人员，包括承运司机、大件安装工程师、安维工程师等一线服务人员。服务人员需经过培训并且考核通过后方能上岗。然而目前物流领域中并没有统一的评级标准，工程师的评级规则及评级结果仅在各自企业内部使用，因此存在培训项目不全面、信用主体使用范围受限、雇佣关系不稳定等问题，导致已有信用主体的征信数据不准确。

通过区块链构建信用主体，围绕主体累积可信交易数据，联合物流生态企业共同建立区块链征信联盟，构建物流从业者的信用评级标准，可以真正形成以数据信用为主体构建的物流信用生态。物流征信信息平台示意如图8-3所示。

区块链技术能够促进物流行业建立征信评级标准。数据信用建立的前提是需要行

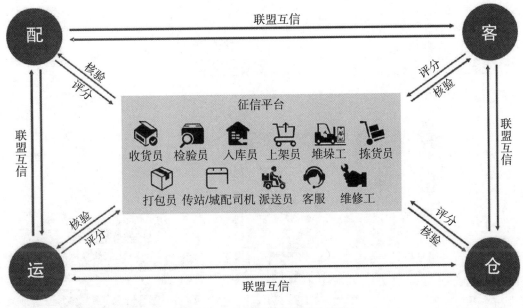

图8-3 物流征信信息平台示意

业内企业共同参与，通过智能合约编写评级算法，并发布至联盟链中的物流行业信用平台，利用企业账本中真实的交易数据计算评级结果。区块链的自治性，可以使系统在无人为干预的情况下自动执行评级程序，采用基于联盟节点之间协调一致的规范和协议，使整个系统中的所有节点均能在信任的环境中自由安全地交换数据。

(三) 物流追踪——商品溯源区块链平台

传统溯源行业数据中心化存储，存在因考虑自身利益而篡改数据的风险；且供应链上各企业独立记账，形成信息孤岛，导致数据无法追溯。而"区块链+溯源"的运用能有效缓解这些现象的发生。"区块链+溯源"本质是从时间和空间的二维角度，对产品或信息的生产、流通和消费过程进行记录，并且不可篡改。商品溯源区块链解决了信任问题，实现了对商品信息的实时溯源并保障其不可被篡改，同时降低了物流成本。区块链视角下电商平台主导的产品信息追溯和防伪模型如图8-4所示。

1. 全程实时溯源商品信息

溯源的本质是信息传递，而区块链也是一种信息传递，将数据打包成区块，再使用时间戳等方式形成链，这样的一整套流程与商品供应链流程类似，并且符合商品市场流程化生产模式。商品流通加工、运输、销售等环节是以时间为顺序进行的，而区块链内的信息传递按照同样的时间顺序进行且可实时追溯，二者完美融合。

2. 商品信息不可篡改

区块链技术具有去中心化存储的特点，不依赖于组织和个人，利用可信的技术手

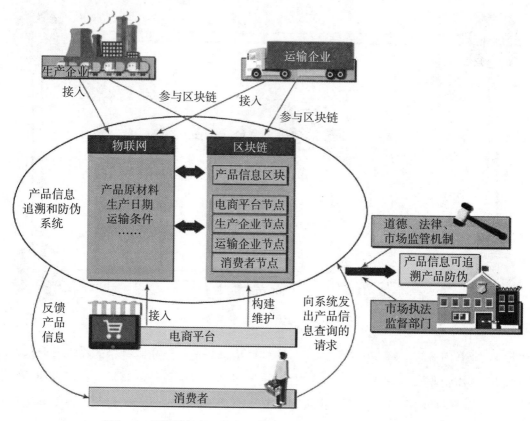

图 8-4　区块链视角下电商平台主导的产品信息追溯和防伪模型

段将所有信息公开记录在"公共账本"上，区块链上具有时间戳且不可篡改。信息一旦记录在区块链上便无法抹去，并且商品在互联网中具有唯一身份，该技术消除了中心化机构的权力，解决了信任问题。

3. 降低物流成本

区块链中的数据由监管部门对产品信息进行储存、传递、核实、分析，并在不同部门之间进行流转。区块链可以作为一个总账本，成为一个统一的凭证，打通供应链中的各个环节，达到统一凭证、全程记录、企业征信的目的，能够有效解决多方参与、信息碎片化、流通环节重复审核等问题，降低了物流成本，提高了效率。

商品溯源区块链目前已得到一定程度的应用，如将区块链技术用于集装箱的智能化运输、大型物流运输等。集装箱信息被存储在数据库中，区块链的存储解决方案将自主决定集装箱的运输路线和日程，并且可以对过往的运输经验进行分析，不断更新路线和日程设计技能，从而使效率得到有效提高。对收货人而言，不仅可以在货物从离港至到达目的港的过程中全程跟踪货物的物流信息，同时可以随时修改优化货物运输的日程安排。

通过应用区块链技术，可以及时掌握产品的物流方向，提高物流速度和工作效率，防止窜货、保证线下各级经销商的利益，还可以帮助解决物流供应链上的中小微企业的融资难问题，实现物流商品的资产化。

三、年度优秀案例：蚂蚁区块链

蚂蚁区块链具有金融级平台所必需的高性能、高可靠和高安全等特性。目前已具备单链 2.5 万 TPS（每秒执行的事务数量）的处理能力，在性能、安全性和跨链交互等多个技术难点的研究与攻关进展方面均处于世界前列。蚂蚁区块链核心优势如表 8 - 4 所示。

表 8 - 4　　　　　　　　　　　　蚂蚁区块链核心优势

优势	具体内容
高性能	秒级确认；Nonce Table 数据结构；签名优化算法
高安全	金融级隐私保护；支持可信执行环境（TEE）
全球部署	支持跨境多机构部署；多个跨境案例生产落地
模块化设计	操作简易化；支持可插拔式工程实现
跨链	多链及链上链外数据互联互通；支持甲骨文（Oracle）数据库数据源调用；支持跨链外部超文本传输协议（http）访问

（一）蚂蚁区块链 BaaS 平台

蚂蚁区块链 BaaS 平台（以下简称"BaaS 平台"）是基于云平台开放的区块链技术，支撑着众多的区块链业务场景及上链数据流量。BaaS 平台能够使用户在业务和应用上的投入成本实现最小化。借助 BaaS 平台的便捷性和可用性，各行业场景可以和区块链进行有效结合。

1. BaaS 平台技术框架

BaaS 平台底层是基础底座（BaaS Core），基于对主机及容器提供灵活支持的云平台，从而实现跨平台的灵活运行和部署。对于可信硬件，即基于阿里云的神龙服务器提供相应硬件服务，可以提供高可靠、高隐私保护的可信执行环境（TEE），并且将逐步推出智能合约平台以及跨链服务。目前 BaaS 平台正在对跨链服务进行相应支撑，通过跨链服务，平台可以实现内部互联互通，同时通过智能合约和跨链服务对外部互联网上的可信数据源进行访问。

BaaS 平台第二层为 BaaS Plus，将底层的服务及能力封装、服务化，开放为标准化接口，提供给合作伙伴一起接入和使用，降低接入业务的耗时。目前，BaaS 平台已推出可信存证、可信时间、通用溯源等服务。

BaaS 平台实现了在几十个场景中的应用，并逐渐在应用场景落地的实际应用中沉淀形成一层标准的应用解决方案模板，从而方便用户在其应用中借鉴其他类似场景的平台能力。

2. BaaS 平台优势

①性能、可靠性高。BaaS 平台具有高达 25000TPS 的存证交易处理能力，且具备高容错率。②可提供双重信任隐私保护。不仅在区块链层实现高隐私保护能力，在 BaaS 服务层同样提供相应身份认证能力。③可跨网络部署。BaaS 平台可以根据联盟参与方需求跨云平台部署区块链节点。

3. BaaS 平台应用场景

（1）跨境汇款

BaaS 平台基于区块链底层技术开发出一条跨境汇款通道。BaaS 平台与韩国、印度和菲律宾等的相关业务合作，开通更多跨境汇款通道，使跨境资金更加方便快捷，同时降低跨境转账的成本，让全球用户享受到便捷、快速、安全、合规的金融服务。

（2）司法可信存证

BaaS 平台与互联网法院合作，将司法节点公证处、法院等连接起来，形成一套区块链部署。同时 BaaS 平台将版权类的存证、电子合同、房租和借贷合同等存放至区块链中，发生纠纷时，法院可直接在区块链上获取数据和证据进行判决，从而提高判决效率及公信力。

（二）蚂蚁双链通

2019 年年初，蚂蚁金服在蚂蚁科技探索大会（ATEC）城市峰会上提到其新品牌"蚂蚁双链通"，双链即区块链和供应链。据悉，蚂蚁金服将作为这个联盟网络最主要的技术运营方及开发方，为企业级应用提供配套的基础设施域，例如应收账款的确权和转让等业务，并接入与蚂蚁金服合作的核心企业及其下属的财务公司、保理公司、信托公司甚至自有的银行等。同时银行与金融机构也可以成为区块链联盟成员，能够在平台上进行网银、身份核实、账务甚至资金结算等业务，同时强调双链通对中小微企业上链交易的协助作用，提供安全可靠、合法合规的融资与金融通道。

第二节　供应链金融技术

在中国互联网快速发展与多元应用的背景下，企业触网进行转型发展的步伐日益加快。习近平总书记曾指出，要充分发挥企业利用互联网转变发展方式的积极性，支持和鼓励企业开展技术创新、服务创新及商业模式创新，进行创业探索。如何以成熟的互联网为基础，推进企业的创新驱动和技术赋能成为向高质量发展的战略重点。供应链金融技术作为产融结合与协同发展的新手段，不仅解决了供应链资产端的融资问题，而且解决了资金端的资金投放问题，有效地实现了产融协同、降本增效与风险控制。

在企业普遍性的触网运营下，供应链金融正从"1 + N"阶段（供应链金融的模式被称为"1 + N"，银行根据核心企业"1"的信用支撑，以完成对一众中小微型企业"N"的融资授信支持）向在线化、平台化、智慧化和生态化方向发展，不仅注重商流、物流、信息流和资金流的合一和协同，更加注重技术的应用赋能。从目前供应链金融行业应用和发展实践看，正在研发和应用于供应链金融的技术主要包括：人工智能（Artificial Intelligence）、区块链（Block Chain）、大数据（Big Data）、云计算（Cloud Computing）和物联网（Internet of Things）。

一、人工智能技术在供应链金融中的应用

人工智能是集数门学科精华于一身的"前沿学科中的交叉学科"。其研究目的是研发用于模拟、延伸和扩展人的智慧和能力的理论、方法、技术及应用系统。与人工智能相关性最高的三门学科是计算机科学、数学和逻辑学。

与传统融资模式相比，供应链金融的融资模式具有更强的融资优势。依据对融资企业的智能供应链环节中上下游企业"产—供—销"链条的稳固和流转顺畅度等数据的挖掘和分析，供应链金融不光提升了供应链的效率和竞争力，更为企业解决了融资问题。创新型企业组织正在应用人工智能和机器学习来处理大量供应链数据，以实现企业供应链管理的优化。

将 AI 技术应用于供应链金融需要关注以下几个问题：一是明确需要解决的特定问题。供应链包含了从计划到生产、包装、仓储、分销和运输等多个过程，而供应链金融是依据特定供应链环节来设计产品，进行风险控制，相应地需要特定的 AI 项目来支持。例如依托供应链规划采购贷、订单贷、应收贷等多种供应链金融产品的额度和利率，与此同时也可以依据供应链设计基于 AI 技术的风险控制模型。二是需要具备大数据基础。人工智能应用于供应链金融的基础条件是充分的数据支撑，数据的来源有以下三个方面：①从企业的不同系统（ERP、MRP、CRM 和其他系统）中提取数据，②从外部获得互联网上的挖掘数据，③从政府获取对于企业的监管数据。在理想状态下，这些数据集之间最好具有时间一致性。如果拥有某个企业半年以上的原材料数据、库存数据和销售数据等，AI 应用于供应链金融将更有意义。三是选择一个熟悉供应链的技术伙伴。人工智能应用于供应链金融领域是一个创新的举措，对于有志于将该技术应用于业务领域的公司而言，选择一个熟悉供应链业务的技术服务公司至关重要。

随着公司供应链金融业务的开展，人工智能技术将带来巨大红利。人工智能技术

应用于供应链金融是从事该项业务公司的必然选择。虽然有些公司目前还不具备很好的应用条件，但也要充分重视人工智能技术，以便取得更好发展。

二、区块链技术在供应链金融中的应用

区块链技术作为供应链金融相关技术，更是受到各大金融科技企业的青睐。根据相关数据显示，2018年上半年市场上至少有17家金融机构选择"供应链金融＋区块链"作为主流落地产品。作为承载信用记录的分布式"账本"，区块链技术与供应链金融有着极高的契合度。区块链技术的引入，使得供应链上的每笔交易都得以录入，并开放给所有参与者，加强底层资产透明度和可追责性。区块链技术为供应链金融提供了一个可信赖的记录系统，可以解决供应链的三个痛点：数据可视化、流程优化和需求管理。基于区块链技术的特点，其在各行业领域供应链金融发展中的应用模式主要有以下几类。

（一）区块链应用于预付款融资模式

预付款融资模式是指在上游企业承诺回购的前提下，由第三方物流企业提供信用担保，中小企业以金融机构既定仓库向银行等金融机构申请质押贷款来缓解预付货款压力，同时由金融机构控制其提货权的融资业务。先票/款后货是存货融资的进一步发展，是指客户（买方）从银行取得授信，在交纳一定比例保证金的前提下，向卖方议付全额货款；卖方按照购销合同以及合作协议书的约定发运货物，货物到达后设定抵押、质押作为银行授信的担保。

企业向金融机构申请融资用于向核心企业采购，包括保兑仓模式、替代采购模式等。此时，区块链技术应用于预付款融资模式中需要侧重于如何确保下游企业贸易的真实性及融资用途不被篡改等，常用的方法是通过引入第三方监管企业（一般是物流企业）对货物进行监管。

（二）区块链应用于应收账款融资模式

目前，应收账款融资市场存在各种以银行、核心企业或第三方机构主导的融资平台。由于商业利益和竞争关系，存在条块分割严重、难以互通导致信息不对称，融资效率低，核心企业掌控权过大，资产流动性不足等问题。中小企业只能被动参与，从而增加了融资难度。从业务目标而言，需要着力解决以下三个难点与问题：一是不依赖核心企业证明贸易背景信息真实性；二是多层级供应链信息穿透问题；三是金融资产底层信息穿透问题。

针对现有供应链融资解决方案在真实性证明和信息穿透等方面的不足，可以考虑引入区块链技术，建立基于区块链的可信数据平台，从技术上减轻对核心企业的依赖，

并基于分布式共识机制，建立连通各方的协作平台，实现纵向贯通供应链末端、横向覆盖贸易和融资多方对手、基于全局一致性保障的信息共享机制和可信业务运行机制的目的，并利用加密技术实现信息安全和隐私保护。核心企业的上游供应商以应收账款的转让或者质押两种方式进行融资，包括明保理、暗保理、ABS等。区块链技术侧重的关键点是贸易背景的真实性以及应收账款的回款信息等，其中贸易的真实性是整个融资业务的基础，回款信息是融资风险控制的保障。

（三）区块链应用于存货质押融资模式

对于物流企业而言，存货质押融资是物流企业的新功能，主要有以下几个特点：①在保管的基础上增加监管功能；②对客户和金融业负责，是独立公正的第三方；③专业化的服务确保货物的安全；④服务领域向供应链延伸，理论上可以做到全程监管；⑤承担货物损失的赔偿责任。

存货质押融资业务可以缓解中小企业资金缺乏的问题，提高第三方物流企业相对于对手的竞争优势。由第三方监管公司负责货物的监管、货价的评估以及货物的发放等，金融机构在一定程度上借鉴监管公司给出的货价评估后向企业发放贷款。中小融资企业用运营所得还贷，如果中小企业丧失还款能力，也可以提前与核心企业签订购销协议，通过核心企业的回收来解决货物的处理问题。

三、物联网技术在供应链金融中的应用

"物联网技术＋供应链金融"模式通过GPS、生物识别等手段，对动态和静态的目标进行识别、定位、跟踪、监控等系统化、智能化管理，然后进行数据汇总并分析，使客户、监管方和银行等各方参与者均可从时间、空间两个维度全面感知和监督动产存续的状态和发生的变化，进行风险监控和市场预测。

在物联网技术的支持下，一方面，供应链金融的范围将进一步扩大。原有的金融供应链的服务客户，是以核心客户为中心，进一步地向其企业发展的上下游延伸。企业之间的联系是呈现网络化交叉式发展的，这种网络的企业布局，将会为金融服务业提供更大的市场空间。由于物联网本身的交叉与开放性，在企业产品研发及生产过程的诸多领域都会通过物联网来实现高效的资源调配与信息共享。另一方面，供应链金融服务的种类也将更加多样化。"物联网技术＋供应链金融"模式所提供的服务，已经不是针对某一个具体的客户，而是从整个物联网体系的全局出发，制定相应的发展战略与对策。面向市场，面向客户的实际需求，提供丰富多样的金融产品，是在未来的金融市场竞争中赢得发展主动权的关键所在。

由以上分析可知，物联网技术和在供应链金融领域的应用一方面能够有效控制供

应链金融风险，另一方面能够获得各类数据信息，反向协同进行风险控制，其应用主要体现在以下两方面。

（一）物联网应用于静态存货质押融资模式

借助物联网技术对存货质押、仓单质押、融通仓等服务进行进一步提升，实现融资过程中监管服务的网络化、可视化及智能化，进一步实现对存货质押融资数据有效获取和对风险有效控制。2015 年，平安银行将物联网智能监管应用到钢铁行业中，通过引入感知罩、感知箱等物联网传感设备，建立起"重力传感器 + 精准定位 + 电子围栏 + 仓位划分 + 轮廓扫描"的智能监管系统，赋予动产以不动产属性，实现对钢材的识别、定位、跟踪、监控等系统化、智能化管理。

（二）物联网应用于动态存货质押融资模式

此模式主要对运输过程中的货物进行监管、监控，从而完成货物在送达客户过程中的融资，如华夏物联网研究中心提出的货运物联网金融。货运物联网金融是在货运车联网技术的基础上创新的金融服务，通过复合金融卡技术（RFID 卡与银行卡合一），面向货运车辆，实现"一车一卡"，集成卡车运营中的商务活动，进行金融服务创新。如集成加油、运费、保险等服务，可实现庞大客户群的团购，使得货运出行服务费用得到较大幅度的优惠。

四、大数据技术在供应链金融中的应用

国务院《促进大数据发展行动纲要》将大数据技术定位为"新一代信息技术和服务业态"，赋予大数据"推动经济转型发展""重塑国家竞争优势""提升政府治理能力"的战略功能，并将数据界定为"国家基础性战略资源"。大数据技术在供应链金融的实际应用中需要关注以下几点。

（一）数据来源

获取数据渠道多样，对于通过各种渠道获得的数据，要特别关注的是数据的数量、数据的质量、数据的合法性以及数据的合规性。主要通过以下几个渠道获取数据。一是可以通过互联网获取数据。在互联网逐步普及应用的今天，可以通过互联网获得各类数据，如通过各类搜索、社交、媒体、交易等各自核心业务领域获取数据。二是可以通过物联网获取数据。随着物联网在各个领域的应用，物联网技术在获取大数据方面的应用与日俱增。三是可以通过企业自身的经营积累数据。企业在运营过程中产生了大量的数据，但我们的企业在这方面的数据积累不足，特别是在供应链上的数据积

累和挖掘不足，造成数据价值没有充分体现。四是可以通过政府部门获得监管数据。这类数据质量好、价值高，但开放程度低。《促进大数据发展行动纲要》把公共数据互联、开放、共享作为努力方向。实际上，长期以来政府部门间信息数据相互封闭割裂，面向社会的公共数据开放还有一个过程。

（二）数据处理

大数据技术只是一种手段，关键要善于通过对数据进行处理来解决问题。大数据主要有以下几种较为常用的功能。一是追溯功能。通过大数据可以追踪、追溯各种记录，形成真实的历史轨迹，从而触发在各个领域的应用。如客户购买行为、购买偏好、支付手段、搜索和浏览历史、位置信息等。二是识别功能。在对各种因素全面追溯的基础上，通过比对、筛选，可以实现精准识别，尤其是对语音、图像、视频进行识别，使可分析内容大大丰富，得到的结果更为精准。三是画像功能。通过对同一主体不同数据源的追溯、识别，形成立体的刻画和更全面的认识。根据客户画像，精准推送广告、产品，准确判断信用及风险等。四是预警功能。在历史轨迹、识别和画像基础上，对未来趋势及重复出现的可能性进行预测，当某些指标出现预期变化或超出预期变化时给予预警。五是匹配功能。在大量信息中进行精准追踪和识别，利用相关性、接近性等进行筛选比对，更有效地实现供需匹配。

通过大数据应用解决中小企业融资难问题，可以看作通过识别、画像对优质中小企业进行精准筛选和界定，找准优质的中小企业；通过追溯、预警可以对贷款资金、贷后管理等进行监控和评估；通过匹配和优化，更好地实现资金的最优化配置使用。

（三）数据价值

大数据应用于供应链金融的效果在于：一是是否提升了能力、改善了绩效，如金融机构、供应链金融服务企业的风险控制能力、盈利能力、获客能力等；二是融资企业融资的可得性、成本及便利性等是否得到优化。随着供应链金融在线化、平台化和智慧化发展趋势，重视大数据、应用大数据是供应链金融生态圈中各方的必然选择。

人工智能、区块链、物联网、大数据等新兴技术并非彼此孤立，而是相辅相成、相互促进的。大数据是基础资源，人工智能依托于大数据进行智能管控，借助区块链实现分布式记账，通过物联网实现物物互联、动态获取数据。从发展趋势看，上述各项技术在商业实践领域的应用会更加紧密，技术边界在不断削弱，新一代信息技术的发展正在形成融合生态，并推动供应链金融发展进入新阶段。

第三节　汽车物流技术

汽车物流是物流领域的重要组成部分，具有与其他物流种类所不同的特点，是一种复杂程度极高的物流活动。2018 年是汽车物流行业发生巨大转变的一年，汽车产销量近年来首次出现负增长。据中国汽车工业协会统计分析，2018 年全年汽车产销 2780. 92 万辆和 2808. 06 万辆，同比下降 4. 16% 和 2. 76% 。同时，车辆运输车实现了全面合规运营，零部件物流市场竞争日趋激烈，汽车物流企业间合作日益加深，新技术装备在汽车物流行业不断创新应用，汽车物流专业化、信息化、智能化、自动化水平逐步提高，这些变化为汽车物流行业的发展带来了新的机遇与挑战，助推了行业健康稳定发展。

一、2018 年汽车物流技术发展基本情况

汽车物流具有产业链条长、复杂程度高等特点，贯穿零部件供应商、主机厂、4S 店、汽车备件销售等供应链全过程。2018 年，在整车物流、零部件物流技术装备应用的情况各有不同，整车物流运输装备不断升级，零部件物流自动化、智能化服务水平不断提高，后市场电商平台型物流服务强势进入，汽车物流行业从生产方式、经营方式到管理模式均发生了重大变化。

（一）汽车整车物流公路装备全面升级

2018 年是车辆运输车治理工作的收官之年，在国家各部委、行业协会、主机厂、整车物流企业等多方的共同努力下，为期 2 年的专项治理工作取得了显著的成效，公路运输市场实现合规运营，多式联运得到快速发展，运输价格实现合理回归。自 2018 年全行业全面淘汰了 4 万余辆不合规车辆运输车，新增符合国家标准的中置轴车辆运输车 2 万辆，半挂车 5 万辆，全面实现了车辆运输车标准化、合规化，公路运输市场安全运营水平全面提升。同时，各部委将车辆运输车的专项治理转变为常态化管理，行业也形成了全民监督、发现举报的良好氛围，积极反应 "6 +2" "7 +2" 等个别违法装载的行为，共同维护治理工作取得了成果，净化了整车物流公路市场。2018 年车辆运输车更新置换情况如图 8 – 5 所示。

（二）汽车整车多式联运组织模式快速发展

据中国物流与采购联合会（以下简称 "中物联"）与 G7 月度数据显示，2018 年较 2017 年年车辆周转次数增加近 4.5 次，公路短途业务接近 80% ，整车物流市场已经由以公路运输直送为主的运营模式转变为以铁水干线运输、公路两端短驳的多式联运组

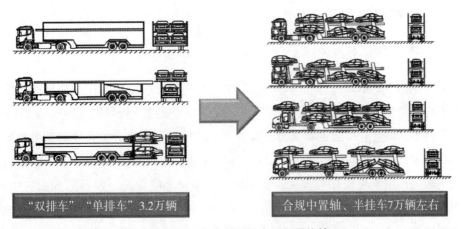

"双排车""单排车"3.2万辆　　　　合规中置轴、半挂车7万辆左右

图8-5　2018年车辆运输车更新置换情况

织模式，铁路和水路运输份额占比明显提高，铁路和水路运输能力进一步释放，综合运输体系建设不断完善。

铁路方面，据中铁特货数据显示，2018年完成汽车整车运输量580万辆，较2017年增长了26%；新增铁路商品车运输专用车辆4000辆，增长了28%，总计拥有专用车辆18500辆；同时进一步优化了运输组织，汽车运输周转时长为10.1天，较2017年减少了0.7天；铁路拥有42个物流基地，可同时存储23.1万辆汽车，铁路运输优势明显增强。

水路方面，我国整车水路运输仍以滚装运输模式为主，少量采用集装箱运输。2018年，全国滚装运输量达到330万辆，其中沿江运量为100万辆，沿海运量为220万辆；深圳长航、上海安盛、民生轮船、中远海运、中甫航运和华嘉船务等船务公司共计拥有91艘滚装船，其中2018年新投入使用的滚装船为12艘，为我国水路运输发展提供了良好的服务基础。

（三）汽车零部件物流技术应用不断提升

零部件物流服务从服务主体和环节来看，可以分为零部件供应商物流、零部件入厂物流，物流服务逐步从推动式物流服务到拉动式物流服务再到智能物流服务。零部件物流服务由于产品的差异性、服务的多样性，相对于整车物流服务更加复杂，对于技术装备的创新与应用需求更加旺盛。总的来说，零部件物流业务逐渐向智能化与信息化转型，一方面，通过人工智能、无人车、无人仓等技术的不断推进，提升了自动化装备技术在物流节点的应用，不断提高物流行业自动化运作水平；另一方面，以信息采集、大数据处理、移动互联等信息技术为基础，建立了功能完善的物流信息系统，不断提升物流智能化程度。智能化与信息化水平的提升直接使零部件物流生产方式发生结构性变化。例如，在拣选环节，零部件物流出现多种拣选方式，包括灯光拣选、语音拣选、料架拣选、RFID 拣选等方式。

（四）汽车物流技术创新能力不断加强

随着互联网、大数据、云计算等信息技术的发展，物流技术的创新与应用已经成为汽车物流行业最热门的话题之一，汽车物流一直处在产业物流创新发展的前列。2018 年，据中物联汽车物流分会行业创新奖分布情况来看，按照环节来分，行业创新主要集中在零部件物流中；按照创新内容来分，信息系统与信息平台的建设、技术装备应用与提升占据比例较多，主要表现在自动化、智能化、智慧化等应用先进装备的开发与应用上，例如无人车、无人机、自动化库等自动化装备投入加大，包装和工艺细节不断改进，汽车物流整体创新能力不断加强。2018 年汽车物流行业技术创新分布情况如图 8-6 所示。

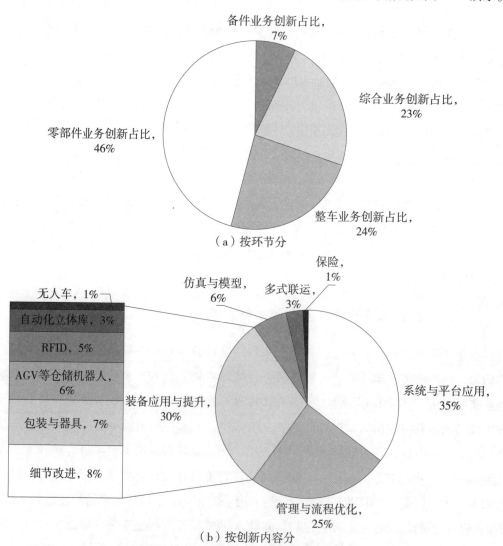

图 8-6　2018 年汽车物流行业技术创新分布情况

（五）汽车物流企业技术水平显著提升

目前，汽车物流企业在推进行业转型升级的过程中更加注重在技术研发、应用等方面的投入，不断追求智能化管理、网络化经营、无人化运作。汽车物流企业已经不再是单独的物流管理与经营的企业，而是向技术型企业转变，例如安吉物流旗下有专业从事信息系统开发与集成的安吉加加公司，有专注智能物流板块的安吉智能公司，从硬件装备到软件系统，都有专业化的公司在服务；长久物流投资的中久物流可以为零部件物流行业提供包装一体化的解决方案。

二、汽车整车物流技术年度创新应用

汽车整车物流是汽车物流链中最重要的一个环节，其发展的状况影响着整个汽车物流的发展。随着汽车产业和物流产业的发展，国家出台了鼓励和支持汽车产业和物流产业的政策，同时国内外汽车制造企业加大了对国内汽车市场的投资。在这些因素的作用下，推动了汽车整车物流的发展。

自2016年车辆运输车治理工作开展后，整车物流运输装备有了明显提升，中置轴车辆运输车全面进入市场，到2018年7月1日，基本淘汰了不合规车辆，并对装备进行了全面的升级。2018年，整车物流行业的技术提升主要表现在装备升级、系统优化和管理流程优化等方面具体的创新应用情况如下。

（一）运输装备与技术

1. 集装箱汽车运输车架

汽车整车具有可自驾的特点，在运输过程中一般采用车辆运输车、滚装船、铁路双层运输车等专用设备，但这些设备并不具有通用型特点。同时，由于公路运输成本大幅上升，滚装船、铁路双层运输车存在数量有限、线路单一、目的地固定等缺点。近些年，汽车物流行业内一直在研究使用集装箱运输汽车整车，发现用集装箱运输时配套使用汽车车架以增加集装箱装载率，不仅可以有效补充滚装船、铁路双层运输车运力，而且可实现到达区域后更加灵活的装卸，适用于小批量多批次车源结构。

长久物流研发的汽车运输架（见图8-7）具有安全性、便利性、经济性和适用性的特点，由车架与托盘两部分组成，车架包括上架、下固定架、下活动架、伸缩短柱和伸缩长柱。伸缩长、短柱用于支撑上架，以便将汽车分2层装载；伸缩柱与下固定架相连，可灵活调整高度和倾角，以适应不同高度车型；上架承载上层汽车，可调节倾角以合理分配空间，可避免上下层汽车与箱体发生碰撞；可实现箱外作业，增强作业人员安全性，减少车辆质损率。

图8-7　长久物流集装箱汽车运输车架

将汽车运输架与集装箱结合使用，可实现将3～4辆乘用车放入一个40英寸（1英寸≈0.025米）集装箱，装载能力提高了近1倍，能够实现"公铁水"无缝衔接。这种运输方式与传统运输方式相比，不仅使单位运量更加灵活，而且极大地降低了启运门槛，运输过程中可在沿江任一具备集装箱装卸能力的港口装卸、转运，便于提供更加灵活、精准的定制化、个性化服务。将汽车运输架与集装箱结合使用，商品车分别运抵目的港后，在码头堆场就可完成拆箱作业，并送抵4S店。

2. 重卡"零公里"运输装载技术

商用车具有体积大、自轮运转等特点，整车物流一般采取人工驾送和"零公里"两类运输方式。其中，人工驾送又分为单开、背车等配载方式；"零公里"主要是爬装、平装等配载方式。在我国，商用车公路运输主要采用单开、背车、爬装、平装四种配载方式。除了使用公路进行运输外，商用车可以选用铁路运输装备和水路运输装备。

随着我国经济发展进入新常态，经济增长由高速向中高速换挡，目前汽车消费市场对于产品质量的要求越来越高。由于重卡在销售前进行长途自驾运输，货损比率较高，因此汽车物流企业积极推动重卡领域"零公里"运输的装载技术，以求不断提高物流质量，减少货损，强化服务水平。

　　普田物流作为商用车运输的专业化公司，一直致力于商用车物流装备技术的提升，普田物流正在研发一种结构简单、安全可靠、运送高效的车辆运输装置。这种车辆运输装置包括拖车单元和承托单元，承托单元包括第一承托板、第二承托板和第三承托板。第一承托板的前端搭设在拖车单元上，后端与第二承托板的前端铰接，第三承托板设置在第二承托板的顶面上，第三承托板的前端与第二承托板顶面的前部可转动连接。这样在三个承托板可以放置三台重卡，大大提高了运输效率。普田物流重卡"零公里"运输装载装备如图8-8所示。

图8-8　普田物流重卡"零公里"运输装载装备

　　"零公里"运输方式与人工驾送模式相比，运输质量显著提升，具有装卸无磨损、轮胎无须拆卸、可保持出厂状态等优点。同时，减少了办理临牌等手续，运输周期显著缩短。

（二）仓储装备与技术

1. 可视化仓储管理技术

　　随着信息技术的提升，在汽车整车仓储环节，汽车整车仓储已经能够实现智能化、可视化、信息化管理，整车仓储信息可实时传递，方便操作人员及时、准确、标准地进行业务操作；通过移动互联网实现不同终端对整车仓储各个环节进行有效可视化数据监控；通过大数据分析提高整车物流运行的效率和准确性，显著降低物流成本，提升物流服务水平。同时，可以利用物流过程产生的数据进行专业挖掘和智能化分析，为仓储管理提供数据支撑，并实现与商务数据进行交换、快速进行结算等功能。

　　深圳长航滚装物流利用开发的"节点仓"平台（整车物流信息管理平台），解决了整车仓储管理中人工成本不断上升，库场发运效率、准确性亟待提高等行业问题。该平台将整车仓储信息可视化，实现在手机、PC 多终端上直观、便捷地查找与定位车辆状态，并且支持任意时点的库容及存量数据回溯的功能；可根据客户需求制订物流方案，编制运输计划，管理配载和发运；可对在库整车进行运输前整备，包括整车备件和钥匙管理；可对进出库、在库时间等数据进行统计分析；可匹配商务合同计算相关仓储收入和仓储成本。深圳长航滚装物流"节点仓"平台部分功能示意如图 8－9 所示。

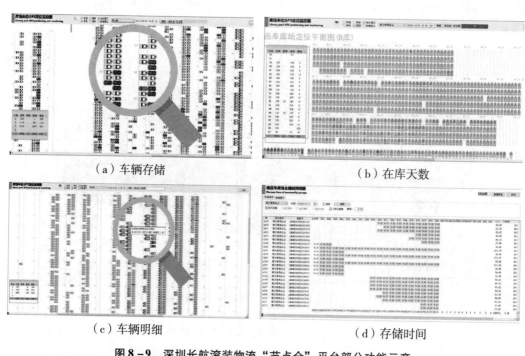

（a）车辆存储　　　　　　　　　　　（b）在库天数

（c）车辆明细　　　　　　　　　　　（d）存储时间

图 8－9　深圳长航滚装物流"节点仓"平台部分功能示意

2. 仓储管理服务设备升级

汽车整车仓储管理相对于汽车零部件仓储管理来说相对简单一些，但在管理过程中，无人化、智能化的服务设备技术也在不断应用升级。例如，在整车仓储管理过程中，由于每一台乘用车均有配套的车钥匙，车钥匙的管理原来基本由人工管理，不便于记录和系统识别，安吉物流为了解决车钥匙管理的问题，开发了一款整车仓储智能钥匙柜，将自动存取柜及存取物品方法运用于汽车物流领域。安吉物流研发的整车仓储智能钥匙柜如图 8－10 所示。

该汽车整车仓储智能钥匙柜柜体使用螺旋式钥匙柜设计，柜体内设置若干层纵向排列的托盘，由驱动电机驱动主转轴将托盘进行旋转从而取出钥匙。与传统的钥匙柜比，增加了储物空间、可快速检索所需钥匙、柜体所占面积小以及可以增加整车仓储

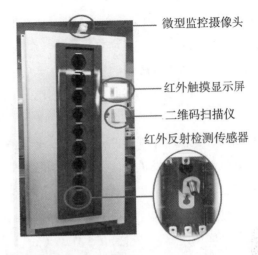

微型监控摄像头

红外触摸显示屏

二维码扫描仪

红外反射检测传感器

图 8 - 10　安吉物流研发的整车仓储智能钥匙柜

存放钥匙柜的数量等优点；同时内置红外传感器，可自动盘点所有柜内钥匙；在每次存取操作的同时自动记录电子台账，后期可根据该记录快速检索数据；操作员在取钥匙时无须翻找，机柜可根据指令自动选取对应钥匙，且可保证准确无误。每取出一把发运钥匙，机柜将自动打印匹配的发运标签，省去人工匹配时间；机柜可以实现手部和脸部监控，还原钥匙存取场景，记录实际操作人，防止他人代存、代取等情况的发生。

　　通过智能存储设备，将钥匙管理由原先人工管理模式革新为电子化管理模式，在降低人工成本的同时，提升了操作效率，提高了安全性与准确性；同时将钥匙管理模块纳入仓库管理系统，完善了仓库管理中钥匙管理的环节，加强了行业的仓储自动化程度，打破了原先固化的人工管理模式，为无人化仓库的钥匙管理打下了坚实的基础。

三、汽车零部件物流技术发展情况

　　从供应链的角度来看，汽车零部件物流与生产组织紧密相关，汽车零部件 JIT 配送（属于定时配送的一种，强调准时，即在客户规定的时间，将合适的产品按准确的数量送到客户指定的地点）要求要高于一般工业产品物流的服务需求，多采用小批量、多频次的送货方式，目的是降低库存，减少浪费，满足客户多样化、个性化需求。随着物流技术不断提升，汽车零部件物流逐渐向自动化、智能化、绿色化方向转变。近年来，汽车零部件物流技术主要是通过应用信息技术和自动化技术，改善原有的作业方式，提高服务水平，主要体现在自动化装备创新应用、零部件包装服务升级等方面。

（一）自动化装备创新应用

　　随着我国"人口红利"不断消失，物流行业人工成本占据了很大一部分，随着自动化技术、AI 技术的发展，去人化、无人化管理已经成为企业追求的发展方向之一，AGV、自动化立体库等自动化装备已经在汽车零部件物流领域逐步应用。

1. 智能仓储装备技术

随着自动化技术的不断成熟与应用，汽车零部件仓储可基本实现少人或者无人化操作。其中，AGV 技术在汽车零部件物流行业的应用是相对成熟的，主要用于入厂及厂内物流，包括汽车零部件分装拣选、线边排序供货等多个环节。

北汽新能源研发了一款智能仓储机器人，实现了"货架到人"的管理运营方式，并将其应用在工厂总装车间，将标准箱包装的零部件利用机器人进行拣选上线。在所有涉及分拣库区的业务流程中（包括上架、补货、拣货、盘点、退货等），员工都无须进入分拣库区内部，只需要在工作站等待，系统会自动指派移动机器人将目标货架运到工作站，待员工在系统指导下完成业务后，再将货架送回到分拣库区。这种方式优化了标准箱小件的拣选和配送的工作，不仅提高库房的仓储能力，而且节约了工人的劳动强度、降低了人工成本。

长安民生物流将潜伏式机器人与 WMS、ERP 进行实时数据共享、交互和集成，从而形成一个物料配送与实际生产调度的多功能平台，将 AGV 技术与机器人技术、视觉识别技术、信息技术有机结合，实现了在汽车零部件仓储管理中自动配送、自动分拣。

2. 厂际无人装备技术

在汽车生产环节中，零部件等物料可能要在工厂内、厂际间进行多次周转，自动化运输技术可以应用到厂际间物料周转，能够有效地减少人力成本，并提高工作效率。

上汽通用汽车就将"无人驾驶"理念引入到了厂际间的零件自动化驳运中来，自主研发与设计了自引导驳运车辆，并突破了传统自引导驳运设备受天气和路况影响较大的技术问题。首先，实现了高度无人化，通过将自主导航技术与智能调度算法进行有机结合，实现了高度无人化的作业模式，大幅度提升了驳运效率与及时性；其次，凭借全面专业的设计与感知技术的集成，解决了天气、路况多变对自动驳运设备运行影响的技术难题，综合采用激光、超声波、红外感知技术，实施采集环境数据、感知道路、运输卡车和障碍路的位置信息，通过智能分析路况、控制车辆的转向和运行速度，确保在室外复杂环境下的安全可靠运行。

（二）零部件包装服务升级

由于汽车零部件种类众多，而且对于包装的要求比较高，尤其是包装器具的管理是汽车零部件入厂物流的重要板块之一，汽车物流企业需要不断改进优化、寻求解决之道。

1. 包装器具标准化

由于汽车零部件产品具有形状大小不一的特点，对于包装器具的要求高，所以在汽车零部件包装器具的使用方面，需要尽可能实现包装器具的标准化，以满足包装器具共享与循环的要求。

安吉智行为了解决包装总成本较高、丢失率偏高、供应链不均衡、包装冗余等行业问题，开展了包装设计、投入、管理一体化的工作体系，首先要做的就是将包装器具标准化管理起来。原来由于不用供应商分别设计包装，因此存在即使主机厂所要求的尺寸是一致的，但总会存在各种微小差异等问题，对于包装的叠放、运输就会存在不协调的情况，从而提高了仓储、运输成本，也会造成包装类型的指数级增加而大大提高管理成本，难以实现共享使用。

安吉智行进行统一设计、统一投入标准包装，使得汽车零部件包装在供应链中得以共享，不仅大大降低了包装总需求数量，而且统一了塑料箱、托盘、围板箱/卡板箱、金属箱等不同箱体的材料、尺寸与结构。

以塑料箱为例，安吉智行先从材料、尺寸、结构、载荷等方面进行了比较分析，其中，塑料箱制作材料和工艺基本一致，主要是结构、尺寸上的差异导致的区别。安吉智行确定采用了8种符合运输装载模数（塑料箱的长宽分别是托盘长宽的1/2、1/3、1/4等）的常用尺寸系列。安吉智行在统一了塑料箱、托盘、围板箱/卡板箱、金属箱的标准后，实现了包装的一体化管理。安吉智行标准塑料箱尺寸如表8-5所示。

表8-5　安吉智行标准塑料箱尺寸

器具编号	外长（毫米）	外宽（毫米）	外高（毫米）
A	300	200	148
B	400	300	148
C	400	300	280
H	600	400	148
D	600	400	280
PA	800	600	280
PB	1000	400	280
PC	1200	500	280

2. 共享与循环包装技术

随着我国经济发展对于绿色化要求的提高，共享与循环已经成为包装行业发展的重要趋势，共享与循环包装模式的价值在于资源更节约、方式更灵活自由、服务质量更有保障、性价比更高。随着包装行业 RFID 等技术的应用，促使汽车物流包装管理升级，可以使全过程透明化、智能化。

中久物流通过循环包装技术解决了原有一次性包装使用过程中存在的问题，同时创建池（Pooling）模式的包装共享平台，满足就近退箱、异地还箱的服务需求。中久物流设置了空箱管理中心，负责为所在区域工厂提供空箱回收、清洁、点检、存储、维修等服务。同时，中久物流增加包装交付职能。为了实现灵活的就近发箱、异地退箱，中久物流在一定区域设立包装分拨中心，为零部件供应商提供就近发箱服务；并在空箱管理中心将回收后的包装进行存储，根据各自仓库覆盖就近供应商的预计包装需求量月最大值进行预留，将多余包装全部返回分拨中心。中久物流 Pooling 模式下的作业流程如图 8-11 所示。

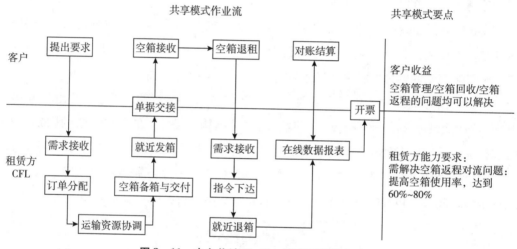

图 8-11 中久物流 Pooling 模式下的作业流程

第四节 冷链物流技术

2018 年《政府工作报告》指出，我国冷链物流行业正从高速发展向高质量发展转变。作为冷链物流运输环节中重要的运载工具，冷藏车也将随着冷链物流的"高质量"发展获得更好的发展前景。我国冷藏车保有量呈现逐年递增之势，但是，由于我国冷链物流起步晚，人口基数大，人均占有冷藏车资源仍十分有限，与国际水准相比偏低。按照我国目前的人口基数及冷藏车保有量核算，我国每 1 万人拥有一辆冷藏车，而美国是每 500 人拥有一辆。但从整体保有量和人均占有量来看，我国冷藏车的保有水平仍低于美国、日本等冷链成熟市场。由此可见，冷藏车行业在我国具有广阔的发展前景。

一、我国冷藏车行业概况

(一) 冷藏车行业保有量及增量分析

目前，公路运输是我国冷链干线运输的主要形式，冷藏车仍是冷链物流的核心运载装备。2013 年我国冷藏车产量超过万台，并以 20% 的年增长率持续快速增长，截至 2018 年年底，全国冷藏车市场保有量 18 万台，较上年增长近 4 万台，年增长率约为 28.6%。2014—2018 年我国冷藏车保有量情况如图 8 – 12 所示。

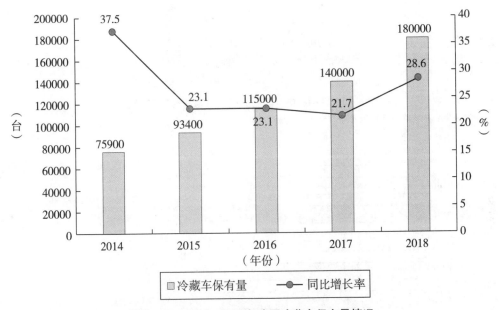

图 8 – 12　2014—2018 年我国冷藏车保有量情况
资料来源：中物联冷链物流专业委员会车辆认证中心。

(二) 2018 年全国冷藏车增长情况分析

1. 2018 年新增冷藏车区域分布分析

从区域分布来看，华东地区冷藏车保有量最高，华北、华中、华南的占比基本接近。经济发展不平衡以及区域气候差异等，造成我国冷藏车保有量区域分布极不均衡。华东地区经济发达，是我国冷链物流需求最为旺盛的区域，华东包含着山东这一蔬菜、肉类生产交易大省以及高端食品消费地，如上海、杭州、南京等大型城市。而西北地区经济发展相对落后，冷链发展薄弱，因此其冷藏车保有量较少，约占华东地区冷藏车保有量的 1/10。2018 年全国七大区域冷藏车保有量情况如图 8 – 13 所示。

从 2013—2018 年冷藏车新增量来看，各区域所占份额占比近似，其中，广东、山

东、河南、江苏、上海等九个地区增量超过 6000 台。2013—2018 年冷藏车增量排名前
10 的地区如图 8 - 14 所示。

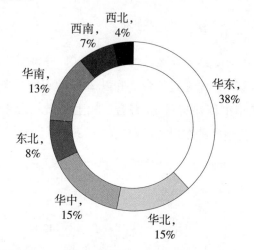

图 8 - 13　2018 年全国七大区域冷藏车保有量情况

资料来源：中物联冷链物流专业委员会车辆认证中心。

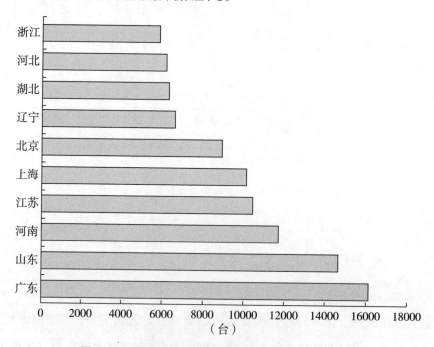

图 8 - 14　2013—2018 年冷藏车增量排名前 10 的地区

资料来源：中物联冷链物流专业委员会车辆认证中心。

2. 2018 年冷藏车主要车型增长情况分析

随着生鲜电商、新零售等新兴零售模式的出现，生鲜冷链物流日益呈现订单碎片
化的趋势，前置仓日渐增加。这些变化导致跨区域冷链零担运量增加、末端室内配送
需求量增加，不同环节配送需求量的变化引发冷藏车车型的变化。

目前，冷藏车大致可分为重型、中型、轻型以及轻客型。其中，中、重型冷藏车箱体较长，适用于运输货物较多的长途运输，整体装配大马力柴油发动机，制冷机组可根据货物的要求，选装独立式或非独立式机组，功率大、制冷效果好，且温度可以随意调节。该系列车型可做成肉钩式冷藏车，厢体可以选装侧门或厢体内选装通风槽等。轻型冷藏车安装非独立式制冷机组，整车装配柴油发动机，厢体内的冷冻温度可控制在 −18℃，还可根据用户的要求选装不同功率及制冷量的机组。轻客型冷藏车为中高顶车身，外置取力器，为冷藏压缩机提供动力，驾驶室增加了冷藏车制冷系统的控制系统和温控显示器。

通过分析图 8 − 15 数据发现，轻型冷藏车数量强势增长，具有显著优势；重型冷藏车数量处于中等级别，增量同样可观；而中型及轻客型冷藏车增量幅度较小。

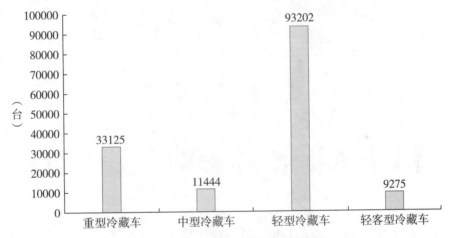

图 8 − 15　2018 年新增冷藏车车型数量情况

资料来源：中物联冷链物流专业委员会车辆认证中心。

注：由于增量统计中不包含冷藏陆运箱的统计数据，但在做轻重比较时考量了这一因素，因此核算出的重卡，轻卡比值低于图表数据比值。

生鲜电商零售领域的消费升级是推动冷链物流需求的重要因素，因此冷藏车车型的增量变化与其关系密切。生鲜电商以及新零售的快速发展改变了生鲜产品的传统流通模式，客户需求更加个性化，订单碎片化趋势增强，因此冷链末端配送需求明显增加，从而拉动了轻型冷藏车的快速增长。与此同时，国家对超载超限现象治理力度的加大，对重型冷藏车的增长也起到了重要的推动作用。

二、冷藏车市场变化特点及发展趋势

（一）冷藏车市场变化特点

2018 年我国冷藏车市场总体需求呈现稳步上涨趋势。食品冷链、生鲜电商、医药冷链的蓬勃发展，国Ⅲ、国Ⅳ转国Ⅴ、国Ⅵ的升级需求以及国家加大对新能源车辆推动和非洲猪瘟影响等，很大程度促进了我国冷藏车市场需求的快速增长，也给冷藏车市场带来了新的变化。

（1）2018年我国多个省市暴发非洲猪瘟疫情，随后为防止疫情蔓延，国务院办公厅、农业农村部等多个部门出台政策禁止活猪跨省运输，要求改为白条肉运输。这使得冷藏肉挂车在第四季度呈现出爆发式增长。据统计，2018年10月、11月和12月冷藏车总销量为1.6万辆，同比增长120%，占全年总销量的40%。"调猪改调肉"政策长期实施下去，未来冷藏肉挂车（见图8-16）将有不小的增长空间；不过一旦政策松动，会造成冷藏肉挂车短期过剩的问题。

图 8-16　冷藏肉挂车

（2）冷藏车购置群体逐步由小、散的个体买家向大物流、大客户的群体变化，其中包括企业为加强自有运力而添置冷藏车，以及转租或出售给挂靠司机开展运输业务。随着冷链行业规范程度的提升，无论是整车运输、零担运输还是城市配送，对承运商资质等要求会越来越高。

（3）冷藏车车型结构以轻型、重型、半挂为主，中型逐步减少。据统计，2018年我国轻型、中型、重型冷藏车销售量的比例大约为7∶0.5∶2.5。冷藏车技术结构也在发生变化，传统不环保的玻璃钢厢体开始向欧美主流的纤维增强复合材料（FRP）和金属蒙皮转变。这样的厢体不仅环保，而且自重更轻、容积更大，能够有效提升运输效率。同时，为了发挥冷藏车的最大运输效益，多温冷藏车以及中置轴厢式货运列车、冷藏交换厢体也将成为今后国内冷藏车的技术发展方向。

（4）2018年合规挂车的改装数量开始增加，半挂厢式冷藏车与半挂冷藏车的合计改装量约为1700台，增长高达200%，表现出市场对于合规挂车需求量增加。二手海柜改装的冷藏车销量在大幅下降，这得益于国家对车辆外廓尺寸的规范要求，以及治超治限政策的大力实施。二手海柜因为高度过高以及自重过大逐渐被用户所淘汰。未来若像其他行业一样（如轿运车），严格执行《汽车、挂车及汽车列车外廓尺寸、轴荷及质量限值》（GB 1589—2016）标准，则还有 5 万台不合规冷藏车将要完成替换。

（二）冷藏车市场未来发展趋势

1. 冷藏车未来发展趋势

（1）生产技术柔性化。冷藏保温车具有多品种、小批量、短周期的特点，只有柔性化生产可以克服这一生产组织上的矛盾。同时计算机和信息技术的发展，使世界经济的全球化、一体化的格局逐渐形成，全球的竞争需要产品制造过程具有高速度和低成本，传统小而全的企业模式已经越来越丧失竞争能力。因此，柔性化生产、异地加工或者异地组装厢体的生产模式会较快发展。

（2）厢体结构合理化。随着公路建设的飞速发展，重型车将进一步加速发展。因此，要求提高厢体的强度和刚度，注重减轻自重、增加载重后的尺寸稳定性和耐冲击性，确保整车的可靠性和安全性，开发厢体结构时应适应这种需求。

（3）技术含量高端化。随着公路的建设和发展，重型车、半挂车将成为长途、调拨性公路冷藏运输的主要工具。对于冷藏保温汽车，市场对高技术含量、高附加值的产品的需求越来越高。制冷装置、制热装置、液压举升装置、厢体隔仓装置、侧拉门装置、计量测量装置以及各种厢体的车身结构器材等都有广泛的市场前景。从环保和节能的角度考虑，所有聚氨酯材料的发泡剂都需由无氟材料取代，新冷源冷藏车的比例会有所增长。

2. 冷藏车市场未来发展趋势

随着国家法律法规的完善、城市要求的提升及消费者对冷链食品的重视，冷链运输市场需求不断增加，冷藏车的需求领域不断扩大。食品领域（主要有水产品、易腐食品、冷冻食品、水果等）对冷藏车的需求不断扩大；医疗卫生领域为确保药品的运输储存安全，对冷藏车的需求增大；电子行业微电子的发展对冷藏车的需求逐渐增大；化工如过氧化物等危化品的运输及花卉保鲜等运输均对冷藏车有一定的需求。随着生鲜电商冷藏车需求的不断扩大以及政策扶持力度的加大，冷藏车市场需求将延续高增长态势。预计 2020 年需求量达 28 万辆。

三、新能源冷藏车技术情况

（一）我国新能源冷藏车处于探索阶段

中国能源和环境问题日益严重，社会舆论压力空前，出于应对环境污染治理的需要，政府实施了新能源汽车补贴政策，即由中央财政安排专项资金，支持开展购买新能源汽车补贴试点。

新能源汽车作为国家七大战略行业之一，在多方利好政策的推动下，无论是在乘用车领域，还是在公交、环卫、物流等公共领域都取得了一定发展。在物流领域，新能源物流车依靠政府补贴形成成本优势、路权优势，开始在深圳、成都等城市大范围推广。即便在路权不具备明显优势的区域，新能源物流车运营企业同样进行了深度布局，建立运营网络，投放相应新能源车辆。

截至 2018 年，工业和信息化部累计发布了 12 批新能源汽车推广应用推荐车型目录。进入目录的生产企业中以东风汽车集团有限公司最为突出，其次是东风汽车股份有限公司。2018 年中国新能源汽车推荐目录中冷藏车相关企业及车型如表 8 - 6 所示。

表 8 - 6 **2018 年中国新能源汽车推荐目录中冷藏车相关企业及车型**

企业名称	商标	产品型号	产品名称
东风汽车集团有限公司	东风牌	EQ5080XLCTFCEV	燃料电池冷藏车
	东风牌	EQ5080XLCTFCEV2	燃料电池冷藏车
	东风牌	EQ5070XLCACBEV	纯电动冷藏车
	东风牌	EQ5045XLCTBEV4	纯电动冷藏车
	东风牌	EQ5072XLCTBEV	纯电动冷藏车
	东风牌	EQ5081XLCTFCEV	燃料电池冷藏车
	东风牌	EQ5045XLCTBEV5	纯电动冷藏车
东风汽车股份有限公司	东风牌	DFA5040XLCKBEV	纯电动冷藏车
	东风牌	DFA5030XLCCBEV	纯电动冷藏车
	东风牌	DFA5040XLCTBEV	纯电动冷藏车
	东风牌	DFA5040XLCKBEV1	纯电动冷藏车
上汽大通汽车有限公司	大通牌	SH5041XLCA7BEV - D6	纯电动冷藏车
	跃进牌	SH5047XLCZFEVNZ	纯电动冷藏车
	大通牌	SH5043XLCA7BEV - 9	纯电动冷藏车
一汽解放青岛汽车有限公司	解放牌	CA5048XLCP40L1BEVA83	纯电动冷藏车
成都大运汽车集团有限公司	大运牌	CGC5045XLCBEV1Z2	纯电动冷藏车
	大运牌	CGC5045XLCBEV1Z3	纯电动冷藏车
	大运牌	CGC5045XLCBEV1Z4	纯电动冷藏车
陕西汽车集团有限责任公司	陕汽牌	SX5043XLCBEV331L	纯电动冷藏车
	陕汽牌	SX5041XLCBEV331S	纯电动冷藏车

企业名称	商标	产品型号	产品名称
吉利四川商用车有限公司	远程牌	DNC5077XLCBEV02	纯电动冷藏车
奇瑞商用车（安徽）有限公司	开瑞牌	SQR5030XLCBEVH08	纯电动冷藏车
	开瑞牌	SQR5040XLCBEVH16	纯电动冷藏车
比亚迪汽车工业有限公司	比亚迪牌	BYD5040XLCBEV	纯电动冷藏车
江苏九龙汽车制造有限公司	大马牌	HKL5040XLCBEV	纯电动冷藏车
	大马牌	HKL5042XLCBEV	纯电动冷藏车
江苏奥新新能源汽车有限公司	达福迪牌	JAX5027XLCBEVF266LB15M2X1	纯电动冷藏车
中汽商用汽车有限公司（杭州）	中汽牌	ZQZ5070XLCBEV	纯电动冷藏车
	中汽牌	ZQZ5040XLCBEV	纯电动冷藏车
江西宜春客车厂有限公司	中宜牌	JYK5040XLCBEV1	纯电动冷藏车
广东顺肇专用汽车制造有限公司	顺肇牌	SZP5032XLCGC1BEV	纯电动冷藏车
	顺肇牌	SZP5040XLCGC3BEV	纯电动冷藏车
成都雅骏汽车制造有限公司	通途牌	CTT5032XLCGC1BEV	纯电动冷藏车
	通途牌	CTT5040XLCGC3BEV	纯电动冷藏车
北汽福田汽车股份有限公司	福田牌	BJ5049XLCEV1	纯电动冷藏车
湖北新楚风汽车股份有限公司	楚风牌	HQG5043XLCEV	纯电动冷藏车
湖北三环专用汽车有限公司	十通牌	STQ5078XLCNBEV	纯电动冷藏车
陕西通家汽车股份有限公司	通家福牌	STJ5030XLCEV1	纯电动冷藏车
国宏汽车集团有限公司	泓锋泰牌	HFT5021XLCBEV16	纯电动冷藏车
安徽鑫盛汽车制造有限公司	沿锋牌	AXS5022XLCBEV	纯电动冷藏车
广西玉柴专用汽车有限公司	玉柴专汽牌	NZ5032XLCEV	纯电动冷藏车
南京汽车集团有限公司	依维柯牌	NJ5047XLCEVFC3	纯电动冷藏车
河南森源重工有限公司	森源牌	SMQ5073XLCBEV	纯电动冷藏车
	森源牌	SMQ5040XLCBEV	纯电动冷藏车
	森源牌	SMQ5030XLCBEV	纯电动冷藏车
	森源牌	SMQ5074XLCBEV	纯电动冷藏车

企业名称	商标	产品型号	产品名称
湖北东润汽车有限公司	东润牌	WSH5040XLCBEV	纯电动冷藏车
襄阳九州汽车有限公司	九州牌	SYC5040XLCBEVT1	纯电动冷藏车
山东凯马汽车制造有限公司	凯马牌	KMC5033XLCBEVA285X1	纯电动冷藏车
	凯马牌	KMC5042XLCBEVC336M3	纯电动冷藏车
北汽（常州）汽车有限公司	北京牌	BJ5040XLCCJ01EV	纯电动冷藏车
广东圣宝汽车实业有限公司	圣宝牌	GSB5043XLCZBEV	纯电动冷藏车
湖北三环专用汽车有限公司	十通牌	STQ5049XLCNBEV6	纯电动冷藏车
上海申龙客车有限公司	申龙牌	SLK5040XLCSBEV	纯电动冷藏车
南京金龙客车制造有限公司	开沃牌	NJL5038XLCBEV	纯电动冷藏车
江苏安华汽车股份有限公司	大力士牌	JAT5022XLCBEV	纯电动厢式冷藏车
深圳市德塔电动汽车科技有限公司	德塔牌	DTE5040XLCKBEV	纯电动冷藏车
江铃汽车股份有限公司	江铃牌	JX5063XLCTG25BEV	纯电动冷藏车
	江铃牌	JX5043XLCTG25BEV	纯电动冷藏车
山东吉海新能源汽车有限公司	吉海牌	JHN5032CGXLCBEV1	纯电动冷藏车
珠海广通汽车有限公司	广通牌	GTQ5043XLCBEV1	纯电动冷藏车

资料来源：工业和信息化部。

（二）中国新能源冷藏车型分析

1. 车型统计

通过对新能源汽车推广应用推荐车型目录中各车型的主要参数进行梳理，可以看出新能源冷藏车对于车长的选择多为 5~6 米，选择这个区间范围的车型共有 43 款，占比达 74%[①]。2018 年新能源冷藏车推荐车型按外廓尺寸统计数据如图 8-17 所示。

按总质量分组统计，新能源冷藏车大多选择 4~6 吨，共有 36 款车型，占比约为

---

① 由于燃料电动冷藏车辆基本指标与纯电动冷藏车不同，统计总数除了 3 款燃料电动冷藏车，为 58 款纯电动冷藏车。

62%；如果按整备质量分组统计，3～4 吨是主流的车型，共有 24 款车型，占比约为 41%。2018 年新能源冷藏车推荐车型按质量统计数据如图 8－18 所示。

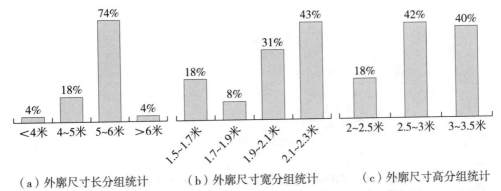

（a）外廓尺寸长分组统计　　　（b）外廓尺寸宽分组统计　　　（c）外廓尺寸高分组统计

图 8－17　2018 年新能源冷藏车推荐车型按外廓尺寸统计数据

资料来源：工业和信息化部。

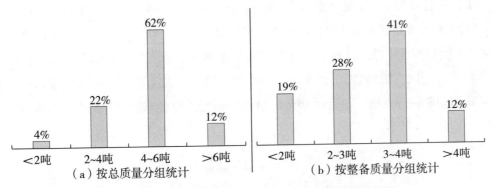

（a）按总质量分组统计　　　　　　　（b）按整备质量分组统计

图 8－18　2018 年新能源冷藏车推荐车型按质量统计数据

资料来源：工业和信息化部。

2. 驱动电机应用

目前，在新能源乘用车、商用车领域应用较为广泛的驱动电机包括直流（无刷）电机、交流感应（异步）电机、永磁同步电机以及开关磁阻电机。其他特殊类型的驱动电机还有轮毂/轮边电机、混合励磁电机、多相电机、双机械端口能量变换器（Dmp－EVT）等，但市场化应用较少，需要更多的车型验证。

根据新能源汽车推广应用推荐车型目录统计，2018 年推荐的 58 款新能源纯电动冷藏车中，驱动电机只有交流异步电机和永磁同步电机两种类型。其中，采用永磁同步电机的冷藏车共计 53 款，占比达 91%。2018 年新能源冷藏车推荐车型按电机类型统计如图 8－19 所示。

据了解，同其他几种类型的电动机相比，永磁同步电机具有效率高、比功率大的特点。因此，目前纯电动冷藏车多将永磁同步电机作为首选。

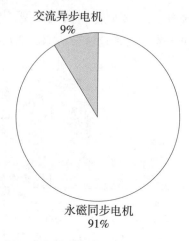

图 8 - 19　2018 年新能源冷藏车推荐车型按电机类型统计
资料来源：工业和信息化部。

3. 储能装置

作为新能源汽车的重要组成部分，电池的性能在很大程度上决定了车辆的综合表现。根据 2018 年新能源汽车推广应用推荐车型目录统计，新能源冷藏车选择的储能装置主要有磷酸铁锂电池、三元锂电池、锂离子蓄电池、多元复合锂电池和锰酸锂电池五种类型。其中，磷酸铁锂电池是目前的主流应用。58 款新能源纯电动冷藏车中共有 27 款选用磷酸铁锂电池，占比达 46%。2018 年新能源冷藏车推荐车型按储能装置类型统计如图 8 - 20 所示。

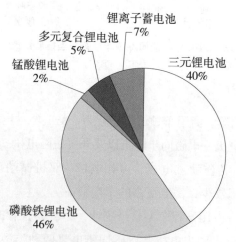

图 8 - 20　2018 年新能源冷藏车推荐车型按储能装置类型统计
资料来源：工业和信息化部。

磷酸铁锂电池是指用磷酸铁锂作为正极材料的锂离子电池，其优势为高温性能好。磷酸铁锂电热峰值可达 350℃ ~ 500℃，同时理论寿命可达到 7 ~ 8 年，循环寿命达到

2000 次以上。但在制备磷酸铁锂的烧结过程中，氧化铁在高温还原性气氛下存在被还原成单质铁的可能性，而单质铁会引起电池的微短路。不过随着技术的进步，磷酸铁锂电池的缺点已得到改善，由于其出色的综合表现，目前在市场上得到了大量应用。

第五节　危化品物流技术

现代物流作为支撑国民经济的战略性基础性产业，在我国经济结构调整和向质量化发展过程中发挥着越来越重要的作用。危化品物流作为现代物流产业的重要细分领域之一，在化工市场整体向好的形势下发展迅速，对危化物流业提出了更高、更新的要求。近年来我国危化品物流行业，新技术、新装备不断涌现，特别是人工智能、大数据的发展带来了新的技术不断升级，主动安全驾驶技术以及物流全过程智能化管控已经为行业下一步的持续升级带来机遇。同时行业准入门槛进一步提高，行业内企业管理提升的需求更加紧迫，在这种形式面前各会员企业应该苦练内功，将发展重点从规模扩张转移到提升发展质量上。只有提升企业内在素质，积极引进新技术、新装备、提升管理能力和管控水平，持续提升物流企业内在水平，才能使企业在未来的进程中立于不败之地。

一、危化品物流技术发展环境分析

（一）支撑技术发展的政策陆续出台

自 2015 年以来，针对危化品物流技术发展领域，国家各级政府机构出台了诸多政策，鼓励危化品物流及整个物流行业向智能化方向发展，并积极鼓励物流企业进行物流模式的创新。物流行业创新发展的主要方向包括大力推进"互联网＋"物流技术的发展，积极发挥互联网平台实时、高效、精准的优势，通过对线下运输车辆、仓储等物流资源进行合理调配、整合利用，提高物流资源的使用效率，以实现运输工具和货物的实时跟踪和在线化以及可视化的监控管理等。"互联网＋"技术在物流行业应用示意如图 8 – 21 所示。

2016 年 4 月 21 日，国务院办公厅发布的《国务院办公厅关于深入实施"互联网＋流通"行动计划的意见》（国办发〔2016〕24 号）中提出要重点发展多式联运、共同配送、无车承运人等高效现代化物流模式。2015 年 9 月 29 日，国务院办公厅发布的《国务院办公厅关于推进线上线下互动加快商贸流通创新发展转型升级的意见》（国办发〔2015〕72 号）中提出要鼓励运用互联网技术大力推进物流标准化，推进信息共享和互联互通；大力发展智慧物流，运用北斗导航、大数据、物联网等技术，构建智能化物流通道网络，建设智能化仓储体系、配送体系。

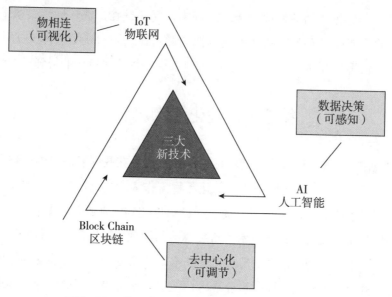

图8-21 "互联网+"技术在物流行业应用示意

上述物流技术也是当前电子商务发展的新增长点，化工行业被认为是全球第三大电子商务市场，电子商务的发展对化工行业产生了巨大的影响，正逐渐改变着传统的交易模式，未来将引发整个化工行业利润的重新分配。目前国内化工电商平台众多，其高速发展也催发物流平台建设的加速。针对经营危化品的相关企业，对危化物流相关技术及电子平台进行建设的呼声日渐高涨。

第十三届全国人民代表大会第二次会议上，国务院总理李克强在部署2019年政府工作任务时，多次提及物流业等相关产业。一是普惠性减税与结构性减税并举，重点降低制造业和小微企业税收负担。这将对物流业中的交通运输业务销项税产生直接影响，由于上游的成品油、车辆装备制造、轮胎制造等行业进项税税率下调，且下调幅度较大，总体来看交通运输业务税负将基本持平，略有上升；而物流辅助业务税率不变，随着上游进项税税率下调，企业税负有可能增加，物流业成本的上升也间接推动各类管理与技术能力的提升。二是深化收费公路制度改革，推动降低过路过桥费用，治理对客货运车辆不合理审批和乱收费、乱罚款；两年内基本取消全国高速公路省界收费站，实现不停车快捷收费，减少拥堵、便利群众；取消或降低一批铁路、港口收费，这给物流行业带来一定利好，同时也直接推动了相关技术在物流行业的应用。

近年来，国家有关部门推动制造业与物流业联动发展，开展服务型制造示范遴选，推动形成行业示范带动效应。《关于推动物流高质量发展促进形成强大国内市场的意见》（发改经贸〔2019〕352号）提出，2019年将研究出台促进物流业与制造业深度融合发展的政策措施，鼓励物流企业为制造企业量身定做供应链管理库存、"线边物流"、供应链一体化服务等物流解决方案。实施服务型制造示范企业遴选，支持物流企业开展服务化转型，并且相关工作在 2019 年陆续推进。同时由于 2018 年国家开展供应链创新与应用试点取得积极成效，一批试点城市和试点企业名单发布。2019 年该项工作继续推进，进一步引导和促进物流供应链创新发展，目标是培育国民经济新增长点，形成新动能。

此外，随着"互联网＋"物流技术持续深入发展，国家有关部门开展了骨干物流信息平台试点、无车承运人试点等相关工作，引领行业创新驱动。目前，无车承运人相关管理办法正在制定过程中，预计 2019 年有望出台。国家发展改革委、商务部等 24 个有关部门联合发布了《关于推动物流高质量发展 促进形成强大国内市场的意见》（发改经贸〔2019〕352 号），文件中提到，要启动物流智能化改造行动，加强物流数字基础设施建设，提出支持物流园区和大型仓储设施等应用物联网技术，鼓励货运车辆加装智能设备，发展机械化、智能化立体仓库等具体措施，为传统物流产业转型升级赋能。预计该项行动 2019 年将出台并正式启动，为"互联网＋"物流和"智能＋"物流带来重大利好。

新能源汽车作为国家战略性新兴产业一直以来受到多方关注和支持。随着新能源汽车性能的逐步完善，特别是各地环保限行政策日益趋严，新能源物流车成为城市配送的替换目标。多地出台了新能源物流车替换的阶段性目标，一些地方对新能源车替换更新乃至运营进行补贴支持，还有一些地方出台新能源物流车便利通行政策，给新能源物流车的推广带来利好前景。

（二）危化品物流技术应用持续深入

当前形势下，新技术在危化品物流上的应用层出不穷，例如与交管部门联网的超速超载报警系统、离道碾压交通标线的报警系统、微波雷达技术（应对团雾天气）、全景无盲区环视监控系统、双目闭合分析疲劳驾驶警示系统、多传感信息融合的控制系统等，已成为业内研发应用的重点，越来越多的物流企业开始自发攻关技术研究。

不少大型危化品物流企业，在为客户提供安全便捷的物流服务的同时，还挖掘自身潜力，提供供应链一体化服务，如承担全部的采购物流、入厂物流和销售物流，采用铁路专用线、公路运输、入厂管道等联运方式，提高物流效率。此外，部分企业还通过包揽采购、运输、销售，提供一条龙服务，用仓储抵押贷款拓展实现金融服务功能。

从未来发展趋势看，中国危化品物流技术装备领域，先进适用的基础物流技术与装备仍是市场需求主体，智能化将成为现代仓储技术与物流装备的发展方向，特别是专业仓储领域智能感知、实时监测和视频监控将得到快速发展；自动化技术装备与信息网络无缝对接的需求强烈，特别是在"陆、水、铁"等多式联运领域将是危化品物流技术发展的重心；物流业智能感知技术与识别技术将会得到快速发展，特别是可视化物流设备发展方面将会较快增长。此外，危化品环保安全技术将会向智能化升级，如轮胎压力分析、自动驾驶等智能控制技术。这些技术可有效减少运输中的车辆事故，未来将会得到大范围应用。

此外，在大数据技术发展的支撑下，智能仓储、车货匹配、无人机、无人驾驶、无人码头、物流机器人等一批国际领先技术将在危化品物流领域得到广泛应用；无车承运、甩挂运输、多式联运、绿色配送等一批行业新模式得到推广，现代危化品供应链将成为新的行业增长点和新动能发展点。大数据平台对危化品运输的价值示例如图8-22所示。同时在各种新兴技术的推动下，危化品物流行业也将形成新的生态。危化品物流行业新生态示例如图8-23所示。

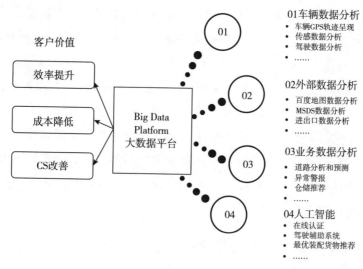

图8-22 大数据平台对危化品运输的价值示例

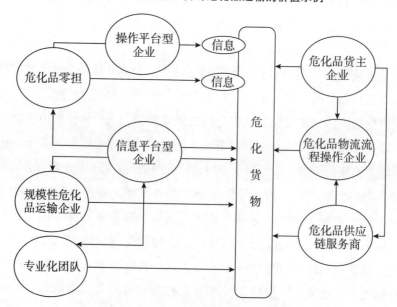

图8-23 危化品物流行业新生态示例

二、我国危化品物流设备及智能化发展情况分析

（一）危化品运输车辆设备及智能化发展情况

危化品运输车涵盖油罐车、化工液体运输车等易燃易爆罐式运输车、腐蚀性物品罐式运输车等。近年来，随着国民经济的快速发展及我国汽车工业的飞速发展，尤其是石油和化工行业在国民经济中所占的比重越来越大，化工生产企业对运输的需求也随之大幅增长，对物流服务的要求也越来越高。我国危化品运输车也得到迅速发展并呈现出繁荣的景象，对满足国内各种需求和促进国民经济的发展做出了重要的贡献。

1. 危化品运输车分类

在危化品运输车种类上，因危化品运输车属于特种运输，国家相关部门对它上路运输的审核相当严格，为了保证安全性，还对所运输介质种类进行了分类。目前合法运输的大致可以分为1—9类危化品。

第1类（爆破器材运输车、烟花爆竹运输车，见图8-24）：运输品名有黑火药、压缩黑火药、硝胺炸药、电引爆雷管、爆破炸药、点燃导火索、专用烟火制品。

图8-24　爆破器材运输车、烟花爆竹运输车

资料来源：中物联危化品物流分会。

第2类（易燃气体厢式运输车、气瓶运输车，见图8-25）：运输独立容器包装的易燃气体气瓶。运送危险货物的品名为液化石油气、丁烷、丙烷、打火机或打火机加油器、压缩煤气、压缩氧。

图 8 – 25　易燃气体厢式运输车、气瓶运输车

资料来源：中物联危化品物流分会。

第 3 类（易燃液体厢式运输车）：运输具有独立容器包装的黏合剂、涂料、涂料溶液、苯、甲醇、乙醇、丙酮、甲苯、二甲苯、油漆。

第 4 类（易燃固体、自燃物品和遇湿易燃物品运输车）：这类物品易于引起火灾。如硫黄、樟脑等。

第 5 类（氧化剂和有机过氧化物运输车）：这类物品具有强氧化性，易引起燃烧、爆炸。如过氧化镁、硝酸盐等。

第 6 类（毒性和感染性物品厢式运输车）：运输具有独立容器（瓶）包装的砷、苯酚、二甲基苯胺、苯胺、邻甲苯胺、丙烯醛、烯丙醇、甲基氯（醚）、氧化汞、农药。

第 7 类（放射性物品运输车）：物品中含有放射性核素，并且总放射性含量高于国家规定值的物品。如核铀等具有放射性核素的物品。

第 8 类（腐蚀性物品厢式运输车）：运输具有独立容器（瓶）包装的氨溶液（氨水）或甲醛溶液或除锈磷化液（除锈磷化处理剂）或电池液或木馏油。

第 9 类（杂项危险物品厢式运输车）：运输废物混合物介质：含铜废物、含镍废物。

2. 智能交通技术在危险化学品公路运输中的应用

智能运输系统将现在各自单独存在的车辆状态过渡到车辆和道路相融合的状态，然后进一步将车辆和其他交通手段融合，通过这些步骤，逐渐使交通系统化。智能运输系统将现代信息数据通信、电子控制和计算机处理等技术综合运用于地面运输管理，建立起在广大范围内全方位发挥作用的实时、准确、高效的运输管理系统。对车辆、驾驶员、道路及相关因素进行综合管理，使车辆和道路智能化。

从具体功能上讲，智能交通运输技术将汽车、驾驶者、道路以及相关的服务部门相互连接起来，使道路与汽车的运行功能智能化，公众能高效地使用公路交通设施和能源。其最终目的是建立快速、准时、安全、便捷和舒适的交通运输体系，以保证社会经济可持续发展，建立与人类生存环境相协调的良好的交通运输环境。市场上主流IT厂商提供的危化品公路运输智能化管理系统框架主要包括安全运输管理层、基础层、共用信息层、增值服务层等几部分。危化品公路运输智能化管理系统的功能如下。

①通过在道路上和运输车辆中安装监视设备和事故报警点，实时收集、分析并提供道路交通信息。

②利用车载计算机、传感器和通信设备，对运行车辆进行定位跟踪，根据车辆的不同报警信息，用不同声音进行提示，并将该车辆位置以醒目的方式显示在电子地图上，最终目的是实现事故检测、事故定位和安全服务。

③道路交通异常状态的快速诊断与通报，预测事故发生的可能性，缩短事故响应时间。

④自动生成最佳的紧急救援方案，缩短救援响应时间。

⑤与智能交通控制中心相连的路况监控设备对路网交通状况进行实时监控，借助人工智能的帮助，控制中心将连续监控的路网信息进行整合处理，从而为危化品运输车辆提供最佳行驶路线信息，使得运输风险最小，运输费用最少。

3. 其他安全设备在车辆运输中的发展应用情况

（1）防止爆胎装置的进步

国家交通运输部要求大型营运客车、重卡、危化品运输车辆、校车等必须配备爆胎安全装置。因此，不少相关企业在持续改进车辆在发生爆胎或者严重失压时的安全性。通过研发和改进相关产品，利用"支撑""咬合"等原理，相关产品通过紧紧咬合住轮毂，从而最大限度确保轮毂不触地打滑，确保车辆的制动力与转向控制力，避免事故的发生。如某公司首创的"铰链式+多片式"结构防爆胎装置（见图8-26），此产品可以适用所有真空胎的车型。

图8-26　某公司首创的"铰链式+多片式"结构防爆胎装置

（2）车辆智能安全设备的进步

目前，由某企业设计研发的主动安全服务解决方案（见图8-27），涉及路况分析、燃油经济性分析、司机疲劳状态预防等功能。

具体如下。

① 防侧翻四要素：质心高度、轮距、悬架特性、轮胎特性。

② 主动安全系统包括司机安全意识、车辆主动防御、防止追尾；被动安全系统包括可靠的防撞后端梁、罐体安全防护距离。

③ 防渗漏包括减少焊缝、罐体少开口、减少应力点、优化罐体结构等。

此外，还包括防倾覆加强型滑轨式护肩、电气防爆防老化设备、全装配式罐顶护栏等安全附件。通过优化气室大小及品质、提升气路布局合理性、提升阀类产品的品质、提升气管和接头的稳定性等，提升反应速度，预留足够的反应时间。

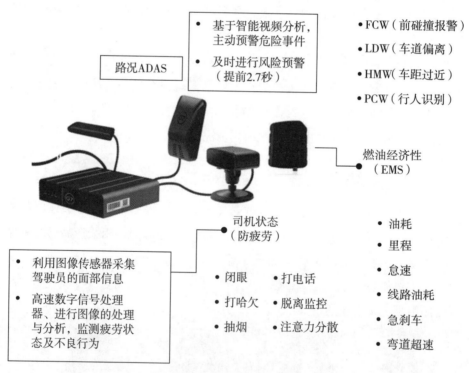

图8-27 某企业设计研发的主动安全服务解决方案

（二）危化品物流企业智能化设备应用情况

2018年，在中物联危化品物流分会调研的近百家规模以上企业中，年信息化及智能化建设投入平均为530万元，但企业间智能化建设投入规模差异较大，投入较少的企业仅几万元，而投入较多的企业则多达几千万元。

从我国危险化学品物流事故在整个危化品事故中占比过高的实际情况来看，危化品物流信息化、智能化是行业发展的必然趋势。而当前发展水平难以面对大数据时代的时代挑战，也无法适应人民群众日益增长的安全需求。因此，目前亟须认清危化品物流信息化发展现状，提出信息化建设的路径。

1. 仓储类企业智能化设备应用情况

2018 年在中物联危化品物流分会的调研中，在被调查的危化品仓储企业中，视频监控设备的普及率已经在仓储企业中达到 100%；仓储管理系统的普及率在 75% 左右，比上一年提高约 2%；供应链协同管理系统（SCC）普及率提升 3%，达到 67%；电子数据交换（EDI）普及率提升 2%，达到 43%；电子自动订货系统（EOS）提升 2%，达到 36%。总体而言，受经济大环境影响，仓储企业在信息化领域的投资有所下降。2018 年被调查的仓储企业信息化普及情况如图 8 - 28 所示。

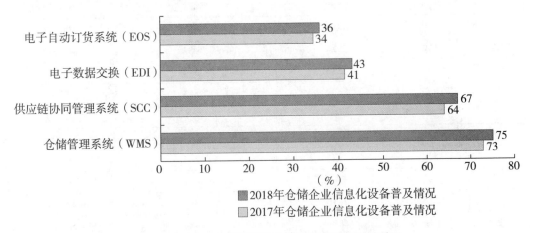

图 8 - 28　2018 年被调查的仓储企业信息化普及情况

资料来源：中物联危化品物流分会。

2. 运输类企业智能化设备应用情况

目前，我国大部分地区都开始强制性要求危险化学品运输车辆必须安装 GPS 实时定位系统，以最大化地降低车辆事故的发生以及确保事故发生后能够进行及时的救援。相关数据显示，2018 年危化物流行业安装卫星定位车载终端的汽车已占比达到 84.96%，比 2017 年提升 1.52 个百分点，其中大中型企业的车辆已 100% 安装了卫星定位车载终端。各地区安装卫星定位车载终端的汽车数量及占比、排名（不完全统计）如表 8 - 7 所示。

虽然 GPS 安装较为普及，但在被调查的运输企业中，其他传感监控装置覆盖率仍然较低。此外，目前各个地区、部门之间的监控平台尚未有效打通，难以实现对境内危化品车辆的全面、实时、无缝监控。在调研中，2018 年企业在 GPS 与 GIS、视频识

表 8-7　各地区安装卫星定位车载终端的汽车数量及占比、排名（不完全统计）

排名	地区	道路危险货物运输汽车数量（台）	安装卫星定位车载终端的汽车数量（台）	占比（%）
1	天津	1661	1661	100.00
2	河北	8136	8136	100.00
3	山西	2745	2745	100.00
4	内蒙古	6740	6740	100.00
5	辽宁	13893	13893	100.00
6	上海	2668	2668	100.00
7	江苏	11978	11978	100.00
8	福建	3671	3671	100.00
9	河南	7137	7137	100.00
10	湖南	5828	5828	100.00
11	四川	10616	10616	100.00
12	甘肃	3984	3984	100.00
13	云南	5338	5334	99.93
14	山东	8439	8413	99.69
15	海南	621	593	95.49
16	湖北	5242	4880	93.09
17	浙江	8847	8235	93.08
18	江西	10972	9971	90.88
19	陕西	7716	6585	85.34
20	重庆	4089	3489	85.33
21	广东	15589	13111	84.10
22	新疆	12723	9576	75.27
23	西藏	1086	812	74.77
24	吉林	5967	3939	66.01
25	贵州	3883	2509	64.61
26	安徽	11662	6683	57.31
27	黑龙江	4861	2737	56.31
28	宁夏	1422	778	54.71
29	广西	6394	2781	43.49
30	青海	910	81	8.90
31	北京	4773	0	0
合计/占比平均值		199591	169564	84.96

资料来源：中物联危化品物流分会。

别、综合解决方案和虚拟仓库技术投入占比较大，分别为 23.08%、15.38%、15.38% 和 7.69%。2018 年被调查危化品物流企业信息化投入领域分布情况如图 8-29 所示。

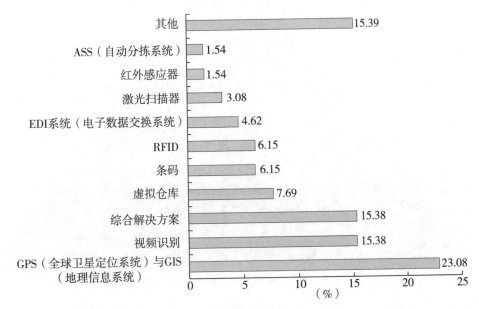

图 8-29　2018 年被调查危化品物流企业信息化投入领域分布情况
资料来源：中物联危化品物流分会。

（三）危化品物流行业智能化综合解决方案发展应用情况

以某厂商的综合解决方案（见图 8-30）为例，在危化品物流行业，综合解决方案主要包括 IoT 平台、SaaS 业务运营平台和危化安全控制塔。重点解决人、车、路、园区等全生态链中的关键环节问题。具体如下。

①人："司机云库 + 智能安全私教"，彻底改善司机驾驶行为。在"人"方面，根本上改善危化行业司机驾驶行为。通过构建司机云库，实现司机监控画像、车辆画像、司机排名、重点司机关注、驾驶行为推送、驾驶习惯 AI 分析等诸多功能。

②车：提供更安全的自动驾驶车头，按里程付费；提供叉车安全管理，解决库内外风险。在"车"方面，利用 IoT 技术使运输工具/设施全面数字化。具体包括智能加注系统（燃料/添加剂），全面覆盖全国 29 省及主要高速线路，接入站点数超过 2400 个，硬件安装数量超过 3500 个；智能叉车 7×24 小时接入/诊断，确保达到最佳运营效率，从而延长资产使用寿命和无故障时间；库内/外作业地图和碰撞预警，保证人车安全；自动驾驶车头，实现互联（"卫星定位 + 电子地平线 + 自适应巡航"）。

③路：把危化品运输道路数字化，开始提供专用地图导航。在"路"方面，整合技术生态和社会资源，打造危化专用地图导航，通过自有大数据分析技术，实时监控

图8-30　危化品物流行业智能化综合解决方案

司机及车辆运行状态、运输线路及司机视角的路况、事件，如刹车、超速等。

④园区：把化工园区从线下搬到线上，精准管理园区交通及人员作业安全。在"园区"方面，通过多维度传感实现风险预警、实时响应的功能；通过高精度定位实现指引危化品车辆到达停车点；通过"AI面部识别＋资源池"技术实现车辆/司机资质数据审核等功能，提升危化园区作业效率/安全水平。利用IoT技术使"园区"数字化，如图8-31所示。

此外，还包括合作伙伴信息交互、危化运输资质信息查询、作业规范指引、液压/罐装传感数据传输与分析等功能，并与政府/第三方平台（如危化救援平台等）等相连接，以获取限时限路、危化运输强制政策等信息。

以G7为例，该企业以危化物流大数据为基础，提出了运输安全管理技术的金字塔框架，如图8-32所示。第一层是基础位置信息，即车辆的位置、速度和动态信息；第二层是先进物联网技术，通过位置、图像、载重等传感器，感知急加速、司机疲劳程度、车辆载重、侧翻等风险，真正实现危化运输全流程的实时管理和监控；第三层是安全大数据，基于G7平台上每个车、罐、司机的"事故、安全行为、油耗"等数据，进行多维度对比评分，统计出"中国好车辆""中国好油罐""中国好司机"，形成每个设备、每个从业人员的信用记录，从源头上把控安全；第四层是人工智能，基于图像技术和机器学习技术对任意特定行为进行监控，如违规打开阀门、野蛮装卸、不规范着装等；第五层是自动驾驶，高度智能的机器能根据周围环境采用更安全的状

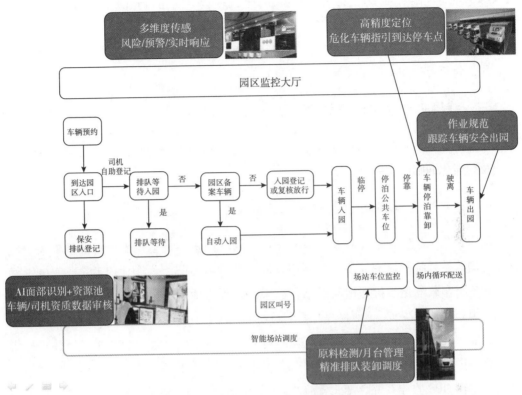

图 8 - 31　利用 IoT 技术使"园区"数字化

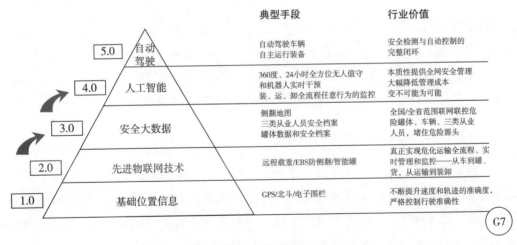

图 8 - 32　G7 平台运输安全管理技术的金字塔框架

态驾驶，更完整地解决安全问题。同时，自动驾驶机器能以更直接、更简短、更高效的方式运行，无论是在能耗还是设备成本维护上，都非常有优势。

目前，该思路已在企业中应用，做到了对驾驶员危险行为的实时监控和管理。当驾驶员出现打瞌睡、玩手机等危险行为时，车机端就会给司机报警，云端监控的管理员也可以得到通知，车队管理员还可以下发语音提醒驾驶员。同时，实时采集的图像还可以作为证据，对司机进行安全教育管理，有效降低事故率。某客户使用该框架3个月，每百万公里的事故率降到之前的1/3。

三、我国危化品物流智能化面临问题分析

根据对我国危化品物流行业技术发展情况的了解和梳理，目前我国危化品物流信息化及智能化面临的主要问题如下。

（一）国内危化品运输监控系统有待发展

国内外危化品监控系统的差距主要体现在物联网技术的应用上。目前国外关于危化品运输监控系统的研究，主要是利用物联网技术将GPS、无线通信系统、车辆总线系统和各类车载危化品状态探测器结合起来，并利用地理信息系统整合处理信息，进行路径规划并辅助决策。国内物联网技术应用目前还不成熟，缺乏统一的管理办法和设备标准。成本问题也制约着国内危化品运输监控系统的发展。目前来讲，规模较大的危化品运输企业和地方政府的物联网应用水平与国外相近，如中国石油天然气运输公司的车辆GPS监控系统、湖北省北斗4G危化品车辆监控终端及管理系统等。中型企业和基层政府部门则倾向于使用成熟技术，利用GPS、北斗导航系统进行定位，利用GIS辅助决策，如重庆市南岸区建立的危化品运输车辆监控系统等。小型企业则倾向于使用汽车行驶记录仪等传统技术，满足于达到全国重点营运车辆联网联控系统（以下简称"联网联控系统"）要求的最低数据要求。因此，行业中正规企业的最低安全水平实际上是由联网联控系统的数据需求决定的。联网联控系统对行业具有指导性作用。然而，为满足小型企业的成本要求，联网联控系统本身对数据质量的要求并不高。

（二）大数据应用平台有待完善

目前我国是世界第二大危化品生产国和使用国，与大部分国家、地区、企业的监控系统相比，联网联控系统具有数据量上的极大优势。由于危化品运输车辆位置信息的保密性，没有自己的数据库就无法进行大数据研究。因此对我国来讲，通过联网联控系统获得的全国危化品运输信息数据库就显得极为重要。

目前我国对联网联控系统的使用程度还不够。从大数据角度来看，可以利用数据挖掘方法，结合其他数据库进行宏观规划和辅助决策，更好地规划车辆运输路线并减少事故发生。由于企业、地区级监控系统数据量与联网联控系统有很大差距，在这一点上联网联控系统的作用是无可替代的。因此对我国来讲，使用危化品运输信息数据

库进行大数据分析，并将分析结果反馈给地方政府和企业，是大数据时代的必然要求。

经中物联危化品物流分会专项调研和与危化物流企业的日常接触中，发现最近两年资金短缺这一阻碍明显加强，信息化投入资金困难的企业从 2017 年的 32.7% 增加到 2018 年的 35.0%，如图 8 - 33 所示。另外，被调研企业在人员、管理、观念等方面的因素对信息化投入的阻碍在下降。

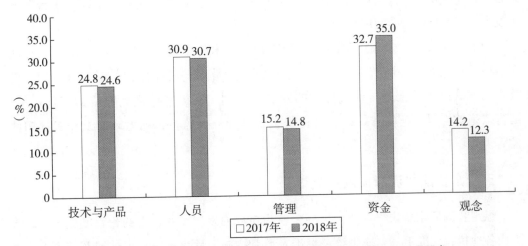

图 8 - 33　2018 年被调查危化品物流企业反映的信息化投入的阻碍因素
资料来源：中物联危化品物流分会。

此外，调研中，企业表示未来还应加强的工作主要包括增强市场拓展、降低生产成本和加强运输人员管理等，如图 8 - 34 所示。

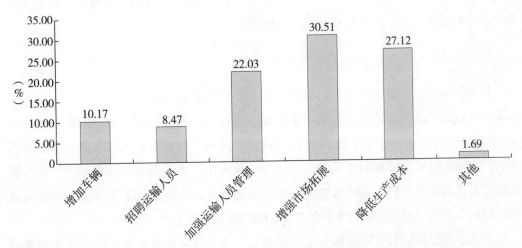

图 8 - 34　2018 年被调查危化品物流企业认为未来应该加强的工作
资料来源：中物联危化品物流分会。

四、我国危化品物流技术发展应用趋势

危化品物流作为现代物流产业的重要细分领域之一，在化工市场整体向好的形势下发展迅速。随着化工产业的蓬勃发展，对危化品物流业提出了更高、更新的要求。未来，提质升级和融合共享将成为物流行业发展的方向。总体来看，行业将呈现出如下趋势：一是供应链持续创新升级；二是园区成为主要载体；三是"电商＋平台"开始发力；四是环保安全智能化升级。

相关专家表示，未来危化品物流行业相关技术的发展与应用，必将围绕以上四个方向重点展开，并随着人工智能、物联网、大数据、云计算和主动安全防护等新技术的发展而快速推进。相关技术的发展和应用，在提升危化品物流的管理水平、运行效率的同时，还将有效推动行业安全管理和环保监控，助力政府及相关部门的监管。

五、危化品物流行业发展建议

纵观我国危化品物流行业，仍处于较为粗放的发展模式，集约化程度较低，政策方面各地执行标准不一，缺少统一标准及监管措施；危化品安全事件涉及范围广，关注度高；从业人员整体水平弱，流动性大，管理难；车辆介质单一，空载率高，利用率低。信息化程度不高，信息化管理手段相对单一是诸多问题难以解决的阻碍因素。目前，整个经济社会，发展物联网是大势所趋。危化品物流领域也不例外。通过平台建立行业标准，整合行业资源，加快危化品物流行业实现标准化、集约化，提升运输效率，降低运输成本，改善行业利润空间的进程。

（一）进一步规范危化品物流行业市场

我国巨大的危化品物流需求，导致了大量小规模运输企业涌入市场。由于危化品运输行业对危化品储运设备成本的要求较高，这类企业难以研发、定制专业的危化品运输信息化管理系统。而目前联网联控系统又主要起监控监管作用，不能根据企业需要针对性地提供安全管理服务。同时，行业中政出多门的问题导致监管不力，不少缺乏危化品运输资质的物流企业也参与到危化品运输中，不但压缩了正规企业的经营空间，同时也将部分危化品运输车辆置于联网联控系统的管控之外。

因此，为了加快整个行业信息化水平建设，第一，必须进一步规范危化品物流行业市场，尽快收集、整理各类、各地危化品运输管理政策，形成国家危化品运输管理法规总集；第二，吸收美国、加拿大及欧盟等发达国家和地区危化品管理经验，建立信息化的法规总集查询平台，并定期进行法规总集的更新和公示，加快各项标准建设；

第三，整合监控力量，建立危化品运输管理联运机制，结束政出多门的现状；第四，建立专门的危化品物流信息化标准体系，并将信息化监控系统要求纳入危化品物流管理标准中；第五，提高行业准入门槛，维护正规企业发展的良好环境。

（二）进一步推动国内危化品运输监控系统建设

目前，国内外危化品监控系统的差距主要体现在物联网技术的应用上。目前国外关于危化品运输监控系统的研究，主要是利用物联网技术将 GPS、无线通信系统、车辆总线系统和各类车载危化品状态探测器结合起来，并利用地理信息系统整合处理信息，进行路径规划并辅助决策。

国内物联网技术应用虽然技术已经成熟，但缺乏统一管理办法、设备标准、商业模式，同时成本问题也制约着国内危化品运输监控系统的建设。因此，行业中的大型企业、行业协会及主管部门，应加强工作力度，促进优秀供应商和重点企业的合作，从而在行业中树立应用标杆，进而向全行业推广。

（三）加快危化品物流行业大数据平台建设

当前危化品物流中的多头管理是其中最严重的问题之一。交通、公安、质检、安监、工商、环保、卫生、税务、海关等部门分头管理、职能交叉，形成的所谓闭环管理机制，容易存在争利时一哄而上，出现事故时则推卸管理责任的可能。但目前还难以形成一个统一管理的体系，只能依靠技术工具来实现协同管理。

大数据平台就是提高部门之间协同管理最便利的工具之一。危化品物流管理体系的主要目标是安全，其次才是效率；而危化品物流运营企业关注的主要是效益，安全则是约束的门槛。因此，各级管理部门利用大数据实现物流安全管理，如储存在交通部门的运输工具安全管理、从业人员资格等数据；储存在公安部门的危化品安全管理、剧毒化学品购买许可证、道路运输通行证、运输车辆的道路管理等数据；储存在质检部门的危化品及其包装物/容器的工业产品生产许可证以及储存在安监部门的危化品安全生产许可证、仓储危化品建设项目的安全条件审查、危化品安全使用许可证等数据。

通过各个区域、各级政府部门建立的大数据平台，可以高度共享协同以往分散存储的安全管理信息数据，从管理源头上实时杜绝任何不符合危化品安全仓储和运输条件的企业、设施装备、从业人员和安全管理体系，有效规避多头管理中的客户信息数据冲突，让法律法规和标准在企业管理中落地生根。

此外，利用大数据可以进行深度数据挖掘，在危化品的采购、生产制造、包装、分拣、储存、运输、配送等全供应链环节上实现企业级、区域级和国家级的安全风险识别、控制和规避。利用大数据建立强大的分级危化品物流安全监控中心，实时对所有危化品的生产、仓储和运输实施严格的全流程信息管理，包括货品及货物盛装物的 RFID 识别标签、车载移动终端、仓储终端、作业人员识别标签等，并建立基于风险识别的预警和报警系统，这有利于危化品物流安全事故发生的应急处置和救援互助。

大数据依赖于各个分散在区域、部门和企业内部的数据库，也取决于各区域、各部门和各企业的信息化水平。不过，借国家大数据建设的东风，首先可以在已有庞大数据源的各区域、各管理部门构建大数据平台；其次可以利用危化品物流企业利润相对较高的优势，强力推行企业级信息化及智能化。大数据不仅仅作用于危化品物流的安全管理，还能作为物流企业经营获利的利器。在危化品分级标准逐步科学合理的基础上，可以为利用大数据实现全供应链物流整体优化带来效益与利润，让企业乐于建设自身的数据平台，从而实现大数据在危化品物流管理部门与危化品物流运营企业间的融合共享。

第六节　快递物流技术

2018 年是中国经济迈向高质量发展的起步之年。这一年面对国内外复杂严峻的经济形势，面对中美贸易战的层层压力，中国经济运行基本保持在合理区间，实现了经济社会大局和谐稳定。据统计，2018 年全年国内生产总值 900309 亿元，比上年增长 6.6%。其中与物流技术装备业密切相关的行业——制造业增长 6.5%，社会消费品零售总额比上年增长 9.0%（名义增长），实物商品网上零售额 70198 亿元，增长 25.4%，同比增长 25.4%，对社会消费品零售总额的贡献率达到 45.2%，较去年提升 7.3%。在此带动下，电商物流俨然成为物流细分领域中较为活跃的领域之一，处于快速发展阶段的电子商务物流也继续带动电商物流技术与装备的大发展。一是电子商务物流以大数据、云计算、物联网为基础设施，推动电商智慧物流体系快速形成；二是大力推进物流自动化、智能化升级，实现从入库、存储、包装、分拣的全流程无人化的技术发展。

据统计，2018 年中国电子商务对物流技术装备市场的需求增长率居于各行业的第一位，已经超越了制造业物流、商贸物流、交通物流等传统领域，不仅市场占比居于第一位，增长速度也位居首位。

一、物联网技术深度融合

物联网技术的应用让线下实体店实时与线上网店融合，让传统门店成为电子商务网购系统的一个交易终端、一个体验场景、一个交付节点、一个物流前置店仓。

客户可以在实体店实现自助体验、自助取货、自助结算或自助下单后门店配货等功能。无人值守门店、无人货架、无人售货柜等新零售的创新都基于物联网技术。物联网技术让客户在线下门店的所有购买行为都与线上实时对接，实现无人售货与结算。

利用物联网技术可以搭建门店仓储系统。借助各类物联网感知技术，利用线下门店的物理空间，通过软件系统实现对遍布全国的各类门店物理空间进行云仓管理，可以让线下所有门店都加入物流系统的云仓网络，从而盘活全国各个门店的物理空间，实现店与仓的共享。此外，还可以利用大数据和云计算技术，实现数据订货、在线调拨，把物流货物通过前置布仓到客户的"最后一公里"门店的"店仓"内，通过即时物流系统进行"最后一公里"的即时配送，让物流配送的实效达到分钟级的精准。

一方面，随着 5G 时代的到来，将为物联网技术提供更高的速率、更宽的带宽、更高的可靠性以及更低时延的传输方式，可以提升用户的网络体验，同时还将进一步满足未来万物互联的应用需求。而在此过程中，将人工智能、自动驾驶、车联网等技术运用到物流领域可以实现降本增效。2018 年 9 月 26 日，德邦快递携手广东联通举行了签约仪式，双方将针对 5G 科技共同组建 5G 联合创新实验室。在物联网方面，双方将在干线物联网、"最后一公里"物联网、冷链物流等方面进行合作。具体为：整合联通的能力，针对干线运输中的车辆调度管理及驾驶行为、人员安全、车辆安全管理制定行业标准；制定行业"最后一公里"管理技术标准；结合国家"绿色快递"政策导向，针对特定用户整合联通能力，打造冷链物流行业领先技术。此外，合作还将针对移动网、云平台等方面，基于云网一体构建多云协同的生态。

另一方面，物联网技术已经逐步在大型物流平台企业中进行大规模实践。2018 年 5 月 31 日，菜鸟宣布 IoT 战略，使用 IoT 技术连接虚拟世界和物理世界，实现各种物流要素的实时在线、智能调度。2018 年 9 月 19 日，在云栖大会展馆内，菜鸟展示了基于 IoT 技术的未来园区。这一园区在无锡启用，实现了对园区的智能化管理。成群结队的机器人在园区无人仓内进行自动化的商品拣选、包裹生产，为物流提速。在配送的末端，刷脸取件柜、悬挂在家门口可伸缩的菜鸟小盒等 IoT 设备已经实现了实时在线。当消费者步行或者开车进出小区时，通过人脸识别以及车联网系统，可以获得包裹在驿站内的信息，并通过语音交互，要求包裹按需投递。

二、数字化助力深化改革

电子商务是数字经济的重要组成部分，是数字经济较活跃、较集中的一种表现形式。电商物流及快递具有创新应用数字经济的先天优势与基因。

（一）智能语音助手

近年来，我国快递服务业发展迅速，快递业务量迅猛增长。2018 年全年快递服务企业业务量完成 507.1 亿件，同比增长 26.6%，日均近 1.4 亿件。这些包裹通过 300 多万名快递员送达消费者手中，以日均工作 12 小时计算，每位快递员平均 15 分钟即需送达一个包裹。随着包裹量日益增长，快递员派送压力越来越大，服务质量难以得到保证。2014—2018 年全年快递业务量情况如图 8-35 所示。

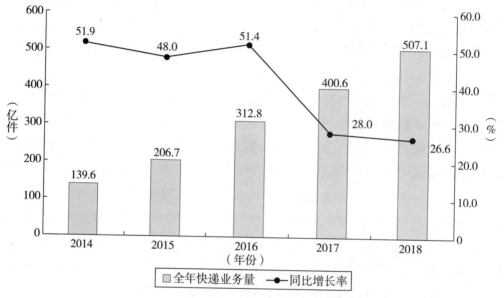

图 8-35　2014—2018 年全年快递业务量情况

资料来源：《2018 年邮政行业发展统计公报》，未对原始数据进行修改。

为应对快递量日益剧增的现象以及提高服务质量，来自菜鸟、阿里小蜜和阿里通信等部门的技术专家，使用语音识别、全双工语音交互、主动对话引擎等人工智能技术，在 2018 年年初打造出了一款声音甜美的智能语音助手。

智能语音助手采用平台级人工智能，在对话中能够对关键信息进行识别及修正，在用户长时间无反馈时主动唤起，进行对话主线保持。智能语音助手在与人交互过程中能同时做到"听"和"说"，辅以模仿真人的语气、语调、语速等人类语言控制能力，使机器更加拟人化。2018 年"双 11"到来之前，全国已有 5 大快递公司启用菜鸟智能语音机器人，自动完成"派前电联"，有效反馈消费者的配送需求，快递员无须再逐一拨打电话。此外，智能语音系统布置在云端，与网络中的快递信息相连，消费者可以通过智能语音助手查询第二天快递信息。

在最后 100 米，智能语音助手可以帮助快递员和驿站从业人员打电话，使沟通更为高效，减少了大量重复低效劳动。这得益于多项人工智能技术的综合应用，包括多方言重口音语音识别、全双工语音交互、场景化人声合成、智能语音流式响应、上下文语义识别、主动对话引擎以及推荐预测能力等。智能语音助手可以通过事前联系，满足消费者的知情权和选择权；依托算法能力，为快递员进行包裹聚合与路线设计，让每个包裹都有最优路径，为快递员实现更高效的工作效率，为消费者带来更好的物流体验。

（二）物流天眼系统

2018 年 9 月 26 日，菜鸟宣布与快递合作伙伴正式上线视频云监控系统——物流天眼系统。目前中国快递业有超过 1000 个分拨中心，18 万个网点，100 多万个摄像头。物流场站人车流动大，管理难度和成本高。物流天眼系统依托原有摄像头和带宽，叠加菜鸟算法，将简单的监控回溯设施升级为智能感知设备，开启"物流天眼"，实现对场站的智能管理。

物流天眼系统是基于云计算，融入大数据、人工智能等新技术的低成本视频监控解决方案，可将视频监控画面精准可视化展现。能够实时监控、计算、分析、预警，帮助管理者实时调度，进行异常处理，同时也为每一个包裹的安全快速抵达保驾护航。物流天眼系统具有高兼容性，可接入任意种类的监控设备，有效解决分拨中心车辆停留超时、车辆拥堵、货物堆积等问题，还能根据订单号追踪快递目前所处的位置。如今，德邦、中通、圆通、申通、百世、韵达中国六大快递公司表示共同加入"物流天眼"计划，用视频云监控系统提升全国快递中转和网点配送效率。

三、绿色化物流成为发展关键

随着政府相关政策的出台，强化绿色理念、发展绿色生态链等观念被陆续提出。政府鼓励电子商务与快递物流企业协同推动绿色发展，实现供应链绿色流程再造，以价格信号引导绿色消费，探索建立包装回收和循环利用体系。在物流业快速发展的今天，发展绿色化物流至关重要。

（一）新能源汽车

2019 年 1 月，京东物流投入至少 5000 台新能源汽车用以替代传统燃油厢式货车，成为多个城市配送中的货运主力。据测算，新能源车单车日均行驶 170 千米，较同类型燃油车节省汽（柴）油 15 升，减排二氧化碳 33.75 千克。菜鸟网络紧随其后，于 2 月联合阿里巴巴公益基金会、中华环境保护基金会、天天快递以及"四通一达"等主要快递公司共同发布"中国绿色物流研发资助计划"。除了电商巨头们，快递企业也在进行绿色改革。作为绿色物流里的先行者之一，顺丰速运在 2018 年 5 月透露，除在北京、上海、广州、深圳等 9 大路权路政开放的城市投放 8000 台新能源物流车外，还计划在全国累计投放 1.5 万台新能源车，服务支线和末端配送。在市场推动下，新能源物流车已经成为绿色物流发展过程中的重要力量。

（二）绿色包装

随着电商包裹在我国快递配送中所占比例越来越大，如何发展绿色快递和绿色电商已成为政策层面关注的焦点。2018 年 5 月，《快递暂行条例》正式开始实施，该条例中提到要高度重视行业绿色发展，鼓励经营快递业务的企业和寄件人使用可降解、可重复利用的环保包装材料，鼓励经营快递业务的企业采取措施回收快件包装材料，实现包装材料的减量化利用和再利用。2018 年 8 月第十三届全国人民代表大会常务委员会第五次会议通过的《电子商务法》中提出"快递物流服务提供者应当按照规定使用环保包装材料，实现包装材料的减量化和再利用""支持、推动绿色包装、仓储、运输，促进电子商务绿色发展"。减量化、绿色化、可循环成为快递包装新趋势。

1. 智能装箱算法

智能装箱算法是为商家、快递服务商、仓储服务商等打造的解决仓库装箱问题的智能算法服务，旨在减少仓配成本，提升物流效率，成就绿色智慧物流。据测算，通过智能箱型设计和切箱算法，可以减少仓内 15% 的包装耗材的使用。截至目前，这一算法已被累计使用于 5.1 亿个包装纸箱和快递袋上。

智能装箱算法的优势为：①效率出众：每个订单处理时间为毫秒级别，能够快速准确地给出装箱结果；②性能稳定：依托于菜鸟物流云，服务具有安全性和稳定性；③节约开支：使用智能装箱算法能够使用更少的包装材料，在行业通用标准下每个订单可以节省 0.3 元；④使用便捷：输入订单物品的信息可以快速地获得装箱结果；⑤精准装箱：利用精准算法，能够保障物品放入最合适的包装箱中，准确率达到 97%。

2. 电子面单

电子面单相较于传统面单而言，属于新兴的面单类型。电子面单页面内容（除快递公司标志）全部由快递软件生成，直接通过面单打印机打印，最大化地节省了快递单填写所需的人工成本。目前，国内排名前 15 位、占全国电商市场份额 90% 以上的主流快递企业已全部实现电子面单的普及使用。据各快递企业数据显示，使用电子面单可以使得发货速度提升 30% 以上。电子面单与传统面单对比示意如图 8 - 36 所示。

电子面单的优势为：①效率更高：电子面单的打印速度为 1~2 秒/单，高效率的打单速度极大程度上缓解了客户的大批量打单压力。②成本更低：电子面单成本比传统纸质面单成本降低 5 倍以上，且电子面单采用热敏打印，除大客户处预留卷装面单供自行

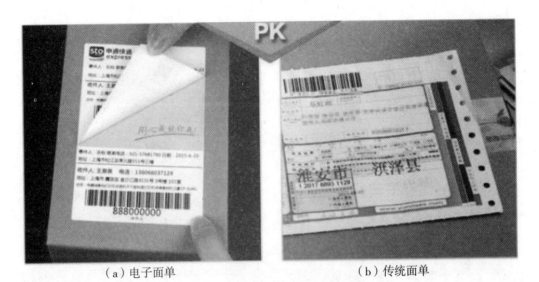

（a）电子面单　　　　　　　　　　（b）传统面单

图8-36　电子面单与传统面单对比示意

资料来源：传统面单 VS 电子面单. http：//www. sohu. com/a/166866791_ 99935472。

打印外，其他客户无须在客户处预留面单，提高耗材利用效率，降低成本。③隐私信息更安全：电子面单通过二维码隐藏收件人的隐私信息，避免消费者个人隐私泄露。

3. 企业和平台绿色包装解决方案

2018年4月22日，苏宁物流在南京举行了绿色包装实验室成立发布会，同时宣布，到2020年，绿色包装实验室将联合合作伙伴，最低投放20亿个绿色包装产品。苏宁物流将通过应用包装结构、包装形式、包裹方式的创新研究，减少或降低纸箱、缓冲材料、纸质面单的使用量，从而实现降本增效；同时，通过使用可循环、可回收利用的新型包装容器，以及对这些包装材料的反复利用，减少对纸箱、胶带等材料的使用和浪费，从而实现绿色环保。与此同时，苏宁物流还将通过新技术、新材料的引进、联合研发、自主研发，将新型包装设备与苏宁物流包装环节有机结合，形成"场景测试、数据反馈、推广应用"的标准化流程。预计在大面积应用后，将有效提高全流程自动化水平、提高包装作业效率、降低包装材料损耗。

快递包装袋的改进成为众快递企业的工作重点。其中，中通将快递包装袋进行全面升级，并使用全新的包装袋代替一次性编织袋。在推动电子面单取代传统纸质面单的应用上，其电子面单使用率已超过97%。圆通在全国启用了四个自动化设备中心，批量使用可循环 RFID 环保袋。申通透露，公司已累计使用超过1.2亿个可降解快递袋，同时还通过避免过度包装、定期回收再利用等措施，减少使用10%的包装材料。韵达用可多次使用的布袋替代编织袋，实现了包装袋的循环使用。众快递企业均响应国家号召，在包装使用方面有所突破，向着绿色化、可循环的方向不断发展。

四、无人化走出实验室

随着我国快递行业的快速发展，目前已步入单日快递"亿件时代"，不断增长的业务量使得传统的投递方式越来越难以满足日益增长的服务需求，快递无人化迫在眉睫。在此环境下，各快递企业大力推进快递无人化技术，从而实现提高快递配送效率以及降低成本的目标。

（一）无人机

随着技术进步、成本下降，无人机快速进入民用市场。无人机以飞控系统为核心，高度集成的芯片使得无人机制造使用成本大幅下降。在交通运输基础设施落后的情况下，物流无人机独特优势凸显，能够有效提升物流网点与终端之间的流转效率。目前无人机技术正在不断发展进步。

2018年3月，顺丰获得国内首张航空运营许可证；2018年5月，顺丰宣布，拟募集成立一个10亿元规模的无人机科技基金，预计在两个月内完成这次募集，这笔资金将用于无人机研发。2018年10月中旬，顺丰获批阳澄湖空域的无人机应用许可，现已用于大闸蟹等特色生鲜水产的无人机运输；2018年11月15日，顺丰无人机快递接驳柜在赣州南康正式落地应用；2019年伊始，顺丰加码投入无人机与智慧地图，其中智慧地图支持GPS/北斗、Wi-Fi、基站"三合一"融合定位，使得人、车、物位置实时透明，并解决了轨迹漂移、位置定位不准确的问题，能够智能化调度配送员，推送任务指令。除此之外，智能分单替代了人工记忆，准确规划包裹路径，使得"最后一公里"运输精确至楼栋、单元，提高了配送时效。

苏宁的货运无人机系统于2017年上线，可实现精准自动起降和全程无人化自主运行。据了解，苏宁未来计划围绕无人机上下游配套产业在全国建设5000个无人机智慧物流枢纽。菜鸟网络则瞄准农村市场。2018年3月26日，菜鸟ET物流实验室联合天猫宣布将无人机运用到传统的茶叶运输环节。随后，菜鸟与天猫在陕西省武功县联合宣布启动"神农计划"，规划在全国开设100个原产地生鲜仓库。菜鸟在当地开通的无人机航线，将田间地头和产地仓直连，极大地缩短了生鲜品类的运输时间。作为覆盖乡村网点最多的物流企业，中国邮政自2016年开始启动无人机邮路的试运行。2018年5月17日，中国邮政水陆两栖无人机在湖北荆门试飞成功。

（二）无人车

2018年6月，京东发布无人快递车（见图8-37），旨在解决"最后一公里"的配送难题。无人快递车投入运营，不仅囊括小区配送、园区配送、快递员接驳等多种应用场景，还通过智慧配送站的多车型、多线路循环配送，探索了全新的调度运营模式，为配送机器人的规模化应用和更广布局积累了宝贵的经验。

图 8 – 37 京东无人快递车

资料来源：在"剁手党"的节日里，新能源物流车最期盼的其实是"路权". http：//www. sohu. com/a/ 203049434_ 468637。

2018 年 9 月，菜鸟 ET 物流实验室发布新零售物流无人车（见图 8 – 38）。新一代无人车的车厢和车体采用分离式设计，无人车可以根据新零售商业场景的不同搭载不同货箱，既可以作为刷脸取件柜，也可以作为移动零售车。

图 8 – 38 菜鸟新零售物流无人车

资料来源：菜鸟发布搭载"刷脸取件"无人车可自动巡游. http：//news. ikanchai. com/2018/0919/237023. shtml。

2018 年 11 月 9 日，苏宁无人车"卧龙一号"（见图 8 - 39）正式落地成都，继北京、南京之后，成都成为第三个实现无人车常态化运营的城市。据苏宁相关工作人员介绍，"卧龙一号"是目前国内体积最小、配置最高的一款无人车。"卧龙一号"结合物联网、云计算、AI 等最新科技元素，通过激光雷达、面阵雷达、GPS、惯性导航传感器互相配合，可感知周围环境并进行高精度定位和导航，随时注意并规避周围的行人、车辆和障碍物，从而规划出最优绕行路径。同时配置前车灯设计，更有利于夜间工作的环境辨别和障碍物识别。

图 8 - 39 苏宁无人车"卧龙一号"

资料来源：无人配送时代到来，"卧龙一号"落地北京苏宁小店场景. http：//www. iyiou. com/p/74828. html。

参考文献

［1］李绍明．大力推进制造业创新，构筑强大国内市场坚实基础［EB/OL］．
(2019－04－19)［2019－04－22］．光明网．http：//theory. gmw. cn/2019－04/19/con-
tent_ 32758872. htm.

［2］佚名．2017 第二届中国制造业供应链与物流技术研讨会［EB/OL］．（2017－
01－19）［2019－04－22］．物流技术与应用．http：//www. edit56. com/event/201701/
9290. shtml.

［3］刘战豫，孙夏令，薛金礼．我国绿色物流发展面临的突出问题及应对策略
［J］．经济纵横，2018，390（5）：103－107.

［4］交通运输部．2018 年交通运输行业发展统计公报［EB/OL］．（2019－04－12）
［2019－04－20］．http：//xxgk. mot. gov. cn/jigou/zhghs/201904/t20190412_ 3186720. html.

［5］中国产业研究院．2018 年中国物流园区发展现状及存在问题分析［EB/OL］．
(2018－12－17)［2019－03－25］．搜狐网．http：//www. sohu. com/a/282326834_ 350221.

［6］刘建新．中国物流从 2018 年到 2019 年变在哪里？［EB/OL］．（2019－02－
09）［2019－03－20］．亿邦动力网．http：//www. ebrun. com/20190209/319780. shtml.

［7］何黎明．分享｜2018 年我国物流业发展回顾与 2019 年展望［EB/OL］．（2019
－03－27）［2019－04－10］．搜狐网．http：//www. sohu. com/a/304146527_ 99950301.

［8］百度百科．https：//baike. baidu. com/item/智慧物流/3105626？fr＝aladdin.

［9］王郁彪．2018 年，那些令人惊艳的物流黑科技［EB/OL］．（2019－01－10）
［2019－03－17］．亿欧网．https：//www. iyiou. com/p/89729. html.

［10］中商情报网．中国物流机器人市场现状及发展趋势预测分析（附图表）［EB/
OL］．（2018－09－17）［2019－04－15］．百家号．https：//baijiahao. baidu. com/s？id＝
16118704079534l8467&wfr＝spider&for＝pc.

［11］中国物流与采购联合会智慧物流分会．2019 年智慧物流将呈现五大趋势
［EB/OL］．（2018－12－27）［2019－04－17］．金刺猬网．http：//www. jinciwei. cn/
l636971. html.

［12］肖伦．盘点那些获得 2018 年度国际最佳创新称号的物流新科技［EB/OL］．

（2018 - 10 - 03）［2018 - 10 - 03］. 罗戈网. http：//www. logclub. com/front/lc_ report/ get_ report_ info/35.

［13］佚名. 黑科技：再次革新物流界！德国人发明磁悬浮平面输送系统［EB/OL］. （2018 - 12 - 14）［2018 - 12 - 14］. 微信公众号物流指闻.

［14］武汉制信科技有限公司. 德国佬发明了智能化的传送带，引爆物流界！［EB/OL］. （2018 - 06 - 28）［2018 - 06 - 28］. 搜狐网. http：//www. sohu. com/a/ 238198894_ 472865.

［15］边缘计算社区. 终于有人把 5G 和边缘计算的关系说清楚了［EB/OL］. （2019 - 03 - 29）［2019 - 03 - 29］. 简书网. https：//www. jianshu. com/p/40747b3c9dcf.

［16］佚名. A Platform for Mobile Edge Computing - White Paper from AWS, HPE & Saguna［EB/OL］. （2018 - 02 - 23）［2018 - 03 - 20］. http：//www. saguna. net/blog/ aws - hpe - saguna - white - paper - platform - for - mobile - edge - computing/.

［17］佚名.【它山之石】日本运输行业的现状和 2018 年解决的问题［EB/OL］. （2018 - 08 - 26）［2019 - 04 - 09］. https：//www. sohu. com/a/250068128_ 747469.

［18］佚名. 日本警察厅将出台驾照新政策 增加一种汽车驾照分类［EB/OL］. （2014 - 07 - 14）［2019 - 04 - 09］. http：//news. cngold. org/c/2014 - 07 - 14/c2644011. html.

［19］佚名. 日本经济产业省和国土交通省针对减少宅急便二次配送总结应对措施［EB/OL］. （2018 - 11 - 06）［2019 - 04 - 29］. 日本通. https：//www. 517japan. com/ viewnews - 101188. html.

［20］谭亚楠. 浅析日本的家庭形式——以核心家庭为例［J］. 山西青年，2017 （19）.

［21］佚名. 实现超智能社会形态 社会5.0 概念方兴未艾［EB/OL］. （2018 - 12 - 20）［2019 - 04 - 09］. http：//www. iotworld. com. cn/html/News/201812/488c02e6d1986bb4. shtml.

［22］港邦李. 日本力争到 2030 年实现物流完全无人经［EB/OL］. （2017 - 03 - 06）［2019 - 04 - 09］. https：//www. goobnn. cn/news/1156/.

［23］李文龙. 日本大和运输与 DeNA 测试无人驾驶配送服务［EB/OL］. （2018 - 04 - 25）［2019 - 04 - 09］. 盖世汽车. http：//auto. gasgoo. com/News/2018/04/25115712571270039 566C601. shtml.

［24］日本时事通讯化. 司机岗位也缺人 日本邮政试验用无人驾驶车辆运送货物［EB/OL］. （2019 - 03 - 25）［2019 - 04 - 09］. 人民网. http：/cjkeizai. j. people. com/ cn/n1/2019/0325/c368502 - 30994543. htm.

［25］环球网. 日本企业将用无人直升机运送工程物资［EB/OL］. （2018 - 08 - 07）［2019 - 04 - 09］. 百家号. https：//baijiahao. baidu. com/s？id = 16080999956185055422&wfr =

spider&for = pc.

［26］佚名．日本航运业拥抱无人驾驶，2025 年打造无人驾驶船队［EB/OL］．
（2017 – 06 – 12）［2019 – 04 – 09］．新浪科技．https：//tech. sina. com. cn/it/2017 – 06 –
12/doc – ifyfzfyz3324542. shtml.

［27］佚名．日本无人货运飞船"鹳"7 号升空 将运送空间站用电池［EB/OL］．
（2018 – 09 – 23）［2019 – 04 – 09］．中国新闻网．http：//www. chinanews. com/gj/2018/
09 –23/8634408. shtml.

［28］潘敏瑶．【远荣智能·头条】细品协作机器人系列之双臂机器人：打造智能
网络制造新模式［EB/OL］．（2017 – 02 – 13）［2019 – 04 – 09］．微信公众号高工机
器人．

［29］佚名．日本松下电器发售用于台车移动的 AGV 机器人．（2019 – 03 – 11）
［2019 – 04 – 09］．微信公众号新战略机器人．

［30］吴菁芃．从东京物流展看当代物流技术发展趋势．（2018 – 10 – 17）［2019 – 04 –
09］．微信公众号物流技术与应用．

［31］丛丛．日本由于劳动力不足，准备制定无人配送机器人相关政策方针［EB/
OL］．（2019 – 02 – 21）［2019 – 04 – 09］．中国机器人网．http：//www. robot – chi-
na. com/news/201902/21/55717. html.

［32］丘倩．日本批准无人驾驶送货车上路测试［EB/OL］．（2019 – 02 – 27）
［2019 – 04 – 09］．中国质量新闻网．http：//www. cqn. com. cn/zgzlb/content/2019 – 02/
27/content_ 6818725. htm.

［33］IHI 官网．关于 IHI［EB/OL］．［2019 – 04 – 09］．https：//www. ihi. co. jp/
ihi/company/outline/.

［34］李经．《2019 百度两会指数报告》发布 5G 最受关注［EB/OL］．（2019 – 03 –
26）［2019 – 04 – 20］．光明网．http：//it. gmw. cn/2019 –03/26/content_ 32682271. htm.

［35］卞海川，程琳琳．5G 迎里程碑进展——5G SA（独立组网）标准今日发布
［EB/OL］．（2018 – 06 – 14）［2019 – 04 – 20］．通信世界网．http：//www. cww. net. cn/
article？ id =434212.

［36］物流信息互通共享技术及应用国家工程实验室．5G 网络技术在新一代物流行业
中的应用［EB/OL］．［2019 – 04 – 20］．http：//www. 3mbang. com/p – 4073776. html.

［37］亿欧智库．重磅发布《5G 基础梳理及应用前景分析研究报告》［EB/OL］．
（2018 – 09 – 30）［2019 – 04 – 21］．https：//www. iyiou. com/intelligence/insight82563.
html.

［38］联通终端．5G 的应用场景你知道几个？［EB/OL］．（2018 – 08 – 01）［2019 –

04－21］．搜狐网．http：//www. sohu. com/a/244556842_ 690942.

［39］叶晓楠．人民日报海外版：北斗卫星闪耀一带一路［EB/OL］．（2019－04－08）［2019－04－21］．http：//www. beidou. gov. cn/yw/xwzt/dejzabdhzlt/gdxw/201904/t20190408_ 17777. html.

［40］杨欣，陈飚．我国成功发射第四十四颗北斗导航卫星［EB/OL］．（2019－04－20）［2019－04－21］．http：//www. beidou. gov. cn/yw/xwzx/201904/t20190420_ 17848. html.

［41］北斗卫星导航系统官网．北斗系统增强系统［EB/OL］．［2019－04－21］．http：//www. beidou. gov. cn/xt/zqxt/.

［42］韩阜业．我国《卫星导航条例》完成征求意见稿［EB/OL］．（2018－05－23）［2019－04－21］．http：//baijiahao. baidu. com/s？id＝1601256892405602240&wfr＝spider&for＝pc.

［43］中国卫星导航系统管理办公室测试评估研究中心．［EB/OL］．（2019－05－01）［2019－04－21］．http：//www. beidou. gov. cn/xt/jcpg/201905/t20190501_ 17902. html.

［44］财富管理研究组．天上的星星参北斗丨大国重器，北斗产业链如何投资？［EB/OL］．（2018－06－29）［2019－04－21］．钜派研究院．https：//mp. weixin. qq. com/s/KyulgLBgsYvrDbPHzuSKsQ.

［45］任娜．自主研发北斗/GNSS监测系统　长安大学张勤教授团队成功预警甘肃黄土滑坡［EB/OL］．（2019－04－04）　［2019－04－21］．西安新闻网．http：/news. xiancn. com/content/2019－03/27/content_ 3436964. htm.

［46］佚名．服务一带一路 北斗大显身手［EB/OL］．（2019－03－21）［2019－04－21］．中国新闻两会特刊．http：//www. glac. org. cn/index. php？m＝content&c＝index&a＝show&catid＝2&id＝5330.

［47］汪洁萍，邹力涵，谢雯．北斗导航系统在现代物流中应用的研究［C］//第三届中国卫星导航学术年会电子文集——S01北斗/GNSS导航应用，2012.

［48］佚名．全球时代：GPS或将再见 快递业迎来"中国北斗"［EB/OL］．［2019－04－21］．中国物流与采购网．http：//www. scxxb. com. cn/html/2019/txjs_ 0110/646776. html.

［49］明艳．中汽协：2018年新能源汽车产销均超125万辆，同比增长60%［EB/OL］．（2019－01－14）［2019－04－09］．第一电动．https：//www. d1ev. com/news/shuju/85937.

［50］陈光．新材料概论［M］．北京：国防工业出版社，2013.

［51］ tom. 氢燃料电池是否是中国动力电池的下一条"赛道"？（2018－04－25）［2019－04－10］. 微信公众号玖牛投资.

［52］韩喻. 现状：中外氢燃料汽车发展对比（整车）［EB/OL］.（2018－05－16）［2019－04－10］. 中国客车网. http：//www. chinabuses. com/buses/2018/0516/article_ 83820. html.

［53］玖牛研究院. 氢气制备产业技术经济分析（上）.（2018－09－27）［2019－04－10］. 微信公众号氢云链.

［54］王昇.［氢能及燃料电池］加氢站的设计有哪些？成本优化潜力又在哪？.（2019－02－21）［2019－04－10］. 微信公众号交能网.

［55］小 b.【地上铁】获近3亿元融资，引领新能源物流车新时尚！.（2018－12－24）［2019－04－21］. 微信公众号华扬并购产业联盟.

［56］张璐晶. 未来·交通［J］. 中国经济周刊，2018（38）：22－23.

［57］陈慧岩，熊光明，龚建伟，等. 无人驾驶汽车概论［M］. 北京：北京理工大学出版社，2014.

［58］新华网，塞迪顾问. 车联网产业发展报告（2019）［EB/OL］.（2019－01－28）［2019－04－22］. https：//baijiahao. baidu. com/s？id＝1623872649097427543&wfr＝spider&for＝pc.

［59］工程师青青. 车联网有哪些创新技术及其发展趋势如何？［EB/OL］.（2018－07－23）［2019－04－22］. http：//m. elecfans. com/article/713705. html.

［60］李明俊. 2018 年车联网行业技术发展现状与市场趋势分析［EB/OL］.（2019－01－23）［2019－04－22］. 前瞻网. https：//www. qianzhan. com/analyst/detail/220/190123－cf748d44. html.

［61］国家统计局. 2018 年国民经济和社会发展统计公报［EB/OL］.（2019－02－28）［2019－04－09］. http：//www. stats. gov. cn/tjsj/zxfb/201902/t20190228_ 1651265. html.

［62］张筱梅. 中置轴车辆运输车连接装置技术及应用［J］. 专用汽车，2018（4）：38－39.

［63］穗新物流. 集装箱铁水联运市场为何如此火爆？［EB/OL］.（2019－03－13）［2019－04－27］. 搜狐网. https：//www. sohu. com/a/300947337_ 624247.

［64］周音. 2018 年中国铁路完成货物发送量逾 40 亿吨［EB/OL］.（2019－01－16）［2019－04－27］. http：//www. sohu. com/a/289375154_ 123753.

［65］佚名. 交通运输部发布《2018 年交通运输行业发展统计公报》［EB/OL］.（2019－04－12）［2019－04－28］. 中国金融新闻网. http：//www. financialnews. com. cn/sj_ 142/hysj/201904/t20190412_ 158127. html.

［66］Ing168wlw. 一罐到底！透析 LNG 罐式集装箱的前世，今生，未来［EB/OL］. (2018 – 06 – 09)［2019 – 04 – 28］. LNG168 物联网. http：//www. myzaker. com/article/5b1c1d8c5d8b5468e006f6dc/.

［67］王文，杨开林.［新时代 新作为 新篇章］全球首个铁路场站自动化装卸系统在中哈物流基地投用［EB/OL］. (2018 – 10 – 16)［2019 – 04 – 28］. 连网. http：//www. lygol. net/temp/zt2017/lhxzc/xsdxqx/2018/1016/127122. shtml.

［68］杨瑾. 智能装备助力多式联运"加速跑". (2018 – 12 – 21)［2019 – 04 – 28］. 中国水运网. http：//epaper. zgsyb. com/html/2018 – 12/21/content_ 28169. htm.

［69］朱茜. 重磅！2018 年仓储行业最新政策规划汇总（全）［EB/OL］. (2018 – 02 – 05)［2019 – 04 – 07］. 前瞻产业研究院. https：//www. qianzhan. com/analyst/detail/220/180205 – ae5aa0c2. html.

［70］佚名. 2019—2025 年中国智能仓储行业市场深度调查及发展前景研究预测报告（目录）［EB/OL］. (2018 – 11 – 20)［2019 – 04 – 07］. 华经情报网. https：//wenku. baidu. com/view/1a769a523868011ca300a6c30c2259010202f3f9. html.

［71］鸿路技术. 智能仓储将引领物流发展进入快车道？［EB/OL］. (2019 – 02 – 13)［2019 – 04 – 47］. 百家号. https：//baijiahao. baidu. com/s？id = 1625343693825636078&wfr = spider&for = pc.

［72］佚名. 2018 年我国自动化立体仓库行业前景广阔 未来市场需求巨大［EB/OL］. (2018 – 11 – 20)［2019 – 04 – 07］. 中国报告网. http：//tuozi. chinabaogao. com/jiaotong/11203QU42018. html.

［73］佚名. 2018 年我国自动化立体仓库行业前景广阔 未来市场需求巨大［EB/OL］. (2018 – 11 – 20)［2019 – 04 – 07］. 中国报告网. http：//tuozi. chinabaogao. com/jiaotong/11203QU42018. html.

［74］路辉物流设备. 自动分拣设备的发展现状及未来趋势［EB/OL］. (2018 – 11 – 01)［2019 – 04 – 07］. 搜狐网. http：//www. sohu. com/a/272657595_ 100199245.

［75］佚名. 码垛机器人有哪些结构组成的？(2018 – 11 – 10)［2019 – 04 – 07］. 微信公众号大升智能科技.

［76］深圳中商情大数据股份有限公司. 中国码垛机器人市场预测分析：2020 年市场规模有望超 165 亿元［EB/OL］. (2018 – 09 – 14)［2019 – 04 – 07］. https：//baijiahao. baidu. com/s？id =1611573170200233296&wfr = spider&for = pc.

［77］佚名. 中国搬运码垛机器人企业集中在这三个地方［EB/OL］. (2019 – 01 – 09)［2019 – 04 – 07］. 新战略机器人网. https：//www. xzlrobot. com/c846/html.

［78］工程控制中文版. 预测智能仓储的未来趋势——技术发展正在改变供应链中

仓库的作用［EB/OL］.（2018－11－12）［2019－04－07］.搜狐网.http：//www.sohu.com/a/274679604_ 313848.

［79］佚名.京东物流研发"X仓储大脑"，AI智囊相当于无人仓的"MOSS".（2019－03－15）［2019－04－07］.微信公众号物流技术与应用.

［80］佚名.总理李克强再次肯定电商快递；京东物流推出"X仓储大脑"；斥资3亿！申通快递再添运力；唯捷城配获得浦发硅谷银行数千万人民币融资.（2019－03－15）［2019－04－07］.微信公众号物流沙龙.

［81］闫睿，余晓洁.我国连续五年成为全球第一大工业机器人应用市场［EB/OL］.（2017－08－26）［2019－05－09］.中国政府网 http：//www.gov.cn/xinwen/2017－08/26/content_ 5220688.htm.

［82］佚名.机械手的简单构成［EB/OL］.（2017－02－27）［2019－07－26］.https：//wenku.baidu.com/view/d4e6e83cb80d6c85ec3a87c24028915f814d8454.html.

［83］佚名.机械结构部分［EB/OL］.（2018－07－21）（2018－07－26）.https：//wenku.baidu.com/view/5c2d8bd1ad02de80d4d840ed.html.

［84］宁致远.典型机械手臂研究现状综述［J］.信息记录材料，2018，19（3）：4－5.

［85］中达电通股份有限公司官网.台达整合 SCARA 机器人与机器视觉系统　打造螺丝分拣包装解决方案（机器人工作站）［EB/OL］.（2016－05－27）［2019－05－09］.http：//www.deltagreentech.com.cn/solutionv3－991－280.html.

［86］机器人信息网.并联机器人如何进行"分拣"？［EB/OL］.（2019－03－21）［2019－05－09］.搜狐网.http：//www.sohu.com/a/302750847_ 100302143.

［87］韩伯龙.浅谈机械手的类型、应用及发展趋势［J］.中国高新区，2018（4）：133－134.

［88］黄海霞，樊亚男.Vocollect 语音技术在冷链物流分拣作业中的应用［J］.物流技术，2014（10）：61－64.

［89］佚名.AR 与仓储物流如何结合？菜鸟和 Rokid 想一起探索答案［EB/OL］.（2017－01－15）［2019－05－24］.天极网.http：//news.yesky.com/hotnews/404/69198404.shtml.

［90］葛夫财.当 AR 遇上物流，智慧的超出你想象！［EB/OL］.（2017－01－15）［2019－05－24］.亿欧网.https：//www.iyiou.com/p/37729.html.

［91］韦波.UBiMAX 3D 智能眼镜现身大众狼堡工厂［EB/OL］.（2018－06－03）［2019－05－24］.汽车之家.https：//chejiahao.autohome.com.cn/info/1503456.

［92］高波.人工装卸搬运助力装置研究现状及关键技术［J］.中国储运，2014

（12）：144 – 147.

［93］新闻科技. 618 太较真！京东物流为了仓储小哥，对外骨骼机器人进行 18 项改进［EB/OL］.（2018 – 06 – 19）［2019 – 05 – 09］. 搜狐网. https：//www. sohu. com/a/236459541_ 586767.

［94］北京品新传媒文化有限公司. 开发外骨骼机器人，「铁甲钢拳」助力京东618 物流大战［EB/OL］.（2018 – 06 – 25）［2019 – 05 – 09］. 百家号. https：//baijiahao. baidu. com/s？id =1604200844467278775&wfr = spider&for = pc.

［95］吴晓宇. 王潮：外骨骼技术不仅用在物流 更要帮助人类进化［EB/OL］.（2018 – 07 – 06）［2019 – 05 – 09］. 中关村在线. http：//news. zol. com. cn/693/6930303. html.

［96］首席知产官. 京东投用第 2 代外骨骼机器人，为一线员工"撑腰"［EB/OL］.（2018 – 06 – 21）［2019 – 05 – 09］. 百家号. http：//baijiahao. baidu. com/s？id =1603884760562309005&wfr = spider&for = pc.

［97］DeepTech 深科技. 仓库工作人员的福音：Lowe's 机械外骨骼［EB/OL］.（2017 – 05 – 19）［2019 – 05 – 09］. 百家号. http：//baijiahao. baidu. com/s？id =1567794910538799&wfr = spider&for = pc.

［98］杜启荣，比尔. 仓库员工配备上"外骨骼"［J］. 建筑工人，2017，38（12）：51.

［99］佚名. LG 推出仓库人员的助力外骨骼［EB/OL］.（2018 – 12 – 27）［2019 –05 – 09］. 专利之家. http：//www. patent – cn. com/2018/12/27/174055. shtml.

［100］前瞻网. 智能化！LG 推出可穿戴外骨骼机器人"未来工厂"生产、物流人员的福音［EB/OL］.（2018 – 08 – 28）［2019 – 05 – 09］. 百家号. https：//baijiahao. baidu. com/s？id =1610007282354368443&wfr = spider&for = pc.

［101］DeepTech 深科技. 这款被福特汽车盯上的上半身外骨骼，不仅能提高效率，还不需要电［EB/OL］.（2017 – 12 – 28）［2019 – 05 – 09］. 百家号. http：//baijiahao. baidu. com/s？id =1588012118337318322&wfr = spider&for = pc.

［102］上海爱活网络科技有限公司. 福特流水线的工作人员都变成了钢铁侠［EB/OL］.（2018 – 09 – 05）［2019 – 05 – 09］. https：//baijiahao. baidu. com/s？id =1610768057635391825&wfr = spider&for = pc.

［103］罗戈小薇. 视频/形似"蚂蚱"的 AGV，搬运靠"腿"！［LogiMAT 2019 新品］.（2019 – 04 – 18）［2017 – 05 – 24］. 微信公众号 LogTV.

［104］观研天下信息咨询平台. 2018 年我国快递包装行业市场需求大 未来绿色包装是趋势［EB/OL］.（2018 – 12 – 04）［2019 – 05 – 09］. 中国报告网. http：//

tuozi. chinabaogao. com/fangzhi/1243U5202018. html.

［105］彩盒商界．【关注】2018 年快递包裹突破 500 亿件，包装业欢喜中有隐忧 ［EB/OL］．（2019 - 01 - 02）［2019 - 05 - 09］．搜狐网．http：//www. sohu. com/a/ 286210473_ 770447.

［106］Cao. 快递绿色写入政府工作报告 菜鸟呼吁行动起来［EB/OL］．（2019 - 03 - 15）［2019 - 05 - 09］．比特网．http：//news. chinabytc. com/8/14604508. shtml? S = 3p7p9ompmqn? S = xlpvrsy0mtc? S = f61kyz4fnr.

［107］猛犸．拆完快递的空包裹，还能有什么奇葩用法?．（2017 - 05 - 30）［2019 - 05 - 09］．微信公众号果壳．

［108］佚名．无人超市背后原来是智能包装技术的大爆发［J］．印刷经理人，2018（9）：54 - 55.

［109］任芳．冷链包装技术及其升级发展［J］．物流技术与应用，2018，23（S1）：18 - 21.

［110］崔庆斌．TTI 在冷链包装中的应用［J］．包装学报，2018（10）：37 - 39.

［111］朱宏，王冬梅．冷链保温箱用温湿度云监测系统的设计与测试［J］．包装学报，2018，10（1）：42 - 45.

［112］中国快递协会官网．申通环保芯片袋：一年节约一个亿［EB/OL］．（2017 - 10 - 13）［2019 - 05 - 09］．http：//www. cea. org. cn/content/details_ 23_ 14062. html.

［113］李文瑞，张宏，孙加振．智能包装新发展：基于印刷电子技术制备微型传感器应用于电商包装［J］．今日印刷，2019（4）：24 - 27.

［114］辜勇，胡泽旭，于蒙，等．基于 ZigBee 技术的海运冷藏集装箱实时监测系统设计［J］．武汉理工大学学报（信息与管理工程版），2018，40（4）：396 - 400.

［115］廖雨瑶，陈丹青，李伟，等．智能包装研究及应用进展［J］．绿色包装，2016（2）．

［116］佚名．创新案例：周转箱玩出了新花样，绿色、防水、可循环、可追踪、抗高低温…（内含视频）．（2018 - 08 - 13）［2019 - 05 - 09］．微信公众号物流指闻．

［117］纸箱微世界．【趋势】顺丰势要颠覆包装业? 新研发的丰·BOX 将大批量取代纸箱！［EB/OL］．（2018 - 07 - 05）［2019 - 05 - 09］．搜狐网．https：//souhu. com/a/239364326_ 114775.

［118］佚名．EPAL 埃帕系统中包含哪些托盘产品．（2018 - 05 - 22）［2019 - 05 - 09］．微信公众号 EPAL 埃帕．

［119］佚名．黑科技：再次革新物流界！德国人发明磁悬浮平面输送系统［EB/OL］．（2019 - 12 - 14）［2019 - 05 - 09］．微信公众号物流指闻．

［120］RR Newswire. 中集研制的全球首款"黑科技"集装箱 破解了中欧班列冬运难题［EB/OL］.（2018 – 08 – 31）［2019 – 05 – 09］. 搜狐网. http：//www. sohu. com/a/25251409783_ 251755.

［121］国发股权任庆祥. 物流循环包装系统发展简析（二）.（2018 – 07 – 17）［2019 – 05 – 09］. 微信公众号国发创投.

［122］佚名. 人工智能与计算机视觉［EB/OL］.（2018 – 07 – 30）［2019 – 05 – 09］. 电子产品世界. http：//www. eepw. com. cn/article/201807/389708. htm.

［123］崔天依. 计算机视觉技术及其在自动化中的应用［J］. 电脑知识与技术，2016，12（3）：242 – 243.

［124］嘿哈哈哈. 详解计算机视觉五大技术：图像分类、对象检测、目标跟踪、语义分割和实例分割［EB/OL］.（2018 – 05 – 09）［2019 – 04 – 23］. CSDN. https：//blog. csdn. net/qq_ 39384184/article/details/80258372.

［125］中国商务新通讯社. 给物流车装上"大脑"，国内首款视觉导航物流车现身京东双 11［EB/OL］.（2018 – 11）［2019 – 04 – 23］. https：//baijiahao. baidu. com/s？id = 1617727449527364551.

［126］尚淑玲. 基于计算机视觉的物流暴力分拣行为识别［J］. 计算机仿真，2013，30（12）：430 – 433.

［127］异方科技官方网站. 关于我们［EB/OL］.［2019 – 05 – 09］. http：//www. goodscan. cn/？ page_ id =121.

［128］哲铭.「边缘计算」是个新风口吗？［EB/OL］.（2019 – 03 – 14）［2019 – 05 – 08］. 微信公众号极客公园.

［129］佚名. 下一次 IT 变革：边缘计算（Edge computing）.（2018 – 10 – 03）［2019 – 05 – 03］. 微信公众号云头条.

［130］王继祥.【物流】王继祥："边缘计算"让智慧物流终端设备觉醒.（2017 – 06 – 14）［2019 – 05 – 04］. 微信公众号海联天下.

［131］小玖."边缘计算"在智能交通领域的应用 | 强者恒强.（2019 – 03 – 13）［2019 – 05 – 06］. 微信公众号赛文交通网.

［132］边缘计算产业联盟. 智慧物流运输管理边缘计算实验平台［EB/OL］.［2019 – 05 – 09］. http：//www. ecconsortium. org/Lists/show/id/251. html.

［133］朱琳慧. 重磅! 2018 年中国及 31 省市区块链行业最新政策汇总及解读【全】［EB/OL］.（2018 – 10 – 25）［2019 – 05 – 20］. 前瞻网. https：//t. qianzhan. com/caijing/detail/181024 – a4689fe0. html.

［134］佚名. 2018 年我国区块链发展现状及未来趋势分析［EB/OL］.（2018 – 09 –

05）［2019－05－20］. 中国报告网 . http：//tuozi. chinabaogao. com/it/0953636342018. html.

［135］佚名 . 深度解析区块链在商品溯源中的原理及应用［EB/OL］. （2018－06－08）［2019－05－20］. 环球物流网 . http：//news. global56. com/07/07/127589. asp.

［136］鬼簿主 . 观点_ 细谈区块链商品溯源［EB/OL］. （2018－10－26）［2019－05－20］. 环球物流网 . http：//www. bbcaijing. cn/news/21095. html.

［137］蚂蚁金服技术团队 . 蚂蚁区块链平台 BaaS 技术解析与实践［EB/OL］. （2019－02－23）［2019－05－20］. CSDN. https：//blog. csdn. net/weixin_ 44326589/article/details/87896585.

［138］蚂蚁金服技术 . 蚂蚁区块链 BaaS 平台架构与实践［EB/OL］. （2019－02－23）［2019－05－20］. 博客园 . http：//www. cnblogs. com/antfin/p/10423873. html.

［139］周蕾 . 新开两家区块链子公司的背后，蚂蚁金服正下一盘更大的棋［EB/OL］. （2019－03－01）［2019－05－20］. 雷锋网 . http：//www. leiphone. com/news/2019021QA4HXNIF6QfCgPGi. html.

［140］王元 . 金融科技如何赋能供应链金融？这篇文章给出了详细解析［EB/OL］. （2018－11－18）［2019－05－16］. 苏宁财富资讯 . https：//baijiahao. baidu. com/s? id＝1617287514831363820&wfr＝spider&for＝pc.

［141］行业报告研究院 . 2018 年上半年国内冷藏车行业分析［EB/OL］. （2018－09－10）［2019－04－10］. 东方网 . http：//auto. eastday. com/a/180910104811699. html.

［142］佚名 . 我国冷藏车现状分析［EB/OL］. （2018－03－26）［2019－04－10］. 搜狐网 . https：//www. sohu. com/a/240050756_ 100192659.

［143］佚名 . 冷链物流丨冷藏车丨技术的发展趋势？［EB/OL］. （2018－03－26）［2019－04－10］. 中国冷链物流网 . https：//mp. weixin. qq. com/s/h3F3ZDJN_ vrNOlbT_ uIvZQ.

［144］佚名 . 冷藏车市场迎来"增长期"：2020 年需求量将达 28 万辆［EB/OL］. （2018－06－06）［2019－04－10］. 中国电动汽车网 . http：//www. chinarefac. com/show. aspx? id＝8444.

［145］国家统计局 . 2018 年邮政行业发展统计公报［EB/OL］. （2019－05－10）［2019－05－20］. http：//www. spb. gov. cn/xw/dtxx_ 15079/201905/t20190510_ 1828821. html.

［146］GuoMeng. 《2018 快递员群体洞察报告》显示：中国快递员超 300 万 平均工资在 6200 元左右［EB/OL］. （2018－08－10）［2019－05－20］. 中研网 . http：//www. chinairn. com/hyzx/20180810/093825465. shtml.

［147］黄慧 . 双 11 提速：菜鸟发布物流天眼系统 六大快递公司接入［EB/OL］.

（2018 – 09 – 27）［2019 – 05 – 20］. http：//gd. news. 163. com/huizhou/18/0927/11/DSN6N 9LK04178D83. html.

［148］宋一. 刘强东：京东物流将全部使用新能源车，保护环境人人有责［EB/OL］. （2018 – 01 – 25）［2019 – 05 – 20］. https：//www. ithome. com/html/it/345169. htm.

［149］物流指闻. 天猫双 11 绿色大升级，菜鸟智能切箱算法向全行业开放［EB/OL］. （2018 – 11 – 10）［2019 – 05 – 20］. 搜狐网. http：//www. sohu. com/a/274465154_ 34 3156.

［150］佚名. 电子面单终于普及了 15 家主流快递企业全部接入菜鸟［EB/OL］. （2018 – 08 – 07）［2019 – 05 – 20］. 天下网商. http：//www. iwshang. com/Post/Default/ Index/pid/240077. html.

［151］备胎好车. 无人快递车的时代可能真的来了［EB/OL］.（2018 – 09 – 25）［2019 – 05 – 20］. 搜狐网. http：//www. sohu. com/a/256126735_ 696867.

附　录

关于举办"第三届全国物流机器人应用大赛"的通知

各有关单位：

近年来，物流机器人在解决专业劳动力不足、提高物流效率和质量、降低物流成本方面发挥着越来越显著的作用。我国物流业持续高速发展，各物流企业对于各种运输及仓储机器人、智能装备的需求也在不断增加。装备的智能化作为物流行业技术水平高低的主要标志，无疑也是衡量一个物流企业实力及未来发展的重要指标。2017年我会成功举办"首届全国物流机器人应用大赛"，一批专业化新型物流机器人研发制造企业，以及物流企业、商贸企业等应用方积极参与其中。

一、参赛内容

凡与智能分拣、搬运、装卸、拆装、智能配送等涉及物流运输、仓储等相关场景的物流机器人项目均可报名参赛。

二、参赛形式

参赛项目以视频展示并辅以文字介绍的形式，对该项目的研发背景、应用场景、主要技术参数、功能优势、实用效果、研发团队、社会及经济应用价值等做具体说明。

三、参赛对象

1. 研发生产组：物流机器人研发、制造企业；
2. 项目应用组：物流企业以及物流机器人应用的工业、商贸企业等；
3. 专业校研组：机器人相关的高校研究机构等。

四、奖项及评选办法

本次大赛采用"专家评审＋网络投票"相结合的评审方式，特设一、二、三等奖及特殊领域、特殊场景的相关奖项。对参赛项目在创新性、可操作性、实用性、成本优化等方面进行评审，具体评审标准请留意"中物联装备委"官方微信最新消息，颁奖仪式将在"2020 全球物流技术大会"举办。

五、报名方式和时间节点

将《全国物流机器人应用大赛参赛报名表》填写完整后盖章、扫描回传到官方邮箱：zbw@ wlzb. org. cn，经组委会初审合格后回复即视为报名成功。

参赛报名阶段：2019 年 6 月—2019 年 11 月

专家评审阶段：2019 年 12 月—2020 年 1 月

六、联系方式

参赛报名联系人：王先生 18518669261

朱女士 18518669259

七、媒体支持

全程直播媒体：腾讯视频。

赛事报道媒体：中央电视台、搜狐、网易、新华网、新浪网、凤凰网、光明网、环球网、人民网、中国物流与采购网、中国物流技术装备行业网等。

关于申报"2020 年物流技术创新奖"的通知

各有关单位：

为了广泛推进物流技术与装备的创新和改善，倡导、鼓励企业、事业单位、科研院所对物流技术与装备不断创新和改善，倡导、鼓励物流企业对新装备、新技术、新方法实际应用，加快建成专业化、标准化、信息化、智能化的现代物流体系，中国物流与采购联合会特设立"物流技术创新奖"并开展评选工作，评选结果将在"2020 全球物流技术大会"上揭晓，并将获奖项目择优纳入《中国物流技术发展报告（2020）》中。现将有关具体申报及评选事宜通知如下。

一、评选原则

"物流技术创新奖"评选活动，由相关单位自愿申请，遵循客观、公平、公正、公开的原则，依据其对企业产生的作用以及对行业的贡献，对所申报的创新项目进行综合评审。

二、评选程序

1. 单位提出申请，并按要求提交有关项目的申报材料；

2. 中国物流与采购联合会组织专家对申报材料进行初审；

3. 初审结果将向中国物流与采购联合会常务理事会征求意见；

4. 中国物流与采购联合会根据评选结果，在"2020 全球物流技术大会"上公布，并进行表彰；

5. 经获奖单位同意后，将获奖项目择优纳入《中国物流技术发展报告（2020）》中。

三、申报条件、范围及类别

（一）申报条件

1. 仅限中国物流与采购联合会会员单位；

2. 申报项目应在 2019 年 1 月 15 日—2020 年 1 月 14 日实施完成，并取得一定的效益；

3. 项目申报单位为物流技术与装备企业、物流企业、事业单位以及科研机构等；

4. 项目属于物流技术研发、应用范围；

5. 申报项目的所有权应属于企业（事业单位及科研机构）自有；如两家或以上共同所有，需同时申报，或取得其他所有方加盖公章的同意授权书，相关材料要求纸质申报；

6. 项目具有一定的创新性，技术或产品要具备实际应用价值，对企业起到促进作用，对物流行业具有推进作用。

（二）项目范围

项目申报的范围：在物流技术与装备领域中的运输设施设备、仓储设施设备、包装设备、装卸搬运设施等硬技术方面开发、应用上的创新或改善；以及物流信息技术、管理技术等软技术方面开发、应用上的创新或改善。

（三）项目类别

分为运输技术项目、仓储技术项目、包装技术项目、信息技术项目、管理技术项目、综合类项目六类。

四、申报截止时间

2020 年 1 月 15 日。

五、申报材料

（一）《2020 年物流技术创新奖申报表》。为鼓励团队创新、集体创新，凸显人才在项目创新中的重要作用，2020 年创新奖的申报特设"项目负责人"和"核心团队成员"的说明及简介，请认真填写。

（二）其他相关辅助证明资料（申报单位自行提供）。

（三）创新奖项目文本［若同意公开项目，请将项目内容整理为 Word 文稿形式（不少于 5000 字）］，入选后会择优纳入《中国物流技术发展报告（2020 年）》中。

以上申报材料于截止日期前报送到中国物流与采购联合会，同时将电子版内容发送到指定邮箱，并在标题处注明"创新奖申报项目－×××公司"。

六、联系方式

联系人：朱　应 18518669259

　　　　王　坤 18518669261

　　　　闫淑君 18518669278

邮　　箱：zbw@ wlzb. org. cn

关于申报"2020 年物流技术匠心奖"的通知

各有关单位：

在当前信息化时代产业变革和我国经济转型发展的背景下，物流行业发生着巨大的变化，劳动密集型逐渐向技术密集型转变，替代劳动力的人工智能已成为发展趋势。企业自主创新、拥有核心技术是企业未来发展、拥有竞争力的关键，而技术创新的关键是人才。我国传统的手工业时代的"能工巧匠"创造了辉煌的中华文明，在工业化的今天，这种"工匠"精神进而传承并发扬成为"匠心团队"精神，这种精神是一个民族、一个企业创造力和凝聚力的源泉。

为了推动物流技术发展，倡导"工匠"精神和"工程师文化"，肯定具有"工匠"精神的专业人才在物流技术、产品的创新或改善方面做出的贡献，中国物流与采购联合会特设立"物流技术匠心奖"，并开展评选工作。评选结果将在"2020 全球物流技术大会"上揭晓。现将有关具体申报及评选事宜通知如下。

一、评选原则

"物流技术匠心奖"评选活动，由相关单位推选人才自愿申请，遵循客观、公平、公正、公开的原则，依据其在物流技术创新与发展中起到的作用以及对行业的贡献，对所申报人进行综合评审。

二、评选程序

1. 单位推荐，个人提出申请，并按要求提交有关项目的申报材料；

2. 中国物流与采购联合会组织专家对申报材料进行初审；

3. 初审结果将向中国物流与采购联合会常务理事会征求意见；

4. 中国物流与采购联合会根据评选结果，在"2020 全球物流技术大会"上公布，并进行表彰。

三、申报条件及范围

1. 仅限中国物流与采购联合会会员单位；

2. 申请该项目的企业团队不超出物流技术研发或应用范畴；

3. 申请人需热爱技术、专注技术、对技术精益求精，具有"工匠团队"精神；

4. 申请人长期钻研技术，对技术的创新或改善做过独具匠心的工作，对企业的发展起到积极作用；

5. 申请人不受年龄、职称、职务限制；

6. 取得过专利，并已产生实际经济效益者优先考虑；

7. 由申报单位自行推荐，依照要求在规定时间内上报相关材料。

四、申报截止时间

2020 年 1 月 15 日。

五、申报材料

1.《2020 年物流技术匠心奖申报表》。

2. 其他相关辅助证明资料（申报人自行提供）。

以上申报材料于截止日期前报送到中国物流与采购联合会，同时将电子版内容发送到以下指定邮箱。

六、联系方式

联系人：朱　应 18518669259

　　　　王　坤 18518669261

　　　　闫淑君 18518669278

邮　　箱：zbw@ wlzb. org. cn